创新驱动发展与知识产权战略研究

Research on Intellectual Property Strategy of Development Driven by Innovation Strategy

马一德　著

图书在版编目(CIP)数据

创新驱动发展与知识产权战略研究/马一德著. —北京:北京大学出版社,2015.6
ISBN 978-7-301-26140-8

Ⅰ. ①创… Ⅱ. ①马… Ⅲ. ①知识产权法—研究—中国 Ⅳ. ①D923.404

中国版本图书馆 CIP 数据核字(2015)第 177832 号

书　　名 创新驱动发展与知识产权战略研究
著作责任者 马一德　著
责 任 编 辑 邓丽华
标 准 书 号 ISBN 978-7-301-26140-8
出 版 发 行 北京大学出版社
地　　址 北京市海淀区成府路 205 号　100871
网　　址 http://www.pup.cn
电 子 信 箱 law@pup.pku.edu.cn
新 浪 微 博 @北京大学出版社　@北大出版社法律图书
电　　话 邮购部 62752015　发行部 62750672　编辑部 62752027
印 刷 者 北京中科印刷有限公司
经 销 者 新华书店
730 毫米×1020 毫米　16 开本　17.5 印张　305 千字
2015 年 6 月第 1 版　2015 年 6 月第 1 次印刷
定　　价 42.00 元

国家社科基金后期资助项目
出版说明

后期资助项目是国家社科基金设立的一类重要项目，旨在鼓励广大社科研究者潜心治学，支持基础研究多出优秀成果。它是经过严格评审，从接近完成的科研成果中遴选立项的。为扩大后期资助项目的影响，更好地推动学术发展，促进成果转化，全国哲学社会科学规划办公室按照"统一设计、统一标识、统一版式、形成系列"的总体要求，组织出版国家社科基金后期资助项目成果。

全国哲学社会科学规划办公室

前　言

理论研究需要把握时代脉搏。当前,知识经济方兴未艾,新一轮科技革命和产业革命孕育兴起,一些重要科学问题和关键核心领域呈现出革命性突破的态势,群发性、系统性突破以及关键技术的交叉融合、群体跃进成为当代科技发展的显著特征,世界正朝着新一轮科技革命和产业革命稳步前进。与此同时,经历三十多年"资源依赖型"模式高速发展的中国,物质资源难以为继,环境约束增强,环境问题凸显,劳动力要素供给后续乏力,"资源依赖型"发展模式已经走到了尽头,经济面临转型升级的重大课题。曙光在哪里？全社会都在思考。从"转型升级"的命题提出至今,已经十多年了,全社会逐步形成了建设创新型国家、依靠创新实现高质量、可持续发展的共识。

这个共识已然上升为国家战略。党的十八大报告和十八届三中全会报告都提出,要以全球视野谋划和推动创新,实施创新驱动发展战略,把全社会的智慧和力量凝聚到创新发展上来。① 创新驱动的核心要义是要切实增强自主创新能力,以创新促发展,使创新成为我国转型升级、持续发展的力量支点。实施创新驱动发展战略,是加快转变经济发展方式、破解经济发展深层次矛盾和问题、增强经济发展内生动力和活力的根本措施,决定着中华民族的前途命运。② 可以说,转变经济发展方式,舍此一道,别无他途。

然而,创新驱动发展战略的提出并不意味着创新驱动发展必然成为一种体系化的发展战略。体系化创新驱动发展战略成为学界的一项重要课题。而笔者对这一问题的思考更多的是法学角度的,也就是说,首先把这一课题当做一个法律问题来研究。思考的起点是,创新驱动发展战略的本质是什么？它的驱动源何在？对于前者,笔者认为创新驱动发展战略与知识产权有着本质合一性。创新驱动发展战略实施必须依靠先进的知识产权制度,创新驱动发展战略本质上是知识产权立国战略,知识产权战略在推动实现中华民

① 参见胡锦涛同志在中共十八次全国代表大会上的报告《坚定不移沿着中国特色社会主义道路前进 为全面建成小康社会而奋斗》之四(加快完善社会主义市场经济体制和加快转变经济发展方式)之(二)(实施创新驱动发展战略)。

② 参见2013年3月2日习近平同志看望出席全国政协十二届一次会议委员并参加讨论时的讲话;2013年9月30日习近平同志在主持中共中央政治局第九次集体学习时的讲话。

族伟大复兴的中国梦进程中是具有核心作用的源动力。对于后者,笔者认为创新驱动发展的驱动源就是知识产权。当今世界,知识产权制度在激励创新、推动经济发展和社会进步中的支撑作用日益凸显,知识产权日益成为国家发展的战略性资源和国际竞争力的核心要素。① "历史和各国发展的经验证明,在市场经济条件下,知识产权制度恰恰是为了'创新的创新'——是促进创新的伟大制度创新,是最有效的激励创新的经济制度。"②知识产权制度的三大作用机制——产权界定与创新激励机制、产权交易与资源配置机制、产权保护与市场规制机制是知识产权作用于创新驱动发展战略的主要传导机制。

创新驱动发展战略的制定实施与我国知识产权战略实施形成历史性交汇,为我国纵深推进知识产权战略提供了难得的重大机遇。缺乏有效运行机制是阻碍我国知识产权事业发展的症结所在。如何破解这一症结、纵深推进知识产权战略成为了知识产权学界必须应对的首要课题。必须以此为契机,把知识产权战略向纵深推进,在发展知识产权事业方面做出新的更大作为。这是笔者力图通过本书解决的问题之一。

创新驱动发展必须依靠知识产权,创新驱动发展战略实施需要以知识产权作为制度支撑,这就对知识产权制度提出了新的要求;并且,创新驱动发展战略实施的全新实践也必将推动知识产权制度的进一步变革。③ 事实上,自知识产权战略实施以来,特别是随着创新驱动发展战略的提出,中国的知识产权法律制度正迎来新一轮的变革。2013 年 8 月 30 日全国人大常委会通过的《商标法修正案》已是对《商标法》的第三次修改,而《著作权法》第三次修改以及《专利法》第四次修改也在紧张有序的进行当中。制度的变革需要理论的支撑,知识产权学界必须对知识产权理论变革这一新课题做出回应。因此,对笔者而言,更为重要的问题是在创新驱动发展引领下检视我国知识产权理论之不足、谋求知识产权理论的变革,以理论的变革为我国知识产权制度的完善提供依据,打造我国知识产权理论与制度的升级版,为创新驱动发展战略实施提供牢固的制度支撑。这是笔者力图通过本书解决的问题之二。

---

① 田力普:《发展知识产权事业 促进经济社会发展》,载《求是》2011 年第 1 期。
② 参见张志成:《知识产权战略研究》,科学出版社 2010 年版,前言。
③ 参见马一德:《创新驱动发展与知识产权战略实施》,载《中国法学》2013 年第 5 期。

目 录 | Contents

第一章 创新、创新驱动发展与创新驱动发展战略

第一节 创新的维度:科技、文化、品牌

创新是一个民族进步的灵魂,是一个国家兴旺发达的不竭动力。人类社会任何一次文明的巨大飞跃无不以创新为前提。青铜器、铁器的发明使人类进入文明时代,蒸汽机的发明使人类进入工业时代,发电机的发明使人类进入电气时代,互联网的发明使人类进入信息时代。当代知识经济蓬勃兴起,人类文明达到了前所未有的高度。

创新是人类智慧的展现,顾名思义,即创造新生事物。"创新"一词最早在三国时魏人张揖所著《广雅》中出现:"创,始也;新,与旧相对";《魏书》中有"革弊创新",《周书》中有"创新改旧"。按照汪冰教授的理解,创新有三层含义:第一,更新,就是对原有的东西进行替换;第二,创造新事物,就是创造原来没有的东西;第三,改变,就是在原有的基础上进行改造,发展出新的事物。① 创新与发明有着本质的区别。首先,二者内涵不同。发明当然肯定是一种创新,然而创新不一定就是发明,比如一种新的外观设计,就属于创新的范畴,但并不能归属于发明,换言之,发明属于一种高等级的创新,对应创新的第二层含义。另外,就所指向的对象而言,创新可以是科学创新、技术创新,也可以是文化创新、品牌创新,还可以是制度创新、管理创新、商业模式创新,等等;发明所指向的对象范围则要小很多,通常仅限于技术专利。最后,从实践性来说,创新既包括学术价值的追求,也强调实践价值的求索,是知识创新与技术创新的交融;发明却不一定是要真正实施的,它更强调知识创新和学术价值的追求。

作为一种生产力要素的"创新"概念,最早是由美籍奥地利经济学家约瑟夫·熊彼特(Joseph Alois Schumpeter,1883—1950)提出来的。其在1912年出版的《经济发展理论》中,将"创新"解释为:创新是指把一种新的生产要

① 汪冰:《创新、创新驱动和创新驱动战略》,载《甘肃理论学刊》2013年第7期。

素和生产条件的“新结合”引入生产体系。它包括五个方面:(1) 研制或引进新产品或提供一种新产品之新的质量;(2) 运用新的生产方法或技术;(3) 开辟新市场;(4) 采用新原料或获得原材料的新供给;(5) 建立新的企业组织形式。① 本书也更多地是站在生产要素的角度来讨论“创新驱动发展”这一主题的。

当代社会,创新正被赋予更为丰富的内涵。前知识经济时代,无论是在理论阐述者还是政策制定者眼中,创新均被局限为科技创新,经济产业界关心的也只是技术创新这一更为狭小的领域。知识经济环境下,创新已经突破技术创新、科技创新的狭小界定,向文化创新、品牌创新拓展,“创新”概念由此拓展为科技、文化、品牌的全方位创新。创新内涵的拓展是以知识经济这一社会经济环境为背景的。当今社会,经济发展越来越依靠以科学技术为主要内容的知识,或者说,知识已成为生产力和经济增长的发动机。1986 年,保罗·罗默在《报酬递增与长期增长》中基于知识的经济增长四要素理论,认为知识是当代经济增长最重要的要素。② 1996 年,世界经合组织(OECD)发表了题为《以知识为基础的经济》(Knowledge-Based Economy)的报告。该报告将知识经济定义为建立在知识的生产、分配和使用(消费)之上的经济,这种经济以知识劳动为源泉,以知识创新为动力。③ 这份报告是人类面向 21 世纪的发展宣言——人类的发展将更加倚重自己的知识和智能,知识经济将取代工业经济成为时代的主流,知识创新成为社会发展、生产力进步的首要驱动力。因应世界经合组织的报告,世界各主要国家纷纷调整本国的立国战略,由“科技立国”向“知识产权立国”挺进。2002 年 3 月,日本成立了由首相亲自挂帅的知识产权战略会议,标志着日本“技术立国”战略向“知识产权立国”转移。2003 年 1 月,日本国会制定了《知识产权基本法》,为“知识产权立国”提供法律保障。④ 随后,2003 年 2 月 25 日,日本内阁增设知识产权战略本部,公布了知识产权推进计划案。可以说,“新的世纪是知识经济的时代,也是知识产权的时代”。⑤

---

① 〔美〕熊彼特:《经济发展理论》,何畏、易家详译,商务印书馆 1990 年版,第 53—61 页。

② 徐明华:《关于知识产权战略与国际竞争力的理论 7 探讨》,载《中国软科学》2003 年第 8 期。

③ 参见经济合作与发展组织(OECD):《以知识为基础的经济》,北京机械工业出版社 1997 年版;经济合作与发展组织(OECD):《1996 年科学、技术和产业展望》。

④ 王芳:《美国、日本知识产权战略与中国知识产权现状对比研究》,载《吉林工程技术师范学院学报》2008 年第 4 期。

⑤ 吴汉东:《科技、经济、法律协调机制中的知识产权法》,载《法学研究》2001 年第 6 期。

一、科技创新

科技创新包括科学创新和技术创新,科学创新是指提出新观点(包括新概念、新思想、新理论、新方法、新发现和新假设)的科学研究活动,并涵盖开辟新的研究领域、以新的视角来重新认识已知事物,本质上属于知识创新范畴;技术创新是指工艺和技术的创新及其商业化的全过程,其导致新产品的市场实现和新技术工艺与装备的商业化应用,从技术创新的一般规律出发,可以将其分类为原始创新、集成创新和引进消化吸收再创新。科学创新是技术创新的先导,技术创新为产业革新提供技术基础。科技创新是科学创新(知识创新)与技术创新的协同。科技协同创新最基本的含义是科学创新(知识创新)与技术创新互动结合。科学创新瞄准前沿技术,技术创新瞄准市场需求,如此,协同创新既有利于抢占科技发展制高点,又可以顺利实现技术的商业价值和产业化。①

自第一次工业革命以来,科技很大程度上成为了社会发展的首要推动力,"科学技术是第一生产力"的论断是对这一现象的深刻诠释。工业革命的巨大成就改变了人们对科技创新的认识,促使人们正视科技创新,重视科技创新在社会经济发展中的巨大作用。然而,长久以来经济学家们并不把科技创新活动作为经济现象来分析。自熊彼特将科技创新定义为一种生产要素,科技创新作为独立的经济学研究对象开始被经济学界所承认,但一开始只被视为外生变量。1987 年度诺贝尔经济学奖获得者罗伯特·索洛对美国 1909 年至 1949 年间私营非农业经济的劳动生产率发展情况的实证分析表明,技术创新是经济增长的内生变量,是经济增长的基本要素。科技创新实际上就是科技向经济生活渗透的过程,就是将科技从实验室引入生产,获得创新收益的商业化过程。② 这一过程极大地促进了社会生产力的提高,科技创新成为各国提升国际竞争力的不二法门。

二、文化创新

文化是人类智慧的结晶、文明的象征,同时也是确定国家竞争优势的重要因素。从本质上来说,文化是指"人类在社会实践过程中所获得的物质、精神的生产能力和创造的物质、精神财富的总和"。③ 马克思认为,文化概念

---

① 参见洪银兴:《论创新驱动经济发展战略》,载《经济学家》2013 年第 1 期。

② 董涛:《"国家知识产权战略"与中国经济发展》,载《科学学研究》2009 年第 5 期。

③ 石文卓:《文化创新:建设社会主义文化强国之关键》,载《求是》2013 年第 6 期。

包括物质文化、精神文化、制度文化等因素。[①] 文化具有多重内涵,通常用来指一个社会的全部生活方式,包括它的价值观、习俗、体制和人际关系等等。创新即是扬弃,是熊彼特所述的“新组合”,指创造新事物的过程。文化创新就是在文化层面上创造新事物,指在传承传统文化的基础上,通过社会实践,结合时代特征,形成一种既继承传统文化优点又具有时代内容的全新文化,由文化的新理论、新内容、新体制构成。文化在交流的过程中传播,在继承的基础上发展,都包含着文化创新的意义。文化发展的实质,就在于文化创新。文化创新是人类社会实践持续发展的必然要求,也是文化自身发展的源泉。从文化创新的内容、类型等多角度考察文化创新有助于把握文化创新概念的实质内涵。文化创新的内容包括文化价值观念创新(价值创新)、文化知识体系创新(内容创新)、文化思维方式创新、文化体制创新与文化形式创新等。[②] 文化创新的类型包括突破性创新、渐进性创新、融合性创新、“二度创新”、普及性创新等。[③]

当代国际竞争已经从单纯的硬实力较量转变为硬实力和软实力的综合比拼。与硬实力相比,软实力注重民族精神的凝聚力、意识形态和社会制度的吸引力、民族文化的影响力。一国的文化是一国民族精神的凝聚力、意识形态和社会制度的吸引力、民族文化影响力的核心载体,文化创新已经成为创新不可或缺的组成部分,文化创新驱动力已经成为创新驱动的重要一环。

文化创意产业是文化创新的产业化,是文化创新驱动力的主要体现。文化创意产业的发展取决于文化竞争力的强弱,而竞争能力的强弱受制于文化创新水平,文化创新能力决定一国文化创意产业发展程度。[④]《英国创意工业路径文件》将文化创意产业定义为“那些发源于个人创造力、技能和天分,能够通过应用知识产权创造财富和就业机会的产业”[⑤]。文化创意产业将本质上无形的文化内容商品化,其形式可以是商品也可以是服务。文化创意产业以创新和创造为核心,强调知识、文化与经济的融合,注重提高产品的文化和精神内涵,强调知识、智慧与灵感的作用,它具有文化和创新的二向性特征,以及高渗透性、规模报酬递增、外部性和高附加值性等特征[⑥]。综合来看,文化创意产业对经济增长的贡献表现为两个方面:一是它自身对经济增

① 参见王仲士:《马克思的文化概念》,载《清华大学学报(哲学社会科学版)》1997 年第 1 期。
② 田丰:《论文化创新的基本内涵与实现途径》,载《学术研究》2004 年第 2 期。
③ 李春华:《有关文化创新的几个问题》,载《理论探索》2011 年第 3 期。
④ 张旭东:《文化创新与文化产业创新相关问题略论》,载《北方论丛》2007 年第 5 期。
⑤ 佟贺丰:《英国文化创意产业发展概况及其启示》,载《科技与管理》2005 年第 1 期。
⑥ 韩顺法:《文化创意产业对国民经济发展的影响及实证分析》,南京航空航天大学 2010 年博士学位论文。

长的直接贡献，其贡献程度可以计量，表现为相关产业对国内生产总值和就业的贡献额度；二是文化创意产业能够通过自身的扩散效应提高生产力水平和劳动生产率，从而间接促进经济增长。文化创意产业借助创新机制、扩散与溢出机制和转化机制，进而对以上生产要素进行结构优化和调整，提升经济增长质量，优化经济结构，促进传统产业升级，间接带动其他产业发展。

三、品牌创新

（一）品牌与品牌创新

品牌是商业术语，市场营销专家菲利普·科特勒博士认为："品牌是一种名称、术语、标记、符号或图案，或是它们的相互组合，用以识别企业提供给某个或某群消费者的产品或服务，并使之与竞争对手的产品或服务相区别。"①在知识产权法上，品牌体现为商标。当然，品牌与知识产权法上的商标并非完全对应，但是二者所统摄的核心内涵是一致的，皆指标示商品、服务的特殊标记，可以是文字、图形、字母、数字、三维标志和颜色组合，以及上述要素的组合。品牌是多项知识产权的集成，也是知识产权的最终成果，简言之，品牌的本质就是知识产权②，品牌创新就是知识产权创新。

郭又嘉、道冰川（2005）认为，从创新理论出发，品牌创新的定义可表述为：企业依据市场变化和顾客需求，实行对品牌识别要素新的组合。品牌的识别要素主要包括品牌的名称、标志，作为品牌基础的产品（产品质量和包装）、技术、服务，品牌的营销传播组合等等。魏纪林、李明星等（2011）认为，所谓品牌创新，一方面是指企业针对市场变化，创造新的品牌、创造品牌新的应用以及引进和转让品牌资产来实现品牌的管理活动；另一方面是指"企业通过创造出竞争对手所不具备的先进技术和手段，提供比竞争对手更加全面的服务、满足顾客更新更高的需求，来保持和发展品牌的一种全新的经济活动"③。品牌创新可以是发展创立新品牌，也可以是创造品牌新的应用领域，还可以是对品牌的资产认定和资产运作。具体而言，品牌创新包括以下内容：品牌定位创新，品牌文化创新，品牌战略创新，持续的产品创新和技术创新，品牌延伸策略，联合品牌策略，营销创新，广告创新。④ 品牌创新的目的在于"实现消费者头脑中的品牌形象创新，更好地满足消费者对品牌的功能

---

① 余阳明、杨芳平：《品牌学教程》，复旦大学出版社2005年版，第16页。
② 赵锁学：《品牌与品牌创新刍议》，载《经济与管理》2003年第3期。
③ 魏纪林、李明星等：《企业品牌创新知识产权协同战略探析》，载《知识产权》2011年第9期。
④ 廖瑞玲、吴丽琴：《品牌创新及对策研究》，载《科技广场》2009年第12期。

需求和情感需求”。①

当今,高端市场竞争已从产品竞争、技术竞争跨入到品牌竞争阶段,世界各类产业的技术优势和知识优势正在慢慢内化为品牌优势。实践证明,有“产品”无“品牌”,有“制造”无“创造”、有“知识”无“产权”,企业不能得到长远发展,汽车行业“牺牲品牌换取技术”的初衷最终演变成与虎谋皮即是一例。

(二)品牌的延伸链条:国家品牌效应

全球化时代,经济全球化的迅猛发展使得商品、服务突破了国界,即便最封闭的角落也被裹挟到这一进程当中,生产和提供商品、服务的企业的品牌成为普通民众对国别之间感性认知的第一载体。随着对其他国家产品和品牌的接触范围的扩大和使用频率的增加,消费者逐渐对其他国家的品牌形成一个总体印象,即国家品牌形象(national brand identity)。一个企业的品牌在国际市场上的形象不仅代表这个企业,它还在一定程度上代表其国家的整体品牌形象,从这个意义上说,企业在全球市场树立公司品牌形象的过程就是打造国家品牌形象的过程。当消费者在选择购买一个国外品牌时,对这个品牌的态度不仅与品牌形象或公司形象有关,消费者对这个品牌所属国家的产品和品牌的总体印象也是决定是否购买这一品牌的理由,因此一个国家的整体品牌形象也是跨国公司的战略性竞争资源。反过来,消费者对某一品牌的印象和态度又会成为消费者形成这个品牌所属国家的品牌总体印象的依据。这就是国家品牌效应。杨晓燕(2007)认为,国家品牌效应(National Brand Effect, NBE)是指一个国家的整体品牌形象对该国某个公司的具体品牌形象产生的影响。企业从事跨国营销或全球营销过程中,积极的国家品牌效应是占领市场、赢得当地消费者信任的一种有力武器,反之,负面的国家品牌效应可能会给跨国公司开拓国际市场带来消极的影响。纵观世界著名跨国公司的全球营销成功经验不难看出,一个国家的整体品牌形象也是跨国公司的一种战略性竞争资源。② 例如,美国、法国等国的跨国公司在全球营销过程中,由于东道国消费者对这些国家的品牌的整体印象良好,国家品牌效应凸显,其产品、服务易于被东道国消费者接受。据调查,当前外国消费者形成中国印象的主要媒介是充斥于各国市场上的“Made in China”;可以说,“中国制造”就代表了中国形象,“中国制造”才是真正影响世界的代表中国

---

① 参见郭又嘉、道冰川:《成功品牌创新应遵循的五大原则》,载《商业现代化》2005年11月(上)总第44期。

② 杨晓燕:《国家品牌效应:欧盟品牌全球营销的利器》,载《国际经贸探索》2007年第7期。

的符号;只有当这样的价值符号传递出积极、正面和一流的信号,才能更好地提升中国整个国家和文化的综合形象。①

除科技创新、文化创新、品牌创新这三个维度外,还存在着理论创新、制度创新、管理创新和商业模式创新等。必须指出的是,理论创新、制度创新、管理创新和商业模式创新与科技文化品牌创新并不处在同一位阶,相较而言,理论创新与制度创新、管理创新和商业模式创新处于更高位阶,科技创新、文化创新、品牌创新皆为具体要素的范畴,不可等而观之。

关于中国未来的发展,党中央、国务院提出了建设创新型国家的战略目标,提出要以创新驱动发展,实施创新驱动发展战略。在知识经济的大环境下,我们的创新应当是科技、文化、品牌三个维度的创新,我们的发展是以"中国创造""中国创意""中国形象"为目标的发展,以科技创新助力"中国创造",以文化创新助力"中国创意",以品牌创新助力"中国形象",即实施专利战略、夯实国家科技实力,实施版权战略、提升国家文化软实力,实施商标战略、培育国家品牌影响力。② 从某种意义上说,科技实力、文化软实力、品牌影响力的培育是建设创新型国家成败的关键、是中国梦实现与否的关键,其中尤以科技实力的培育最为突出。

第二节　创新驱动发展理论解读与实证分析

2013 年 3 月 2 日,中共中央总书记习近平在看望出席全国政协十二届一次会议的委员并参加讨论时强调,实施创新驱动发展战略,是立足全局、面向未来的重大战略,是加快转变经济发展方式、破解经济发展深层次矛盾和问题、增强经济发展内生动力和活力的根本措施。2013 年 9 月 30 日上午,中共中央政治局以实施创新驱动发展战略为题举行了第九次集体学习。中共中央总书记习近平在主持学习时强调,实施创新驱动发展战略决定着中华民族的前途命运,全党全社会都要充分认识创新的巨大作用,敏锐把握世界创新发展趋势,紧紧抓住和用好新一轮科技革命和产业变革的机遇,把创新驱动发展作为面向未来的一项重大战略实施好。

创新驱动,即以企业为主体的各类市场主体在国家经济发展中具有创造力和持续创新的原动力,从而形成强大的产业竞争力,驱动社会经济发展。③

---

① 邱昱:《中国世界级品牌塑造模式、路径和实证研究》,载《中国经贸导刊》2012 年 6 月下。

② 吴汉东:《设计未来:中国发展与知识产权》,载《法律科学(西北政法大学学报)》2011 年第 4 期。

③ 汪冰:《创新、创新驱动和创新驱动战略》,载《甘肃理论学刊》2013 年第 4 期。

创新驱动蕴含着创新思维、创新能力、创新精神等要素，其中创新能力是创新驱动的核心。所谓创新能力，是指运用知识和理论，在科学、艺术和各种实践活动中不断提供具有经济价值、社会价值、生态价值的新思想、新理论、新方法和新发明的能力。① 创新驱动不只是解决效率的问题，更为重要的是依靠知识、技术、专利、文化、品牌等无形要素实现生产要素的新组合，是创新成果在生产和商业上的应用和扩散，是创造新的生产要素。② 创新驱动发展，简而言之就是指经济发展主要依靠科技、文化、品牌的创新，在经济发展中科技、文化、品牌等要素对经济发展的贡献率大大提高。其主要表现方式为利用创新带来的生产要素变革实现智能型、集约化、可持续的经济发展，提升经济发展的质量和效益。③ 从此意义上来说，创新驱动发展，实质内涵实为创新驱动经济发展。

创新驱动最早是由美国管理学家迈克尔・波特(Michael E. Porter)提出来的。在其国家竞争优势理论中，波特认为，一国经济发展历程可以分为四个阶段：要素驱动(factor-driven)阶段、投资驱动(investment-driven)阶段、创新驱动(innovation-driven)阶段和财富驱动(wealth-driven)阶段，国家竞争优势的源泉在于各个产业中的企业活力即创新力。④ 产业的发展只有从自然资源禀赋和资本驱动阶段跃升到创新驱动阶段，才能促使国家从国际贸易的价值链低端跃升到价值链顶端，在激烈的国际竞争中处于优势地位。

一、创新驱动力的经济学理论解读

创新为何能够驱动发展？经济发展的源泉是什么？各学派经济学家给出了许多答案。发展经济学领军人物刘易斯(William Arthur Lewis)认为，经济发展的基础要素包括自然资源、资本、智力和技术等。制度经济学派则强调经济体制创新和制度环境在要素配置中的关键作用。但无论哪一学派均认为，经济发展是各种要素，诸如资本、劳动力、土地等物质要素与技术、企业家才能等非物质要素投入的结果。无疑，经济发展离不开这些生产要素，然而仅仅依靠这些要素的投入无法回答经济发展中的一个基本问题：生产要素边际报酬递减。⑤ 每一单位生产要素边际报酬递减，说明经济发展速度下降；并且由于资源的稀缺性，物质性生产要素是无法无限量供应的，长此以

---

① 汪冰：《创新、创新驱动和创新驱动战略》，载《甘肃理论学刊》2013 年第 4 期。
② 洪银兴：《论创新驱动经济发展战略》，载《经济学家》2013 年第 1 期。
③ 胡婷婷、文道贵：《发达国家创新驱动发展比较研究》，载《科学管理研究》2013 年第 2 期。
④ Porter, M. E. The Competitive Advantage of Nations[J], *Harvard Business Review*, 1990:74—90.
⑤ 张来武：《论创新驱动发展》，载《中国软科学》2013 年第 1 期。

往，经济发展将趋于停滞。

那么，怎样才能解决经济发展中必然要出现的这一问题呢？熊彼特在其1912年发表的著作《经济发展理论》中回答说，发展是经济循环轨道的改变，是对均衡状态的打破，这种“改变”和“打破”，就是创新，只有创新才能解决生产要素报酬递减的问题。刘易斯也对此作出了解答，他认为，在边际效益递减规律作用下，自然资源和资本对经济发展的贡献度是递减的，所以从长期来看，经济发展取决于人的智力和技术。[①] Ruttan（2001）在其著作 *Technology，Growth and Development：An Induced Innovation Perspective* 中从三个环节分析了技术创新推动经济发展的机制：一是技术发明本身促进动态效率的提升；二是技术的扩散、转移和运用促进了经济部门整体效率的增进；三是技术创新以及与之相适应的制度创新共同构筑了经济持续发展的基础。[②]

张来武（2013）认为，创新具有以下两大功能：一是创新可以通过不断提高单一或者综合要素的生产率来抵消因为要素投入数量的增加而导致的单一要素或者全部要素报酬递减的趋势；二是创新可以通过生产要素的新组合来突破经济发展中的要素或资源短缺所造成的瓶颈。[③] 创新之所以具有两大功能是因为创新“把一种从来没有过的关于生产要素的新组合引入生产体系”。无论引进新产品、采用新技术，还是开辟新的市场、控制原材料的来源、实现一种新的组织形式，都是为了改变原来的经济发展轨道，进而打破要素报酬递减的趋势、突破要素和资源的瓶颈。熊彼特的创新经济思想将创新理解为经济发展的源泉，这是熊彼特创新经济学的精髓。

20世纪50年代以来，第三次科技革命带来的经济繁荣刺激了人们对创新的研究，创新经济学得以持续发展并不断细化，形成若干相互联系又有区别的增长理论，例如，新经济增长理论、内生增长理论和若干理论学派，诸如新古典学派、新熊彼特学派、制度创新学派和国家创新系统学派等。

新增长理论和内生增长理论的贡献在于，将创新和知识视为经济发展的内生要素，而不再仅仅将其视为外生变量，更为突出创新对经济增长的作用。[④] 早期的经济增长模型和估算全要素生产率的研究结果表明，在劳动和资本

---

① 〔圣卢西亚共和国〕威廉·阿瑟·刘易斯：《二元经济论》，施炜、谢兵、苏玉宏译，北京经济学院出版社1989年版，第29—33页。

② Ruttan，V.，*Technology，Growth and Development：An Induced Innovation Perspective*，New York，Oxford：Oxford University Press，2001. 转引自黄阳华、贺俊、吕铁：《创新与发展研究评述与展望》，载《社会科学管理与评论》2012年第4期。

③ 张来武：《论创新驱动发展》，载《中国软科学》2013年第1期。

④ 黄阳华、贺俊、吕铁：《创新与发展研究评述与展望》，载《社会科学管理与评论》2012年第4期。

投入之外,技术进步对经济增长的贡献巨大,是经济增长的重要推动因素。但是早期经济增长研究无一不是将科技创新视为外生变量。新经济增长理论和内生增长理论将创新视为内生要素,表明科技创新与资本、劳动力一样,是经济增长的内在决定性因素。这就从理论上证明了创新作为一项生产要素,是经济发展的重要驱动力。

国家创新系统学派以英国学者克里斯托夫·弗里曼(Chris. Freeman)、美国学者理查德·纳尔逊(Richard. R. Nelson)等人为代表,该学派通过对日本、美国等国家或地区创新活动特征进行实证分析后,认为技术创新不仅仅是企业家的功劳,也不是企业的孤立行为,而是由国家创新系统推动的。① 国家创新系统是参与和影响创新资源配置及其利用效率的行为主体、关系网络和运行机制的综合体系,在这个系统中,企业和其他组织等创新主体,通过国家制度的安排及其相互作用,推动知识的创新、引进、扩散和应用,使整个国家的技术创新取得更好绩效。② 国家创新系统理论侧重分析技术创新与国家经济发展实绩的关系,强调国家专有因素对技术创新的影响,并认为国家创新体系是政府、企业、大学研究机构、中介机构等为寻求一系列共同的社会经济目标而建立起来的,将创新作为国家变革和发展的关键动力系统。这一理论学派的主张为国家参与创新实践提供了理论基础,表明以国家力量推动创新驱动发展战略不但是符合创新规律的,也是实现创新驱动所必需的。

二、创新驱动力的实证分析

(一) 科技创新的驱动力

根据统计和测算,当今世界上经济发达国家科技进步对经济增长的贡献率在20世纪初为5%—20%,20世纪中叶上升到50%左右,20世纪80年代上升为60%—80%。③ 许多知识密集型行业的发展几乎全部依靠科学创新所带来的技术进步。国外一些经济学家根据“阿布拉莫维茨余额法”测算,美国、日本及西欧几个主要发达国家20世纪50—70年代的增长情况表明,科技进步对经济增长的贡献一般在41%—75%之间。④ 第二次世界大战后日本通过对人力资本的密集投资,以高素质的国民为人力资源依托,大力发

---

① 马一德:《创新驱动发展与知识产权战略实施》,载《中国法学》2013年第4期。
② 周新川、陈劲:《创新研究趋势探讨》,载《科学学与科学技术管理》2007年第5期。
③ 孙凯:《科技进步与经济增长相关性研究》,西北大学2006年博士学位论文。
④ 曹新:《产业结构、科技进步与经济增长》,载《社会科学辑刊》1997年第2期。

展技术密集型产业,实现了产业结构转型升级。对日本的研究表明,1975—1980 年间,经济增长率为 62%,其中技术进步对经济增长的贡献达到了惊人的 61.3%。① Broskin、Lau(1996),选取加拿大、美国、英国、日本、德国、法国、意大利七个国家的样本数据,实证分析了 R&D 资本、人力资本、资本和劳动四种要素对经济增长的贡献,除此之外的剩余部分视作科技进步的贡献。

表 1　七个工业化国家经济增长源泉估测　　单位:%

国家	资本	劳动力	人力资本	R&D 资本	科技进步
加拿大	20.5	23.1	2.8	10.0	43.6
法国	42.5	-4.1	4.8	11.6	45.2
原联邦德国	40.2	-10.3	4.6	15.6	49.9
意大利	27.2	-1.9	5.8	15.8	53.0
日本	43.8	2.2	2.1	14.2	37.7
英国	49.8	-5.2	4.9	8.3	42.1
美国	32.2	18.4	2.4	9.9	36.9

资料来源:B. Smith & Barfield《technology, R&D and the economy》, The Brookings Institution,1996.

据表 1 可知,G7 国家的经济增长依赖于资本、劳动力、人力资本、R&D 资本和科技进步,但各因素所占权重是不一样的,相较而言,科技进步对经济增长的贡献度最大,意大利经济增长甚至超过一半来源于科技进步。知识与科技进步越来越成为增强国际竞争力的重要来源。② 当前,知识经济时代已悄然来临,知识特别是科技成为最核心的生产要素,将从根本上改变经济结构和产业结构,使人类走向智能时代、信息时代、知识时代的更高水平的文明。

(二) 文化创新的驱动力

发展文化创意产业,提高文化创新能力,是提高文化软实力的基本路径。文化创意产业是知识经济时代的朝阳产业,具有"四高三低"的特点,即"高技术、高智力、高附加值、高效益、低投入、低消耗、低污染"。③ 当今世界,创新在经济增长中的作用不断增强,文化创意产业在各地区迅速发展起来,成为推动经济增长的一股新鲜力量。"创意产业之父"约翰·霍金斯在《创意

---

① 孙凯:《科技进步与经济增长相关性研究》,西北大学 2006 年博士学位论文。

② 葛建兴:《对我国经济增长与科技进步关系的思考》,载《中央财经大学学报》1999 年第 3 期。

③ 刘丽娟:《文化资本的交易模式对文化产业发展的影响》,载《经济纵横》2006 年第 10 期。

经济》一书中指出,创意经济现在每天创造220亿美元的产值,并以每年5%的速度递增。[①] 以迪斯尼公司1994年上映的《狮子王》为例,这部耗资5000万美元制作的影片,最终为美国带来整整75亿美元的经济收入,其中直接的票房收入7.6亿美元,Video收入为7.8亿美元,相关产品授权盈利则为60亿美元。[②] 正因为如此,世界各国都把文化创意产业放在了十分重要的地位,例如英国,1997年,布莱尔首相成立了创意产业特别工作小组,旨在全方位提高英国的国际竞争力,将英国打造为世界的创意中心。1998年,英国政府出台了《英国创意产业路径文件》,这是世界上首份完整的政府文化创意产业政策文件,这份文件是为英国发展创意产业而制定的。根据英国政府的官方统计报告,2001年文化创意产业产值为1120亿英镑,占GDP的8.2%,雇佣了4.3%的就业人口。1997—2001年,文化创意产业年均增长率达到8%,而同期英国经济增长率仅为2.8%。[③] 1977—1997年,美国版权产业的产值年增长率达到6.3%,远超过了同期美国国民生产总值的年增长率(2.7%)。[④] 2004年日本文化产业在其经济总量中占到了约7%的比例,从业人员约215万人,约占日本就业人口的5%。日本的动漫产业以每年230万亿日元的营业额成为本国的第二大支柱产业。[⑤] 根据联合国贸发会议的数据,在2000—2005年间,创意产品和服务的国际贸易年增长率达到史无前例的8.7%。2005年全球创意产品和服务的出口值达到4244亿美元,占整个世界贸易的3.4%。文化创意产业成为国际贸易中最具有活力的领域之一。[⑥]

再来看我国。表2表明,我国文化创意产业2007年的增加值已经达到17725.42亿元,并且近年来文化创意产业增加值的增长率一直保持在一个较高水平。其中,最高年增长率达到48.83%,最低年增长率是11.56%,也达到了两位数,总体平均增长率为22.33%,这一水平远远高于我国国内生产总值的增长率。这一结果反映出,文化创意产业作为我国的一个新兴产业,显示出了极大的活力,已经成为经济增长的重要驱动力,并且随着社会经

---

① 左银宝:《文化创意产业:"十二五"时期经济转型升级的新引擎——基于发达国家及地区经济发展实践与启示》,载《经济研究导刊》2010年第32期。

② 参见江若尘:《迪斯尼的制胜之道》,载《科学发展》2010年第7期。

③ 傅才武、江海全:《文化创意产业在"两型社会"建设中的功能作用与价值定位》,载《中国地质大学学报(社会科学版)》2009年7月版。

④ 蔡荣生、王勇:《国内外发展文化创意产业的政策研究》,载《中国软科学》2009年第8期。

⑤ 参见新浪网:《媒体称美国文化产业占GDP约四分之一》,http://news.sina.com.cn/w/2011-11-25/013623521155.shtml,最后访问日期:2013年11月25日。

⑥ 韩顺法:《文化创意产业对国民经济发展的影响及实证分析》,南京航空航天大学2010年博士学位论文。

济转型升级,我国文化创意产业的进一步增长潜力可期。

表2 文化创意产业对经济增长的贡献率 单位:亿元

年份	文化创意产业增加值	增长率(%)	国内生产总值(GDP)	文化创意产业贡献率(%)
1991	700.4	—	21781.5	3.216
1992	866.5	23.72	26923.5	3.218
1993	1161.4	34.03	35333.9	3.287
1994	1672.6	44.02	48197.9	3.47
1995	2078.3	24.26	60793.7	3.419
1996	2558	23.08	71176.6	3.594
1997	3114.9	21.77	78973	3.944
1998	3529.8	13.32	84402.3	4.182
1999	4056.82	14.93	89677.1	4.524
2000	5012.58	23.56	99214.6	5.052
2001	5841.8	16.54	109655.2	5.327
2002	6607.25	13.1	120332.7	5.491
2003	7512.05	13.69	135822.8	5.531
2004	11931.56	48.83	159878.3	7.463
2005	13663.11	14.51	183217.4	7.457
2006	15242.78	11.56	211923.5	7.193
2007	17725.42	16.29	249529.9	7.104

资料来源:韩顺法:《文化创意产业对国民经济发展的影响及实证分析》,南京航空航天大学2010年博士学位论文。

(三)品牌创新的驱动力

全球化背景下的经济发展离不开国际市场,而一国国际形象的好坏直接影响其在国际市场的分量和地位。“知名品牌的背后往往是一个有竞争力的企业,一个有生命力的产业,一个有经济实力的城市,一个有世界影响力的国家。”①国家形象的形成,需要有国际知名品牌作为支撑。正如日本前首相中曾根康弘所说:“代表日本左边脸的是松下,代表日本右边脸的是丰田,品牌就是国家的脸面。”②一个国际知名品牌,比如美国的微软、IBM、波音、沃尔玛、谷歌、迪斯尼,日本的丰田、松下、索尼、三菱,德国的奔驰、大众、西门子,韩国的三星、现代,其所代表的是所在国的形象。曾有学者研究中国消费者

---

① 吴汉东:《设计未来:中国发展与知识产权》,载《法律科学(西北政法大学学报)》2011年第4期。

② 参见搜狐财经:《人大代表周厚健:自主品牌建设必须走自主创新之路》,http://business.sohu.com/20100302/n270519066.shtml,最后访问日期:2013年11月15日。

对美国产品的印象,最终发现参与调查人员对于美国品牌普遍都有积极正面的印象,所用频率最高的词汇依次为高科技、高质量、时尚、市场份额高、人性化和实用。① 再如,日本的高科技产品技术先进,德国的产品制作工艺精良,法国的产品时尚新潮等。② 品牌竖立起来,国家的形象也随之竖立起来;国家形象竖立起来,则国家品牌随之树立,一国的商品、服务在国际贸易中畅通无阻。联合国计划发展署统计数据表明,国际名牌占全球商标总量只有3%,但知名品牌所代表的商品在国际市场占有率达到40%,销售额达到50%;个别商品,比如计算机和大型设计的占有率甚至超过了90%。③ 商品的市场份额向名优品牌聚集趋势十分明显。在1997年评出的世界最有价值的364个品牌中,其平均市场销售规模为34.39亿美元,增长幅度为30.37%,其中前20位的平均市场规模达到了172亿美元。④ 这就是品牌的力量。

知名品牌不但是一个企业竞争制胜、占领市场的通行证,品牌本身也是创造巨大经济价值的潜在产品。以迪斯尼为例,2012年迪斯尼票房收入占其总收入的30%,接下来的录像收入、主题公园收入、特许经营品牌收入、影视收入占到其总收入的70%。⑤ 2012年,迪斯尼继续成为全球最大的授权方。在全球,3000多家授权商正在销售着超过10万种与迪士尼卡通形象有关的产品。在中国,也已经有170多家公司取得了迪士尼的品牌授权。爱国者MP3上的米老鼠造型、三枪儿童内衣胸前的小熊维尼、儿童家具用品上的灰姑娘形象,都需要取得迪士尼的品牌授权并缴纳授权费。⑥

第三节 创新驱动发展战略

战略(strategy)一词最早是军事方面的概念,例如,《不列颠百科全书·国际中文版》将"战略"解释为"在战争中,动用全部的军事、经济、政治和其他资源以达到战争目的的科学或艺术",并对"战略"与"战术"作出区

---

① 邓理峰、王坚:《全球市场里的品牌国别与消费政治:美国品牌在华的案例研究》,载《现代传播》2011年第10期。

② 杨晓燕:《国家品牌效应:欧盟品牌全球营销的利器》,载《国际经贸探索》2007年第7期。

③ 参见法律图书馆:《商务部等八部门〈关于扶持出口名牌发展的指导意见〉的通知》,http://www.law-lib.com/law/law_view.asp?id=92333,最后访问日期:2013年12月3日。

④ 孔令丞、王学评:《品牌竞争的未来走势分析及对策研究》,载《地质技术经济管理》1998年第4期。

⑤ 范小舰:《美国文化创意产业培育与启示》,载《求索》2012年第7期。

⑥ 参见新浪财经:《迪斯尼:品牌授权的成功》,http://finance.sina.com.cn/world/gjjj/20081121/21185539105.shtml,最后访问日期:2013年11月29日。

分:“战略涉及战争的全局,并运用战役去赢得战争,而战术则主要涉及运用军队和装备去赢得战役;战术只研究在战场上运用军队,而战略则研究把这些军队放在最有利的位置上,作为战役的前奏。”但是,随着国际斗争从以军事手段为主转向以非军事手段为主,战略概念就超出了军事领域。现代社会中,军事、政治、经济日益复杂且密不可分,“行为主体为达致目标而采用的手段,再也不可能局限于军事工具了”。[①] 这种对战略内涵的扩展,使得战略不再仅仅是一个军事用语。《韦伯词典》(Webster's Ninth Collegiate Dictionary)对战略的定义是:“在和平时期或战争时期运用一个国家或一组国家的政治、经济、心理和军事力量为其所采取的政策提供最大支持的科学与艺术。”在现代,“战略”一词被引申至政治和经济领域,其含义演变为泛指统领性的、全局性的、左右胜败的谋略、方案和对策,具有以下几个特征:第一,战略是在对抗或者竞争中形成的一种谋划;第二,战略服从于宏观政策目标而不以一时、一地得失为目标;第三,战略以统筹使用全部资源和能力为手段。[②]在公共政策体系中,战略性政策对一个国家的社会运用起着根本性和决定性的指导作用,在特定的历史时期,始终具有较强的总括性和稳定性。[③]

党的十八大报告提出,我国要实施创新驱动发展战略,标志着创新驱动发展战略上升为国家战略。回顾我国创新历程,党的十二大报告指出,四个现代化的关键是科学技术的现代化,从而把科技发展摆在国家发展的关键位置。十三大报告提出了制定国家中长期科学技术发展纲领的建议,要求放眼世界,选准发展方向和重点,为推进国民经济发展和重点行业的革新提供技术支持。党的十四大报告指出,科学技术是第一生产力,中华民族要在世界科技领域中占有应有的位置。党的十五大确立了科教兴国战略,鼓励创新、竞争和合作。可以发现,这一时期,党和国家在科技领域关注的重点是科技水平的提升,以为国民经济的发展提供技术支撑。进入新世纪,知识经济蓬勃兴起,文化创新、品牌创新与科技创新一道,成为知识经济的重要支撑。世界处于发展新阶段,对我国创新事业提出了新要求。党的十六大提出了走新型工业化道路,推进国家创新体系建设的任务。2007 年中央经济工作会议提出,必须坚持创新驱动,加快从工业大国向工业强国转变的历史进程。党的十七大报告提出,要提高自主创新能力,建设创新型国家,把创新型国家作为我国的奋斗目标。2008 年 6 月,国务院颁发了《国家知识产权战略纲要》,

---

① 李少军:《国际战略报告》,中国社会科学出版社 2005 年版,第 23 页。
② 张志成:《知识产权战略研究》,科学出版社 2010 年版,第 11 页。
③ 参见吴鸣:《公共政策的经济学分析》,湖北人民出版社 2004 年版,第 5 页。

标志着知识产权立国战略的确立。可以发现,我国创新事业发展的重点经历了由技术提升到科技创新,由科技创新到科技、文化、品牌协同创新的重大转变。前者本质上是一种跟踪模仿战略,重点在于技术领域追赶世界先进水平;后者则是在科技、文化、品牌领域齐头并进、引领世界发展潮流,是一种创新战略,这一战略转变是思想认识上的巨大飞跃。

胡锦涛同志在党的十八大报告中强调:要实施创新驱动发展战略。创新是提高社会生产力和综合国力的战略支撑,必须摆在国家发展全局的核心位置。要坚持走中国特色自主创新道路,以全球视野谋划和推动创新,提高原始创新、集成创新和引进消化吸收再创新能力,更加注重协同创新。深化科技体制改革,加快建设国家创新体系,着力构建以企业为主体、市场为导向、产学研相结合的创新体系。完善知识创新体系,实施国家科技重大专项,实施知识产权战略,把全社会的智慧和力量凝聚到创新发展上来。创新驱动发展战略的确立有其宏大而深刻的国际背景,体现了对国际竞争规律的科学认识与深刻把握,是党中央综合分析国内外大势、立足国家发展全局作出的重大战略抉择。

一、创新驱动是知识产权优势理论的政策体现

优势理论探究的是一国或一个企业在市场经济中据何种优势才得以在竞争中获胜的理论,旨在找到竞争制胜的关键。典型的优势理论目前主要有两种:比较优势理论与竞争优势理论。在这两种理论的基础上,我国学者程恩富教授提出了知识产权优势理论。

(一)比较优势理论

比较优势理论源于古典经济学大师亚当·斯密的绝对成本优势理论。亚当·斯密认为,每一个国家都有其适宜生产的某些特定的产品,该国在生产该特定产品时所耗费的社会必要劳动时间低于其他国家;利用该有利条件进行专业化生产,然后彼此交换,这样对每个参与交换的国家都有利①,这就是“绝对优势成本理论”。继此之后,另一位古典经济学大师大卫·李嘉图创立了比较成本优势理论。这一理论认为,由于不同国家的劳动生产率或成本存在差异,那么各国应该分工生产各自具有相对优势的产品,尽管一国具有相对优势的产品的成本可能会高于另一国家不具有相对优势的产品的成本,但是通过国与国之间的商品交换,都能在不同程度上节约社会劳动,增进

---

① 〔英〕亚当·斯密:《国富论(下)》,郭大力、王亚南译,上海三联书店出版社2009年版,第25—26页。

各自福利。20世纪初，在李嘉图的比较成本优势理论的基础上，瑞典经济学家赫克歇尔(Heckscher)和俄林(Ohlin)创立了要素禀赋理论。该理论认为，比较优势的产生缘于各自生产要素禀赋的不同，简言之，如果一国经济的资本劳动比大于另一国经济的资本劳动比，那么该国在资本密集型产品上具有比较优势，另一国则在劳动密集型产品上具有比较优势。[①]

比较优势理论存在苛刻的理论前提：国际市场上只存在某种要素禀赋特征差异明显的国家；各国的比较利益是静态不变的，不存在规模经济；生产要素不能在国家间自由流动；不存在技术进步、资本积累和经济发展等。[②] 然而，经济全球化条件下，生产要素早已实现了国际的自由流动，技术革命浪潮又使得先天的自然资源禀赋因素可以被新材料、新技术所替代，要素禀赋的差异可以通过国际贸易得以平复。苛刻的理论前提使得它在当前国际贸易实践中的适用性和解释力大打折扣，竞争优势理论由是而起。

(二) 竞争优势理论

为了克服比较优势理论只能解释两个要素禀赋结构差别很大的国家之间的贸易的现象，20世纪80年代以来，著名的美国学者迈克尔·波特开创性地提出了竞争优势理论，旨在解释要素禀赋结构差别不大的国家之间的贸易现象以及行业内的贸易现象。波特认识到在现今的国际贸易中产品在国际市场上的竞争力是由价格竞争力和非价格竞争力共同决定的[③]，非价格因素，包括产品质量、性能、款式、包装、运输费用、品牌偏好、文化内涵、售后服务、差异化等，均对产品的国际竞争力有重大影响。据此，波特认为，竞争优势是一个企业或国家在某些方面比其他企业或国家更能带来利润或效益的优势，它源于技术、管理、品牌、劳动力成本等[④]；一个国家之所以能够兴旺发达，其根本原因在于这个国家在国际市场上具有竞争优势，这种竞争优势源于这个国家的主导产业具有竞争优势，而主导产业的竞争优势又源于企业具有创新机制而提高了生产效率。[⑤] 归根结底，国家的竞争力在于其企业创新与产业升级的能力。

---

① 程恩富、丁晓钦：《构建知识产权优势理论与战略——兼论比较优势和竞争优势理论》，载《当代经济研究》2003年第9期。

② 参见邵彦敏、李锐：《优势理论分析框架下的创新驱动发展战略选择》，载《当代经济研究》2013年第10期。

③ 程恩富、丁晓钦：《构建知识产权优势理论与战略——兼论比较优势和竞争优势理论》，载《当代经济研究》2003年第9期。

④ 〔美〕迈克尔·波特：《竞争战略》，陈小悦译，华夏出版社1997年版，第33页。

⑤ 程恩富、廉淑：《比较优势、竞争优势与知识产权优势理论新探——海派经济学的一个基本原理》，载《求是学刊》2004年第6期。

波特的竞争优势理论以发达的工业化国家的资料为分析基础，在这些国家，资本充足，信息的获取十分便捷，企业可以轻易获得先进的生产技术和管理经验，而这些要素在广大的发展中国家是很难满足的；并且，波特仅仅分析了创新产品和高科技产品的竞争力问题，对于依赖天然资源或者倚重农业、劳动密集型工业等弱质产业的小国家如何提升其国际竞争力，在波特的理论里找不到答案，故该理论缺乏普遍的解释力。①

（三）知识产权优势理论

在比较优势理论和竞争优势理论的基础上，程恩富教授提出了知识产权优势理论。所谓知识产权优势，是指在经济全球化的国内外市场竞争中，通过培育和发挥拥有自主知识产权的核心技术、品牌等经济优势，在创造、占有、转化和营运知识产权资源及其他生产要素的过程中，最大限度地提升核心竞争能力并获取长远的、直接的利益。② 知识产权优势不是同比较优势和竞争优势完全对立的，知识产权优势不能脱离比较优势和竞争优势基础，"是在既定的比较优势和竞争优势基础上的更核心层次的国家优势"③。它克服了比较优势理论的缺陷，突破了竞争优势理论的局限性，突出了核心技术和知名品牌的竞争优势。

以知识产权优势为主导的竞争优势，不仅可以涵盖资本密集型产业和技术密集型产业，而且可以涉及劳动密集型产业。它不仅要求一国的高新技术产业部门及具有战略意义的产业部门，必须掌握自主研究、自主开发、具有自主知识产权的核心技术，建立以自主知识产权为基础的标准体系，而且要求传统的民族产业或低端的产品部门，包括劳动密集型产业部门，也必须塑造在国际上具有一定影响力的民族品牌和名牌，拥有自主知识产权的中低端关键技术。针对资本密集型产业和技术密集型产业，关键在于对自主知识产权的核心技术研制、开发和控制，依托关键技术的优势来促进产品的市场升级和扩张；而在劳动密集型产业，建立知识产权优势，重点在于树立和提升自己的品牌形象，把重点由数量增长转向质量提高。

一国要维持长久的竞争优势，需要实现从比较优势到以知识产权为主导的竞争优势的战略转变。促进中国发展的全球战略驱动力应从比较优势和竞争优势转向知识产权优势，而知识产权优势的积累和作用的发挥则主要依

---

① 参见邵彦敏、李锐：《优势理论分析框架下的创新驱动发展战略选择》，载《当代经济研究》2013 年第 10 期。

② 同上。

③ 程恩富、廉淑：《比较优势、竞争优势与知识产权优势理论新探——海派经济学的一个基本原理》，载《求是学刊》2004 年第 6 期。

赖于改革驱动和自主创新驱动。[1] 中国经济要在全球化竞争中立于不败之地并可持续发展，不仅要借鉴传统的比较优势理论和竞争优势理论的思想，吸纳其精髓，而且更要走一条以知识产权优势理论为指导的创新驱动发展战略之路。

二、创新驱动是国际大势所趋

每一个时代，影响社会发展的主导力量是不一样的。农业社会，影响社会历史发展的主导力量是土地，土地是最大的社会财富；工业社会，影响社会历史发展的主导力量是资金、技术和设备，资金、技术、设备是最大的社会财富；知识经济社会，影响社会历史发展的主导力量是知识、科技和创新能力，知识、科技和创新能力是最大的社会财富。[2] 走创新驱动发展道路是知识经济时代之大势所趋。

（一）国际科技创新趋势

从世界文明史来看，能否抓住科技革命的历史机遇，是一个国家兴衰成败的关键。历次科技革命不仅极大地推动了人类社会经济、政治、文化领域的变革，而且也大大影响了人类的生活方式和思维方式。历史上，率先完成第一次工业革命的英国曾独领世界长达近一百年，号称"日不落帝国"，直至第二次世界大战其霸主地位才彻底由美国取代，美国成为新晋世界政治经济大国；而美国的成功超越，正由于美国引领了第三次科技革命。它在诸如原子能、电子计算机、空间技术等领域的领先奠定了美国的霸权地位。反观中国，在历次科技革命中裹步不前，逐渐被世界所遗弃，最后昔日的天朝上国被后起的日本等国所压迫、侵略，可不叹乎！直至1978年改革开放，主动把握第三次科技革命的机遇，总算在科技革命的后半程搭上了末班车，才有了今日翻天覆地之巨变。

当前，世界科技领域正经历着新的深刻变革，科技发展异常迅猛，重大科技创新层出不穷，战略性新兴产业不断涌现，科学技术越来越成为经济社会发展的决定性力量。总的来看，世界科技发展主要呈现出以下四个方面的特征和趋势：一是科技发展加速，前沿科技领域群体突破，正在催生重大科技革命和产业变革；二是科学交叉与技术融合趋势加强，不断催生新的学科和技术领域；三是科技对经济社会发展的支撑作用日益凸显，科技创新成为主要国家寻求国家竞争力优势的战略选择；四是科技人才日益成为各国争夺的战

---

① 郭民生：《积累知识产权优势实现市场竞争优势化》，载《创新科技》2011年第7期。

② 韩庆祥：《创新驱动，构建国家发展的战略支点》，载《兵团建设》2012年11月(下半月刊)。

略资源。① 基于这些趋势,学界普遍预测,新一轮科技革命和产业变革即将孕育兴起。中科院发布的《创新 2050:科学技术与中国的未来》报告预测,第六次科技革命将在 2020—2050 年前后发生,它有可能是以生命科学为基础,主要发生在生命科技、信息科技、纳米科技三大科技的交叉结合部,并将是科学革命、技术革命和产业革命三大革命的交叉融合。② 放眼世界,主要发达国家和知名研究机构对世界科技发展趋势都作出了惊人相似的预测。例如,美国华盛顿特区经济趋势基金会总裁杰米里·里夫金在其著作《第三次工业革命》就预测新一轮科技革命将要展开;再如,2011 年,思科公司首席未来畅想家戴维·埃文斯表示,3D 打印机、传感器网络、虚拟人等将在未来十年改变我们的世界。这些预测虽有"科学猜想"的性质,但是无可否认,它们不仅仅只是虚无缥缈的概念,而是日新月异的进步。

可资佐证的是,一些重要科技领域发生革命性突破的先兆已经初现端倪,特别是在页岩气、干细胞、3D 打印技术等领域的重大创新正在催生新能源产业、生物产业和传统制造业的颠覆性变革。在生命科学和生物技术领域,人类基因组图谱已经全部绘制完成,人类"生命天书"得以破解;在信息技术领域,超级计算机的运行速度已达到每秒 1 万万亿次;在纳米技术领域,纳米发电机已经研制成功,将应用在生物医学、军事、无线通信和无线传感方面,产生巨大变革;在能源科技领域,"国际热核聚变实验堆计划"正在稳步实施,预计 2070 年前后受控核聚变发电将广泛造福于人类。③ 再比如,科学家已经能够对单粒子和量子态进行调控,这将使我们对量子世界的探索从"观测时代"走向"调控时代",从而在量子计算、量子通信、量子网络、量子仿真等领域实现变革性突破,解决人类对能源、环境、信息等方面的需求。合成生物学取得了一些重要进展,使我们可以从系统整体的角度和量子的微观层次认识生命活动规律,打开了从非生命物质向生命物质转化的大门,可能导致生命科学的革命性突破。④

科技革命是产业革命的先导。新一轮科技革命孕育的同时,新一轮产业革命也即将喷薄而出。学术界和产业界普遍预测,未来产业变革将重点集中于以下四个领域:第一,以大数据、云计算、移动宽带和智能终端为特色的下

---

① 参见杜红亮、冯楚建:《近年来世界科技发展趋势分析》,载《科技与法律》2010 年第 1 期;万钢:《世界科技发展趋势与中国创新》,载《时事报告》2008 年第 12 期。

② 参见《新一轮科技革命:不再是猜想》,http://www.lwgcw.com/NewsShow.aspx?newsId=29581,最后访问日期:2013 年 12 月 3 日。

③ 万钢:《世界科技发展趋势与中国创新》,载《时事报告》2008 年第 12 期。

④ 参见新华网:《新一轮科技革命,中国会错过机遇吗》,http://news.xinhuanet.com/tech/2012-10/30/c_123889117.htm,最后访问日期:2013 年 12 月 3 日。

一代网络产业。下一代网络产业与其他行业深度融合,会进一步提升整个社会生产率,改变生产组织和社会管理模式。第二,以基因技术和干细胞技术为基础的生物工程和新医药产业。世界经合组织预计,到 2015 年,生物技术将无处不在,全球大部分新药都将使用生物技术进行生产。第三,以可再生能源和可控核聚变为重点的新能源产业。在未来,如果可控核聚变技术取得突破,可再生能源的转化效率进一步提升,并且成本进一步降低,全球能源的生产方式可能会发生重大改变。第四,以 3D 打印技术为核心的新型制造业。目前,3D 打印制造技术已开始进入产业规模化发展阶段。3D 打印制造使大规模定制成为可能,并可能极大地改变制造业的成本结构,将推动全球制造业组织方式和布局的变革。[①]

发达国家和新兴经济体为迎接新一轮科技革命,纷纷把科技创新作为国家发展战略的核心,制定系列战略规划,加大科技投入,出台诸如财政、税收、金融优惠措施扶持新兴科技和战略产业的发展,积极抢占科技制高点,力图在未来的科技革命中保持领先地位。新一轮科技革命和产业革命与我国加快转变经济发展方式形成历史交汇,为我国实施创新驱动发展战略提供了难得的历史机遇。[②] 机遇稍纵即逝,中国绝不能与科技革命再次失之交臂。

(二) 国际文化创新趋势

文化创意产业是知识经济时代的朝阳产业,文化创意产业有“四高三低”的特点,即“高技术、高智力、高附加值、高效益、低投入、低消耗、低污染”。[③] 约翰 · 霍金斯在《创意经济》一书中指出,创意经济现在每天创造 220 亿美元的产值,并以 5% 的速度递增。[④] 正因为如此,世界各国都把文化创意产业放在了十分重要的地位。发展文化创意产业,提高文化创新能力,是提高文化软实力的基本路径。例如英国,1997 年,甫一上台的布莱尔首相成立了创意产业特别工作小组,旨在将昔日的世界工厂转变为当今世界的创意中心,全方位提高英国的国际竞争力。1998 年出台了《英国创意产业路径文件》,这是世界上首份完整的政府文化创意产业政策文件。

在美国,文化创意产业称为“版权产业”,分为四大类,即:核心版权产业,交叉版权产业,部分版权产业,边缘支撑产业。1977—1997 年,美国版权

---

① 参见科技日报:《全球产业变革:趋势和可能的影响》,http://www.biotech.org.cn/information/104097,最后访问日期:2013 年 12 月 3 日。

② 参见《习近平在中共中央政治局第九次学习的讲话》。

③ 刘丽娟:《文化资本的交易模式对文化产业发展的影响》,载《经济纵横》2006 年第 10 期。

④ 左银宝:《文化创意产业:“十二五”时期经济转型升级的新引擎——基于发达国家及地区经济发展实践与启示》,载《经济研究导刊》2010 年第 32 期。

产业的产值增长率达到6.3%，远超过了同期美国国民生产总值的年增长率（2.7%）。① 从1996年开始，版权产品首次超过汽车、农业与航天业等其他传统产业，成为美国最大宗的出口产品；特别是美国的影视业和软件业发展迅速，美国目前控制了世界75%的电视节目和60%以上的广播节目的生产和制作，使得美洲、非洲和部分亚洲国家成为美国节目的接收站，其广播电视节目中的美国节目占到60%—70%②；美国电影市场年销售总额高达170亿美元，占全球85%的份额，仅米老鼠和史努比两个动画产品在全球范围内的收益每年就超过500亿美元。③ 到如今，其文化产业产值已经占到国内生产总值的约1/4，成为仅次于军工行业的第二大支柱产业。

韩国和日本先后在20世纪90年代提出文化产业概念，并在亚洲遭受金融危机之时制定“文化立国”战略，将文化产业确立为21世纪经济发展的支柱产业加以扶持。韩国的传统制造业当年受到重创，政府认识到单一产业结构必然带来经济的脆弱性，并开始寻找新的经济增长点。2010年，韩国文化产业总值已占到该国国内生产总值的6.2%左右。日本的文化创意产业以动漫产业为核心，日本是世界上最大的动漫制作和输出国。目前，在全球的动漫产品中大约有67%的作品出自日本，2004年日本文化产业在其经济总量中占到了约7%的比例，从业人员约215万人，约占日本就业人口的5%。日本的动漫产业以每年230万亿日元的营业额成为本国的第二大支柱产业。④

然而，与国外文化创意产业大国相比，我国文化创意产业尚处于比较低的水平。截至2013年11月，中国内地电影票房历史排行榜前十名中，美国大片五部，占据55.18%的票房份额⑤，其中《阿凡达》以13.787亿元高居榜首。另一个数据是关于全球动漫品牌认知度的问题。据新浪网的调查，中国青少年最喜爱的20个动漫形象中，19个来自海外，本土动漫形象只有一个“孙悟空”。⑥ 另据中国文化软实力研究中心等机构联合发布的《文化软实力蓝皮书：中国文化软实力研究报告（2010）》显示，世界文化市场，美国独占鳌

---

① 蔡荣生、王勇：《国内外发展文化创意产业的政策研究》，载《中国软科学》2009年第8期。

② 李怀亮、刘悦迪：《美国的文化霸权》，载《红旗文稿》2008年第16期。

③ 参见朝阳文化创意产业网：《美国的创意产业——版权产业》，http://www.chycci.gov.cn/news.aspx? id=357，最后访问日期：2013年12月3日。

④ 参见新浪网：《媒体称美国文化产业占GDP约四分之一》，http://news.sina.com.cn/w/2011-11-25/013623521155.shtml，最后访问日期：2013年12月3日。

⑤ 参见时光网：《中国内地电影票房历史排行》，http://group.mtime.com/12781/discussion/253526/，最后访问日期：2013年12月3日。

⑥ 参见新华网：《中国离动漫产业强国还有多远》，http://news.xinhuanet.com/focus/2009-05/13/content_11329524.htm，最后访问日期：2013年12月3日。

头，占 43% 的份额；欧盟紧随其后，占 34%；人口最多、历史悠久的亚太地区仅占 19%。这 19% 中，日本占 10%，澳大利亚占 5%，剩下的 4% 才属于包括中国在内的其他亚太地区国家。① 创新型国家的版权产业对 GDP 增长至关重要，其版权产业所创造的产值已经构成 GDP 的重要部分，美国是 25% 左右，日本占到 20%，欧洲约 15%。② 我国文化创意产业对 GDP 的贡献率达到了 6.7%，但潜力远未完全发挥。

（三）国际品牌创新趋势

发力品牌创新、打造国际知名品牌成为跨国巨头开拓国际市场的重要手段。但凡国际市场上知名度、美誉度较高的品牌，其产品无一不是畅行全球市场，例如，可口可乐、麦当劳、万宝路、奔驰、爱马仕、微软、皮尔·卡丹等。

国际品牌创新竞争激烈化。可口可乐一直扮演着品牌创新“领导者”的角色。据美国《商业周刊》发布 2010 年“全球创新企业 50 强”排行榜，可口可乐公司排第 19 名，居快消品牌创新榜首。③ 1999 年可口可乐公司的销售总额为 90 亿美元，其利润率为 30%，利润为 27 美元，除去 5% 由资产投资带来的利润，其余 22.5 亿美元均为品牌为企业带来的高额利润。作为可口可乐最大的竞争对手，2008 年，百事公司宣布，将投入 12 亿美元在全球推广全新品牌以及包括新品牌标识，其全新标志为“百事笑脸”。这是继百事 2002 年改版之后最新的一次更新，也是百事公司自成立以来第 11 次换标识。④

品牌营销创新层出不穷。我们通过可口可乐的品牌营销创新实践予以展示。传统的品牌营销渠道之外，可口可乐早已成功地将品牌植入到游戏、歌曲和电视节目中，除此之外，还利用网络互动营销全力塑造品牌。继“雪碧”音乐榜之后，可口可乐将其“雪碧”饮料机、饮料罐等品牌形象与上海东方卫视的“雪碧我型我秀”节目巧妙融合。2005 年，可口可乐在全球推出了 ICOKE 平台，集音乐、娱乐资讯、游戏的快速消费品于一体，力图加强可口可乐品牌与年轻人之间的沟通和联系。在此后举行的“要爽由自己，冰火暴风城”嘉年华中，近三亿年轻的中国消费者通过购买可口可乐产品，在线赢取近 4000 万个奖品，其中包括限量版魔兽世界经典英雄人物玩偶及配饰、免费

---

① 参见新华网：《文化软实力：我国文化产业占世界文化市场不足 4%》，http://news.xinhuanet.com/2011-02/20/c_121101442.htm，最后访问日期：2013 年 12 月 3 日。

② 吴汉东：《设计未来：中国发展与知识产权》，载《法律科学（西北政法大学学报）》2011 年第 4 期。

③ 参见网易财经：《可口可乐入选创新企业 50 强 居快消品牌创新榜首》，http://money.163.com/10/0521/08/676Q7TUV00252603.html，最后访问日期：2013 年 12 月 18 日。

④ 参见网易财经：《百事可乐“微笑”：历次更换广告语与标志成败路》，http://money.163.com/08/1210/09/4SPU6VOR002524U1.html，最后访问日期：2013 年 12 月 25 日。

在线游戏时间等众多网络时代酷奖品。①

品牌授权与特许经营如火如荼。品牌早已是一项重要的无形资产,品牌授权与特许经营已经成为发掘品牌价值、品牌资产增值的重要手段。以迪斯尼公司为例,2012 年,迪斯尼继续成为全球最大的品牌授权方。全球3000 多家授权商正在销售着超过 10 万种与迪士尼卡通形象有关的产品。例如爱国者 MP3 上的米老鼠造型、三枪儿童内衣胸前的小熊维尼、儿童家具用品上的灰姑娘形象,都需要取得迪士尼的品牌授权并缴纳授权费。②

目前,国际知名商品约 8.5 万种,但 90% 的知名商品品牌为先进的工业化国家和创新型国家拥有。据世界品牌实验室(World Brand Lab)2012 年度提供的最新数据:国际知名品牌 500 强,美国拥有 231 个位于首位,法国 44 个屈居第二,日本以 43 个位列第三,英国 40 个,德国 23 个,瑞士 21 个,我国 23 个。③ 中国入选的 23 个品牌,排名最靠前是中央电视台,其次是中国移动、中国工商银行、国家电网等国字头垄断企业。另据 2013 年"BrandZTM 全球最具价值品牌 100 强"榜,苹果公司以 1850 亿美元的品牌价值蝉联榜首,中国移动则以 553 亿美元的价值排名第十;整个百强榜单中,中国有 13 家企业品牌上榜。④ 中国最有影响力的 500 个著名商标在国际市场的影响力只有 6.2% 。⑤而且,我国企业缺乏品牌的国际保护意识,一些国内的金字招牌屡屡在国际市场上遭遇尴尬局面:"红塔山"在菲律宾被抢注,100 多个品牌被日本抢注,180 多个品牌在澳大利亚被抢注。

中国的国家品牌形象如何呢? 随着中国成为世界工厂,中国制造的商品流通全球,外国消费者接触"made in China"的产品和品牌的机会也不断增加,外国消费者对中国企业的产品和品牌也形成了某种整体印象,遗憾的是,外国人对中国企业的品牌总体印象基本负面。2005 年,Interbrand 在网上访问 243 位外国的企业管理者,要求他们用 3 个词语描述对当今中国品牌的印象,在答案中排名前十位的词语中,只有"创新"和"有闯劲"是正面的词语。⑥

---

① 王亦丁:《可口可乐:创新主义者的实践》,财富中文网 2006 年 6 月 1 日,网址:http://www.fortunechina.com/magazine/c/2006-06/01/content_1696.htm,最后访问日期:2013 年 12 月 26 日。

② 参见新浪财经:《迪斯尼:品牌授权的成功》,http://finance.sina.com.cn/world/gjjj/20081121/21185539105.shtml,最后访问日期:2013 年 11 月 29 日。

③ 参见搜狐证券:《2012 世界品牌 500 强新榜单出炉》,http://stock.sohu.com/20121220/n361076558.shtml,最后访问日期:2013 年 12 月 3 日。

④ 参见美通社:《苹果蝉联 BRANDZ(TM)全球最具价值品牌 100 强榜首》,http://www.prnasia.com/story/79847-1.shtml,最后访问日期:2013 年 11 月 26 日。

⑤ 吴汉东:《设计未来:中国发展与知识产权》,载《法律科学(西北政法大学学报)》2011 年第 4 期。

⑥ Stefan Paul Jaworski, Don Fosher. National Brand Identity &Its Effect on Corporate Brands: The National Brand Effect (NBE) [J]. *Multinational Business Review*, Fall 2003, 11, 2:99.

三、创新驱动是国内形势所迫

改革开放以来,持续三十多年的高速增长使得我国经济总量跃居世界第二位,社会生产力、综合国力、科技实力迈上了一个新的大台阶。但同时,我们持续三十多年的高速增长是以资源和生态环境为代价获得的;必须认识到,当前中国经济发展整体上仍然处于“资源依赖型”而非“创新驱动型”阶段。表3表明,我国绝大多数省(自治区、直辖市)仍然处于要素驱动和投资驱动阶段,中国整体创新驱动能力不足。与发达国家相比,中国的创新驱动能力差距巨大,在国家知识创新能力、国家创新环境支持能力、经济社会发展的创新支撑能力上均有待提高(参见表4)。经济增长过于依赖物质资源投入和简单劳动的增加的发展模式越来越难以为继,转入创新驱动发展轨道是必然之举。

表3　2012年我国区域创新能力所处阶段比较

阶段	省区
创新驱动发展阶段	上海、北京、天津、江苏、广东、浙江
从投资驱动向创新驱动过渡阶段	山东、湖北、辽宁、福建、四川
基本处于投资驱动阶段	重庆市为代表的13个省(区、市)
处于要素驱动向投资驱动过渡阶段	新疆、山西、海南、陕西、内蒙古、黑龙江

资料来源:《中国区域创新能力报告2012》。

表4　各国创新驱动能力评价

国别	国家知识创新能力	国家创新环境支持能力	经济社会发展的创新支撑能力
美国	0.92	0.83	0.85
中国	0.32	0.43	0.63
英国	0.52	0.63	0.53
德国	0.86	0.82	0.82
日本	0.89	0.93	0.83

资料来源:胡婷婷、文道贵:《发达国家创新驱动发展比较研究》,载《科学管理研究》2013年第2期。

(一) 物质资源难以为继,环境约束增强

我国物质资源先天不足。土地、水、森林、矿产是一国的主要物质资源,我国在此四项物资资源的人均占有量上均较为缺乏。先看土地资源。尽管我国土地总面积仅次于俄罗斯和加拿大,占世界土地总面积的7%,但人均土地面积仅及世界平均水平的1/3强,其中人均耕地面积仅为1.4亩,不及

世界水平的一半。水资源方面，尽管中国拥有的水资源总量占全球水资源的6%，仅次于巴西、俄罗斯、加拿大、美国、印度尼西亚，居世界第6位，但人均水资源占有量仅相当于世界人均水资源占有量的1/4，是联合国认定的“水资源紧缺”国家之一。森林资源方面，中国的森林覆盖率仅相当于世界平均水平的61.52%，居世界第130位；人均森林面积不到世界人均面积的1/4，居世界第134位；人均森林蓄积不到世界平均水平的1/6，居世界第122位。矿产资源方面，我国人均矿产资源储量不及世界平均水平的1/2，主要的金属矿产和能源矿产人均储量更是远远落后于世界平均水平，例如，煤炭人均拥有量相当于世界水平的50%，铜和铝为1/4和1/10，石油、天然气仅为1/15。

先天不足的物质资源条件下，我国的物质资源消耗量却长期雄踞世界第一。据统计，我国能源消费总量从2000年的14.6亿吨标准煤增加到2010年的32.5亿吨标准煤，这10年的能源消费增量竟是之前20年（1980—2000年）能源消费增量的2倍。2011年，中国的煤炭消费量占全球总消费量的46.2%，2014年煤炭消费量虽然下降，但煤炭消费量占能源消费总量的66.0%，能源结构仍然以煤为主，特别是在治理大气污染的环保压力下，迫切需要减少煤炭消费总量。

中国能源消耗量仍在剧增。2014年，在规模以上工业中，六大高耗能行业能耗所占比重为79.6%。从其在全球工业原材料用量增长中所占的比重中可以清晰地看出来。以2005年为例，中国的铝用量增长占了全球铝用量增长的50%，铁矿石占84%，钢材占108%，水泥占115%，锌占120%，铜占307%，而镍更远超307%的水平。中国已经成为全球最大的铜、镍和锌耗用国。高增长的资源消耗远非我国自然资源存量所能承受，只能向国外进口，关键性资源特别是石油、天然气、铀矿石等能源资源、铁矿、铜矿等矿产资源对外依赖十分严重，进而威胁国家经济安全，近年来中国钢协与淡水河谷、力拓、必和必拓三大铁矿石巨头在铁矿石议价上的连年失败即是一明显例证。

“资源依赖型”经济发展模式还导致我国产业布局在地域分布上极不合理；部分城市特别是资源型城市过度依赖自然资源畸形发展，产业结构严重单一，随着资源的日益匮绝而面临城市转型的艰难重任。高度依赖物质资源投入的发展模式还带来严重的环境污染问题，单位GDP二氧化碳排放量约是世界平均水平的两倍；废水、废气、固体废弃物“三废”排放量连年剧增，大气污染、水污染、固体废弃物污染十分严重。与此同时，过度地向自然索取物资资源导致生态环境恶化，沙漠化、荒漠化、石漠化正吞噬着我们赖以生存的家园，中国的环境压力空前巨大。

在我国经济30年的高速发展中,高耗能高污染的生产和消费对生态环境损害严重,以往的能源供给和消费模式已经难以为继。2014年6月,习近平总书记提出推动能源消费、能源供给、能源技术和能源体制"四个革命"和"一个全方位加强国际合作"的能源发展国策。"十二五"时期,我国单位国内生产总值能耗下降16%,年均计划降低3.4%。2014年,全国单位国内生产总值能耗下降4.8%,降幅比2013年的3.7%扩大1.1个百分点。这是"十二五"以来我国节能降耗的最好成绩。

2014年万元GDP能耗及主要工业产品能耗下降情况①

指标	比上年下降(%)
全国万元国内生产总值能耗	4.8
吨粗铜综合能耗	3.76
吨钢综合能耗	1.65
单位烧碱综合能耗	2.33
吨水泥综合能耗	1.12
每千瓦时火力发电标准煤耗	0.67

单位GDP能耗下降,得益于中国经济结构调整初见成效,更加注重质量和效益。互联网金融异军突起,电子商务、物流快递飞速成长,高科技新兴产业飞速发展,各种新业态新增长点改变着我们的生活,也不断催生着新发展动力,成为积极推动经济结构调整的重要力量。创新驱动经济发展势在必行,是促进我国经济发展转型的关键。

(二) 劳动力要素供给后续乏力

中国三十多年的持续高速增长,人口红利被认为是一个关键因素。农村经营体制的改革,促使大量的农业劳动者从农业生产中脱离出来,转而投入到第二、第三产业当中。据国家统计局《2011年我国农民工调查监测报告》,2011年中国农村剩余劳动力向非农产业转移的总规模达到25278万人,约占农村劳动力总规模的一半。如此大规模的劳动力转移造就了规模空前庞大的产业大军,使得三十多年来形成了无限供给的劳动力市场。② 然而,由于严格的计划生育政策,我国人口自然增长率持续下降并稳定处于低水平,青少年占比下降,人口老龄化加速,中国人口红利正在逐渐消失并即将终结。根据国家统计局2011年公布的《第六次全国人口普查主要数据公报》,2010年我国大陆31个省、自治区、直辖市和现役军人的人口中,0—14岁人口为

① 资料来源:《二〇一四年国民经济和社会发展统计公报》。

② 张蕾:《中国创新驱动发展路径探析》,载《重庆大学学报(社会科学版)》2013年第4期。

222459737 人，占 16.60%；15—59 岁人口为 939616410 人，占 70.14%；60 岁及以上人口为 177648705 人，占 13.26%，其中 65 岁及以上人口为 118831709 人，占 8.87%。同 2000 年第五次全国人口普查相比，0—14 岁人口的比重下降 6.29 个百分点，15—59 岁人口的比重上升 3.36 个百分点，60 岁及以上人口的比重上升 2.93 个百分点，65 岁及以上人口的比重上升 1.91 个百分点。在 1953 年，中国的老年人口为 0.45 亿，只是 0—14 岁少年儿童人口的 1/5；至 2010 年，老年人口数量增加到 1.78 亿，相当于少年儿童人口的 4/5。2007 年新增劳动年龄人口相较于前一年的 1491 万大幅下降至 894 万，据预测，至 2017 年新增劳动年龄人口将首次出现负值①，然而事实上，根据国家统计局 2013 年 1 月 18 日发布的数据，2012 年 15—59 岁劳动年龄人口同比减少 345 万人，占总人口的比重为 69.2%，同比下降 0.6 个百分点。这是我国劳动年龄人口绝对数量首次下降。这些数据揭示了一个严峻的事实：中国人口红利即将终结。

在人口红利终结的情况下，用工成本剧增，劳动力优势不复存在。据国家统计局统计，从 2003 年到 2009 年，农村外出务工人员月平均工资，东部地区从 760 元增加到 1455 元，年均增速为 11.4%；中部地区从 370 元增加到 1389 元，年均增速为 16%；西部地区从 560 元增加到 1382 元，年均增速为 16.2%。从国际比较的角度看，近十年来，中国工资的上涨速度一直高于亚洲其他地区。国际劳工组织的研究表明，从 2000 年到 2009 年，中国工人实际工资的年均涨幅为 12.6%，而同期印尼为 1.5%，泰国为 0。② 人口红利时代即将结束凸显出创新驱动的紧迫性。

以上事实充分说明，我国发展中不平衡、不协调、不可持续问题十分突出，人口、资源、环境压力越来越大，要素驱动的粗放型经济发展方式难以为继，与此同时，投资驱动日显艰难，外贸出口持续疲软，整个中国经济面临着转变经济发展方式的重大课题。习总书记说，物质资料总是越用越少，而科技和人才总是越用越多的。脆弱的国内经济形势迫使我们转向创新驱动型发展轨道。转变经济发展方式，实现新型工业化、信息化、城镇化、农业现代化，就必须及早转入创新驱动发展轨道，把创新潜力释放出来，充分发挥科技进步、文化创意和品牌战略的作用。走创新驱动发展道路，提高自主创新能力，建设创新型国家，是决定国家前途命运的根本性、全局性、战略性问题。实施创新驱动发展战略，把创新驱动发展战略实施摆在国家发展全局的核心

① 参见常修泽：《创新立国战略导论》，载《上海大学学报（社会科学版）》2013 年第 5 期。

② 常修泽：《创新立国战略导论》，载《上海大学学报（社会科学版）》2013 年第 5 期。

位置，顺应了时代潮流，体现了党对当代经济社会和科技发展规律的深刻把握，为新时期我国经济改革发展进一步指明了方向。

第四节　中国的创新驱动蓝图：创新驱动发展战略设计

从系统论的角度看，每一个战略都不是孤立存在的，它必须与其他正在或将要实施的战略相匹配，中国特殊的国情、道路和目标决定了我们必须走中国化的创新驱动发展道路。这就对理论研究者和政策制定者提出了一个问题：中国化的创新驱动发展战略，其方向、模式、支撑架构应当是怎样的？由此，设计中国的创新驱动发展战略成为摆在政策制定者面前的一道难题，加强创新驱动发展战略的顶层设计，显得极为迫切。

笔者认为，中国化的创新驱动发展战略应当是由人本化、生态化、信息化的中国化创新方向，科技、文化、品牌三位一体的中国化创新驱动模式和以企业为主体、市场为导向、官产学研一体化的中国化国家创新体系构成的一个完整系统。

一、中国化的创新方向：人本化、生态化、信息化

党的十六大报告提出，要坚持以信息化带动工业化，以工业化促进信息化，走出一条科技含量高、经济效益好、资源消耗低、环境污染少、人力资源优势得到充分发挥的新型工业化道路。立足国情、放眼未来，中国的创新方向是人本化、生态化和信息化。①

（一）人本化

人本化，即“以人为本”，简单地说就是发展“依靠人、为了人”。联合国计划开发署（UNDP，2010）提出，现代经济发展方式必须要从以物质财富增长转向人的需求，经济发展的目的在于满足和实现人的发展。应运这一趋势，“幸福指数”“人类发展指数”等指标成为考核经济发展的新标准，未来的创新也不能脱离这一时代潮流。创新方向的人本化，首先是依靠人。与生产要素驱动和投资驱动不同，创新驱动强调的是智力资源的开发，因而在创新驱动发展阶段，人的智力成为第一生产要素，知识、技能、信息等无形资产成为主要的要素投入，通过创新实现劳动密集型向智力密集型的跨越，走充分发挥人力资源优势的新型工业化道路。创新方向的人本化，其次是为了人。

---

① 吴峰刚、沈克慧：《中国特色的创新驱动发展战略研究》，载《企业经济》2013 年第 6 期。

经济发展最直观的表现是经济总量的增长和经济质量的提升,但其根本目的还在于人民生活水平的提高及质量改善。因此,要通过创新以高质量的产品和服务来满足人民群众日益增长的物质文化需要,增加人民福利。

(二) 生态化

可持续发展着眼于人类未来的永续发展,业已成为全人类共识,是发展的"道德制高点"。传统的技术创新模式忽视生态价值追求,以破坏生态、污染环境为代价,一味追求利润最大化,这种模式已经被世界潮流所抛弃。面向未来的创新,应当是资源节约型、环境友好型的创新,在这种创新模式下,经济、社会、生态良性循环,人民安居乐业。具体而言,创新的生态化包括立足于循环经济模式的产业结构、产业布局的生态化和立足于清洁生产方式的生产工艺生态化两个层面。①

(三) 信息化

信息化是充分利用信息技术,开发利用信息资源,促进信息交流和知识共享,推动人的智能潜能和社会物质潜力充分发挥,使社会走向高效、优质发展方向的进程。20 世纪 90 年代以来,信息技术不断提高,信息网络广泛普及,信息化成为全球经济社会发展的显著特征,引领社会的全方位变革。在中国,继党的十六大报告提出了信息化的任务后,党的十八大报告进一步提出了信息化与工业化深度融合的战略目标。工业和信息化部曾出台《信息化和工业化深度融合专项行动计划(2013—2018 年)》,其中第七项就是互联网与工业融合创新行动,目前已有二十多家企业成为第一批试点。

新一轮互联网革命正迅速向各个产业领域渗透、融合,互联网思维下,工业体制机制、管理模式已经发生重构和转型,信息化成为撬动传统产业转型升级的重要力量。因此,信息化是中国特色创新道路的必然方向。坚持信息化创新方向,在创新进程上有利于节约创新资源,实现创新信息共享、推进协同创新;在创新结果上有利于确保创新成果的生命力和社会适应性。

二、中国化的创新驱动模式:科技、文化、品牌三核驱动

随着创新概念内涵的扩展,文化创新、品牌创新成为创新的新内涵,创新扩展为科技、文化、品牌三个维度三位一体的概念。中国化的创新驱动模式也要适应创新内涵扩展这一历史性变革,破除单纯技术创新驱动模式的窠臼,将中国的创新驱动模式由技术创新驱动的单核驱动模式拓展为科技创新

---

① 吴峰刚、沈克慧:《中国特色的创新驱动发展战略研究》,载《企业经济》2013 年第 6 期。

驱动、文化创新驱动、品牌创新驱动的三核模式,打造创新驱动模式的中国升级版。与此相对应,创新驱动发展战略可以分解为科技创新驱动战略、文化创新驱动战略和品牌创新驱动战略三大子战略,统属于创新驱动发展战略。三大子战略分别对应于知识产权战略领域的专利战略、版权战略和商标战略。

一是实施科技创新驱动战略,致力中国创造,提高国家科技创新力。工业革命以来,科技之争就一直是国家硬实力较量的主要形式,这其中尤以技术专利最为关键。在专利战略实施的政策目标中,要着力提高核心技术和关键技术专利的拥有量,实现高新技术产业化和传统产业的高新技术化,促进经济的转型升级和社会的可持续发展。

二是实施文化创新驱动战略,激励中国创意,增强国家文化软实力。当今世界,国家实力之争已从单纯的经济、科技、军事实力等硬实力之争转向硬实力与软实力的综合实力之争,文化软实力已经成为国家实力竞争的新场域,而文化创意产业则是国家经济发展的新动力。提升文化软实力的关键在于文化创新和文化产业的发展。[①] 在版权战略目标中,着力提升对文化创新的版权保护,鼓励文化创新,提升积极性,提高我国文化软实力。

三是实施品牌创新驱动战略,树立中国形象,提升国家品牌影响力。知名品牌的拥有量在一定程度上反映了一个国家的经济实力,拥有国际知名品牌多的国家往往是经济实力较强的国家。因而,中国形象的确立,有赖于中国品牌的营造,而中国品牌的营造,取决于企业知名品牌的创建。我国应当加强对商标的保护,通过实施商标战略,为中国品牌的营造和培育创造良好的环境。

三、中国化的国家创新体系

成功建立创新经济体的大多数成功案例表明,只有政府、产业界和知识界通力合作,创新驱动发展战略才可能成功实施。打通政府、产业界和知识界合作的障碍,需要构建一组独特的机构作为战略支撑,这就是国家创新体系。国家创新体系是指一个国家或地区在政府主导和社会共同参与下,科技和经济各部门及机构之间相互作用下而形成的推动创新的网络系统。

经合组织(OECD)在其1997年出版的《国家创新系统》一书中将国家创新系统定义为一组独特的机构,根据政府创新政策,进行知识的创造、储存和

---

① 吴汉东:《设计未来:中国发展与知识产权》,载《法律科学(西北政法大学学报)》2011年第4期。

转移,联合推进新技术的发展和扩散的相互联系的网络系统。国家创新系统由若干个子系统构成,即由知识创新系统、技术创新系统、知识传播系统和知识应用系统构成,而科研机构、大学、企业、职业培训机构分别为四个系统的核心部分。① 国家创新体系主要包括以下主要要素或主体:(1) 企业是创新的主要主体,主要从事知识应用活动。(2) 公共研究机构主体,主要从事知识生产活动,开展基础性研究、战略性和前瞻性的创新活动,为全社会和企业提供知识与技术基础。(3) 教育培训机构主体,主要从事知识传播和扩散活动,为企业主体提供强有力的智力支持。(4) 金融机构主体,主要为各类创新活动提供必要的资金支持。(5) 政府机构主体,制定有关政策,为创新活动创造良好环境。(6) 中介机构主体,主要为创新提供必要的辅助支撑要素,是起支撑作用的基础设施。

中国的国家创新体系,应当是以企业为主体、市场为导向、官产学研一体化的国家创新体系。它是一个涵盖国家、产业、企业三个层面的内在创新体系。更重要的是,它不仅涉及技术创新,还涉及文化创新和品牌创新,同时还涵盖了制度创新主题。这一体系包括以下几个子系统:

第一,创新的组织模式。

企业是创新的主体,创新之伟力缘于千千万万个有活力的企业。② 要着力构建企业为主体,官产学研一体化的创新组织模式,完善政府、产业界、大学和研发机构、研发人员协同创新的机制。

第二,创新的管理体制。

促进管理科学化和资源高效利用。包括项目申报、审核机制,资金审批机制,考核评价机制,激励机制,奖励政策,等等。

第三,创新的人才政策。

通过人才发展机制改革,激发科技人员的积极性、创造性。统筹各类创新人才发展规划。加大优质人才引进力度。

第四,创新的文化。

创新文化存在于创新活动各阶段及创新成果的社会化运用全过程。Form Boronat(1992)指出,创新文化是一种以初始方式在某一特定时期为满足创新思想数量最大化的需要而培育的一种行为模式。张玮、高静、黄学讯(2010)认为,创新文化是能够激发和促进组织内创新思想、创新行为和创新

---

① 严雄飞、谭穗枫:《论国家创新体系中的创新主体定位问题》,载《科技管理研究》2006 年第 7 期。

② 常修泽:《创新立国战略导论》,载《上海大学学报(社会科学版)》2013 年第 9 期。

活动产生的、能够适应复杂环境变化的组织文化。① 创新文化在创新体系中的地位正越来越重要。在分析了中国科学技术发展在人才、经费、设备等基本资源因素之后，黄宁燕、王培德(2013)认为，影响我国创新的主要因素已不是资源性投入，而是文化因素，创新文化已经成为影响我国创新发展的活力及成效的主要因素。②

第五，创新的市场环境。

创新离不开良好的市场环境的支持，包括政策环境以及创新中介服务体系。创新的政策环境包括财政、税收、金融、资本政策以及创新成果孵化平台、创新公共信息服务平台、创新预警机制等；创新的中介服务体系包括信用评级、风险评估、资产估值、会计审计、法律咨询、专利代理、商标代理等内容。

第六，创新的知识产权制度体系。

贯彻落实《国家知识产权战略纲要》，实施知识产权战略，从知识产权创造、运用、保护、管理四个方面着手，全力发挥知识产权优势。

---

① 张玮、高静、黄学讯：《创新文化及其作用机制的研究述评》，载《科技管理研究》2010 年第 11 期。

② 黄宁燕、王培德：《实施创新驱动发展战略的制度设计思考》，载《中国软科学》2013 年第 4 期。

第二章　创新驱动发展战略与知识产权本质合一

第一节　知识产权与知识产权战略

一、知识产权

知识产权,英文为“Intellectual Property”、德文为“Gestiges Eigentum”,其原意是“知识(财产)所有权”或“智慧(财产)所有权”。将一切来自知识活动领域的权利概括为“知识产权”,最早见之于17世纪中叶的法国学者卡普佐夫的著作。[1] 后来,比利时学者皮卡第发展了这一理论,将知识产权视为一种特殊的权利范畴,并以此区别于物的所有权。[2] 在民事权利制度体系中,知识产权是一种新型的权利类型,涵盖了专利权、著作权、商标权以及商业秘密保护、反不正当竞争等内容,并且随着时代的演进、社会的发展,各种新型的知识产权类型不断出现并被纳入其中,诸如地理标志、软件数据、遗传生物资源、集成电路布图设计,等等。

和多数民事权利不同,知识产权并非起源于任何一种民事权利,也并非起源于任何一种财产权,它起源于封建社会的“特权”。[3] 所谓特权,对应英文为“privilege”,《美国传统词典》对于“privilege”的解释是:优惠给予个人、某一阶层或某一社会阶级或为其享有的特别的好处、豁免、权利、利益或优惠。可以看出,特权并不属于权利,而更类似于一种“权力”。早在中世纪,欧洲的君主就钦赐给特定的工商业者在某些商品上垄断经营的特权,只不过,在现代知识产权制度建立以前,诸如此类的专利独占、垄断经营以及类似的“知识产权”,本质上都是主权者与市场参与者合谋通过权力垄断市场,所得垄断利益由主权者与特权者分赃的特殊利益分配机制。[4] 随着资产阶级

---

① 吴汉东:《知识产权本质的多维度解读》,载《中国法学》2006年第5期。

② 〔苏〕E. A. 鲍加特赫等:《资本主义和发展中国家的专利法》,载《国外专利法介绍》,知识出版社1980年版,第2页。

③ 郑成思:《知识产权论》,法律出版社1998年版,第4页。

④ 张志成:《知识产权战略研究》,科学出版社2010年版,第15页。

革命在世界范围内的胜利,封建制度下的特权被革命所涤荡,市场经济模式兴起,原初形态作为特权的知识产权完成了向私权形态知识产权的转变。时至今日,“知识产权属于私权”已是法学界对知识产权权利属性的基本认识并已为世界贸易组织《知识产权协定》(TRIPS)序言所确认。知识产权是一种私权,并且是一种有别于建立在有体物之上的动产与不动产所有权的“知识财产所有权”①。

关于知识产权的本质,吴汉东教授有着十分深刻的分析。吴汉东教授(2001,2006)认为,知识产品是公开的,但知识产权是垄断的;换言之,“知识产品属于公共产品范畴,而知识产权则是私人产权属性”②。既为公共产品,为何法律上配置私人产权？这是一个悖论。“一个国家的知识产权政策远不是保护知识产权所有人利益的简单问题,而是涉及经济、社会和政治等多个层面的复杂问题。”③知识产权政策不仅仅是个人权利保护的问题,而是包括创造、运用、保护、管理的全方位制度体系。一国在作出知识产权制度安排时,必须从国家利益出发,综合衡量知识生产与知识传播运用,个体权利保护与公共利益维持,国际科技、经济竞争与国内保护等诸多因素。换言之,知识产权制度已不仅仅是一种法律科学的产物,还是一国实现社会公共利益的公共政策工具。正如英国知识产权委员会报告所指出的那样:“无论怎样称呼知识产权,我们最好将它视作公共政策的一种手段,授予个人或机构的一些经济特权,以实现更大的公共利益,而这些特权只是一种目标实现手段,而非目标本身。”④正因为如此,在知识这种公共产品之上配置以私人产权,不单纯是法律科学逻辑的产物,更多的是公共政策选择使然。也因此,可以从两个维度来界定知识产权的本质:在民法理论层面,它是“知识财产私有的权利形态”,也即世界贸易组织《知识产权协定》所宣称的“知识产权为私权”;在公共政策理论视野中,知识产权则是“政府公共政策的制度选择”。⑤ 唯有如此,才能解释公共产品与私人产权这一悖论。

知识产权制度作为政府公共政策选择这一本质,揭示出了知识产权制度的公共政策内涵。根据政策学理论,所谓公共政策是指社会公共权威部门为

---

① 吴汉东:《知识产权的多元属性及研究范式》,载《中国社会科学》2011 年第 5 期。

② 吴汉东:《科技、经济、法律协调机制中的知识产权法》,载《法学研究》2001 年第 6 期。

③ 王先林:《从个体权利、竞争工具到国家战略》,载《上海交通大学学报(哲学社会科学版)》2008 年第 4 期。

④ 参见英国知识产权委员会 2002 年 9 月发布的《知识产权与发展政策相结合》报告。该报告中文版本网址:http://www. iprcommission. org/papers/pdfs/Multi-Lingual-Documents/Multi-Lingual-Main-Report/DFID-Main-Report = Chinese-RR. pdf,最后访问日期:2013 年 12 月 19 日。

⑤ 吴汉东:《知识产权本质的多维度解读》,载《中国法学》2006 年第 5 期。

解决社会公共问题或社会矛盾、调整社会经济关系而建立的社会生活依据，是提供给社会经济领域的行为规范、基本准则和行动指南，是政府实施宏观调控和社会管理的手段和工具。① 同物权、债权一样，知识产权也是一种私权，但同时具有超越私人属性的公共政策属性。既为一种公共政策，知识产权制度就成为政府进行知识财产利益分配与调整的政策工具。知识产权制度通过合理确定人们对于知识及其他信息的权利，调整人们在创造、运用知识和信息过程中产生的利益关系，激励创新，推动经济发展和社会进步。当今社会，经济发展越来越依赖于以科学技术为主要内容的知识，"知识已成为生产力和经济增长的发动机"，可以说，"新的世纪是知识经济的时代，也是知识产权的时代"。② 在这种时代背景下，知识成为生产要素，而知识产权制度则成为"开发和利用知识资源的基本制度"③。知识产权为后发国家转变经济发展方式提供了技术支持，知识产权制度为后发国家创新驱动发展之路提供了制度支撑。知识产权制度是"制度文明的典范"④。作为法律制度的知识产权，其立法目的在于保护智力创造者的权利，促进知识广泛传播，有效配置智力资源。吴汉东教授谓之"正义与效益的双重价值目标"。知识产权的各项基本制度，围绕着上述法律价值目标，发挥着保护权利、平衡利益、促进科技进步和经济增长的社会功能，具体表现在：第一，为创新活动进行产权界定并提供激励机制；第二，为创新产业进行资源配置并提供市场交易；第三，为创新成果进行产权保护并提供市场规范机制。⑤

从管理学角度剖析，知识产权在资本形态上表现为一种独立的无形资产。⑥ 在管理学中，资产是指企业或个人拥有或控制的，能够以货币计量并能够给企业或个人带来收益的经济资源，所谓的无形资产是指企业拥有或控制，没有实物形态并能够带来或保证经济利益的，内生和外购的非货币性资产，包括专利权、非专利技术、商标权、著作权、商业秘密、特许经营权、土地使用权、商誉等。"无形资产是各行各业的必备资源，它在单位总资产中的比重有超过有形资产的趋势。世界上当前单项价值最高的是无形资产，经济技

---

① 张勤、朱雪忠主编：《知识产权制度战略化问题研究》，北京大学出版社 2010 年版，第 40 页。

② 吴汉东：《科技、经济、法律协调发展：知识产权制度的作用机制》，载《法学研究》2001 年第 6 期。

③ 参见《国家知识产权战略纲要》。

④ 刘春田主编：《知识产权法》，高等教育出版社 2000 年版，第 19 页。

⑤ 吴汉东：《科技、经济、法律协调发展：知识产权制度的作用机制》，载《法学研究》2001 年第 6 期。

⑥ 参见刘京城：《无形资产的价格形成及评估方法》，中国审计出版社 2004 年版，第 4 页。

术寿命最长的是无形资产。"①在知识经济时代,资本家让位于"知本家",知识产权等无形资产成为创造财富的主体资源。②

二、知识产权战略

正是知识产权的公共政策属性,使得知识产权"不再仅仅是一个法律问题,而更多的是与国家的科技政策、产业政策、文化政策、教育政策等相关的公共政策选择问题"③,知识产权始作为一项战略进入到国家决策者的视野。知识产权战略是知识产权制度作为政府公共政策工具的具体体现。

吴汉东教授认为,知识产权制度上升为战略,即是"主体通过规划、执行、评估等战略举措,谋求战略目标实现而采取的全局性、整体性的谋略和行动安排"。进言之,"知识产权战略是一个具有活性的动态系统,包括战略规划、执行、评估等;同时又是一个服务特定战略目标,发挥知识产权制度正效应的公共政策体系"。④ 张勤、朱雪忠(2010)认为,知识产权战略是战略主体为实现自身目标、取得竞争优势、谋求最佳绩效,通过规划、执行和评估一系列战略措施以推进与己相关的知识产权工作,发挥知识产权管理、创造、保护和运用中的正效应,遏制其负效应的总体性、根本性和规律性的策略和手段。⑤ 徐明华(2003)认为,所谓知识产权战略,就是以知识产权制度为基础,健全和完善知识管理体系,激励知识产权创造、知识产权保护和知识产权的转化与应用,提高知识创新能力和国际竞争力,推动经济社会持续发展的行动方案及相关政策措施。⑥ 知识产权战略是在建立有效的知识产权保护制度的基础之上,"从宏观性、全局性和战略性出发,将知识产权保护作为实现国家政策的重要工具和手段"⑦,纳入到经济社会科技总体发展战略当中。

知识产权战略包括四大部分的内容,分别是知识产权创造战略、运用战略、管理战略和保护战略。其中,知识产权创造战略是基础,知识产权运用战略是目的,知识产权管理战略是关键,知识产权保护战略是保障。除此以外,以知识产权人才培养为内容的知识产权人才战略则是以上所有战略顺利运

① 蔡吉祥:《无形资产学》,海天出版社2002年版,第5页。

② 吴汉东:《知识产权的多元属性及研究范式》,载《中国社会科学》2011年第5期。

③ 吴汉东:《中国知识产权的国际战略选择与国内战略安排》,载《今日中国论坛》2006年第Z1期。

④ 参见张勤、朱雪忠主编:《知识产权制度战略化问题研究》,北京大学出版社2010年版,第12页。

⑤ 同上书,第28—29页。

⑥ 徐明华:《关于知识产权战略与国际竞争力的理论探讨》,载《中国软科学》2003年第8期。

⑦ 冯晓青:《美、日、韩知识产权战略之探讨》,载《黑龙江社会科学》2007年第6期。

行的人才支撑。知识产权创造战略包括自主创新、知识产权权利归属、激励等基本内容,它要求从制度创新和技术创新两个层面提高企业自主创新能力和国家核心竞争力,推动更多具有自主知识产权的科技成果、文化产品和品牌的生成。知识产权运用战略包括成果转化、知识产权转让和许可使用、知识产权融资等内容,倡导知识成果的产业化,鼓励"产学研"一条龙的发展道路。知识产权管理战略包括知识产权行政管理、社会团体及协会等第三部门管理、企业管理等内容,强调将全社会的知识产权资源进行规划、整合、运营和组织,提高知识产权资源的利用效率。知识产权保护战略包括立法保护、行政保护、司法保护、行政和司法的联动保护以及国际保护等,通过建立行政机关、司法机关多机构、多层次的联动执法机制,强力打击知识产权侵权行为,强化知识产权保护。

按照战略主体层次的不同,知识产权战略又可以划分为国家知识产权战略、区域知识产权战略、行业知识产权战略、企业知识产权战略。国家知识产权战略,是指以知识产权作为强国富民的战略资源,建立有利于知识产权创造、运用、管理、保护的法制环境、市场机制、知识产权服务和人才培养体系,谋求社会经济良性发展、增强国家竞争力、建设创新型国家的全局性、总体性国家策略。① 本书主要是站在国家知识产权战略这一宏观角度来使用"知识产权战略"这一词汇的。相较于国家知识产权战略,中观层面的区域知识产权战略以及微观层面的行业知识产权战略、企业知识产权战略在战略目标、组织保障、战略资源和手段、具体实施等方面存在一定差异,在此不予展开。

在此有必要理清知识产权制度、知识产权政策、知识产权战略这三个近似概念。抛开此处知识产权的限定,单从一般意义上来说,政策通常是为了实现某一目标而制定的权宜性对策;制度也好战略也罢,均是政府公共政策体系中的一种政策工具。从规范性角度来说,制度的规范性程度最高,战略次之,政策最次;从稳定性角度而言,制度和战略均具有长期稳定性,而政策多具有可变性。吴汉东教授认为:"在政策科学领域,知识产权制度亦是一项知识产权政策,即政府以国家名义,通过制度配置和政策安排对私人知识资源的创造、运用、管理进行指导和规制"②,"通常表现为一系列的法令、条例、规章、规划、计划、措施、项目等"③。知识产权战略是从战略高度运用知识产权制度促进国家和经济社会发展的一种战略模式,是知识产权制度作为

---

① 参见张勤、朱雪忠主编:《知识产权制度战略化问题研究》,北京大学出版社2010年版,第36页。

② 同上书,第12页。

③ 吴鸣:《公共政策的经济分析》,湖南人民出版社2004年版,第4页。

政府公共政策工具的具体体现。据此,关于知识产权制度、政策、战略三者的关系,我们可以得出以下结论:第一,知识产权制度是有关知识产权公共政策的重要组成部分。第二,知识产权政策是国家为实现社会发展目标而制定的知识产权行动准则。第三,知识产权战略是推行知识产权政策的基本纲领。①

徐明华(2003)认为,实施知识产权战略的主要目的有二:一是要加速知识产权制度建设和知识产权综合能力的提高,并通过提升本国或本地区拥有的知识产权数量和质量,进一步增强核心竞争能力;二是要适应世界知识产权制度的变革和发展,与世界知识产权制度接轨,扩大国际合作与交流,积极参与国际规则的调整与制定,维护自身利益,保障经济安全。②

纵观当今世界各主要科技和经济强国的发展历程,不难发现这样一个事实:凡是科技发达经济繁荣的国家,无一不是知识产权制度健全完善的国家。这些国家所拥有的自主知识产权的数量和质量与其科技、经济的发展程度一样在世界上都是处于领先地位。从一定意义上讲,"知识产权保护的水平,客观上反映了一个社会、一个国家科技和经济的发展水平"③。当前,各国知识产权知识水平的差异,实质上反映了各国科技、经济水平的差异。知识产权已经成为世界主要国家在经济全球化和知识经济迅速发展的时代参与国际竞争的战略性资源。在知识经济凸显、经济全球化和科学技术迅猛发展、新一轮科技革命势在必行的新形势下,制定和推行知识产权战略成为各主要国家提高综合实力和核心竞争力,实现其经济、科技发展目标的一致选择。可以说,"知识产权战略实施的成功与否,将影响 21 世纪中国社会发展的最终走向"④。

三、境外各主要国家知识产权战略概观

到目前为止,自国家层面明确提出"知识产权战略"的国家只有日本和中国,其他国家,如美国、韩国、欧洲各国等,虽然学界常论及其知识产权战略,但实际上这些国家并没有专门出台过"国家知识产权战略纲要"及类似的规范文件。然而,这并不意味着这些国家就没有在国家战略意义层面上的知识产权政策。名实之辩,素来重实而轻名,因而本书使用"各国知识产权

---

① 参见张勤、朱雪忠主编:《知识产权制度战略化问题研究》,北京大学出版社 2010 年版,第 12—13 页。

② 徐明华:《关于知识产权战略与国际竞争力的理论探讨》,载《中国软科学》2003 年第 8 期。

③ 参见李顺德:《高新技术与知识产权保护》,载《知识产权》2000 年增刊。

④ 吴汉东:《知识产权的多元属性及研究范式》,载《中国社会科学》2011 年第 5 期。

战略”这一提法并无不妥,尚请读者明辨。

(一)美国知识产权战略

知识产权战略是美国最为重要的长期发展战略之一。20 世纪 70 年代,在越南战争、石油危机的拖累下,布雷顿森林体系崩溃,美元走弱,美国经济的国际竞争力急剧下降;与此同时,欧洲国家的战后复兴和新兴工业国家地区特别是日本在经济上的强势崛起,在汽车、电子等产业生产率超过美国,这让美国产业界感到了巨大的竞争压力。面对严峻挑战,朝野上下进行了深刻反思,结论之一就是美国在经济竞争中最大的资源和优势在于科技和人才,而由于当时社会的反专利倾向,专利等知识产权保护的严重滞后制约了美国高技术产业的发展;同时,弱知识产权保护使得外国能够轻易模仿,并凭借劳动力成本优势在国际市场上挤压美国企业的空间,实现本国经济快速发展。这一反思让美国意识到,专利等知识产权可以作为国际竞争的有力武器。① 为此,美国总统卡特在 1979 年 10 月 31 日提交国会的“产业技术革新政策”国情咨文中提出,“要采取特殊的政策提高国家的竞争力,振奋企业家精神”,从而将知识产权政策提升到国家战略层面。从此,利用长期积累的科技成果,巩固和加强知识产权优势,以保持美国在全球经济中的霸主地位,成为美国企业与政府的统一战略。②

美国知识产权战略主要在三个方面着力③:一是不断完善国内知识产权立法,建立完善的知识产权体系,例如为了激励技术创新,制定颁布了《发明人保护法》《技术创新法》;二是大力提升知识产权运用能力,健全产权激励机制,促进知识成果转化,制定例如《政府资助研发成果商品化法》《技术转让商品化法》,从法律上明确成果归属、鼓励成果运用;三是在国际上力图主导知识产权国际规则的制定,以便在国际贸易中维护美国利益,例如 TRIPS 嵌入国际贸易体系,成为 WTO 规则体系的重要一环。

1. 知识产权立法概况

美国的知识产权立法可以追溯到建国之初制定的《美利坚合众国宪法》(又称《1787 年宪法》)。该《宪法》第 1 条第 8 款明确规定,“保障著作家和发明家对其著作和发明在限定期间内的专利权,以促进科学与实用技艺的发展”。1790 年 5 月,美国国会通过了美国第一部专利法,基本奠定了美国专

---

① 参见张勤、朱雪忠主编:《知识产权制度战略化问题研究》,北京大学出版社 2010 年版,第 89 页。

② 杨起全、吕力之:《美国知识产权战略研究及其启示》,载《中国科技论坛》2004 年第 2 期。

③ 参见张志成:《知识产权战略研究》,科学出版社 2010 年版,第 52 页。

利制度的基础,该法后来经过了1836年、1870年、1952年的三次修订,适用至今。同年,国会通过了第一部《联邦版权法》,将书籍、地图、期刊纳入版权保护范围;后历经1835年、1870年、1909年特别是1976年修订,版权保护范围扩展到所有作品,并且无论作品发表与否。商标立法以各州立法为主,1870年颁布了第一部联邦商标法——《美利坚合众国联邦商标条例》,至1946年,《兰海姆法》的出台,美国形成了以州法为主、联邦法与州法并存的商标法体系。近年来,美国为了维护其国家利益和适应企业需要,修改并完善了专利、商标、著作权法等传统知识产权法律,出台了1998年《千禧年数字化版权法》、1996年《联邦商标反淡化法》等新型法律,扩大知识产权保护领域,形成了严密的联邦和州知识产权法律系统。

2. 知识成果转化

知识成果只有转化为现实生产力才能显现知识产权政策效果。自20世纪80年代以来,美国政府矢志加强调整知识产权利益关系、立法鼓励转化创新。1980年《拜杜法案》规定联邦财政资助产生的专利权归属于被资助的研究机构或发明人所有。1986年的《联邦技术转移法》以及1998年的《技术转让商业化法》《国家竞争力技术转移法案》《国家技术转移与升级法案》,使美国大学、国家实验室在申请专利,加速产学研结合及创办高新技术企业方面发挥更大的主动性。1999年美国国会通过了《美国发明家保护法令》,随后在2000年10月参众两院又通过了《技术转移商业化法案》,进一步简化归属联邦政府的科技成果的运用程序。这一系列法案极大地激励了科研机构和企业的创造性,有力促进了知识创新和知识成果向生产力的转化。

3. 知识产权国际保护

从20世纪80年代开始,美国将知识产权作为抵御国外竞争、保住经济霸主地位的战略手段①,从法律和政策的层面采取了一系列措施,力图构建完善的知识产权国际保护制度体系。"特别301条款"和"337条款"是美国对竞争对手予以打压的具体表现。1988年,国会通过了《联邦贸易和竞争法案》,该法案将知识产权保护与对外贸易挂钩。法案增设了"特别301条款",授权美国贸易代表署对列入"特别301条款"名单的国家或地区进行调查,直至采取贸易制裁等报复措施。"特别301条款"意味着,任何商品或服务要想进入美国市场,必须接受美国认可的知识产权保护标准。除此之外,根据乌拉圭回合谈判,美国于1994年修正了《关税法》第337条"关于不公平竞争的规定"(简称"337条款")。"337条款"授权美国贸易委员会和海关对

① 冯晓青:《美、日、韩知识产权战略之探讨》,载《黑龙江社会科学》2007年第6期。

国外知识产权侵权产品的进口和销售进行审查,并有权采取有效的边境措施。

在国际贸易方面,实施知识产权保护与对外贸易直接挂钩的知识产权强保护政策。美国积极推动 WTO《知识产权协定》的达成,甚至不惜以退出国际贸易组织来威胁。1994 年,美国断然退出了由世界知识产权组织主持的专利国际协调会议,另起炉灶在乌拉圭回合谈判促成了以美国标准为基准的 TRIPS,把知识产权保护程度和保护范围提高到了空前的高度。① 在美国的强力推行之下,嵌入了 TRIPS 的国际贸易体系成为了一套更有利于美国等发达国家的新的国际贸易规则②,发展中国家的利益受损。同时,在《北美自由贸易协定》《韩美自由贸易协定》等多边或双边贸易协定中都突出知识产权保护的重要地位。

(二) 日本知识产权战略

20 世纪 90 年代是日本"失落的十年",其国际竞争力急剧下降,经济增长停滞,国民收入长期徘徊。根据瑞士洛桑国际管理学院发表的各国竞争力排名,1989 年到 1992 年,日本连续 4 年在 50 个国家中位居榜首,而从 1993 年起,日本的排名一路下滑,到 2001 年跌落至第 26 位,此后持续低位徘徊,2010 年甚至跌落至第 27 位③,远远不及美国、瑞士、加拿大、澳大利亚等发达国家,甚至落后于韩国、马来西亚、中国等新兴经济体。一个重要原因就在于其囿于曾经十分成功的传统工业经济发展方式,没有及时对"日本模式"进行改造。总结教训,日本政府提出了"信息创新时代,知识产权立国"的方针,力图通过知识产权驱动发展,走出"失落的十年"。

2002 年 2 月,日本首相小泉纯一郎在施政演说中提出:"把研究和创造活动的成果作为知识产权从战略上给予保护和利用,把加强本国产业的国际竞争力作为国家的目标",从而将知识产权提高到国家战略的高度。以此为契机,经过半年的草拟、制订,2002 年 7 月 3 日,内阁政府通过了了《日本知识产权战略大纲》,提出从创造、利用、保护三个战略以及人才基础和实施体制等方面抢占市场竞争制高点。大纲阐述了日本解决有关知识产权问题和建设知识产权示范国家的基本战略,包括知识产权创造、保护、运用战略以及作为基础的人才战略。第一,知识产权创造战略,该战略是知识产权战略的

---

① 参见张勤、朱雪忠主编:《知识产权制度战略化问题研究》,北京大学出版社 2010 年版,第 94 页。

② 参见国家知识产权局网站:《美国及美国企业的知识产权战略》,http://www.sipo.gov.cn/dtxx/gw/2005/200804/t20080401_352821.html,最后访问日期:2013 年 12 月 20 日。

③ 参见瑞士洛桑国际管理学院历年发布的《世界竞争力年鉴》。

基础和核心,其目的在于促进大学和企业的发明创造,同时在教育方面培养知识产权人才。第二,知识产权保护战略,该战略的目的在于改革现行体制,简化知识产权申请、审查环节和程序,强化对著作权、专利权、商业秘密的保护,强化海外保护。如在海外保护方面,特别强调重视对国际上的技术、设计、品牌的伪造以及音乐、电影、广播节目、游戏软件非法复制的问题。第三,知识产权应用战略,该战略的目的在于合理推进知识产权向产业的转化,合理评价和应用知识产权,通过使受保护的知识产品充分地运用,使其迅速地转化为现实生产力。第四,知识产权人才培养战略,知识创造主要依靠人的智力创造性劳动,因此人才培养成为知识产权战略成功的保障和基础。该战略的目的在于提高国民的知识产权意识,加快知识产权的人才培养。①

和美国知识产权战略不同的是,日本突出政府在知识产权战略实施中的作用,把有关战略措施直接落实到政府部门,试图通过行政目标管理的方式,把知识产权战略实施转变为政府机关的具体行为,进而全面实现战略目标。②《日本知识产权基本法》在第四章明确规定了日本知识产权战略本部作为知识产权战略推进的主导机构。知识产权战略本部由日本内阁设立,由首相任本部长,作为知识产权战略实施机制的核心;在知识产权战略本部之外,一并设立了"知识产权推进事务局",每年发布一次"知识产权推进计划",对国家主管部门、教学科研单位、各类企业的相关任务与目标都作了规定。以《知识产权战略大纲》为蓝本,2003 年 7 月 8 日,日本知识产权战略本部公布了《有关知识产权创造、保护及其利用的推进计划》(日本知识产权界称之为"知识产权战略推进计划")。该推进计划是根据《知识产权战略大纲》和《知识产权基本法》制定的,由知识产权创造、保护、利用、发展多媒体素材产业、人才培养和提高国民意识等五大部分组成,包括 270 项具体措施,着力打造一个"官、产、学、研"紧密结合的国家创新体系,全面落实《知识产权战略大纲》。

不仅如此,日本还将知识产权战略法制化;在保护上,推行知识产权案件统一审理。2002 年 11 月 27 日,日本国会通过了政府制定的《知识产权基本法》,共有 4 章 33 条,2003 年 3 月 1 日生效,为"知识产权立国"提供了法律保障。2005 年,日本成立了"知识产权上诉法院",统一审理知识产权民事和行政上诉案件,以简化程序,优化司法审判资源配置,从而更有效地保护知识产权。

---

① 冯晓青:《美、日、韩知识产权战略之探讨》,载《黑龙江社会科学》2007 年第 6 期。

② 参见张志成:《知识产权战略研究》,科学出版社 2010 年版,第 78 页。

（三）韩国知识产权战略

韩国知识产权制度建设起步较晚，直到1961年才开始运行自己的专利法案。1961年，韩国制定实施《实用新型法》《外观设计法》《新专利法》，至此，韩国的现代知识产权制度初步形成。20世纪70年代，韩国开始将资金、技术密集型产业作为发展重点。然而，石油危机造成全球经济衰退，国际贸易保护主义抬头，韩美之间发生了一系列知识产权争端。① 以此为契机，韩国开始积极参与知识产权国际协作活动，1979年加入国际知识产权组织，1980年签订《巴黎公约》，1984年签订《专利合作条约》（PCT），1986年开始对化学物质授予专利权，按照国际标准建立现代知识产权体系。为了适应TRIPS，韩国进行了一系列的知识产权法律修订工作：1995年建立知识产权法庭；1997年将专利保护期限延长为20年；1998年修改外观设计法，对纺织品设计等实行形式审查；1998年修改商标法，规定对与国内外知名商标相似的商标及恶意注册不予批准；1999年采取实用新型快速登记制度；2001年进一步修改7部知识产权法律及其相关法律。② 此外，简化并完善了专利和实用新型的复审程序。

面向新世纪，韩国政府实施了21世纪知识产权战略。2004年，韩国知识产权局颁布了“知识产权管理的愿景与目标”，该文件明确提出将建立世界知识产权强国作为韩国21世纪知识产权战略目标。其21世纪知识产权战略的核心是：将知识产权制度发展成为对创新知识和技术的创造、产权化、商业化具有促进功能的系统化社会基础结构③；同时，为全面应对经济全球化和高新技术的快速发展带来的知识产权新问题，积极参与全球高效知识产权制度的建立。

2004年，韩国内阁将原属于贸易工业和能源部的知识产权局转属科技部，并成立了“知识产权保护政策协议会”，负责协调所有的知识产权国家政策。2008年，韩国着手实施“知识产权实现战略”，致力于推进韩国知识产权制度的现代化和经济、科技、文化的快速发展。④ 目前，韩国的知识产权战略重点已转移到“为配合经济政策中以创造更高附加值为目的的高新技术本

---

① 邓仪友：《美、日、韩三国知识产权政策评述》，载《中国发明与专利》2008年第7期。

② 朱国华、倪天伶：《韩国知识产权战略与经济发展探析》，载《中国高校科技与产业化》2008年第11期。

③ 徐明华、包海波等：《知识产权强国之路——国际知识产权战略研究》，知识产权出版社2003年版，第176页。

④ 吴汉东：《知识产权战略实施的国际环境与中国场景——纪念中国加入世界贸易组织及〈知识产权协议〉10周年》，载《法学》2012年第2期。

土化战略和企业的产业竞争力发展战略,积极采取措施加强知识产权保护,促进技术发展”①。

四、中国的知识产权战略

(一) 我国知识产权战略制定背景

我国知识产权战略的制定出台有其深厚的国内和国际背景:

第一是经济结构调整,产业优化升级,建设创新型国家的需要。改革开放以来,持续三十多年的高速增长使得我国经济总量跃居世界第二位,社会生产力、综合国力、科技实力迈上了一个新的大台阶。但同时,我们持续三十多年的高速增长是以牺牲资源和生态环境为代价获得的。必须认识到,当前中国经济发展整体上仍然处于“资源依赖型”而非“创新驱动型”阶段,经济增长过于依赖物质资源投入和简单劳动的增加,这种发展模式导致我国发展中不平衡、不协调、不可持续问题越发突出,人口、资源、环境压力越来越大,要素驱动的粗放型经济发展方式难以为继,与此同时,投资驱动日显艰难,外贸出口持续疲软,整个中国经济面临着转变经济发展方式的重大课题。国家知识产权战略的制定实施对于我国经济转型升级、建设创新型国家具有重大意义。

第二是世界知识产权发展变革、各国知识产权战略兴起是国际大势所趋。在经济全球化和知识经济的大趋势下,世界知识产权制度正经历着重大变革,主要表现在:知识产权保护制度趋于国际化、一体化;知识产权保护范围不断扩展,保护水平不断强化;知识产权保护与国际贸易挂钩。面对这样的国际大势,美国、欧洲各主要国家、日本、韩国等发达国家和新兴工业化国家纷纷修正完善本国知识产权法律制度,调整本国的知识产权政策,提出“知识产权立国”的战略导向并积极制定、出台本国知识产权战略,力图在未来的国际竞争中占据有利地位。

国外各主要国家纷纷大力推进知识产权战略实施,与此同时,国内经济转型升级的巨大压力倒逼着经济转型升级,我国知识产权战略有着强烈的公共政策需求。2005 年 1 月,国务院成立了以时任国务院副总理的吴仪同志为组长的国家知识产权战略制定工作领导小组,启动了知识产权战略的制定工作,由国家知识产权局、国家工商总局、版权局、国家发展改革委、商务部、科技部等三十三家中央部委办局共同推进。经过三年多的反复酝酿和精心

---

① 冯晓青:《美、日、韩知识产权战略之探讨》,载《黑龙江社会科学》2007 年第 6 期。

准备,2008 年 3 月,《国家知识产权战略纲要》(以下简称《纲要》)获得国务院原则通过;6 月 5 日,国务院发布了《纲要》,我国知识产权战略正式确立并付诸实施。《国家知识产权战略纲要》的出台,标志着知识产权战略成为国家战略,中国也与各主要发达国家一道,步入了创新驱动、转型升级的快车道。

(二) 中国知识产权战略的主要内容

《纲要》从创造、运用、保护和管理四个方面予以展开,主要包括战略目标、战略重点、专项任务、战略措施四个部分的内容:

1. 战略目标

要按照激励创造、有效运用、依法保护、科学管理的方针,实现由知识产权大国向知识产权强国的过渡。远期目标是,到 2020 年,把我国建设成为知识产权创造、运用、保护和管理水平较高的国家。知识产权法治环境进一步完善,市场主体创造、运用、保护和管理知识产权的能力显著增强,知识产权意识深入人心,自主知识产权的水平和拥有量能够有效支撑创新型国家建设,知识产权制度对经济发展、文化繁荣和社会建设的促进作用充分显现。近五年的目标是:(1) 自主知识产权水平大幅度提高,拥有量进一步增加。本国申请人发明专利年度授权量进入世界前列。培育一批国际知名品牌。核心版权产业产值占国内生产总值的比重明显提高。拥有一批优良植物新品种和高水平集成电路布图设计。(2) 运用知识产权的效果明显增强,知识产权密集型商品比重显著提高,形成一批拥有知名品牌和核心知识产权,熟练运用知识产权制度的优势企业。(3) 知识产权保护状况明显改善。盗版、假冒等侵权行为显著减少,维权成本明显下降,滥用知识产权现象得到有效遏制。(4) 全社会特别是市场主体的知识产权意识普遍提高,知识产权文化氛围初步形成。

2. 战略重点

包括完善知识产权制度,促进知识产权创造、运用,加强知识产权保护,防止知识产权滥用,培育知识产权文化五个方面的内容:(1) 完善知识产权制度。进一步完善知识产权法律法规,健全知识产权执法和管理体制,强化知识产权在经济、文化和社会政策中的导向作用。加强产业政策、区域政策、科技政策、贸易政策与知识产权政策的衔接。(2) 促进知识产权创造和运用。运用财政、金融、投资、政府采购政策和产业、能源、环境保护政策,引导和支持市场主体创造和运用知识产权。推动企业成为知识产权创造和运用的主体,促进自主创新成果的知识产权化、商品化、产业化。(3) 加强知识产权保护。修订惩处侵犯知识产权行为的法律法规,加大司法惩处力度。提高权利人自我维权的意识和能力。降低维权成本,提高侵权代价,有效遏制侵权行为。(4) 防止知识产权滥用。制定相关法律法规,合理界定知识产权的界限,防止知识产权滥用,维护公平竞争的市场秩序和公众合法权益。(5) 培育知识产权文化。加强知识产权宣传,提高全社会知识产权意识。在全社会弘扬以创新为荣、剽窃为耻,以诚实守信为荣、假冒欺骗为耻的道德观念,形成尊重知识、崇尚创新、诚信守法的知识产权文化。

3. 专项任务

分别在专利、商标、版权、商业秘密、植物新品种、国防知识产权以及特定领域知识产权,诸如地理标志、遗传资源、传统知识、民间文艺等方面提出了专项任务要求:(1) 专利专项任务,主要包括:以国家战略需求为导向,在生物和医药、新材料、航空航天等技术领域超前部署,掌握一批核心技术的专利,支撑我国高技术产业与新兴产业发展。制定和完善与标准有关的政策,规范将专利纳入标准的行为。完善职务发明制度和利益分配机制。正确处理专利保护和公共利益的关系。完善强制许可制度,保证在发生公共危机时,公众能够及时、充分获得必需的产品和服务。(2) 商标专项任务,主要包括:切实保护商标权人和消费者的合法权益。加强执法能力建设,严厉打击假冒等侵权行为,维护公平竞争的市场秩序。支持企业实施商标战略。充分发挥商标在农业产业化中的作用。加强商标管理。提高商标审查效率,缩短审查周期,保证审查质量。(3) 版权专项任务,主要包括:扶持版权相关产业发展。完善制度,促进版权市场化。进一步完善版权质押、作品登记和转让合同备案等制度。依法处置盗版行为,加大盗版行为处罚力度。妥善处理保护版权与保障信息传播的关系,既要依法保护版权,又要促进信息传播。(4) 商业秘密专项任务,主要包括:引导市场主体依法建立商业秘密管理制度。依法打击窃取他人商业秘密的行为。妥善处理保护商业秘密与自由择业、涉密者竞业限制与人才合理流动的关系,维护职工合法权益。(5) 植物新品种专项任务,主要包括:建立激励机制,扶持新品种培育,推动育种创新成果转化为植物新品种权。建立健全植物新品种保护的技术支撑体系。合理调节资源提供者、育种者、生产者和经营者之间的利益关系,注重对农民合法权益的保护。(6) 特定领域知识产权专项任务,主要包括:完善地理标志保护制度。完善遗传资源保护、开发和利用制度,防止遗传资源流失和无序利用。建立健全传统知识保护制度。加强民间文艺保护,促进民间文艺发展。加强集成电路布图设计专有权的有效利用,促进集成电路产业发展。(7) 国防知识产权专项任务,主要包括:建立国防知识产权的统一协调管理机制,着力解决权利归属与利益分配、有偿使用、激励机制以及紧急状态下技术有效实施等重大问题。加强国防知识产权管理。建立国防知识产权安全预警机制,对军事技术合作和军品贸易中的国防知识产权进行特别审查。促进国防知识产权有效运用。

4. 战略措施

从知识产权创造能力、转化运用、法制建设、执法水平、行政管理、中介服务、人才队伍建设、知识产权文化建设、对外交流与合作九个方面制定了具体的战略实施措施。(1) 提升知识产权创造能力。建立以企业为主体、市场为导向、产学研相结合的自主知识产权创造体系。支持企业通过原始创新、集成创新和引进消化吸收再创新,形成自主知识产权,提高把创新成果转变为知识产权的能力。(2) 鼓励知识产权转化运用。引导支持创新要素向企业集聚,促进高等学校、科研院所的创新成果向企业转移,推动企业知识产权的应用和产业化,缩短产业化周期。(3) 加快知识产权法制建设。建立适应知识产权特点的立法机制,提高立法质量,加快立法进程。加强知识产权立法前瞻性研究,增强立法透明度,加强知识产权法律修改和立法解释。(4) 提高知识产权执法水平。完善知识产权审判体制,优化审判资源配置,简化救济程序。加强知识产权司法解释工作。改革专利和商标确权、授权程序,研究专利无效审理和商标评审机构向准司法机构转变的问题。(5) 加强知识产权行政管理。制定并实施地区和行业知识产权战略。完善知识产权审查及登记制度,提高知识产权公共服务水平。构建国家基础知识产权信息公共服务平台。建立知识产权预警应急机制。(6) 发展知识产权中介服务。完善知识产权中介服务管理,加强行业自律。规范知识产权评估工作。建立知识产权中介服务执业培训制度,加强中介服务职业培训,规范执业资质管理。充分发挥技术市场的作用,构建信息充分、交易活跃、秩序良好的知识产权交易体系。(7) 加强知识产权人才队伍建设。建立部门协调机制,统筹规划知识产权人才队伍建设。建设若干国家知识产权人才培养基地,大规模培养各级各类知识产权专业人才。完善吸引、使用和管理知识产权专业人才相关制度,优化人才结构,促进人才合理流动。(8) 推进知识产权文化建设。建立政府主导、新闻媒体支撑、社会公众广泛参与的知识产权宣传工作体系。完善协调机制,制定相关政策和工作计划,推动知识产权的宣传普及和知识产权文化建设。(9) 扩大知识产权对外交流合作。加强知识产权领域的对外交流合作,建立和完善知识产权对外信息沟通交流机制,鼓励开展知识产权人才培养的对外合作。积极参与国际知识产权秩序的构建,有效参与国际组织有关议程。

（三）《纲要》简要评价

总体来说，《国家知识产权战略纲要》取得了突出成就，主要表现在：首先，《纲要》第一次构建了整体化的知识产权法律制度建设的图景，为实现以国家利益为核心的、较为完善的知识产权法律、法规、政策体系提供了一种可能①；其次，《纲要》抓住了知识产权战略的核心，整合了知识产权制度与创新政策、发展政策，实现了政策激励与知识产权创造的紧密结合以及创新行为与创新成果转化、运用的紧密结合；再次，《纲要》把新兴的知识产权领域纳入到了国家知识产权战略的范畴，包括对地理标志的保护、遗传资源的开发、传统知识保护、民间文学艺术保护等；最后，《纲要》把知识产权问题作为一个科技、政治、经济、文化的全方位、体系化问题来看待，从文化、人才、中介服务、公共实施等方面作出了全方位部署。

不过，《国家知识产权战略纲要》的不足也是明显的，主要体现在以下几个方面②：

一是把知识产权战略的核心确定为知识产权的创造和运用，对知识产权利益与公众利益的平衡的关注不够。这一点在对外国企业知识产权的利益平衡上表现得尤其明显。如果不能充分利用外国企业知识产权实现技术的扩散和运用以增进公共福利，对外国企业知识产权的保护就缺乏说服力。

二是尽管《纲要》关注到了知识产权与市场的关系，但是，其重点在于对企业市场控制力的关注，而没有把知识产权问题摆到建立健康有序的市场经济的高度来看待，对建立以真实商业信息为核心的有序市场缺乏必要的关注。

三是对知识产权制度的国际化问题缺乏必要的关注。当前国际联合研发、业务外包和知识产权贸易方兴未艾，我国知识产权战略应当具有国际视野，鼓励开展知识产权国际合作，推进业务外包、技术许可、版权许可、品牌授权等知识产权国际贸易。同时，知识产权国际化、知识产权国际保护、知识产权贸易争端等，均需要我国积极参与知识产权制度的国际化进程。

四是对于一些急需解决的重大现实问题缺乏回应。例如，我国的知识产权行政管理体制呈现多头管理、九龙治水的局面，知识产权局、海关、文化、工商、科技、发改委等部门均不同程度享有一定的知识产权行政管理权。分散的知识产权行政管理体制还对我国统一的涉外知识产权协调机制构建形成重大掣肘，而《纲要》对此并无回应。

---

① 参见张志成：《知识产权战略研究》，科学出版社2010年版，第190页。
② 同上。

不过,无论如何,我国的《纲要》“为建立完整的、体系化的知识产权制度以及实现整体化的知识产权法治奠定了坚实的基础,也使我国在建设创新型国家的道路上实现了从掌握技术能力到掌握知识产权的战略性转变”①,从而必然促进我国科技实力、文化软实力和品牌影响力的提升,对实现中国由制造业大国向创新型国家转变、由“中国制造”向“中国创造”“中国创意”“中国形象”转型升级的历史性变革,具有重大的战略意义。

第二节　知识产权是技术、文化、品牌创新的法律保障

现代创新主要有技术创新、文化创新及品牌创新三种形式:技术创新指的是科学知识、生产技术的创新,包括开发新技术,或者将已有的技术进行应用创新;文化创新则主要包括“文化价值观念创新、文化知识体系创新、文化思维方式创新、文化体制创新”②;品牌创新是指随着企业经营环境的变化和消费者需求的变化,品牌的内涵和表现形式也要不断变化发展。即技术创新侧重于生产层面的创新,文化创新侧重于思维观念层面的创新,品牌创新侧重于企业信誉和企业自我发展创新。技术创新已经在人类文明发展历程中证明了它的重要性,每一次科技革命都极大推动了人类社会经济、政治等各个方面的飞跃;文化创新能力则是一个国家、一个民族智慧与文明的集中体现,也是“软实力”的标志;而品牌创新从某种意义上就是从商业、经济和社会文化的角度对社会变化、时代发展的认识和反映,是促进作为市场细胞的企业主体发展的助推器。三者相互作用、相互影响,技术创新引领着文化创新,是文化创新的技术支撑,能为文化创新提供技术支持;文化创新又反过来推动着科技创新;品牌创新则展示了技术创新的成果,表达文化创新的内涵,品牌是时代标签的创新,无论是品牌形式,如名称、标识等,还是品牌的内涵,如品牌个性、品牌形象等,都是特定客观社会经济环境条件下的特殊产物。当今时代呼唤创新,必须进行创新整合,尤其注重技术创新与文化创新的整合③,协调好技术创新、文化创新与品牌创新的关系,推进创新驱动发展,以此推动经济社会发展、提升综合国力。

实际上,在创新体系中,制度创新是基础,技术创新、文化创新以及品牌创新是具体的创新活动,这些都离不开制度的保障和约束。现如今,能够给

---

①　参见张志成:《知识产权战略研究》,科学出版社2010年版,第190—191页。

②　田丰:《论文化创新的基本内涵与实现途径》,载《学术研究》2004年第2期。

③　参见林坚:《科技创新与文化创新的“双轮驱动”》,载《文化创新、科技创新“双轮驱动”战略——2012北京自然科学界和社会科学界联席会议高峰论坛论文集》,2012年12月1日。

技术创新、文化创新和品牌创新提供强有力保障的制度就是知识产权制度。知识产权制度是科技、经济与法律集合的产物,其基本功能是:"为创新活动进行产权界定并提供激励机制;为创新产业进行资源配置并提供市场交易;为创新成果进行产权保护并提供市场规范机制。"①知识产权对创新驱动发展的支撑,体现在对社会创新活力的激发。② 知识产权制度通过对技术创新、文化创新及品牌创新的协调与保障,提供了鼓励创新活动的政策、法律以及市场环境,使社会资源、智慧和力量更多地投入到创新活动中。

一、知识产权制度保障科技创新

《国家中长期科学和技术发展规划纲要(2006—2020年)》提出:实施知识产权战略和技术标准战略,充分利用知识产权制度提高我国科技创新水平。即将知识产权贯穿于技术创新的全过程,将技术创新作为知识产权制度的调整对象,注重对于技术创新的制度保障。

(一)知识产权法对科技创新的制度保障功能

1. 知识产权界定了技术创新成果的权利状态和权利归属

知识产权贯穿于技术创新的全过程,知识产权相关法律规范以及国际条约界定了智力成果(在技术领域,智力成果指的就是技术创新成果)的权利归属,规定了技术创新的运行规范,保障技术创新成果的扩散。无论是创新成果的构思、技术方案设计、创新成果的产权化和产品化,以及创新成果的市场化和对创新成果的保护等③,都需要知识产权法律规制。技术创新的过程实际上就是智力成果的研究、创造以及利用的过程。首先,对企业这一技术创新主体而言,没有技术创新成果(新方法、新思想等)的投入,即使拥有最为复杂、先进的生产设备,也不可能进行所谓的"技术创新";其次,新产品、新生产方法得以进入市场乃至获得商业上的成功,并不在于产品或者生产方法本身,而在于这一"新",即凝结在新产品、新生产方法上的新技术、新方法、新功能等看不见摸不着的东西。由于智力成果的无形财产性质,使得它不同于有体物可以通过占有事实来区分所有人,因此智力成果的权利状态以及权利归属都需要法律明确的界定。

首先,同大多数国家的知识产权法一样,我国知识产权法律规范大致规

① 吴汉东:《创新发展与知识产权制度》,载《文汇报》2013年4月22日。

② 田力普:《深入实施知识产权战略,有效支撑创新驱动发展——写在〈国家知识产权战略纲要〉颁布5周年之际》,载《科技与法律》2013年第3期。

③ 冯晓青:《技术创新与知识产权战略及其法律保障体系研究》,载《知识产权》2012年第2期。

定了三种权利状态:专有权利、对公有领域成果的权利以及介于上述两种权利之间的权利状态。

其中专有权利即排他性权利,是由特定主体享有的专有性权利,一般由知识产权所有人享有,如著作权、专利权、商标权,可统一称之为知识产权。知识产权同所有权一样,具有排他性和绝对性的特点,甚至可以称知识产权为“知识财产的所有权”。知识产权的专有性主要体现在:一方面,这种权利所对应的智力成果不能通过有形方式来控制、利用,但可以通过这种法律授予的专有权利,禁止任何人未经许可以及未经法律准许的利用;另一方面,对同一项知识产品,不允许有两个或两个以上同一属性的知识产权并存,如对于相同的两项或多项发明,法律只准许将专利权授予其中一个。

而对于公有领域的成果,即那些知识产权法规定的不授予权利以及原有权利丧失之后的智力成果,譬如被拒绝授予专利的发明创造和超过保护期限的专利、作品等,任何人对此都不享有权利,公有领域的成果属于所有社会公众,“从公众的权利角度而言,公有领域是社会公众可以自由利用的领域”①。

介于上述两种权利状态之间的状态,称为“准权利状态”,既不适合放在公有领域中任人使用,也不适合给予排他性权利的保护,只好在这两种权利状态之间寻求一种平衡性的机制对其加以利用与保护。譬如商业秘密,《知识产权协定》对商业秘密规定了三项成立条件,只要某种秘密“属秘密,即作为一个整体或就其各部分的精确排列和组合而言,该信息尚不为通常处理所涉信息范围内的人所普遍知道,或不易被他们获得;因属秘密而具有商业价值;并且由该信息的合法控制人,在此种情况下采取合理的步骤以保持其秘密性质”②。据此,商业秘密权与知识产权的不同之处也体现出来:从权利主体来看,商业秘密权的权利主体不是单一的,同样的商业秘密可能被多个主体所掌握;而知识产权不同,其排他性决定了同一具体的知识产权不会被他人所完全掌握。从权利客体来看,商业秘密权的客体是技术信息和经营信息,这些信息相对于专利权、著作权、商标权等知识产权来说创造性较低。从商业秘密权的保护模式来看,相对于专利权须国家授予才能享有,法律对商业秘密权并未作出强制性的规定,由于商业秘密的秘密性,其保护更多的是一种自主保护、事后救济,没有国家授予的特点。从商业秘密权的保护期限来看,它既不是著作财产权的“作者有生之年加死后50年”,也不是发明专利的“20年”,更不是商标权的“10年可续展”,商业秘密权的保护期限取决于

① 胡开忠:《知识产权法中公有领域的保护》,载《法学》2008年第8期。
② 《与贸易有关的知识产权协定》第39条第2项。

商业秘密权利人的保密措施是否得力以及该秘密是否被公开,只要商业秘密不被泄露出去,商业秘密就一直受到法律的保护。

其次,知识产权法对各种情况下智力成果的权利归属也有明确规定。从申请专利授权的角度,对一项发明创造享有专利申请资格的人根据发明创造的属性不同而有所区别。

针对自由发明,即发明人完全独立地依靠自己的智力劳动以及设备、资金等外部条件所完成的发明创造,该发明的专利申请人就是这一发明创造的完成人。

针对共同发明,即两个或两个以上的人共同完成的发明创造,想要申请专利应当取得全体共有人的一致同意,只要有其中一位共有人不同意,其他人就不得擅自对该发明创造申请专利。

针对职务发明,即自然人为履行其本职工作而完成的发明创造,虽然技术创新的主体是企业,但真正进行技术研究与开发的是自然人。对此,我国专利法对这种情况下的权利归属提供了明确的答案,《专利法》第6条第1款规定:"执行本单位的任务或者主要是利用本单位的物质技术条件所完成的发明创造为职务发明创造。职务发明创造申请专利的权利属于该单位;申请被批准后,该单位为专利权人。"以及第3款"利用本单位的物质技术条件所完成的发明创造,单位与发明人或者设计人订有合同,对申请专利的权利和专利权的归属作出约定的,从其约定。"

针对委托发明,即以合同方式委托他人完成的发明创造,其权利归属应当先根据当事人之间的合同约定,若合同约定不明或未约定相关权利归属,法律规定受托方为发明人、专利申请人。

我国知识产权法明确界定智力成果的权利状态、权利归属是有其重要意义的。一方面,权利状态的清楚界定有利于企业从事技术创新时判断自己的行为是否合法。企业在进行一项新的技术创新成果的研究与开发时,必然要或多或少地利用到自己并不享有专有权利的成果,对这些被利用的技术成果,企业有必要弄清其权利状态。如果该成果处于公有领域,那么企业就不需要得到谁的许可,直接拿来开发、利用就行;但若该成果是其他主体的专有权利对应的技术成果,企业就要得到该主体的许可或者根据法律规定符合条件才能加以开发、利用。此外,专有权利的权利范围之所以需要得到明确的界定,是因为并非一项权利涵盖的所有东西都是得到法律保护从而禁止他人使用的。例如,专利权人未申请保护的技术特征可以自由使用,一般商标权人未申请核准注册的商品类别也能自由使用,作品所表达或阐释的思想、方法等也可以自由使用。另一方面,权利状态的清楚界定有利于企业预期自己的技术创新成果会得到何种程度的保护。例如,专利法针对发明专利、实用新型专利以及外观设计有不同程度的保护,而且对于职务发明以及非职务发明也有不同规定。据此,企业可以根据法律规定合理预期其所开发的某项技术成果能否得到专利法保护,判断申请保护所需要支出的各种费用和成本,以及专利申请文件被公开而带来的风险等。

2. 知识产权制度保护、激励着科技创新

技术创新要有成果,需要广泛调动广大科技工作者的积极性,因此对技术创新进行良好、有效的激励、引导显得十分重要。从本质上讲,知识产权制度旨在保障创造性活动的顺利进行,并为其提供激励机制政策。知识产权法律制度为个人和组织(创新主体主要是企业)创新成果提供了比较充分的法律保障,在一定程度上限制了其他竞争者无偿使用他人创新成果,从根本上保障知识产权权利人的收益权。

知识产权法律制度为技术创新构建了一个公平、有序的市场环境、法律环境。知识产权是一种无形财产权,它作为一种排他性专有权利只有经过法律确认才能取得,一旦取得,权利人便享有针对其创造性成果的独占性权利,任何未经允许的使用均构成侵权。近两百年的科技、经济、社会发展表明,知识产权制度正好为技术创新提供了一种通行有效的激励机制,通过法律规范的形式授予权利人一种专有权利,禁止他人未经过权利人许可或者法律准许而利用其知识产权,并对这种侵权行为规定民事、行政、刑事法律后果。这种做法使得知识产权权利人能够通过利用或者许可他人利用其专有权利对应的知识资源来获取经济利益,不仅为知识产权权利人提供了市场保护,更为权利人提供了有效且持久的创新激励;而且使得知识产权权利人可以阻止他人未经许可或法律准许而利用其享有知识产权专有权利的知识以及技术资源,对于侵权者给予相应程度的法律制裁,保障、救济权利人的专有权利。知识产权法律制度正是通过这种规范来确保企业技术创新的顺利进行,同时鼓励更多的企业投入技术创新,以期形成一种良性循环,以此来保持他们的创新积极性,保持技术创新不断发展进步。

3. 知识产权保障科技创新成果的扩散

科技创新的根本目的就是实现创新成果的商品化和市场化,促进经济的持续增长。[①] 按照知识产权相关法律规定,知识产权权利人获取的利益主要来自于其创新成果市场化所创造的效益,因此,科技创新成果的扩散对技术创新具有十分重大的意义。从个体来看,企业的技术创新对企业自身影响巨

---

① 周春荣、张风云:《知识产权制度是科技创新的助推器》,载《经济与管理》2004 年第 4 期。

大;但从整体来看,单个企业的技术有多发达并不会引起整个行业的进步乃至国家的经济增长,我们讨论技术创新的作用多数情况下是把它放在一个大环境乃至国家语境中。因此,企业的技术创新成果只有经过适当的扩散,才会对整个行业的技术水平发展,乃至国家经济的增长产生作用。

科技创新并不只是创造,为了促进国家科技实力的增长,针对新技术的传播,我国知识产权法律制度也规定了一系列“限制”制度来保障新技术的扩散,主要通过对知识产权专有权利的限制来实现:有针对权利存续期间的限制,通过这种时间限制,给予其他任何人以自由使用超期知识产品的权利;有针对权利客体的限制,将某些客体排除在知识产权权利人的权利范围之外,避免造成垄断;还有针对权利内容的限制,并非所有针对权利客体的利用行为都是合法的,法律对这些行为是否构成侵权作出明确规定,对知识产权权利人行使相应权利作出限制。譬如著作权、专利权、商标权的时间限制制度,针对著作权的合理使用制度与法定许可①制度,针对专利权的强制许可②制度,针对商标的先用权③制度,以及权利穷竭抑或权利用尽原则④,等等。

此外,在全球化国际大环境下,科技层面的竞争越来越激烈,针对不正当竞争,尤其是国际市场竞争层面上的不正当竞争,从《保护工业产权巴黎公约》《专利合作条约》到世界知识产权组织成立再到关税和贸易总协定(GATT)乌拉圭回合谈判达成的 WTO 框架下的《与贸易有关的知识产权协定》(TRIPS),这些与技术创新有关的知识产权国际条约确定了国际市场竞争的标准,为规范知识产权的国际竞争发挥了巨大的作用。最后,知识产权制度的建立与发展有助于解决“知识产品的外部性和搭便车问题”⑤,还有利于规制和减少技术创新的道德风险、技术风险与市场风险。

4. 国家经济增长、经济体制的改革需要知识产权战略与科技创新的协作

改革开放实施市场经济制度以来,我国经济的发展遵循的是一种“科技—市场—经济”模式。市场在资源配置中的重要作用得到充分体现,走出了计划经济的阴影。人们普遍认为发达、完善的市场体制能够把科技“嫁接”到经济建设之中,“科学技术”作为“第一生产力”能够通过“市场”这一

① 见《著作权法》第22、23条。

② 见《专利法》第六章,第48—58条。

③ 《商标法》第9条:“申请注册的商标,应当有显著特征,便于识别,并不得与他人在先取得的合法权利相冲突。”

④ 参见吴汉东:《知识产权基本问题研究(分论)》(第二版),中国人民大学出版社2009年版,第161页。

⑤ 详见范在峰:《论知识产权法律对技术创新的功能》,载《科技与法律》2002年第4期。

媒介转化为现实的生产力,实现自身的价值,从而完成科技与经济的结合。

20世纪90年代以来,三起中美知识产权争端,《知识产权协定》的横空出世,特别是我国加入WTO的十几年谈判历程,使我们意识到“科技—市场—经济”模式并不完整,还需要嵌入产权机制,把科技创新成果经法定程序,转化成为知识产权,在法律框架内得到确认和保护,才能投入市场被企业所接受,并以此换取一定的市场份额和产品竞争力,即“科技—产权—市场—经济”模式。① 将知识产权嵌入到新的经济发展模式中,对于将科学技术转化为现实的生产力,构建科技与经济的完整链条,实现科技与经济的有机结合具有十分重大的意义。由此可见,知识产权是连接技术创新和经济增长必不可少的关键节点。

知识产权战略与技术创新都是促进我国经济社会迅速发展及经济发展模式转型的有力武器。世界知识产权强国均有核心技术层面的支撑,譬如在集成电路芯片领域,全世界核心的芯片几乎都掌握在美国手里:大到核心中央处理器(CPU)芯片、网络路由器芯片、全球定位系统(GPS)芯片,小到手机基带芯片、摄像机、照相机芯片,无一不是美国垄断的。② 今天,现代社会技术创新已经成为经济发展的主要推动力量,技术创新的竞争已经成为国际竞争一个重要的特点和趋势,有学者认为“在科技创新中要充分体现知识产权战略思想,并通过不断坚持并促进技术创新来源源不断地形成更多的知识产权”③,这就是知识产权战略与技术创新战略相互结合、相互协调的必要性所在。

(二) 我国知识产权法对科技创新保障的具体表现

1. 科技创新的专利法保障

我国《专利法》对技术创新的保障主要体现在对技术创新成果基本概念的界定、专利权授予的条件、专利权的限制和对专利领域侵权的规制。

(1) 专利法对相关基本概念的界定

我国《专利法》第2条第1款规定:“本法所称的发明创造是指发明、实用新型和外观设计。”

发明,在我国专利法上,指的是对产品、方法或者其改进所提出的新的技

---

① 参见周春荣、张风云:《知识产权制度是科技创新的助推器》,载《经济与管理》2004年第4期。

② 参见:《核心技术要掌握在自己手里》,见中国网财经首页,http://finance.china.com.cn/roll/20131106/1946126.shtml,最后访问日期:2013年11月8日。

③ 门玉英、颜慧超等:《中小企业科技创新中的知识产权问题及对策研究——以湖北省为例》,载《科技进步与对策》2011年第7期。

术方案。① 在我国申请发明专利的主题既可以是产品,也可以是方法。与其他国家专利法上的发明指代所有可能受专利法保护的对象不同(这一对象在我国专利法上被称为"发明创造"),我国专利法上的发明含义相对较窄,仅指可能受专利法保护的对象中的一部分。

根据《专利法》对发明的规定,不难看出我国专利法将发明区分为产品发明和方法发明。产品发明是一种关于新产品、新物质的发明,此类发明所请求专利保护的对象是一种具体的新产品或者旧产品中的某一种新特征,可以是一个独立的、完整的产品,也可以是某种产品中的零部件,包括制造品、材料品等具有新用途的产品等。方法发明是为解决某特定技术问题而采用的手段和步骤的发明,此类发明所请求专利保护的对象是一种由一系列步骤构成的一个完整过程或者一个单独的步骤,可能是凝结在特定产品上的智力成果,也可能是不受任何特定产品所制约的智力成果;既包括制造特定产品的方法,还包括其他方法,如经营方法、测量方法等,甚至可能是一种产品的"新"用法,即产品的新用途。

实用新型,是指对产品的形状、构造或者其结合所提出的适于实用的新的技术方案。② 首先,同专利法对发明的定义相比较,可以看出实用新型被严格限制在了产品之上,实用新型只能是凝结在产品上的某种技术方案,不能脱离特定产品而存在,即我国申请实用新型专利的主题只能是产品。其次,并非所有的产品都可以申请实用新型专利,由于实用新型是针对产品的形状、构造或其结合所作出的新设计,因此申请实用新型专利的产品得有确定的形状,也就是说,只有固态的物质或材料才能申请实用新型专利,气态、液态、粉末状等的物质由于没有固定的形状,也就无所谓关于形状、构造的新设计,因而不能申请实用新型专利。再次,实用新型专利的创造性要求较发明专利低,我国《专利法》第22条第3款"创造性,是指与现有技术相比,该发明具有突出的实质性特点和显著的进步,该实用新型具有实质性特点和进步",已对发明和实用新型专利的创造性作了明确区分。这主要是因为实用新型不是关于一种新产品、新物质的设计方案,只是针对现有的某种产品的形状、构造等非实质因素所提出的一种改进的"新"方案,这种程度的改进并不会改变产品的根本特征,因而对其创造性的要求也就不如发明专利那么严格,日常生活中,人们常把实用新型称为"小"发明。

外观设计,是指对产品的形状、图案或者其结合以及色彩与形状、图案的

---

① 《专利法》第2条第2款。
② 《专利法》第2条第3款。

结合所作出的富有美感并适于工业应用的新设计。[①] 按照我国《专利法》的规定,外观设计与实用新型一样也是关于产品的设计,外观设计也必须依托产品存在,离开了具体的产品,也就无所谓外观设计了。不同的是,外观设计不涉及产品的任何构造以及功能,不属于技术方案,仅是对产品的某些非功能要素的新设计。此外,外观设计有一定的美感要求,但由于美感是较为主观的判断,不同的人会有不同的感受,因此专利法对于外观设计美感要求并不严格,只要是不违背社会公德、社会公共秩序,让公众可以接受的外观设计就可以被认为是具有美感的。另外,外观设计必须适于工业应用,即外观设计可以通过工业手段再现,能够通过工业手段大量复制,不然就是一幅幅比较纯粹的美术作品,而不是应用在产品上的外观设计。

(2) 授予专利权的实质条件

针对专利权的授予,我国《专利法》将可被授予专利权的发明创造区分为发明、实用新型以及外观设计。其中针对发明和实用新型,要求其应当具备新颖性、创造性和实用性。针对外观设计则没有那么严格的条件。[②] 同时也规定了授予专利的某些消极条件。

新颖性是发明创造获得专利授权的最基本的条件,我国《专利法》第 22 条第 2 款规定:“新颖性,是指该发明或者实用新型不属于现有技术;也没有任何单位或者个人就同样的发明或者实用新型在申请日以前向国务院专利行政部门提出过申请,并记载在申请日以后公布的专利申请文件或者公告的专利文件中。”新颖性的本质核心在于“新”,在于所申请专利的技术不能与现有技术的内容一样。我国《专利法》规定,如果一项发明或者实用新型已在国内或国外的出版物上公开发表过;或,已在国内公开使用过;或,已经以前两种情况以外的其他方式为公众所知;或,已经有其他人就相同主题向国务院专利行政部门提出过专利申请,并且已经记载在申请日以后公布的申请文件中,此项发明便丧失了新颖性,不能获得专利授权。根据上述规定,判断一项技术方案是否具有新颖性的关键时间点就是“申请日”(有优先权[③]的,申请日为优先权日)。此外,我国《专利法》还规定了一些不丧失新颖性的特

---

① 《专利法》第 2 条第 4 款。

② 见《专利法》第 22—23 条。

③ 《巴黎公约》第 4 条规定,已经在本联盟的一个国家正式提出专利、实用新型注册、外观设计注册或商标注册的申请的任何人,或其权利继承人,为了在其他国家提出申请,在以下规定的期间内应享有优先权。上述优先权的期间,对于专利和实用新型应为 12 个月,对于外观设计和商标应为 6 个月。即优先权是指专利申请人就其发明创造第一次在某国提出专利申请后,在法定期限内,又就相同主题的发明创造提出专利申请的,根据有关法律规定,其在后申请以第一次专利申请的日期作为其申请日,专利申请人依法享有的这种权利就是优先权。包括国内优先权和国际优先权两类。

例,在申请日以前6个月内,有下列情形之一的,不丧失新颖性:“在中国政府主办或者承认的国际展览会上首次展出的;在规定的学术会议或者技术会议上首次发表的;他人未经申请人同意而泄露其内容的。”

创造性又称“非显而易见性”,按照我国《专利法》的规定,创造性指与现有技术相比,该发明具有突出的实质性特点和显著的进步,该实用新型具有实质性特点和进步。新颖性的本质在于“新”,创造性的本质在于申请专利的发明应当具有不同程度的“实质性特点”。所谓“实质性特点”,指的是有关发明创造的技术方案至少有一项以上的技术与现有技术相比有着本质性的区别。在实际操作中,一项特定的发明创造是否具有“实质性特点”,是否相较现有技术有一定程度的“进步”,专利法均规定应以普通技术人员的眼光来判断。如果这项发明创造的完成对于普通技术人员而言存在一定难度,则该发明创造有“实质性特点”,较之现有技术有“进步”,即具备一定程度的创造性。

实用性,按照我国《专利法》第22条第4款的规定,指的是该发明或实用新型能够制造或使用,并且能够产生积极效果。本质在于某项发明创造不能仅仅是纯理论上的方案,必须能够在实践中得到一定程度的应用。

针对外观设计专利权的授予条件,我国《专利法》第23条作出了较为详细的规定:“授予专利权的外观设计,应当不属于现有设计;也没有任何单位或者个人就同样的外观设计在申请日以前向国务院专利行政部门提出过申请,并记载在申请日以后公告的专利文件中。授予专利权的外观设计与现有设计或者现有设计特征的组合相比,应当具有明显区别。授予专利权的外观设计不得与他人在申请日以前已经取得的合法权利相冲突。”

《专利法》并非只规定了授予专利的“三性”要求,还规定了某些情况下不得授予专利权,即专利授予的消极条件,主要包括:违反法律、社会公德或者妨害公共利益的发明创造,违反法律、行政法规的规定获取或者利用遗传资源,并依赖该遗传资源完成的发明创造,不授予专利权。科学发现、智力活动的规则和方法、疾病的诊断和治疗方法、动物和植物品种以及用原子核变换方法获得的物质①不能被授予专利权。

(3)专利权内容的限制

我国《专利法》第11条规定了发明专利和实用新型专利、外观设计专利

---

① 见《专利法》第25条。

权利所有人的权利内容①,即《专利法》赋予专利权人独占权和禁止权。独占权即专利权人享有占有、使用、收益和处分其发明创造的权利,包括制造权、使用权、许诺销售权、销售权以及进口权。禁止权即专利权人享有的排除其他任何人,从而支配该权利的权利。概括起来可以简述为以下三项权能:第一,专利权人有权自己实施其专利技术;第二,专利权人有权处分其专利,可以对专利申请权和专利权进行转让;第三,专利权人有权禁止他人未经许可实施其专利。

随着越来越多的客体被纳入专利保护的范围,如果不对专利权给予一定的限制,则有可能形成技术上的垄断从而产生不利影响。权利与义务是相对的,专利权人享有权利的前提就是履行相应的义务。因此,《专利法》也给专利权人规定了相应的义务:主要是不得滥用专利权(主要体现为专利实施的约定许可与强制许可②)的义务。

首先,从我国《专利法》所规定的专利权内容来看,专利法并非直接规定专利权人有权做哪些事情,而是规定非经专利权人许可,他人不得为哪些事情,即专利法将专利权人是否自己实施该专利的问题交给专利权人自己决定。其次,我国《专利法》仅限制其他任何人为生产经营目的,未经专利权人许可使用其专利,即,非为生产经营目的的使用,如为个人使用、从境外携带等并不构成专利侵权,不应受到专利权人的控制。此外,针对专利权的限制,法律还规定了一个保留条款,即"除本法另有规定的以外",留有这种"余地"正是为了满足某些特殊情况的需要。

根据我国《专利法》及其实施细则的规定,下列行为不被视为侵犯专利权:

第一,超出保护期限的专利不受保护,任何他人得以自由使用。设置这种时间限制的目的有二:一是敦促专利权人及时行使权利,不能获得专利授权之后束之高阁;二是专利在保护期限届满之后进入公共领域,成为任何人可以自由利用的财富,从而促进技术的发展与进步。

---

① 我国《专利法》第11条规定:"发明和实用新型专利权被授予后,除本法另有规定的以外,任何单位或者个人未经专利权人许可,都不得实施其专利,即不得为生产经营目的的制造、使用、许诺销售、销售、进口其专利产品,或者使用其专利方法以及使用、许诺销售、销售、进口依照该专利方法直接获得的产品。外观设计专利权被授予后,任何单位或者个人未经专利权人许可,都不得实施其专利,即不得为生产经营目的的制造、许诺销售、销售、进口其外观设计专利产品。"

② 见《专利法》第六章。

第二,专利权的合理使用限制。参考著作权的合理使用制度①,专利的合理使用制度是指在满足特定条件的情形下,对于某些未经许可实施的使用专利的行为不视为违法,同时不需向专利权人支付使用费。主要体现在我国《专利法》第 69 条所规定的五种不视为侵犯专利权的行为,包括专利制度中的权利用尽原则,即专利产品或依照专利方法直接获得的产品售出后的使用;在先使用权的限制,即在专利申请日前已经制造相同产品、使用相同方法或者已经作好制造、使用的必要准备,并且仅在原有范围内继续制造、使用的;以及临时过境、为科研和实验而使用有关专利等一些生产经营性的使用专利的行为,为提供行政审批所需要的信息,制造、使用、进口专利药品或者专利医疗器械的,以及专门为其制造、进口专利药品或者专利医疗器械的。这些行为因并未对专利权造成实质性的损害,因而被视为合理使用,可以不经权利人许可,并无须支付报酬。

第三,专利强制许可对专利权的限制。强制许可是指在特定的条件下,由专利行政部门依照专利法规定,不经专利权人同意,直接允许其他单位或个人实施其发明创造的一种许可方式,又称非自愿许可。我国《专利法》规定了三类情况下的专利强制许可,其一是《专利法》第 48 条规定的依合理请求或打破垄断而给予的强制许可。针对以下两种情形,专利行政部门可依申请给予强制许可:“专利权人自专利权被授予之日起满 3 年,且自提出专利申请之日起满 4 年,无正当理由未实施或者未充分实施其专利的;专利权人行使专利权的行为被依法认定为垄断行为的。”其二是《专利法》第 49 条、第 50 条规定的为公共利益的需要给予的强制许可。包括“在国家出现紧急状态或者非常情况时,或者为了公共利益的目的”,或“为了公共健康目的,对取得专利权的药品”国务院专利行政部门可以对相应发明专利或实用新型专利给予强制许可。其三是《专利法》第 51 条规定的依存专利的强制许可,又称交叉许可,在后专利申请人在符合一定条件的情况下可以获准使用在先专利,即“一项取得专利权的发明或者实用新型比前已经取得专利权的发明或者实用新型具有显著经济意义的重大技术进步,其实施又有赖于前一发明或者实用新型的实施的”,可以获得使用在先专利的强制许可。

第四,其他限制。如专利权人在享有专利权的同时还须承担缴纳专利年费的义务、公开发明创造的义务等。

---

① 著作权限制中的合理使用制度,是指在特定的条件下,法律允许他人自由使用享有著作权的作品,而不必征得权利人的许可,不向其支付报酬的制度。见吴汉东主编:《知识产权法》,法律出版社 2014 年版,第 99 页。

（4）专利领域的侵权及其救济

针对专利纠纷，我国《专利法》第七章"专利权的保护"作出了明确规定。专利纠纷，或称专利领域的侵权，指的是围绕专利申请、专利权的授予、行使以及保护等一系列问题而发生的侵权和纠纷。因此，专利纠纷可以大致分为专利申请过程中的纠纷、专利权归属纠纷、专利权许可纠纷以及专利行政纠纷等几类，总括起来可以概括为两大类——专利申请过程中的侵权与侵犯专利权。

我国《专利法》第6条规定，针对非职务发明"申请专利的权利属于发明人或者设计人"；针对职务发明，如发明人或设计人与其单位订有合同约定专利申请权归属的，从其约定，否则"申请专利的权利属于该单位"。第8条规定，两人以上合作完成的发明创造，除另有协议约定的之外，申请专利的权利属于这几人。在专利申请过程中，由于各种作为或不作为，总会发生一些侵权行为，专利申请过程中的侵权，大体看来包括以下四种：非发明人对发明人专利申请权的侵犯；共同发明人之间发生的侵犯专利申请权相关事项的行为；职务发明人与其所在单位之间的关于专利申请的纠纷；以及专利行政部门及其工作人员对专利申请人程序性权利的侵犯。

其中，非发明人对发明人专利申请权的侵犯主要体现为：以不正当手段获取发明内容后，抢先提出专利申请；以任何方式妨碍甚至阻止发明人申请专利；未经发明人许可，以不正当手段获取发明内容并公开；等等。共同发明创造的专利申请过程中的侵权主要体现在：共同发明人中的一个或者几个（并非全部）擅自提出专利申请；无正当理由，共同发明人中的一个或者几个妨碍或阻止其他共同发明人申请专利；共同发明人中的一个或几个未经其他共同发明人的同意，擅自将专利申请权转让给他人。

然而，针对专利申请过程中的侵权的救济方式，我国《专利法》及其实施细则并未给出较为明确的规定。譬如《专利法》第72条："侵夺发明人或者设计人的非职务发明创造专利申请权和本法规定的其他权益的，由所在单位或者上级主管机关给予行政处分。"第74条："从事专利管理工作的国家机关工作人员以及其他有关国家机关工作人员玩忽职守、滥用职权、徇私舞弊，构成犯罪的，依法追究刑事责任；尚不构成犯罪的，依法给予行政处分。"仅仅是对专利申请过程中的侵权规定了某些行政处分以及刑事处罚后果而已。因此，侵犯专利申请权不能只在《专利法》及其实施细则中寻找救济方法，还应结合我国《民法通则》的规定。有学者认为，在适用《民法通则》来寻求专利申请侵权的解决方法时，应当明确专利申请权的特殊性——专利申请权并非"财产"或"财产权"，它所对应的是获得专利的一种可能性，与专利本身还存在着相当长的距离。[①] 换句话说，专利申请权的形成的基础乃是发明创造的完成，发明创造完成，专利申请权就产生了，但并不一定能保证获得专利授权。

侵犯专利权，即“未经专利权人许可，实施其专利”。需要首先明确的一点是，某种行为构成侵犯专利权的一个基本前提就是行为人的主观目的是为了生产和经营，其他为个人使用、研究或公共利益的目的的使用并不构成专利侵权。根据专利的分类，侵犯专利权包括两类：一是产品专利侵权，二是方法专利侵权。[②] 产品专利侵权包括未经产品专利权人许可，制造有关的专利产品、使用、许诺销售、销售以及进口专利产品；方法专利侵权包括未经方法专利权人许可而使用其专利方法，使用、许诺销售以及进口依照专利方法直接获得的产品。

针对侵犯专利权，我国《专利法》规定了两种途径：一是专利行政执法，一是专利诉讼。[③] 对于请求专利行政部门处理专利侵权纠纷的，该专利部门认定侵权行为成立的，可以责令侵权人立即停止侵权行为。但是并非所有未经许可或法律准许实施专利的行为都是侵权行为，我国《专利法》也规定了侵犯专利权的例外，《专利法》第69条规定“有下列情形之一的，不视为侵犯专利权：(1) 专利产品或者依照专利方法直接获得的产品，由专利权人或者经其许可的单位、个人售出后，使用、许诺销售、销售、进口该产品的；(2) 在专利申请日前已经制造相同产品、使用相同方法或者已经作好制造、使用的必要准备，并且仅在原有范围内继续制造、使用的；(3) 临时通过中国领陆、领水、领空的外国运输工具，依照其所属国同中国签订的协议或者共同参加的国际条约，或者依照互惠原则，为运输工具自身需要而在其装置和设备中使用有关专利的；(4) 专为科学研究和实验而使用有关专利的；(5) 为提供行政审批所需要的信息，制造、使用、进口专利药品或者专利医疗器械的，以及专门为其制造、进口专利药品或者专利医疗器械的。其中第(4)种情形对技术创新很为重要。此外，《专利法》第70条还规定了“善意侵权”[④]制度——“为生产经营目的使用、许诺销售或者销售不知道是未经专利权人许可而制造并售出的专利侵权产品，能证明该产品合法来源的，不承担赔

---

① 参见董炳和：《技术创新法律保障制度研究——以知识产权制度为中心进行的考察》，知识产权出版社2006年版，第165页。

② 见《专利法》第11条。

③ 见《专利法》第60条：“……专利权人或者利害关系人可以向人民法院起诉，也可以请求管理专利工作的部门处理……”

④ 参见吴汉东主编：《知识产权法》(第三版)，北京大学出版社2011年版，第196页。

偿责任”。

2. 科技创新的商标法保障

根据我国《商标法》第7条第2款,商标是指“任何能够将自然人、法人或者其他组织的商品与他人的商品区别开的标志,包括文字、图形、字母、数字、三维标志、颜色组合和声音等,以及上述要素的组合”。从其含义可以看出,首先,商标依附于某种产品而存在,是某种产品(商品或者某项服务)的标记。尽管商标单从设计上看,有可能作为美术作品从而受到著作权法的保护,但商标与一定的经营对象密不可分,即商标必须用在生产经营对象上,必须以工商业活动为基础。其次,商标最主要的功能在于区分商品或者服务的来源,日常生活中有很多生产经营者制造或销售同一种类的商品,而为了以示区别,他们使用了不同的商标,俗称“牌子”,如电脑中的“苹果”“戴尔”等,消费者根据自己的意愿选择购买不同“牌子”(商标)下的产品。

商标法对商标、商标权的保护从某种程度上体现了商标法对科技创新的保障作用。

首先,商标的区分作用,使得企业可以将其通过技术创新而产生的产品、服务与其他生产者的产品、服务提供者的服务区别开来,从而加强其创新产品或服务的市场占有,获取更多利润。其次,新的技术创新产品或服务具有相对技术优势,必然或多或少地导致整个行业其他生产者或服务提供者的模仿。尽管这些新的技术或许会有专利保护,但“搭便车”的行为没有那么容易被禁止。但是通过《商标法》对商标的规制,主要是“禁止在相同或类似商品上使用与已注册商标相同或近似的商标”①,因而可以防止其他企业利用技术创新企业的品牌影响力,以确保不会对消费者产生误导。此外,按照广义技术创新理论来说,技术创新也包括了市场创新。② 众所周知,商标是一个企业信誉的体现,法律对商标的相关规定使企业维护其信誉有了权威、有效的手段,从而保障企业市场拓张,实现市场创新。

3. 科技创新的著作权法保障

著作权,亦称版权,是指作者或者其他著作权人依法对文学、艺术或科学作品所享有的各项专有权利的总称。③ 根据我国《著作权法》第10条的规定,著作权人的权利主要包括发表权、署名权、修改权、保护作品完整权四项著作人身权,以及复制权、发行权、出租权、展览权、表演权、放映权、广播权、

---

① 见《商标法》第57条。

② 参见董炳和:《技术创新法律保障制度研究——以知识产权制度为中心进行的考察》,知识产权出版社2006年版,第230页。

③ 吴汉东主编:《知识产权法》(第五版),法律出版社2014年版,第33页。

信息网络传播权、摄制权、改编权、翻译权、汇编权等著作财产权。

传统上将知识产权划分为“工业产权和版权[①]”,即技术创新应当是企业为主的一种工业上的、经济上的活动,而版权保护的对象是文学和艺术作品,因此在传统上并未把著作权制度归入技术创新的法律保障中。然而,进入知识经济时代后,现代新技术的发展使得著作权制度的作用渐渐扩展到保护科学作品的范围,著作权制度已经成为技术创新法律保障制度的重要一环,主要体现在著作权对计算机技术、数据库技术以及网络技术的重要影响。

首先,著作权制度充分保护计算机软件。我们知道,计算机技术主要分为计算机硬件技术和计算机软件技术。对于硬件技术,由专利法律制度来保护。而在计算机软件硬件分离、软件产品多样,并与人们生活密切相关的今天,对于计算机软件的著作权保护显得更为重要。从表现形式上来看,计算机软件,即计算机程序及其有关文档,它们都是以某种语言编写的,具有可复制性,是著作权的保护对象。TRIPS 第 10 条明确规定,“(1) 以源程序或汇编程序编写的计算机程序均应作为《伯尔尼公约》(1971)意义下的文学作品予以保护。(2) 数据或其他内容的汇编,无论是采用机器可读方式或者其他方式,只要是其内容的送取或编排构成了智力创造,就应对其本身提供保护。这样的保护不应扩展到数据或内容本身,不应影响对数据或内容本身所获得的任何著作权。”当今世界大多数国家都将计算机软件作为著作权法上的作品予以保护。我国于 2013 年 1 月 30 日修改发布的《计算机软件保护条例》第 5 条也对计算机软件的著作权属性作出了明确规定:“中国公民、法人或者其他组织对其所开发的软件,不论是否已经发表,依照本条例享有著作权。外国人、无国籍人的软件首先在中国境内发行的,依照本条例享有著作权。外国人、无国籍人的软件,依照其开发者所属国或者经常居住地国同中国签订的协议或者依照中国参加的国际条约享有的著作权,受本条例保护。”第 8 条规定了软件著作权人享有的发表权、署名权、修改权、复制权、发行权、出租权、信息网络传播权、翻译权以及应当由软件著作权人享有的其他权利。

其次,著作权制度对数据库技术提供必要的保护。如 TRIPS、《世界知识产权组织版权条约》等已经明确将具有独创性的数据库作为版权保护的客体之一。但也有国家、地区并非通过著作权制度给予数据库必要的保护,如欧盟的数据库指令创立了一种数据库特别权利保护制度。

此外,著作权制度还对网络加密技术、多媒体技术、网络传播技术等网络

---

① 这一点在国际公约中有明显体现,如《保护工业产权巴黎公约》和《保护文学和艺术作品伯尔尼公约》。

技术都有不同程度的保护。当然,我国知识产权法律制度在这方面的规定还比较缺乏,需要尽快完善。

4. 科技创新的反不正当竞争法保障

反不正当竞争法对科技创新的保障有着十分重要的作用。首先,反不正当竞争法通过维护市场正当竞争,制止不正当竞争,给企业技术创新提供了一个公平竞争的环境,使得企业在竞争的压力下加大技术创新的投入,客观上促进了企业技术创新的不断发展。其次,反不正当竞争法对正当、合法竞争的法律保护,使得企业在进行技术创新时有了法律的保障,是对从事技术创新的企业的一种激励。譬如,针对商业秘密,我国《反不正当竞争法》第10条第1款明确规定:“经营者不得采用下列手段侵犯商业秘密:(一) 以盗窃、利诱、胁迫或者其他不正当手段获取权利人的商业秘密;(二) 披露、使用或者允许他人使用以前项手段获取的权利人的商业秘密;(三) 违反约定或者违反权利人有关保守商业秘密的要求,披露、使用或者允许他人使用其所掌握的商业秘密。”

二、知识产权制度保障文化创新

文化是人类智慧的结晶、文明的象征,同时也是确定国家竞争优势的重要因素。从本质上来说,文化是指“人类在社会实践过程中所获得的物质、精神的生产能力和创造的物质、精神财富的总和”。[①] 马克思认为,文化概念包括物质文化、精神文化、制度文化等因素。[②] 文化具有多重内涵,通常用来指一个社会的全部生活方式,包括它的价值观、习俗、体制和人际关系等等。创新即是扬弃,是熊彼特所述的“新组合”,指创造新的事物的过程。文化创新就是在文化层面上创造新事物,指在传承传统文化的基础上,通过社会实践,结合时代特征,形成一种既继承传统文化优点又具有时代内容的全新文化,由文化的新理论、新内容、新体制构成。文化在交流的过程中传播,在继承的基础上发展,都包含着文化创新的意义。文化发展的实质,就在于文化创新。文化创新是人类社会实践持续发展的必然要求,也是文化自身发展的基本源泉。从文化创新的内容、类型等多角度考察文化创新有助于我们把握文化创新概念的实质内涵。文化创新的内容包括文化价值观念创新(价值创新)、文化知识体系创新(内容创新)、文化思维方式创新、文化体制创新与

---

① 石文卓:《文化创新:建设社会主义文化强国之关键》,载《求是》2013年第6期。

② 参见王仲士:《马克思的文化概念》,载《清华大学学报(哲学社会科学版)》1997年第1期。

文化形式创新等。[①] 文化创新的类型包括突破性创新、渐进性创新、融合性创新、“二度创新”、普及性创新等。[②]

文化创新与科技创新一样,也是一种新知识、新技术的创造活动。作为一种具体的创新活动,文化创新也离不开知识产权制度的规范与保障。人类的创新活动表明,文化对创新具有重要作用。[③] 自18世纪英国工业革命始,技术创新和文化创新就已成为西方市场经济社会的固有内涵和现代知识产权法律的激励目标[④],可见创新活动早在第一次工业革命时就与知识产权制度密切结合在一起。

(一) 知识产权法保障文化创新的具体表现

1. 著作权相关基本概念

根据我国《著作权法》第1条,创设著作权制度的目的在于“保护文学、艺术和科学作品作者的著作权,以及与著作权有关的权益”,因此,我们需要对著作权领域中的主体、客体等相关基本概念有个较为完整的梳理。

首先,著作权是指作者或者其他著作权人依法对文学、艺术或科学作品所享有的各项专有权利的总称。与所有权相比较,虽然著作权也具有排他性、绝对性等共同属性,但不同之处也较为明显。著作权保护的对象,或称著作权的标的、著作权客体,具有无形性;而所有权的客体是有形物体,这是两种权利最根本的区别。实际上,所有权保护的是针对有形物的占有、使用、收益和处分,不能同时为多数人使用;而著作权保护的是凝结在作品上的作者的思想、精神、观念等,同时为多数人使用不成问题。

其次,著作权的客体是作品。所谓作品,指的是在文学、艺术和科学领域内具有独创性,并能够以某种有形形式复制的智力创造成果。

我国《著作权法》第3条将我国法律意义上的作品概括为“文学、艺术和自然科学、社会科学、工程技术等作品”,包括多种作品形式,如文字作品,口述作品,美术、建筑作品,摄影作品,电影作品,计算机软件等。[⑤] 作品得与作

---

① 田丰:《论文化创新的基本内涵与实现途径》,载《学术研究》2004年第2期。

② 李春华:《有关文化创新的几个问题》,载《理论探索》2011年第3期。

③ 金吾伦:《创新文化的内涵及其作用》,载《光明日报》2004年3月16日。

④ 袁泳:《知识产权法与技术、文化创新》,载《北京大学学报(哲学社会科学版)》1997年第5期。

⑤ 我国现行《著作权法》将作品分为9类,见《著作权法》第3条:“本法所称的作品,包括以下列形式创作的文学、艺术和自然科学、社会科学、工程技术等作品:(一) 文字作品;(二) 口述作品;(三) 音乐、戏剧、曲艺、舞蹈、杂技艺术作品;(四) 美术、建筑作品;(五) 摄影作品;(六) 电影作品和以类似摄制电影的方法创作的作品;(七) 工程设计图、产品设计图、地图、示意图等图形作品和模型作品;(八) 计算机软件;(九) 法律、行政法规规定的其他作品。”

品的载体区分开来，作品“反映作者的思想感情及对客观世界的认识，是一种以语言文字、符号等形式所反映出的智力创造成果①”，因此作品具有无形性；而作品的载体是一种物质实体，是作品所借助的一种表现形式，所依附的某一物品，如图书、期刊、报纸等。也就是说，作品并非人们日常生活中看到的纸质的、实实在在的图书，而是这种有形载体上所依附的、用文字等形式表达的精神、思想，因此，载体的灭失与转移不会导致作品的灭失与转移。

但是，作品要受到著作权法的保护，还得满足一定的条件。包括我国著作权法在内，多数国家的著作权法将独创性作为作品取得著作权保护的实质条件。独创性强调作品必须是由作者独立构思而成，不能是从另一作品抄袭、剽窃或者篡改而来。此外，我国《著作权法》还要求受保护的作品具有可复制性，即作品能以有形形式复制，这是作品受保护的形式要件。

再次，著作权的主体是著作权人，即依法对文学、艺术和科学作品享有著作权的人，包括原始主体和继受主体两类。所谓原始主体，是指“首先对作品享有权利的主体”。② 原始主体的资格基于其创作行为或者著作权法律规定直接产生。所谓继受主体，是指“通过转让、继承等方式取得著作权的人”。③ 继受主体成为著作权的主体，前提条件是原始主体的著作权合法存在。区分原始主体和继受主体的意义在于，两种主体享有的著作权的内容不同，原始主体可以享有完整的著作权权项，而继受主体不能享有与作者人身密切相关的著作权权项，即著作人身权，且继受主体享有的著作权财产权也是有限的、不完整的。

2. 著作权的内容与限制

根据我国《著作权法》第 10 条的规定，著作权包括著作人身权和著作财产权两类，其中著作人身权包括发表权、署名权、修改权以及保护作品完整权；著作财产权包括复制权、表演权、广播权、展览权、发行权、改编权、翻译权、汇编权、摄制权、出租权、信息网络传播权、放映权以及应当由著作权人享有的其他财产权利。

总的来说，著作人身权具有永久保护性，权利行使不受时间限制。但发表权有所不同，因为发表权乃“将作品公之于众的权利”，作品一旦公之于众，即构成已发表作品，产生相应的法律后果。因而发表权只能行使一次，且有一定的时间限制，我国著作权法规定发表权的行使期间为作者终生加上作

---

① 吴汉东主编：《知识产权法》（第五版），法律出版社 2014 年版，第 48 页。

② 吴汉东等：《知识产权基本问题研究（分论）》（第二版），中国人民大学出版社 2009 年版，第 53 页。

③ 同上。

者死后50年。

然而,任何权利都不是绝对的,著作权人既享有权利,又得承担一定的义务。因此,对著作权的相应限制也比较多。所谓著作权限制,是指对著作权人行使著作权的限制,主要包括时间限制、地域限制和权能限制。

时间限制主要体现在著作权一般得在一定的期间内行使,我国《著作权法》第21条规定,著作人身权中的发表权和著作财产权的保护期间为"作者终生及其死亡后五十年,截止于作者死亡后第五十年的12月31日";若为合作作品,这些权利的保护期则"截止于最后死亡的作者死亡后第五十年的12月31日"。

地域限制是由知识产权的地域性所决定的,作为一种专有权,知识产权的效力在空间上并非无限,具有严格的领土性,即权利的效力一般只局限于本国境内。当然,通过参加各种知识产权国际条约,著作权等知识产权的空间效力能有一定程度的扩展。

权能限制是对著作权内容最为重要的限制,在我国著作权法中主要包括合理使用、法定许可制度。

合理使用是指在符合法律规定的条件下,他人得以自由使用享有著作权的作品,不需征得著作权人的许可,也不必向其支付报酬。主要包括,(1) 为个人学习、研究或者欣赏,使用他人已经发表的作品;(2) 为介绍、评论某一作品或者说明某一问题,在作品中适当引用他人已经发表的作品;(3) 为报道时事新闻,在报纸、期刊、广播电台、电视台等媒体中不可避免地再现或者引用已经发表的作品;(4) 报纸、期刊、广播电台、电视台等媒体刊登或者播放其他报纸、期刊、广播电台、电视台等媒体已经发表的关于政治、经济、宗教问题的时事性文章,但作者声明不许刊登、播放的除外;(5) 报纸、期刊、广播电台、电视台等媒体刊登或者播放在公众集会上发表的讲话,但作者声明不许刊登、播放的除外;(6) 为学校课堂教学或者科学研究,翻译或者少量复制已经发表的作品,供教学或者科研人员使用,但不得出版发行;(7) 国家机关为执行公务在合理范围内使用已经发表的作品;(8) 图书馆、档案馆、纪念馆、博物馆、美术馆等为陈列或者保存版本的需要,复制本馆收藏的作品;(9) 免费表演已经发表的作品,该表演未向公众收取费用,也未向表演者支付报酬;(10) 对设置或者陈列在室外公共场所的艺术作品进行临摹、绘画、摄影、录像;(11) 将中国公民、法人或者其他组织已经发表的以汉语言文字创作的作品翻译成少数民族语言文字作品在国内出版发行;(12) 将已经发表的作品改成盲文出版。[①] 但他人在合理使用著作权人的作品时,应当“指明作者姓名、作品名称,并且不得侵犯著作权人的其他权利”。

法定许可是指根据法律的直接规定,以某些特定的方式使用已发表的作品,可不经著作权人许可,但得向著作权人支付一定的报酬。包括以下几种情况:第一,教科书编写的法定许可——“为实施九年制义务教育和国家教育规划而编写出版教科书,除作者事先声明不许使用的外,可以不经著作权人许可,在教科书中汇编已经发表的作品片段或者短小的文字作品、音乐作品或者单幅的美术作品、摄影作品,但应当按照规定支付报酬,指明作者姓名、作品名称,并且不得侵犯著作权人依照本法享有的其他权利。”[②]第二,报刊转载的法定许可——“作品刊登后,除著作权人声明不得转载、摘编的外,其他报刊可以转载或者作为文摘、资料刊登,但应当按照规定向著作权人支付报酬。”[③]第三,录音制品制作的法定许可——“录音制作者使用他人已经合法录制为录音制品的音乐作品制作录音制品,可以不经著作权人许可,但应当按照规定支付报酬;著作权人声明不许使用的不得使用。”[④]第四,播放作品的法定许可——“广播电台、电视台播放他人已发表的作品,可以不经著作权人许可,但应当支付报酬。”[⑤]第五,播放录音制品的法定许可——“广播电台、电视台播放已经出版的录音制品,可以不经著作权人许可,但应当支付报酬。当事人另有约定的除外。”[⑥]以及第六,制作课件的法定许可——“为通过信息网络实施九年制义务教育或者国家教育规划,可以不经著作权人许可,使用其已经发表作品的片断或者短小的文字作品、音乐作品或者单幅的美术作品、摄影作品制作课件,由制作课件或者依法取得课件的远程教育机构通过信息网络向注册学生提供,但应当向著作权人支付报酬。”[⑦]

在此说明,对于《伯尔尼公约》中的强制许可制度,我国《著作权法》虽然没有规定,但由于我国已经加入该公约,因此公约中的强制许可制的相关规定也可以引用。强制许可是指在一定条件下,由著作权主管机关决定将已发表作品授予他人使用的制度。强制许可的前提条件是使用人以合理理由请求著作权人许可,而著作权人无理拒绝或者不作答复,使用人在这种情况下再向著作权主管机关申请授权许可。并且,强制许可也须支付报酬。

---

① 见《著作权法》第22条。
② 见《著作权法》第23条。
③ 见《著作权法》第33条第2款。
④ 见《著作权法》第40条第3款。
⑤ 见《著作权法》第43条第2款。
⑥ 见《著作权法》第44条。
⑦ 见我国《信息网络传播权保护条例》第8条。

3. 著作权侵权及其救济

著作权侵权行为，是指未经著作权人的同意，又无法律上的依据，擅自对著作权作品进行使用以及其他以非法手段行使著作权的行为。[①] 对于著作权侵权的种类，我国《著作权法》第47条、第48条采取列举的方式，规定了十九种著作权侵权行为。主要包括：(1) 未经著作权人许可发表他人的作品；(2) 未经合作作品作者许可，将合作作品当做其单独作品发表；(3) 强行在他人作品上署名；(4) 未经作者同意，破坏作品的真实含义，即歪曲、篡改他人的作品；(5) 剽窃他人作品；(6) 未经许可，擅自使用他人作品，如擅自"以展览、摄制电影和以类似摄制电影的方法使用作品，或者以改编、翻译、注释等方式使用作品"[②]，擅自"出租其作品或者录音录像制品"[③]以及擅自"复制、发行、表演、放映、广播、汇编、通过信息网络向公众传播其作品"[④]；(7) 使用他人作品，应支付报酬而未支付；(8) 侵犯权利人的专有出版权和版式设计权，即未经许可，擅自使用出版者出版的图书、期刊的版式设计；(9) 制作、出售假冒他人署名的作品；(10) 规避技术措施[⑤]的行为；(11) 侵犯相关权[⑥]的行为，包括侵犯表演者，录音、录像制作者和广播电视组织者的权利行为；(12) 著作权间接侵权行为。

对这些侵权行为，我国《著作权法》规定，根据具体的纠纷情形，侵权人应当"承担停止侵害、消除影响、赔礼道歉、赔偿损失等民事责任"[⑦]；对其中同时损害公共利益的侵权行为人，"可以由著作权行政管理部门责令停止侵权行为，没收违法所得，没收、销毁侵权复制品，并可处以罚款；情节严重的，著作权行政管理部门还可以没收主要用于制作侵权复制品的材料、工具、设备等；构成犯罪的，依法追究刑事责任"。[⑧]

(二) 文化创新亟需著作权法的相应完善

我国《著作权法》于1991年6月1日实施，迄今为止进行过两次修订，分

---

① 吴汉东主编：《知识产权法》(第五版)，法律出版社2014年版，第120页。

② 见《著作权法》第47条之(六)。

③ 见《著作权法》第47条之(八)。

④ 见《著作权法》第48条之(一)。

⑤ 技术措施是指著作权人为控制其作品是否接触(access)、复制(copy)或传输(transmit)，而以有效的技术手段所采取的保护措施。参见章忠信：《著作权法制中的"科技保护措施"与"权利管理咨询"之探讨》，载《万国法律》2000年10月号。转引自吴汉东主编：《知识产权法》(第五版)，法律出版社2014年版，第124页。

⑥ 相关权又称邻接权，指的是与著作权有关的权利，即作品传播者所享有的专有权利。根据我国《著作权法》第四章的规定，相关权包括表演者权、录音录像制作者权、广播组织权。参见吴汉东主编：《知识产权法》(第五版)，法律出版社2014年版，第88页。

⑦ 见《著作权法》第47条，《侵权责任法》第15条。

⑧ 见《著作权法》第48条。

别是在2001年10月中国加入世界贸易组织(WTO)前作出的修订以及2010年2月,为了解决WTO争端再次删除了相关条款而进行的修订。这两次"小修"均是为配合WTO机制和仲裁而作出的调整,对著作权保护的内容并没有实质性的修改。自我国《著作权法》颁布以来,二十多年过去,计算机技术、多媒体技术、网络技术飞速发展,互联网全面普及;文学、音乐、电影、摄影等文化创意产业的生存环境、发展环境已发生了巨大的变化,既面临良好的发展机遇,也面临日益猖獗的侵权盗版的挑战,2010年修订的《著作权法》已经不能适应当今国内外形势,难以有效地保护作者以及其他权利人的合法权益,不能妥善解决实践中产生的新问题。

2008年6月5日,国务院颁布的《国家知识产权战略纲要》,将"进一步完善知识产权法律法规、及时修订专利法、商标法、著作权法等知识产权专门法律及有关法规"列为战略重点。法律承认并保护知识产权,知识产权战略的实施,不仅有利于我国经济、科技实力的提升,而且对我国软实力的增强有不可小视的作用,知识产权所提供的制度保障和法律保障尤其有利于驱动文化创新。迄今为止,《专利法》的第三次修订版已于2008年12月27日公布,《商标法》的第三次修改也于2013年8月31日完成。然而,同为知识产权法律体系之一的《著作权法》第三次修改却仍然只有几个草案面世。只有尽快修订《著作权法》,加强对文化产业的保护,才能更好地保护我国的文化创新成果,进一步深化我国的文化体制改革,推动我国文化的大发展、大繁荣。

三、知识产权制度保障品牌创新

(一)品牌的内涵及其与商标的区别

"品牌"一词源于古挪威语的"brandr",其意思是"打上烙印"。品牌是一个很宽泛的概念,它是用来识别不同企业产品的某一名词、术语、标记、图案或这些因素的组合,属于产品概念的一部分,它包括商标、商号、企业名称、地理标志以及其他商业标识。从深层次上讲,一个优质品牌包含有先进技术的支撑、优质品质的保证、诚信经营的依托、先进文化的底蕴等内涵。在知识产权法上,品牌体现为商标。当然,品牌与知识产权法上的商标并非完全等同,但是二者所统摄的核心内涵是一致的,皆指表征商品、服务的特殊标记,可以是文字、图形、字母、数字、声音、三维标志和颜色组合,以及上述要素的组合,因此日常生活中人们往往大胆地将品牌与商标概念交替替换使用。

本质上,品牌是多项知识产权的集成,也是知识产权的最终成果,简言之,品牌的本质就是知识产权①,品牌创新就是知识产权创新。

然而纵使品牌与商标之间有着密切的联系,我们始终应当将品牌与商标区分开来。品牌是人们对一个企业及其产品、售后服务、文化价值的一种评价和认知,是一种信任,简言之,品牌就是消费者对企业商品或服务的一种认知程度,品牌已经是企业的综合素质的一种主要体现,既包括了最基本的商品或服务标识,又蕴含着企业的经营、管理文化与理念,这与基本功能为"标识、区分商品或服务来源"的商标在本质上还是有所不同的,具体体现在:

第一,商标是品牌的组成部分之一,甚至是最为主要的部分。事实上,商标仅仅是品牌的标志或名称,根本功能在于使消费者易于区分不同产品的来源——企业。比较而言,品牌有着更为丰厚的内涵,它不仅仅是一个标志和名称,更蕴含着生动的精神文化层面的内容,是企业文化价值理念的体现。

第二,商标设计只是品牌建立的第一步骤,真正打造一个卓越品牌,还要进行品牌调研诊断、品牌规划定位、品牌传播推广、品牌调整评估等各项工作,还得考虑如何才能在消费者心中"经久不衰",品牌的培育是一个耗时很长、费钱费力的工作。

第三,商标是法律上的概念,而"品牌并非法律术语,未见于我国现行任何法律之中"。② 品牌只有根据《商标法》将其登记注册为商标后,才能受到法律的保护。

第四,商标由商标注册人、持有人所有,注册商标人可以自行决定转让、许可自己的商标,可以通过法律手段防止或解决他人的商标侵权行为;而品牌虽可归属于某一企业,但其蕴含的精神文化层面的东西,如企业文化、经营理念等则依附于广大消费者的感受与想法。品牌市场价值的大小,取决于消费者对该品牌的信任度高低,如果一个品牌失去消费者的信任,那么它将一文不值。

(二) 知识产权法保障品牌创新的具体表现

知识产权法对品牌创新的制度保障功能体现在:

第一,我国《商标法》全面规定了对注册商标的保护,其中商标法语境下的商标包括商品商标、服务商标和集体商标、证明商标。《商标法》规定了商标注册人的权利范围"以核准注册的商标为限""以核定使用的商品为限",限定了商标注册人的商标专用权。此外,《商标法》还规定了商标权人有权禁止他人在与其核定使用的相同商品或者类似商品上使用与其核准注册商

---

① 魏纪林、李明星等:《企业品牌创新知识产权协同战略探析》,载《知识产权》2011 年第 9 期。
② 安青虎:《品牌与商标》,载《知识产权》2006 年第 4 期。

标相同或者相近似的商标。这些对注册商标专用权的规定就是对企业进行品牌创新的巨大激励,有力地保障了企业的品牌价值。

第二,我国《民法通则》《商标法》及其实施条例以及相关行政法规和《刑法》第213—215条规定了商标侵权行为应负的法律责任,对品牌的主要表现形式——“商标”提供必要的法律救济。商标侵权人的民事责任主要包括停止侵害、消除影响和赔偿损失三种;承担行政责任的方式主要有责令立即停止侵权,收缴并销毁侵权商标标识,消除现存商品上的侵权商标,没收、销毁侵权商品和专门用于制造侵权商品、伪造注册商标标识的工具,以及罚款等;《刑法》则规定了三类商标犯罪:假冒注册商标罪、销售假冒注册商标商品罪以及非法制造、销售非法制造的注册商标标识罪。

第三,《商标法》关于驰名商标保护的规定更是体现了知识产权制度对品牌创新的保障。驰名商标作为企业在市场上享有较高声誉的载体,是企业技术与文化的价值体现,保护驰名商标是保证企业竞争力的必要条件,是促进社会经济发展的需要。

第四,《商标法》对未注册商标也提供一定程度的保护。首先,我国是《巴黎公约》的成员国,《巴黎公约》中关于驰名商标保护的规定,本旨在于保护“未注册”的驰名商标,我国《商标法》对未注册的驰名商标也给予同样的保护;另外,《商标法》第32条对“在先使用的具有一定影响的商标”也予以保护,规定“申请商标注册不得损害他人现有的在先权利,也不得以不正当手段抢先注册他人已经使用并有一定影响的商标”。

第五,我国知识产权法对商号权、地理标志权保护的相关规定也体现了其对品牌的保障作用。根据《地理标志产品保护规定》第2条,地理标志产品是指“产自特定地域,所具有的质量、声誉或其他特性本质上取决于该产地的自然因素和人文因素,经审核批准以地理名称进行命名的产品”。商号是法人或其他组织进行民商事活动用于标识自己以区别他人的标记,商号权即法人或其他组织对这种标记依法享有的专有权利。我国法律对商号权未有明确规定,但《民法通则》中对企业名称权的保护有具体规定:“法人、个体工商户、个人合伙享有名称权。企业法人、个体工商户、个人合伙有权使用、依法转让自己的名称。”①

① 见《民法通则》第99条第2款。

第三节　创新驱动发展战略本质上是知识产权战略

知识产权战略,就是以知识产权制度为基础,健全和完善知识管理体系,激励知识产权创造、知识产权保护和知识产权的转化与应用,提高知识创新能力和国际竞争力,推动经济社会持续发展的行动方案及相关政策措施。① 知识产权战略是在建立有效的知识产权保护制度的基础之上,“从宏观性、全局性和战略性出发,将知识产权保护作为实现国家政策的重要工具和手段”②,纳入到经济社会科技总体发展战略当中。

创新驱动发展战略和知识产权战略是有着内在联系的高度统一。吴汉东教授认为,实现全面建成小康社会和进入创新型国家行列的战略目标,关键在于“创新驱动发展”,而实现创新驱动发展,主要在于实施知识产权战略。“从某种意义上讲,创新驱动发展战略就是知识产权战略。”③因此说,创新驱动发展战略和知识产权战略是中国全面建成小康社会和进入创新型国家行列的重要途径。

知识产权制度及知识产权战略的作用必须放到“知识经济时代”这样一个大的背景下考察。知识经济作为新的经济形态,有它特有的经济基础结构与法律制度体系,这是“围绕着知识生产、传播与利用的智力劳动过程,服务于知识经济社会化、产业化、产权化的发展目标”④所建立起来的。在知识经济时代,“资本家”让位于“知本家”,知识成为首要的生产力要素,知识财产成为财富增值能力最强的财产,知识产权发挥着科技文化进步与经济社会发展推动器的作用,成为“知本家”知识财产的保护神。知识经济潮流浩浩荡荡,对于当代世界各国而言,知识产权战略既是对知识经济时代发展趋势的回应,也是解决产业结构调整、经济转型升级、可持续发展等重大发展问题的必然举措,其目的不外乎通过知识产权制度来提升知识创新能力,以科技、文化、品牌的协同创新驱动经济社会跨越式发展。为此,笔者力图探寻知识产权制度的作用机制,从理论上为“知识产权战略与创新驱动发展战略之间具有高度的内在统一性和本质合一性”这一命题提供支撑。

知识产权制度的作用机制主要表现在以下三个方面:产权界定与创新激

---

① 徐明华:《关于知识产权战略与国际竞争力的理论探讨》,载《中国软科学》2003 年第 8 期。

② 冯晓青:《美、日、韩知识产权战略之探讨》,载《黑龙江社会科学》2007 年第 6 期。

③ 吴汉东:《实施知识产权战略实现创新驱动发展》,载《中国知识产权报》2013 年 1 月 18 日第 8 版。

④ 参见吴汉东:《科技、经济、法律协调机制中的知识产权法》,载《法学研究》2001 年第 6 期。

励机制、产权交易与资源配置机制以及产权保护与市场规制机制，以下一一分述。

一、产权界定与创新激励机制

产权界定是一切经济活动有序开展的前提，因而是财产法的第一要务。明确了物的归属，财产的保护才有了法律依据，财产才得以畅通无阻地在各不同主体之间流转以实现其最大价值。恰如《物权法》在民法上的定分止争作用，知识产权法在知识产权领域也扮演着定分止争的角色。知识产权法的本质即是将具有公共产品特征的知识变成私人产品，并运用独占性来规避搭便车效应（投入不足）和公地悲剧（过度消耗）。① 知识产权制度是对知识产品的一种有效的产权制度安排。知识产权制度根据知识产品的不同属性分别界定其归属。某些知识产品，采取的是非市场机制的产权形式，即产权不归知识产品的发现、创造者本人，而通常是由政府通过特别的法律手段，给予一定的物质或精神奖励，诸如颁发获奖证书、授予荣誉称号、授予命名权、晋升职称、提高待遇、发放奖金等，以此激励发现、创造者的精神生产活动。例如科学发现与技术发明中的命名权，以及发现、发明的奖金等物质奖励。就主要知识产品而言，普遍采取了私人产权的形式。然而由于知识产权兼具公共产品与私人产权属性，法律赋予其在一定时期独占使用其知识产品的专门权利，作为对价，发明创造者必须将自己的知识产品公布出来，使公众看到、了解其中的专门知识。② 换言之，知识产权是垄断的（私人产权属性），但知识产品是公开的（公共产品属性）。法律规定授予发明创造者以独占的私人产权，以这样一种稳定的制度建立人们对创新行为的收益预期，无疑是“给天才之火添加利益之油”③。知识产权法的这一制度设计，既界定了产权，同时兼具激励效果，为权利人提供了持久的创新激励动力，有力保证了创新活动不断向前推进，从而保障创新成果的不断涌现，促进了创新成果所蕴藏的先进生产力的持续、快速增长。

二、产权交易与资源配置机制

知识产权制度首要的立法目的是界定产权，保护知识产品创造者的合法权益，激励创新；同时又要规制产权交易，促进知识、技术的广泛传播与利用，

---

① 张耀辉：《知识产权的优化配置》，载《中国社会科学》2011 年第 5 期。

② 参见〔苏〕E. A. 鲍加特赫等：《资本主义国家与发展中国家的专利法》，载中国科学技术情报所专利馆编：《国外专利法介绍》第 1 册，知识出版社 1981 年版，第 12 页。

③ 吴汉东：《科技、经济、法律协调机制中的知识产权法》，载《法学研究》2001 年第 6 期。

以此实现资源优化配置的目的。生产的目的是为了满足人的物质文化需求，然而在市场经济条件下，生产者与使用者分属不同的市场主体，为了达致资源优化配置目的，双方必须通过交换，物质产品如此，知识产品亦然。从个人角度而言，只有经过交换，个人才能依照效用曲线获得各类物品的最佳组合，达到利益最大化；从整个社会角度而言，充分而自由的产品交换，各种生产要素在不同主体之间流动，这一资源配置过程使得物尽其用，最终实现社会福利最大化。知识产品的产权交易机制在法律上表现为知识产权利用制度，主要包括授权使用、法定许可使用、强制许可使用和合理使用。授权使用是一种市场主体之间平等、自由协商，以合同的形式达致的知识产权交易法律形式。法定许可使用与强制许可使用则是不平权主体之间的非自愿许可使用，政府通过法律或者行政命令强制权利人授权他人或政府指定的人使用其知识产品，当然，这种强制并不妨碍权利人对权利转移对价的取得。这种产权交易方式排除权利人意思自由，其目的在于减少交易的信息成本和谈判成本。① 与前述几种许可使用不同，在合理使用制度中，使用者与权利人的权利交易不是"一对一"的对手交易，而是"社会制度安排下的特定权利人与不特定的使用者之间就信息资源分配所进行的交换"②，此为知识产品公共产品属性之逻辑使然，盖为私人产权垄断之绝对性的限制，亦是知识进步、社会发展所必需。总之，知识产权的交易机制，旨在调整知识生产者、传播者、使用者的权利配置关系，以知识进步促进经济增长，以创新驱动经济、社会发展，实现最优效益。

三、产权保护与市场规制机制

产权的保护与限制涉及不同主体的利益，其制度设计既要着眼于社会发展的总体目标，也要正确判定利益选择的主次关系，如何平衡，考验着一国的法律智慧。产权保护是对知识产权人利益的维护。界定产权只是第一步，产权保护才是常态性的法律调整机制。知识产权法授予创造者专有的垄断权利，然而，悖论在于，"没有合法的垄断就不会有足够的信息生产出来，但是有了合法的垄断又不会有太多的信息被使用"③，专有的垄断权利固然为知识产品创造提供激励机制，但是垄断天然就是低效率的，"垄断"这一形式使得

---

① 参见〔美〕罗伯特·考特、托马斯·尤伦：《法和经济学》，张军等译，上海三联书店1994年版，第185页。

② 吴汉东：《科技、经济、法律协调机制中的知识产权法》，载《法学研究》2001年第6期。

③ 参见〔美〕罗伯特·考特、托马斯·尤伦：《法和经济学》，张军等译，上海三联书店1994年版，第185页。

权利人处于垄断支配者地位,知识产品使用者在交易中处于弱势地位,交易对价过高,最终,知识产品创造出来,却无法通过市场机制有效交换。知识产品不能投入生产,资源浪费,徒损社会公共福利。现代产权制度不应只醉心于权利的静态保护,促进财富的自由流转、发挥动态价值、增加社会福利才是产权制度之根本目的,知识产权之正义与效益目标不可偏重一方而废弃另一方。解决这一困境的法律途径,就是在保护知识产权的基础上对该项垄断权利实行必要限制,均衡产权人与社会公众的利益,确保社会公众接触和利用知识产品的机会。均衡原则作为知识产权制度的价值目标,为国际公约所肯定。《世界人权宣言》第27条规定,保护自身创造的知识产品与分享社会文明的成果均属基本人权,二者不可偏废。此外,《知识产权协定》序言也指出,一方面,缔约方应承认"知识产权为私权";另一方面,缔约方也要承认产权制度的公共利益目的,包括发展目的与技术目的。①

知识产权制度的产权界定与创新激励机制、产权交易与资源配置机制以及产权保护与市场规制机制,打通了知识产权战略与创新驱动发展战略之间的连接道路,构建起了二者协同的桥梁。因此说,创新驱动发展战略本质上就是知识产权战略。

第四节 知识产权是实现中国梦的源动力

一、中国梦解读

2012年11月29日,习近平总书记在参观《复兴之路》展览时说:"每个人都有理想和追求,都有自己的梦想。现在,大家都在讨论中国梦,我以为,实现中华民族伟大复兴,就是中华民族近代以来最伟大的梦想。这个梦想,凝聚了几代中国人的夙愿,体现了中华民族和中国人民的整体利益,是每个中华儿女的共同期盼。"2013年3月17日,习近平进一步指出,"实现中华民族伟大复兴的中国梦,就是要实现国家富强、民族振兴、人民幸福。中国梦归根到底是人民的梦。"3月23日,在莫斯科国际关系学院的演讲中,习近平再次指出,中国梦的"基本内涵是实现国家富强、民族振兴、人民幸福"。中国梦的提出,立刻引爆国人热情。那么,中国梦到底是个什么梦?它的内涵如何?

不同学者从不同角度对中国梦作出了解读。孟东方、王资博(2013)从

① 吴汉东:《科技、经济、法律协调机制中的知识产权法》,载《法学研究》2001年第6期。

中国梦的内容结构出发,认为中国梦是“5 +1”立体结构的中华民族伟大复兴梦,它是由“强盛中国梦”“法治中国梦”“文明中国梦”“和谐中国梦”“美丽中国梦”与“幸福中国梦”组成的,是过去、现在与未来相结合的纵向结构和经济、政治、文化、社会、生态与人的全面发展相适应的横向结构的综合。① 从中国梦的主体结构出发,叶再春、陈晋、辛鸣(2013)认为,中国梦是每个中华儿女的富民梦、中国的强国梦、中华民族的复兴梦三个向度的统一。富民梦是基石,强国梦是保障,复兴梦是目标,三位一体,唇齿相依,相得益彰。② 众多学者,如梁仁(2008)、张颐武(2012)、张维为(2013)、孙来斌、刘近(2013)、杜玉波(2013)等,从个体与群体(集体)的角度出发,认为中国梦是“家”“国”梦的结合③,是大梦(集体梦)——国家富强、民族振兴与小梦(个体梦)——财富、名誉、地位、幸福的统一④。中国梦既是中国人共同命运中感情、力量的表达,也是普通人希望、追求的表达。中国梦是中华民族的梦,也是每个中国人的梦,归根到底是人民的梦。⑤

从众多学者的解读当中不难发现,中国梦其实是一个内涵很大的上位概念,它包含着许多内容丰富的下位概念,因而从不同的角度解读中国梦会得到不同的诠释。在科技工作者眼里,中国梦就是夺取科技制高点的科技创新梦;对于文化工作者来说,中国梦就是打造中国好莱坞,让更多优秀的文化产品走向世界、传播中华文化的“好声音”、增强中国软实力的文化创新梦;对于商标工作者来说,中国梦就是走向世界,打造出属于中国的国际知名品牌,增强中国品牌影响力的中国形象梦;在普通老百姓的眼里,中国梦则是早日实现住有所居,病有所医,老有所养的安居乐业梦。总结起来,实现中华民族伟大复兴梦,就是把中国建设成为更加富强、民主、文明的国家,为中华民族、中国赢得尊敬;让每个人都有人生出彩的机会,让人民都有自由发展的机会,享受作为中国人的尊严。中国梦是大梦(集体梦、国家梦)——国家富强、民

---

① 参见孟东方、王资博:《中国梦的内涵、结构与路径优化》,载《重庆社会科学》2013 年第 5 期。

② 参见叶再春:《“中国梦”随想》,载《前线》2013 年第 1 期;陈晋:《从中国道路到中国梦》,载《光明日报》2013 年 3 月 19 日;辛鸣:《“中国梦”:内涵、路径、保障》,载《理论导报》2013 年第 1 期。转引自陈美东、张学成:《当前“中国梦”研究评述》,载《中国特色社会主义研究》2013 年第 2 期。

③ 张维为:《中国梦与中国情怀》,载《人民日报》2013 年 3 月 3 日。

④ 梁仁:《中国梦,关于一个情结的沉思与拷问》,中原农民出版社 2008 年版;孙来斌、刘近:《比较视野下的“中国梦”多维透视》,载《学校党建与思想教育》2013 年第 4 期。

⑤ 参见张颐武:《民族之梦与个体之梦》,载《人民日报》2012 年 12 月 27 日;杜玉波:《在实现中国梦的伟大进程中推动高等教育的内涵式发展》,载《中国教育报》2013 年 3 月 26 日。

族振兴,与小梦(个体梦、人民梦)——人民幸福的统一体。① 简单地说,“中国梦”就是实现国家富强、民族振兴、人民幸福。“中国梦”是民族的梦,也是每个中国人的梦,是“国家梦”与“人民梦”的统一体。

二、知识产权战略是强国富民的制度支撑

21 世纪是知识经济时代,国家实力优势最为主要的体现就是知识产权优势,未来国家与国家之间的竞争实际上就是知识产权竞争,因此发达国家、发展中国家都越来越重视知识产权制度的重要性,并相继对知识产权作出战略规划:日本在第二次世界大战后为恢复经济实力,针对其技术上的落后现实,走出了一条“在引进技术、消化吸收基础之上的自立创新的成功之路”②,且根据日本本国经济发展的条件和实际需要,有选择有重点地进行战略部署和战略转移,2002 年 7 月,日本第五次知识产权战略会议制定了日本《知识产权战略大纲》作为日本在新世纪知识产权方面的纲领性政策;美国政府也在 1979 年提出“要采取独自的政策提高国家的竞争力,振奋企业精神”③,将知识产权上升为国家战略。接下来美国通过 20 世纪 80 年代的知识产权与国际贸易多边机制挂钩战略、90 年代的信息高速公路计划,形成了以专利为核心,以跨国公司为主体的知识产权防御壁垒,将知识产权战略运用到极致。

回到中国,2007 年 10 月,中国共产党的十七大报告提出实施知识产权战略,随着国务院在 2008 年发布《国家知识产权战略纲要》,我国明确将知识产权战略上升为国家战略,至今我国知识产权制度已越来越完善。那么知识产权战略究竟是怎样一种战略,其究竟有什么魅力让全球无论发达国家还是发展中国家都如此重视?下文将从三个方面试图探讨一下我国知识产权战略的本质。

(一)知识产权是创新发展战略

从党的十四大提出“不断完善保护知识产权的制度”,到党的十八大提出“创新驱动发展战略”,同时又强调“实施知识产权战略”,可见党中央对知识产权的认识与时俱进、不断加深。知识产权作为当今世界国家发展的重要战略资源,其利用与管理已经成为衡量一个国家技术实力、经济实力的核心

---

① 孙来斌、刘近:《比较视野下的“中国梦”多维透视》,载《学校党建与思想教育》2013 年第 4 期。

② 冯晓青:《美、日、韩知识产权战略之探讨》,载《黑龙江社会科学》2007 年第 6 期。

③ 参见国家知识产权局网站:《美国及美国企业的知识产权战略》,见 http://www.sipo.gov.cn/dtxx/gw/2005/200804/t20080401_352821.html,最后访问日期:2013 年 11 月 5 日。

因素。创新驱动发展是贯彻落实科学发展观的必然要求,而知识产权作为增强国家实力的主要武器,为实现创新驱动发展提供了相应的法律规制。如何实现全面建成小康社会的宏伟目标,最主要靠的就是“创新驱动发展”,而为了实现“创新驱动发展”,最主要的在于实施知识产权战略。从这种意义上来说,知识产权战略本质上就是创新驱动发展战略,创新驱动发展必须依靠先进的知识产权制度,创新驱动发展战略本质上就是知识产权立国战略。虽然中国经济总量世界排序从 2002 年的第六位上升到 2010 年的第二位,2003—2011 年,国内生产总值年均实际增长 10.7%①,但中国人均国民生产总值却仍然只位居世界第 90 位左右,中国依然是发展中国家。我国虽然是资源大国,但资源也是有限的,且我国人均占有资源量位于世界后列,人均淡水、耕地、石油、天然气以及主要矿产资源分别只有世界平均水平的 25%、33%、18%、13% 和近 50%②;近年来,我国的空气污染严重,环境问题凸显,而且我国对于核心技术的拥有量很少,2009 年我国对外技术依存度为 41.1%。③因此我国不仅不能走资源消耗型的发展道路,而且走不了技术依赖型道路,唯一走得通的就是自主创新的发展道路。知识产权制度是近代私权法律制度变迁的结果④,也是创新活动的产物,知识产权从产生到发展均是依托于科技革命的产生与变革而来,这一项法律制度本身就兼具科技创新与制度创新色彩,体现了自主创新的基本思想。

党的十八大报告指出“完善知识创新体系,实施国家科技重大专项,实施知识产权战略,把全社会智慧和力量凝聚到创新发展上来”,知识产权战略是我国为了推动社会、经济、文化发展而作出的重大决策,是将我国建设成创新型国家的必要措施,也是成为“知识产权强国”的必由之路。

(二) 知识产权是国家竞争战略

当今世界,知识产权已经成为国家发展的重要战略资源,知识产权的拥有数量和对知识产权的创造、运用、保护和管理能力已经成为衡量一个国家经济、科技实力的核心因素。⑤ 知识产权已经成为维护国家利益,增强综合

---

① 统计局:《2003—2011 年 GDP 年均实际增长 10.7%》,见中国网络电视台,http://jingji.cntv.cn/2012/08/16/ARTI1345073606320954.shtml,最后访问日期:2013 年 11 月 5 日。

② 参见吴汉东:《中国知识产权法制建设的评价与反思》,载《中国法学》2009 年第 1 期。

③ 《中国对外技术依存度为 41%,关键技术自给率低》,见腾讯新闻,http://news.qq.com/a/20111117/001179.htm,最后访问日期:2013 年 11 月 5 日。

④ 吴汉东:《知识产权的私权与人权属性——以〈知识产权协议〉与〈世界人权公约〉为对象》,载《法学研究》2003 年第 3 期。

⑤ 吴汉东:《实施知识产权战略实现创新驱动发展》,载《中国知识产权报》2013 年 1 月 18 日第 8 版。

国力的最有力武器。自1978年以来,我国三十多年来的知识产权工作取得了令人瞩目的成就,但远不能与知识产权强国相比,我国自主知识产权竞争能力与发达国家的差距仍然非常明显。譬如美国历史上第200万号专利证书已于2012年颁发,我国也已于同年7月签发了第100万号发明专利,虽然创造了27年间发明专利授权量达到100万件的全球耗时最短纪录①,但是我国专利不论是在数量上还是质量上都不能与知识产权强国相提并论。2011年,美国发布新版的美国创新战略,围绕为创新保驾护航的目标,提出了改革专利审查制度,加强知识产权执法,积极参与国际知识产权合作等原则,把知识产权作为国际竞争的利器。②“知识产权是维护国家核心竞争力的战略武器,知识产权优势即是国家实力优势。”③知识经济时代,我国想要在国际市场竞争中取得优势,赢得贸易话语权,不得不注重对知识产权的战略谋划。三十多年来,从为迎合美国知识产权保护要求建立知识产权制度,到如今我国知识产权制度谋求主动变革,在取得巨大成绩的同时,发达国家较发展中国家相对完善的知识产权制度也已经使我国付出了不小的代价,发展知识产权时间方面的劣势是无法弥补的,知识产权立法规定方面的缺失一直让我国处于弱势地位。因此,在未来国际竞争中,我国应当转变以出口和投资拉动GDP增长的形式,走开放创新④之路,在知识产权战略的指引下,增强自主创新能力,尤其要注重核心技术的创新,变“中国制造”为“中国创造”,取得在国际市场中的竞争优势。

(三)知识产权是富国强民战略

首先,我国知识产权战略是基于我国基本国情,适于我国经济改革、社会发展需要而制定的战略性规划,首要考虑的就是如何促进经济增长,提高国家综合实力。其次,我国改革开放以来一直靠出口和投资拉动经济增长,很多企业对知识产权不够重视,导致很多国内品牌遭遇了许多挫折,譬如下文将详细论述的湖北沙市品牌“活力28”。知识产权战略的实施就是为了改变这种传统的经济增长模式,提升企业自主创新能力,大力扶持民族产业,努力谋求核心技术创新,使我国不仅要跨越传统资源消耗型道路,更要跨越技术

---

① 参见《解读我国第100万号发明专利签发的背后》,见中国经济网,http://www.ce.cn/cysc/zljd/gd/201207/17/t20120717_21194154.shtml,最后访问日期:2013年11月5日。

② 赵建国:《美国创新战略突出知识产权》,载《中国知识产权报》2011年10月19日。

③ 吴汉东:《知识产权战略:创新驱动发展的基本方略》,载《中国教育报》2013年2月22日。

④ 开放创新的基本思路是:一家企业把它自身的技术优势与其他相关企业的技术优势结合起来,互补合作。参见佟文立:《创新驱动发展的“前生今世”——从自主创新到开放创新》,载《新产经》2013年第4期。

依赖型发展道路，寻求自主创新的发展道路。另外，中共十八大提出“坚定不移沿着中国特色社会主义道路前进，为全面建成小康社会而奋斗”。在21世纪，知识产权与人类的生活息息相关，到处充满了知识产权，看一本书，发表一篇文章，买一件衣服，买一部手机，都离不开知识产权，知识产权制度在保护知识产权所有人的私有权利的同时，也对公众的合理利用作出了相应规定，无时无刻不在推动着消费、鼓励着创新、提升人们生活水平以及促进经济、社会的发展。

三、知识产权战略筑梦中国

实施创新驱动战略，“知识产权是路是径，实现‘中国梦’是目的是落脚点”[①]。如果说，自主创新为实现“中国梦”提供了技术条件，知识产权战略则为最美“中国梦”奠定了坚实的制度根基。[②] 知识产权战略是实现中国梦的源动力。

（一）知识产权战略筑基国家富强梦

知识经济时代，知识产权优势就是国家实力优势，知识产权竞争就是世界未来竞争。[③] 面对日趋激烈的国际竞争，美国、英国、日本和韩国等主要发达国家或者创新型国家竞相确立知识产权战略目标，力图通过知识产权战略的推行和政策运用，维护本国的技术优势与核心竞争力，在未来世界中占据主动地位。

第一，知识产权优势就是国家实力优势。一国综合实力除了包括经济、科技、军事等硬实力外，文化软实力越来越成为衡量一国综合实力的重要指标。文化软实力以知识产权为制度支撑，在法律层面上表现为自主知识产权的数量、规模和质量水平。知识产权拥有状况已成为衡量一国实力强弱的重要指标，但凡国际强国，无一不是知识产权强国。在专利领域，世界知识产权组织发布的《2010年世界知识产权指标》数据显示，2008年全世界拥有670万件有效专利，日本和美国仍然是主要的有效专利持有国，拥有全球47.5%的有效专利[④]；在版权领域，2011年中国文化软实力研究中心发布的《中国文

---

① 郭民生：《创新驱动战略视角下的知识产权文化建设：知识产权文化建设助推“中国梦”》，载《中国发明与专利》2013年第7期。

② 詹远光：《用“知识产权梦”为“中国梦”增光添彩》，载《今日中国论坛》2013年第11期。

③ 参见吴汉东：《知识产权战略实施的国际环境与中国场景——纪念中国加入世界贸易组织及〈知识产权协议〉10周年》，载《法学》2012年第2期。

④ 参见国家知识产权局专利文献部：《世界知识产权组织发布〈2010年世界知识产权指标〉报告》，载《知识产权简讯》第30期。

化软实力研究蓝皮书》指出,全球文化市场份额美国占43%,欧洲国家占34%,日本占10%,而中国则占不到4%;在商标领域,据世界品牌实验室(World Brand Lab)2012年度提供的最新数据:国际知名品牌500强,美国拥有231个位居第一,法国44个位居第二,日本以43个位列第三,英国40个,德国23个,瑞士21个,我国23个。①

第二,知识产权竞争就是世界未来竞争。知识与知识产权已成为当代国际经济竞争的主要模式。② "国际知识产权制度近50年来的发展史,即是发展在先的国家运用知识产权限制、控制发展在后的国家的变迁史"③:20世纪60年代超级大国美国与正在崛起的日本发生知识产权冲突;20世纪80年代美国、欧盟与韩国进行知识产权较量;20世90年代以来则是美国、日本、欧盟联手就知识产权问题向发展中的中国施压。发达国家通过加强对智力创新成果的知识产权保护,利用知识产权维护其技术优势和市场竞争力。在国际贸易中,美国等知识产权强国竭力在世界贸易中推行知识产权规则,将TRIPS纳入WTO框架,使得知识产权成为国际经贸领域通行的法律准则。可以认为,知识产权的创造和保护是获得国际竞争优势的关键,自主知识产权是维系国家核心竞争力的战略武器。

当知识产权扮演着国家实力代表和未来竞争战略武器的角色时,知识产权战略已不再仅仅是推进经济发展,推动科技进步的政策工具;也不仅仅是创新型国家维护技术优势,实现转型发展的战略决策,而是事关中国国家梦的长期性、全局性战略。知识产权作为国家实力代表和未来竞争战略武器表明,知识产权战略就是强国实现战略,以创新驱动发展为己任的知识产权是强国实现战略的制度支撑。美日韩创新驱动发展历程表明,以知识产权制度创新和政策创新来推动知识创新,以知识产权战略作为强国富民战略,是发达国家和新兴工业化国家普遍采用的发展战略,是实现中国国家梦的必由之途。

(二) 知识产权战略筑基民众安居乐业梦

一方面,知识产权战略的稳步推进显著推动经济发展,创造就业机会,

---

① 参见搜狐证券:《2012世界品牌500强新榜单出炉》,http://stock.sohu.com/20121220/n361076558.shtml,最后访问日期:2013年12月3日。

② 参见徐明华:《关于知识产权战略与国际竞争力的理论探讨》,载《中国软科学》2003年第8期。

③ 参见吴汉东:《知识产权战略实施的国际环境与中国场景——纪念中国加入世界贸易组织及〈知识产权协议〉10周年》,载《法学》2012年第2期。

提高民众收入水平。以文化创意产业为例，在英国，根据英国政府的官方统计报告，1997—2001 年，文化创意产业年均增长率达到 8%，而同期英国经济增长率仅为 2.8%；2001 年，英国文化创意产业产值为 1120 亿英镑，占 GDP 的 8.2%，雇佣了 4.3% 的就业人口。[①] 回到我国，以北京市文化创意产业为例，2004—2011 年，北京市文化创意产业年均增长率达到 19.5%，高于同期地区生产总值增速 4.3 个百分点。2011 年，北京市文化创意产业增加值 1989.9 亿元，占比 12.2%。在就业上，2011 年北京市文化创意产业就业人员达到 140.9 万人，2012 年就业继续保持快速增长，2012 年 1—11 月文化创意企业就业人数为 99.8 万人，占全市同期第三产业就业人数的 20.4%。

表 5　2006—2011 年北京市文化创意产业就业人数表

文化创意产业	2006	2007	2008	2009	2010	2011
从业人数(万人)	89.5	102.5	107	114.9	122.9	140.9
占全部就业比重	9.7%	10.9%	10.9%	11.5%	11.9%	13.2%
占第三产业就业比重	14.1%	15.68%	15.06%	15.60%	16.01%	17.80%

数据来源：根据《北京统计年鉴 2012》相关数据整理。

另一方面，知识产权战略实施带来的一系列科技、文化成果改善民生、便利生活，让生活更美好。电信和互联网科技的发展，手机逐渐代替固话，微信冲击短信，网络购物带动物流和零售业转型，支付宝带来支付新模式，看得见的变化带给普通大众的是生活的智能化、便利化。在涉及人口健康、食品药品安全、防灾减灾、生态环境和应对气候变化等关系民生的科学技术领域，重大科技成果直接服务于民生和资源环境改善。例如，在国家传染病防治专项支持下，全自动艾滋病毒核酸血筛体系在多家血液中心和血制品企业得到应用，为用血安全提供了保障；提出的艾滋病成人国产药一线治疗方案，副作用小，治疗费用可降低 79%。[②] 在生物科学领域，解决了亿万人吃饭问题的杂交水稻技术取得重大突破，首次完成水稻基因图谱的绘制，首次定位和克隆了神经性高频耳聋基因、乳光牙本质Ⅱ型、汉孔角化症等遗传病的致病基因，体细胞克隆羊、转基因试管牛以及重大疾病的基因测序和诊断治疗技术均取

---

① 傅才武、江海全：《文化创意产业在“两型社会”建设中的功能作用与价值定位》，载《中国地质大学学报(社会科学版)》2009 年 7 月版。

② 参见《国家科技计划年度报告 2012》之二《国家科技重大专项》之二：《实施成效》。

得突破性进展。[①] 再如,水污染治理专项在“三河、三湖、一江、一库”等重点流域开展研究示范,示范区水质明显改善。在鞍钢建立了4800吨/天的废水处理及回用示范工程,每天处理污水4800吨,年减排COD(化学需氧量)300吨以上,减排苯并芘和总氰等高毒性特征污染物90%以上,支撑了辽河流域的水质改善。[②]

---

① 参见国家统计局网站文章:《改革开放30年报告之十四:科技创新取得了举世瞩目的巨大成就》,http://www.casted.org.cn,最后访问日期:2013年10月5日。

② 参见《国家科技计划年度报告2012》之二《国家科技重大专项》之二:《实施成效》。

第三章　依靠知识产权推动创新驱动发展战略实施

对于当代世界各国而言,创新驱动发展战略既是对知识经济时代发展趋势的回应,也是解决社会重大发展问题的举措,其目的无一不是通过知识产权制度来提升知识创新能力,形成核心竞争力,实现社会经济跨越式发展。对此,世界知识产权总干事 Kamil Idri 认为,知识产权是经济发展的强有力的武器。① 美国、日本和韩国等发达国家或者创新型国家竞相走上创新驱动发展之路,通过知识产权制度的推行和政策运用,维护本国的技术优势、贸易利益与核心竞争力。中国化的创新驱动模式是科技创新驱动、文化创新驱动、品牌创新驱动的三核模式,如何有效地实施这一创新驱动发展战略模式,把握建设创新型国家的发展机遇,是一个值得深思的问题,笔者认为应该明确主攻方向,确立以下三个方位的战略目标②:

一是致力中国创造,实施科技创新驱动战略,提高国家科技创新力。工业革命以来,科技之争就一直是国家硬实力较量的主要形式,这其中尤以技术专利最为关键。在专利战略实施的政策目标中,要着力提高核心技术和关键技术专利的拥有量,实现高新技术产业化和传统产业的高新技术化,促进经济的转型升级和社会的可持续发展。

二是激励中国创意,实施文化创新驱动战略,增强国家文化软实力。当今世界,国家实力之争已从单纯的经济、科技、军事实力等硬实力之争转向硬实力与软实力的综合实力之争,文化软实力已经成为国家实力竞争的新场域,而文化创意产业则是国家经济发展的新动力。提升文化软实力的关键在于文化创新和文化产业的发展。③

三是树立中国形象,实施品牌创新驱动战略,提升国家品牌影响力。知

---

① See Kamil Idris, Intellectual Property: A Power Tool for Economic Growth, http://www.wipo.Int/about-wipo/en/dgn/wipo-pub-888/index-wipo-pub-888.html, last visit on Sep. 14, 2008.

② 吴汉东:《知识产权战略实施的国际环境与中国场景——纪念中国加入世界贸易组织及〈知识产权协议〉10 周年》,载《法学》2012 年第 2 期。

③ 吴汉东:《设计未来:中国发展与知识产权》,载《法律科学(西北政法大学学报)》2011 年第 4 期。

名品牌的拥有量在一定程度上反映了一个国家的经济实力,拥有国际知名品牌多的国家往往是经济实力较强的国家。因而,中国形象的确立,有赖于中国品牌的营造;而中国品牌的营造,取决于企业知名品牌的创建。

科技创新、文化创新、品牌创新是创新的三个维度,实施创新驱动发展战略,科技创新是核心,也是本书阐述的重点;文化创新、品牌创新亦是创新驱动的重要一环,打造文化创新驱动力、品牌创新驱动力是实施创新驱动发展战略的重要组成部分。三个维度创新驱动发展战略的实施既有共性,又有其侧重。

第一节　科技创新驱动发展战略实施

一、实施专利战略,提高科技创新力

习总书记指出,科技创新,最为紧迫的是进一步解放思想,加快科技体制改革,破除束缚创新驱动发展的陈腐观念和体制机制障碍。当前,在我国科技体制中,还广泛存在束缚创新驱动发展的观念和体制机制障碍,突出表现为:企业技术创新主体地位没有真正确立,产学研结合不够紧密,科技与经济结合问题没有从根本上解决;自主创新能力不强,原创性科技成果较少,关键技术自给率较低;科研管理体制不合理,科技资源配置过度行政化、条块分割、分散重复、封闭低效等问题突出,科技项目及经费管理紊乱,研发和成果转移转化效率不高;科技创新激励机制不健全,科技评价导向不够合理,科研诚信和创新文化建设薄弱,科技人员的积极性创造性还没有得到充分发挥。① 人才培养上,对青年人才培养还缺乏行之有效的措施;吸引和聚集高层次人才、领军人才的措施还不到位;创新团队发挥作用的环境还不完善;人才评价的方式方法还须符合规律。② 这些问题已成为制约科技创新的重要因素,影响我国综合实力和国际竞争力的提升。因此,抓住机遇大幅提升自主创新能力,激发全社会创造活力,真正实现创新驱动发展,迫切需要进一步深化科技体制改革,加快国家创新体系建设。

2012 年 9 月,随着中共中央、国务院《关于深化科技体制改革加快国家创新体系建设的意见》印发,新一轮科技体制改革已经拉开序幕。科技部长万钢表示,此次改革的核心是解决科技与经济“两张皮”问题,推进科技与经

① 参见中共中央、国务院《关于深化科技体制改革加快国家创新体系建设的意见》。

② 参见光明网:《新一轮科技体制改革:改什么? 怎么改?》,http://tech.gmw.cn/2012-07/09/content_4506410.htm,最后访问日期:2013 年 10 月 13 日。

济紧密结合,关键是要将科技成果尽快转化为现实生产力,最迫切需要解决的问题是真正确立并强化企业技术创新主体地位。① 为此,推进科技体制改革需要从以下四个方面②着力:一是科技创新主体改革,确立并强化企业技术创新主体地位,建立企业主导产业技术研发创新的体制机制,加快建立以企业为主体、市场为导向、产学研紧密结合的技术创新体系,促进科技与经济紧密结合。二是创新体系效能改革。加强统筹部署,推动协同创新,强化科技资源开放共享。三是科技管理体制改革,促进管理科学化和资源的高效利用,推动科技项目、科研经费管理改革,深化科技评价和奖励制度改革。四是人才发展机制改革,激发科技人员的积极性和创造性,统筹各类创新人才发展规划。加强科学道德和创新文化建设。要按照习近平总书记在中央政治局第九次集体学习的讲话精神,紧紧围绕习近平总书记提出的"五个着力"的总体要求,进一步从抓好创新政策、产业政策和经济政策的衔接协调、抓好科技创新管理和资源的统筹协调、抓好财政、税收、金融、资本等政策环境的全面支撑、抓好面向未来的人才储备和人才发展机制、扩大科技开放合作等方面积极地开展工作。

(一)建立以企业为主体、市场为导向的技术创新体系

1. 确立、强化企业技术创新主体地位

企业是市场经济活动最主要的参与者与组织者。根据熊彼特的技术创新理论,技术创新是当代最重要的生产要素。作为市场经济活动的组织者,企业在逐利动机的自动调节下实现生产要素的新组合,以新的生产函数应对不断变化的市场③,创新越来越成为企业的核心竞争力,这决定了企业是技术创新的主体。并且由于企业天然的市场发现能力使得企业创新在更大程度上面向市场,企业成为技术创新不可替代的主体。

当前企业在成为创新主体方面还存在一些制约因素。首先,是体制、机制制约。长期以来,科技管理领域行政色彩浓厚,项目申报、审批、评审、验收、结项等,都需要经过层层审批,一个项目跑十几个政府机构是常事,这与市场变化越来越快、科技成果转化的市场机遇稍纵即逝的严苛市场环境严重背离。其次,是企业本身的创新机制不健全,创新能力较弱,根本上制约了企业作为科技创新的第一主体。我国多数企业都还只是依赖于资源、资金、劳

---

① 参见人民网:《科技体制改革大幕开启》,http://cppcc.people.com.cn/n/2012/0712/c34948-18497837.html,最后访问日期:2013 年 10 月 13 日。

② 参见中共中央、国务院《关于深化科技体制改革加快国家创新体系建设的意见》。

③ 沈铭贤:《努力使企业成为技术创新的主体——建设创新型国家的一个关键》,载《毛泽东邓小平理论研究》2007 年第 2 期。

动力投入的简单市场主体,根本不存在科技创新意识;大中型企业初步具备科技创新能力,但是科研投入不足,人才匮乏。据统计,2007 年我国企业的研发投入只占销售收入(营业额)的 0.5%,大企业也只占到 0.7% 左右,这与发达国家的 4%—5% 还有很大的差距。①

发挥企业技术创新主体作用,首先,须通过相关立法赋予企业真正的科技创新主体地位和与之相称的人、财、事权,简化行政审批手续,大力放权。企业的创新主体地位,首要的应当表现为企业在技术创新决策、研发投入、科研组织和成果转化中的主导权。其次,要引导资金、人才、项目的创新要素向企业聚集,打造企业为主导的科技创新平台。政府要吸纳企业参与国家科技项目的决策,产业目标明确的国家重大科技项目由有条件的企业牵头组织实施。再次,要引导企业树立创新意识,转变发展观念,加大科技研发投入,把科技优势作为打开市场、提升公司核心竞争力的关键手段。

2. 以市场需求为科技创新导向

发挥市场在科技创新中的导向作用,让市场成为配置创新资源的决定性力量。当前,科技创新管理体制中行政化现象仍然十分严重,行政力量代替市场作为创新资源配置的指挥棒。例如,我国科技发展规划和项目选题由行政机关决定,而行政机关通常委托高校、科研院所拟定规划和选题,但是高校和科研院所往往并不具备跟踪科技潮流、市场前沿的能力,这就造成研发与市场需求脱节,科技成果没有市场。此外,科技管理政出多门、条块分割仍然严重,资源分散,重复建设,严重制约了创新的整体效能。推动科技创新与经济社会发展紧密结合,关键就在于处理好政府与市场的关系,只有让市场真正成为创新资源配置的指挥棒,以市场需求为科技创新导向,科技创新才能产生社会效果。

以市场需求为导向,就是要围绕产业链部署创新链,围绕创新链完善资金链。吴晓波(2008)认为,创新是涉及新思想、新发明的产生、新产品的设计开发、新的生产流程、新的营销策略和新市场的开发扩展等环环相扣的一系列职能活动的全过程。所有这些职能活动的序列集合,就是创新链。② 创新链与产业链紧密结合是产学研一体化的新型创新组织模式的内在要求;形成严密的产学研体系,可以显著减少创新的市场风险,促进科技成果转化运用,顺利实现科技成果价值。现实中,两者常常脱节,这主要是因为,产业链重逐

---

① 闫瑞军:《战后日本技术创新主体行为对中国的启示》,载《生产力研究》2010 年第 5 期。
② 吴晓波、吴东:《论创新链的系统演化及其政策含义》,载《自然辩证法研究》2008 年第 12 期。

利,创新只是逐利的手段之一并且这种手段常常具有很大的风险与不确定性,这与企业营利目标相冲突,创新链崇尚学术成果而不重视其转化应用,与产业界要求疏离。[①] 围绕产业链部署创新链,关键是要准确把握产业发展趋势,找准产业前沿,超前布局。2008 年《国家知识产权战略纲要》提出,要在生物和医药、信息、新材料、先进制造、先进能源、海洋、资源环境、现代农业、现代交通、航空航天等技术领域超前部署,掌握一批核心技术的专利。2010 年 10 月 18 日,国务院颁布的《关于加快培育和发展战略性新兴产业的决定》指出,现阶段重点培育和发展的产业包括节能环保、新一代信息技术、生物、高端装备制造、新能源、新材料、新能源汽车等七个产业。应当说,这七个产业是处于世界产业前端的战略性新兴产业,我们要自觉将创新资源流向战略性新兴产业。

资金投入是维系科技创新的生命线。现代社会,科技创新往往涉及多学科、多领域,科研周期拉长,在漫长的科研周期中不会有任何产出,创新风险巨大,一旦失败,往往颗粒无收。一个重大科研项目要求在资金投入的总量和持续投入保障机制上能够有可行应对作为支撑。资金链与创新链之间,资金链是创新链得以维系的保障,创新链是资金链获得回报的前提。二者必须通力合作、全力配合,才能产生良好的经济、社会效果。为此,需要着力构建一种多渠道、多层次的科技投入体系,打造以财政投入为引导、企业投入为主体、银行贷款为支撑、社会融资和引进外资为补充、优惠政策作保障的完善的资金链条。

(二) 加强统筹部署,推动协同创新,提升创新效能

1. 发挥政府宏观规划、指引、协调作用

提供公共科技服务,加强宏观规划、指引和协调是政府的一项职责。政府的宏观规划、指引功能,主要通过国家科技规划、产业规划的方式实现;国家科技重大专项和重大工程则是以点带面,同样发挥着指引作用。宏观规划的出台,需要政府加强协调,完善中央和地方之间、科技相关部门之间、科技部门与其他部门之间的沟通协调机制,防止重复部署。

科技规划、产业规划相当于科技领域的顶层设计,调动全社会的创新资源向某一创新方向集中,有效避免创新资源的浪费。国家科技重大专项和重大工程是国家面向未来、立足长远组织实施的科技创新核心工程,对掌握科技创新主动权、抢占科技制高点具有战略性意义。国家科技重大专项和重大

① 参见邢超:《创新链与产业链结合的有效组织方式——以大科学工程为例》,载《科学学与科学技术管理》2012 年第 10 期。

工程以及国家产业规划点、面结合，共同发挥着宏观规划、指引作用。国家科技规划、产业规划方面，有国务院《国家中长期科学和技术发展规划纲要(2006—2020)》《实施〈国家中长期科学和技术发展规划纲要(2006—2020)〉的若干配套政策》、"863"计划、科技部《国家"十二五"科学和技术发展规划》《国务院关于加快培育和发展战略性新兴产业的决定》和工信部每年度发布《产业政策指导目录》《产业结构调整指导目录》《产业转移指导目录》等产业指导目录以及各省自行制定的产业指导目录等等。

目前，各世界主要强国正在加速推进"三深"战略实施，力图抢占世界科技制高点。所谓"三深"战略，分别是指"深空""深海""深蓝"战略。"深空"战略——美国、俄罗斯、欧洲、日本等国都在积极实施一系列探测月球、火星等天体的深空探测计划。"深海"战略——用最先进的海洋技术手段，开采油气矿产资源，获取深海底地质、地貌、资源基础数据等工作正在进行。"深蓝"战略(信息安全)——高性能计算机已经从军事领域进入涉及天文计算、建立大气模型、基因科学、油气勘察、智能制造等领域，带动了空间技术、空气动力学、大范围气象预报及石油地质勘探等产业技术领域的变革。① 除了上述科技强国以外，部分新兴国家，诸如印度、韩国、巴西都在积极推进"三深"战略实施。我国也要紧紧把握世界科技发展制高点，掌握核心科技。目前正在实施的国家科技重大专项包括新一代宽带无线移动通信网专项、大型先进压水堆及高温气冷堆核电站专项、转基因生物新品种培育专项、艾滋病和病毒性肝炎等重大传染病防治专项、大型飞机专项、载人航天与探月工程专项等十六项。根据《国家科技计划年度报告2012》，2011年，国家科技重大专项在关键性技术攻关、重大战略产品研发方面取得了长足进步。例如，宽带移动通信专项的TD-LTE规模技术、新药物创新专项的抗非小细胞肺癌小分子靶向药物——盐酸埃克替尼(凯美纳)，填补了我国的技术空白。② 重大科技成果转移扩散和产业化促进了产业结构调整和升级，直接带动了地方各类创新资源集聚，显现了培育发展战略性新兴产业的强大引领作用。例如，新药创制专项实施，加速了北京中关村、上海张江、江苏泰州等一批医药产业园区的发展，促进了京津冀、长三角、珠三角等区域医药产业的聚集。北京将投入近百亿元加快大兴、亦庄及昌平医药和生命科技园区的发展，天津将投入30亿元建设滨海新区生物医药产业园，上海张江生物医药园区2010年基地工

---

① 万钢：《世界科技发展趋势与中国创新》，载《时事报告》2008年第12期。

② 参见科技部《国家科技计划年度报告2012》之二《国家重大科技专项》之二《实施成效》。

业总产值130亿元,销售收入220亿元。①

实践证明,国家科技重大专项和重大工程对经济社会发展有极其重要的促进作用,必须坚定不移地推进国家科技重大专项和重大工程的实施。

2. 打造科技资源开放共享机制,规避“信息孤岛”

信息孤岛是指在社会信息化过程中,由于信息系统、软件系统、数据库之间关联性差,难于互联、互通和互操作的弊端,造成数据共享性差,各信息源之间的信息难以融合贯通和共享,无法实现业务协作,系统效率低下的问题。② 信息孤岛是实现资源共享的障碍。信息时代,各种信息、数据呈爆炸式增长。整合有用信息、了解相关领域研究现状和既有的支持性资料和资源成为现代科研工作降低研发的市场风险、减少重复投资的必经途径。科技资源开放共享机制是规避科技创新“信息孤岛”、解决科技界重复投资、资源分散浪费现象,实现信息互通、资源共享、推进创新体系协调发展的重要手段。2005年,科技部、国家发改委、财政部、教育部共同下发了关于印发《“十一五”国家科技基础条件平台建设实施意见》的通知,《意见》提出要加快建设六大科技平台,为科技创新提供公益性信息、共享资源。这六大平台分别是:(1) 研究实验基地和大型科学仪器设备共享平台,将对全国单价50万元以上、总价值超过150亿元的科学仪器设备资源进行信息整合,形成全国性的共享网络;(2) 自然科技资源共享平台,实现约45万份植物种质资源实物及约1000万号生物标本的整合共享和约1100多万份(号)自然科技资源信息共享,形成自然科技资源虚拟博物馆;(3) 科学数据共享平台,将建设和完善包括气象、测绘、地震等领域在内的十余个国家科学数据共享中心,并在地球系统、医药卫生、基础科学、能源与交通等领域建设约11个科学数据共享网;(4) 图书文献信息保障平台,到2010年,外文科技期刊总量要达到3万种以上,实现外文科技期刊网上资源种类占国际主要刊物50%以上。专利文献收藏数量占全世界出版专利文献总量的比例由目前的80%左右提高到90%以上。同时,在建设中的还有科技成果转化公共服务平台和网络科技环境平台。政府应当依托既有科技数据库资源,整合各类科技信息,加快建立统一的科技信息基础数据库和行业、产业等特色信息平台建设,促进科技信息在技术创新活动中的高效利用。

3. 推进科技和技术的协同创新

创新驱动需要注意协同创新。狭义上的协同创新是指科学(知识创新)

① 参见科技部《国家科技计划年度报告2012》之二《国家重大科技专项》之二《实施成效》。
② 王俊杰:《冲出信息孤岛,实现数字资源共享》,载《大学图书馆学报》2004年第3期。

与技术创新互动结合,推动科技创新成果转化能力的提升,这是协同创新最基本的含义。[①] 科学创新是技术创新的先导,科学创新瞄准技术前沿,技术创新瞄准市场需求,科学创新与技术创新的协同既有利于抢占科技发展制高点,又有利于顺利实现技术的商业价值和产业化,将科技的突破转化为经济的发展。

长期以来,科学创新和技术创新是脱节的,由于高校、科研院所以学术价值为唯一指向、以科研成果为基准的单一考核评价机制,科学家的创新活动停留于知识创新阶段;与此相反,企业家的逐利本能使得企业家关注的只是商业价值,而实现商业价值的主要途径就是由技术创新引致生产力提升,以此为导向,企业工程师的创新活动限于企业内部的自我研发,科学家与工程师之间的联系是被阻断的。

实现科学与技术的协同创新,就需要打通二者之间的梗塞,建立两者之间的联系,实现科学创新与技术创新两个方面的转型。具体言之,首先是以高校、科研院所为主体的科学创新的转型。应当扭转以往科学研究止步于知识创造(例如,发表学术文章,申请国家发明专利和实用新型专利,课题、项目结项等)的传统做法,将科学研究的链条拉伸,延伸到科学创新的孵化阶段,参与新技术的孵化。其次是以企业为主体的技术创新的转型。企业技术创新环节前移,工程师们参与高校、科研院所提供的科研成果的技术孵化阶段。[②] 两个方面的转型,科学创新主体和技术创新主体的交汇,搭建起科学家、科学机构与工程师、企业的利益共享平台,实现了科研机构所追求的学术价值和企业所追求的商业价值的完美结合,构建起产学研一体化的协同创新机制。

(三) 改革科技管理体制,促进管理科学化和资源高效利用

1. 优化评比制度,健全激励机制

当前我国科技创新领域激励机制存在以下几个方面的不足:

第一,科研经费投入不足,特别是对于从事基础性、支撑性研究的科技人员基础保障缺失严重,组织激励与约束能力弱化。最近几年,中国全社会研发投入呈现持续、快速增长之势。据国家统计局、科技部和财政部联合发布的统计公报显示,2012 年中国全社会研发投入总量达到 10298.4 亿元;然而,我国研发人员总量规模巨大,2012 年研发人员(全时工作量)已达 320 万人,按研发人员(全时工作量)计算,人均经费仅为 31.7 万元,远远落后于美国、

---

① 参见洪银兴:《论创新驱动经济发展战略》,载《经济学家》2013 年第 1 期。

② 同上。

日本、欧盟等发达国家和地区。我国科研保障机制最大的矛盾和问题在于，科研活动的开展以及人员酬金与补助高度依赖于竞争性项目经费①，这对于从事基础性和支撑性研究的科技人员而言，其损害尤为致命。

第二，科研的项目化导向，使得科研人员的兴趣和方向屈从于项目的可获得性，真正意义的自由探索受限。项目化导向下，项目成为资源分配的载体，唯有争取到项目才能在单位“体面地生存”。然而，项目大多数是由管理部门来决定的，这就使得科研人员必须考虑项目主管机关的意图，唯有如此才可能申请到“项目”，获得政府的资源便利和资金支持。在这样的政策背景下，项目无疑发挥了指挥棒的作用；不在主管机关视野范围的研究就得不到政府的支持，特别是一些一时看不到应用前景的基础性研究，正常情况下几乎不可能进入管理者的视野，自由的科学探索无疑受到限制。

第三，考评机制不合理，助长功利心态。不合理表现为：评价标准单一化，主要围绕文章影响因子、项目级别、经费规模、专利成果等指标，考核、晋升以及奖励均以这些指标为标准且多实行数量累积，对科技成果的质量重视不足。这一制度设计的本来用意是“鞭打懒牛”，但由于缺乏综合评价，结果变成了对所有“牛”的鞭打；本来目的是为了获得又好又快的“牛”，结果只得到一些“快牛”，少有“好牛”，却伤了“好牛”“慢牛”的积极性。②

第四，创新奖励的“官位化”，表现为以行政职位奖励杰出科技人才。目前，有更高头衔、更高行政职务者会有更大几率获得各种项目、课题已经成为大学和科研机构内部公开的秘密。因而，行政头衔几乎成为了最有价值、最有分量也最能带来尊严和体面的奖励。但是，这种以“官势”所营造出来的社会尊重，实际上破坏了固有的学术价值观而将官僚主义导入科研体系③，科研道德和科研价值观受到扭曲，毒害学术氛围。

破解之法，首先，在于加大资金投入，建立科研人员收入保障机制，使科研人员活得有尊严。其次，要纠正科研项目化导向，探索分学科、分领域设置有差别的科研投入载体，例如对基础科学就不应该采用期限化的项目形式。再次，改革科研考评机制，实行柔性化管理，探索设立底线考核制度，减少考核项，降低考核频度，注重科研成果质量和实际贡献，合理设置考评指标，基

---

① 参见程郁、王胜光：《科技创新人才的激励机制及其政策完善》，载《中国科学院院刊》2010年第6期。

② 黄宁燕、王培德：《实施创新驱动发展战略的制度设计思考》，载《中国软科学》2013年第4期。

③ 参见程郁、王胜光：《科技创新人才的激励机制及其政策完善》，载《中国科学院院刊》2010年第6期。

础研究以同行评价为主,应用研究由用户和专家等相关第三方评价,产业开发由市场和用户评价①;延长考核链条,把科研成果转化纳入考核链条。最后,以国家科技奖励制度取代奖励的"官位化"现象,物质奖励和精神奖励相结合,适时调整物质奖励的额度;提高奖励质量,减少数量,重点奖励重大科技贡献和杰出科技人才,强化对青年科技人才的奖励导向;支持和规范社会力量设奖。加强学术共同体建设。

2. 破除制约科技成果转移扩散障碍

科研的最终目的是将科技成果转化为现实生产力,产生一定的经济、社会效益。科技成果转化率是衡量科研效能的核心指标。可悲的是,我国科技成果转化率非常之低。根据教育部科技发展中心的调查,87 所被调查高校中,有 57.5% 的高校未实施的专利在 90% 以上,成为"沉睡"的专利。粗略估计,高校整体未利用专利占 82% 左右。② 究其原因,主要原因是科技成果权属及收益分配模糊不清,科技成果转移扩散激励机制不健全,政府在科技成果转化中缺位。

(1) 科技成果权属及收益分配。

权属的界定是科技成果流转的前提。国家资助研发的科技成果由谁所有? 所得收益如何分配? 长期以来,我国在此问题上没有一个明确、清晰的规定。美国《拜杜法案》的做法是,将之直接授予项目承担者。我国 2007 年修订的《科技促进法》借鉴了美国的做法,规定国家资助研发的科技成果所有权归属于项目承担单位,相应的,项目成果转让(转化)收益也归项目承担单位所有。然而这仍然不能完全解决我国科技成果转化面临的国有资产管理困惑。这是因为,在我国,项目承担方多为作为"事业单位"的高校和科研院所,与作为经营性主体的国有企业不同,事业单位所有的科研成果本质上仍是国有资产,其经营转让仍然需要经过国资管理机构的审批和监管,所得收益要按照国有资产管理。按照《中央级事业单位国有资产处置管理暂行办法》规定,科技成果转化(转让)收入,在扣除奖励资金后上缴中央国库,利用无形资产对外投资形成的股权转让收入,扣除投资收益,以及税金、评估费等相关费用后,上缴中央国库。③ 实际上这使得科技成果权属又回到了最初模糊不清的状态。笔者认为,不妨赋予高校、科研院所在科技成果转让上的经营性主体地位,转让事宜由高校、科研院所自行负责。如此,则不仅在名义

---

① 参见中共中央、国务院《关于深化科技体制改革加快国家创新体系建设的意见》。

② 教育部科技发展中心:《技术转移情况调查问卷》,2012 年。

③ 邸晓燕、赵捷:《政府资助形成的科技成果:转移现状、政策制约及建议》,载《中国科技论坛》2013 年第 8 期。

上而且在实际操作上解决了权属不清、科技成果转让主体不明确的问题，科技成果转化的制度性难题迎刃而解。科研成果转化的收益，应当主要由转让主体享有，国家亦可作为投资者获得一部分，但比例应当严格限定于较低水平。

(2) 科技成果转移扩散激励机制。

我国目前的科研考评体系中，科研成果的面世即意味着研发工作的结束，后续的科研成果转化并不属于考核指标；换言之，科技成果的转化并不能给研发人员在考核、晋升、职称上带来好处，这就制约了科技成果的转化。按照《奥斯陆手册(第三版)》的理解，创新是指通过开发新技术将其转化为生产力和成果并扩散的全过程。① 在国外，例如美国，技术转让是作为实验室工作人员的一项职责的，与其绩效评价直接相关，如果项目承担方不努力将科技成果转化，那么政府有权收回科技成果的权利。② 同时，联邦和州各级政府以及民间团体设立了大量奖励项目鼓励科技成果转化。例如“年度联邦实验室主任奖”、民间的“研发 100 创新奖”。③ 我国宜借鉴之。

(3) 促进科技成果转移扩散的机构、实施计划。

科技成果的转移扩散离不开政府的支持与引导。在这方面，美国走在了世界前头。早在 1989 年，美国即成立了全国性的技术转移机构——罗伯特·C. 波德国家技术转移中心，成为美国科技成果转移扩散的先驱者和领军者。该机构提供了一整套完善的技术转移服务。除此之外，美国科技界成立了诸如美国联邦实验室技术转移联盟、大学技术经理协会等社会机构来推动科技成果的转移扩散。不仅如此，一些著名高校自身也设立了专门的技术转移机构，例如，斯坦福大学、麻省理工学院均设有技术许可办公室，哈佛大学设有技术与商标许可办公室，等等。④ 另外，美国政府还频繁设立实施计划以促进科技成果转移扩散。例如 1990 年的先进技术计划(ATP)、1992 年的“中小企业创新研究计划”(SBIR)，同年又出台了中小企业技术转移计划(STTR)。这些计划的实施无一例外都收到了良好的效果。

(四) 改革人才管理机制，着力完善人才发展机制

1. 建立灵活的人才管理机制

近四十年高度集中的计划经济体制环境下，我国建立了党委领导下高度

---

① 吴晓波、吴东：《论创新链的系统演化及其政策含义》，载《自然辩证法研究》2008 年第 12 期。

② 参见邸晓燕、赵捷：《政府资助形成的科技成果：转移现状、政策制约及建议》，载《中国科技论坛》2013 年第 8 期。

③ 杨国梁：《美国科技成果转移转化体系概况》，载《科技促进发展》2011 年第 9 期。

④ 参见杨国梁：《美国科技成果转移转化体系概况》，载《科技促进发展》2011 年第 9 期。

统一的干部人事管理制度,广大高校、科研院所和国有企业都遵循这种人事管理模式,形成了“行政化、单位制、身份制”特征的人才管理机制。[①] 诸如户籍、档案、社保、住房、子女教育等都与所在单位挂钩,人才流动面临着极其高昂的交易成本。这使得人才难以流动,一方面有的地方人才积压,另一方面有的单位却是人才缺乏,人尽其才、才尽其用的理想状态远未达到。总之,在市场经济体系依然牢固矗立的今天,市场化的人才管理机制尚未建成,以市场调节为基础的竞争机制、供求机制在许多事业单位型科研机构的人才配置工作中还没有占据基础性和主导性的地位,人才的价值很难在市场上实现。[②] 这种僵化的人才管理机制与市场经济发展越来越不适应,迫切需要打破僵化格局,建立灵活的人才管理机制。

第一,打破事业单位人才依附关系,尽速剥离单位在户籍、档案、社保、住房、子女教育等方面的职能,完善科技人才利益保障机制,确立市场机制在科技人才流动和配置中的主导地位。打破体制内与体制外的过时思想观念束缚,推行高校、科研院所单位的关键岗位以及国家重大项目负责人向全社会公开选聘制度,促进科技人才在公共科研机构和企业之间的交互流动,形成无障碍的良性人才流动网络。

第二,健全人才管理服务机制,加快人才公共服务体系和以市场配置为主导的规范化、专业化人才市场建设,探索建立非政府社会主体主导的市场化人才市场,鼓励社会资本参与人才服务市场、人才服务中介建设,为科技人才自由流动提供良好服务。探索建立全国性的科技人才供给和需求信息发布制度体系,着重针对战略性新兴产业、重点行业和关键领域的科技人才需求[③],引导科技人才合理有序流动。

2. 深化教育改革,提高人才培养质量

教育是强国之本,教育改革是提高人才培养质量的必由之路。当前教育体制在培养机制、办学体制、管理体制、保障机制方面饱受诟病,其中与科技创新最格格不入的是培养机制上的教学与社会需求脱节,人才与市场需求断层,知识机构老化严重,人才培养质量不高。提高人才培养质量,必须着重在培养机制改革上下工夫。

培养机制改革的基本原则是尊重人才成长规律,核心要求是提高人才质

---

① 参见刘筱勤:《我国人才管理机制弊端及其对策》,载《南京人口管理干部学院学报》2008 年第 2 期。

② 参见王伟:《我国人才管理机制存在的问题和创新建议》,载《辽宁行政学院学报》2006 年第 2 期。

③ 参见《国家中长期科技人才发展规划(2012—2020)》。

量,推动人才培养与社会发展需求相协调。为此,培养机制改革需要在以下三个方面展开:首先,要创新人才培养模式,积极探索学生自主选择专业、自主选择课程等自主学习模式,调整学科专业、类型、层次和区域布局机构,赋予高校根据专业目录自行设置专业的权限。开展拔尖创新人才培养模式改革试点。其次,是要探索构建人才成长立交桥,探索建立校企合作的协同培养、协同创新平台和机制体制①,推动产学研紧密结合的创新体系建设。最后,是开放办学,教学内容面向科技前沿和战略性新兴产业,面向行业和产业经济发展的核心共性问题。②

3. 大力推进“引智工程”,积极引进海外优秀人才

加大海外高层次创新创业人才引进力度是“人才强国”战略的重要支撑。近年来国家先后组织实施了创新人才推进计划、青年英才开发计划、国家高技能人才振兴计划、现代农业人才支撑计划,稳步推进“长江学者奖励计划”“国家杰出青年科学基金”等人才项目。特别是金融危机以来,党和政府抓住时机,逆势而动,高调推出了面向全球的最高层次的引智计划——“海外高层人才引进计划”(简称“千人计划”)。截至2011年底,“千人计划”已实施3年,分六批引进1600多名海外高层次人才。这些引进人才回国(来华)工作后,在突破关键技术、带动新兴学科等方面正逐渐发挥越来越重要的作用,攻克了一批重大关键技术,取得了一批有国际影响的重要科研成果,成为中国人才强国战略的一支重要生力军。例如,中国科技大学潘建伟教授带领研究团队成功实现了世界上最远距离的量子态隐形传输,比原世界纪录提高了20多倍,为最终实现全球量子通信网络奠定了重要基础;又如,俞振华博士创办的普能公司,已拥有钒电池制造核心专利超过50%,形成由全球39个国家和地区的25项专利组成的知识产权体系,成为全球唯一具备兆瓦级钒电池储能系统交付商用产品的领军企业。③

“千人计划”的实施,起到了海外高层次人才汇聚的效果,大大助力于中国的创新型国家的建设进程。然而千人计划在实施中尚存在一些突出问题,主要表现在:良好的人才对接机制尚未形成,人才发现机制和评价机制较为

① 参见《深化教育体制改革工作重点》《教育部关于2013年深化教育领域综合改革的意见》《关于深化科技体制改革加快国家创新体系建设的意见》。

② 参见孙鹤旭:《深入推进高等教育改革全面提高人才培养质量》,载《河北科技大学学报(社会科学版)》2012年第4期。

③ 参见张桦:《“千人计划”:中国目前最高层次的海外人才引进计划》,载《CHINA TODAY》2011-09。

单一,全面的开放的引智格局尚未形成。[①] 针对以上问题,应从以下三方面改进:

第一,建立健全人才对接机制,既要人尽其才,又要使之无后顾之忧。据中组部人才工作局“千人计划”实施状况调查问卷显示,56.6%的创新人才认为“国家没有配套项目和经费,开展工作困难”[②],这一方面表明人才待遇存在问题,同时也表明许多人才无用武之地,没有实现人尽其才,这是对科技人才的极大浪费。此外,被访者反映较多的问题还包括工作条件和生活待遇落实较慢,对住房、医疗和社保问题较为担忧。要实现人尽其才,一方面要做好人才引进规划,结合国家中长期科技发展规划,依托国家重大专项和重大工程,有针对性的引进人才;另一方面要做好后勤保障,确保高端人才无后顾之忧。

第二,完善人才发现机制和评价机制,推进人才引进的年轻化进程。总的来看,科学家创造力鼎盛时期是在30—40岁之间。提高人才引进的效益,必须重视人才结构的年轻化。而我国侧重量化的评价制度使得年轻学者难以获得发现和认可,更难获得足够的科研支持、科研平台。推进“千人计划”实施,必须要有魄力,敢于打破常规,发现年轻人才。

第三,推进人才背景的全球化。高端人才跨国流动是当前科技发展趋势之一,多元化的人才背景,多样化的文化冲突、交汇,带来思想观念和方式方法的冲撞,有助于创造力的激发。[③] 因此在海外高层次人才引进中,应该以国际视野不断拓宽人才地域、文化背景,加大引进非华裔人才的力度。

(五)着力营造良好的财政、税收、金融(资本)政策环境

从内因、外因相互作用原理的角度讲,创新能力是内因,政策环境是外因,内因是根据,外因是条件,只能通过内因来起作用;然而在某些特定时刻,外因也能对内因起着决定性作用。最典型的如风险投资,其虽为外因,但作用却既如伯乐(发现科技创新的价值)又如扁鹊(为科技创新的研发和产业化输血)。当今享誉全球的雅虎、谷歌、脸谱都得益于风险投资。如果说以前政策环境只是科技创新的外围支持,现今良好的科技创新政策环境已然成为科技创新必不可少的要素之一。科技创新政策环境是支持性政策和保护

---

① 参见陆道坤、白勇、朱民:《海外高层次人才引进问题与对策研究——基于10所高校“千人计划”入选者的分析》,载《国家教育行政学院学报》2010年第3期。

② 参见中组部人才工作局:《“千人计划”实施状况问卷调查综述》,载《中国人才》2011年第10期。

③ 参见陆道坤、白勇、朱民:《海外高层次人才引进问题与对策研究——基于10所高校“千人计划”入选者的分析》,载《国家教育行政学院学报》2010年第3期。

性政策的合力,前者主要包括财政、税收、金融(资本)政策,后者主要是知识产权制度,将置于下一部分着重论述。

1. 财政政策

财政政策的支持包括财政投入以及政府采购两个方面。

首先,财政投入。财政资金投入是研发投入最重要的资金来源。近年来我国全社会研发投入增长迅速,国家统计局发布的数据显示,2012 年,我国共投入研究与试验发展(R&D)经费 10298.4 亿元,比上年增加 1611.4 亿元,增长 18.5%;其中财政性资金投入 5600.1 亿元,比上年增加 803.1 亿元,增长 16.7%,占国家当年财政支出的比重为 4.45%,高于上年 0.06 个百分点。研发经费强度显著提升,2012 年研发投入强度(研发经费占 GDP 比重)达到了破纪录的 1.98%,比上年的 1.84% 提高 0.14 个百分点。但是必须看到,我国与发达国家相比还有很大差距。早在 2007 年以色列的研发投入即占 GDP 的 4.7%。据统计,2007 年 OECD 国家研发投入占 GDP 的比重平均为 2.3%。其中瑞典在研发领域的投入高达 1100 亿克朗,约占 GDP 的 3.6%,是 OECD 国家中研发投入占 GDP 比重最高的国家;以下分别为芬兰(3.5%)、韩国(3.5%)和日本(3.5%)。2011 年,美国的研发投入是 4272 亿美元,占 GDP 比重为 2.8%,占全球研发投入比重超过 31%。中共中央、国务院《关于深化科技体制改革加快国家创新型体系建设的意见》提出,“十二五”时期的主要目标之一是,全社会研发经费要占国内生产总值的 2.2%,这与 OECD 组织 2007 年平均水平尚相差 0.1 个百分点。我们必须认清差距,继续加大财政投入,建立财政资金科研投入的稳步、长效增长机制,引领企业、全社会加大研发投入。同时,根据国务院《关于加快培育和发展战略性新兴产业的决定》的要求,在整合现有政策资源和资金渠道的基础上,设立战略性新兴产业发展专项资金,建立稳定的财政投入增长机制。

其次,政府采购。有别于创新的供给激励政策通过对创新行为提供资源的激励来促进创新,政府采购属于创新的需求激励。它通过对创新产品的市场提供、增加创新产品的销售来激励创新。国务院颁布实施的《〈国家中长期科学和技术发展规划纲要(2006—2020)〉的若干配套政策》明确指出,要大力支持自主创新产品,发挥政府采购的导向作用,鼓励、扶持自主创新产品的研发和应用。然而目前我国政府采购在支持自主创新产品方面还没有一个具有普遍约束力的法律文件,仅有财政部颁发的几个部门规章,效力层级显然不够;并且有的文件连罚则都没有,例如财库[2007]29 号《自主创新产品政府采购预算管理办法》,对于违反该规定的处理办法是作出书面说明、责令改正,最严重的是拒付采购资金,对于违规行为人没有任何具体的处罚措施;许多地方政府和部门机构在实际操作中漠视这些规定,一味求洋;例如公车领域,日系、德系、美系进口车辆大行其道,国产品牌鲜少成为政府公车采购对象。为推动高科技成果商品化、产业化,从保护高科技产业角度出发,应当尽快出台全国通行、强制适用的高层级的法律文件规范政府采购行为,及时更新、完善《政府采购自主创新产品目录》,加大自主创新产品采购力度,使政府采购成为自主科技创新的一大推手。

2. 税收政策

税收激励与科技创新存在着极为显著的联系。美国学者 Coopers 和 Lybrand(1998)在名为"R&D 税收抵扣的经济利益"的研究报告中指出,从长期来看,联邦政府 R&D 税收抵扣支出每增加 1 美元,就会产生 1.75 美元的附加税收。① Billings(2003)的研究表明,企业创新活动的安排取决于创新的使用成本;税收激励政策不仅可以直接降低企业的创新成本,而且还会降低创新活动的机会成本,因此,税收激励是影响企业进行创新活动的一个重要变量。②

据财政部门统计,我国现行的科技税收优惠政策流转税类 48 项、所得税类 58 项、财产税类 12 项,合计 118 项;在所有的税收优惠对象领域中,科技税收优惠政策数排第二,科技税收减免额位居前列。应当说,我国政府对科技创新的税收优惠力度是很大的,但是仍然存在一些问题,主要包括:(1) 税收激励偏重于生产销售环节,偏重税额式直接优惠,税基式间接优惠力度较小;(2) 重区域性、特惠制,普惠制不足;(3) 科技税收优惠征管运作不规范;(4) 科技优惠税制体系不完善。鉴此,要充分发挥税收政策对科技创新的促进作用,必须调整和优化现行税收政策。

在征税环节上,科技税收激励应当向研发、创新环节转移,实现税额式直接优惠向税基式间接优惠转变。科技税收优惠政策的目的在于激励企业自主创新,降低自主创新的不确定性风险。由于科技创新具有周期长、风险大的特点,科技税收激励政策的着力点应置于补偿和降低投资科技研发风险方面,相应的,税收激励重点也应从生产销售环节向研发、创新环节转移,逐步确立研发环节税收激励在整个税收体系中的核心地位。③ 直接优惠侧重于事后优惠,属于结果优惠的范畴,其基本特点是:符合认定条件的纳税人如果

---

① 黄国斌、田志康:《促进科技创新的税收激励政策——英美等国的主要经验及其启示》,载《经济管理》2008 年第 21 期。

② 张源:《民营企业科技创新税收激励分析——以广州为例》,载《商业时代》2011 年第 26 期。

③ 参见郑伟:《促进我国高科技产业突破性发展的财税政策创新研究》,载《科技进步与对策》2007 年第 8 期。

取得了科技创新收入则可以免征或少征税款;若企业研发失败,则享受不到任何税收优惠。这样的优惠诱使企业将重心放到技术引进和高新技术产品生产上,对更具有基础意义的研发活动缺乏积极性,最终必然影响科技创新和产业升级。[①] 税基式间接优惠则是一种事前激励政策,主要是采取研发费用扣除、固定资产加速折旧、投资抵免、亏损结转、提取技术开发风险准备金等方式,既减轻了科技创新活动税收负担,又激励企业将有限的资金更多地投入科技研发和设备更新,从而充分发挥税收激励的政策导向作用。

在税收激励方式上,要实现"区域特惠制"向"项目普惠制"转变。当前我国的科技税收优惠普遍以企业所处地域、行业作为优惠标准。这种政策的副作用是企业一旦获得高科技行业身份或入驻高新区,其努力的重点很可能不是科技创新而是在"高科技企业"的认定上下工夫,使科技税收优惠政策的初衷大打折扣。整合的思路是,逐渐推行"项目普惠制"最终取代"区域特惠制";只要企业所从事的项目符合创新要求,无论其是否位于高新区,也不管是否高新产业,都可以享受科技税收优惠。

在税收征管运作机制上,要规范科技税收优惠的征管运作机制。严格对企业的创新活动和成果进行认定与审核,对其享受税收优惠政策的条件、范围、税种、金额、期限、批准机关及文号进行登记备案,并进行全程跟踪管理。[②] 加大对滥用科技创新税收优惠的惩处力度,坚决杜绝人为因素造成的优惠泛滥与失控,从根本上保证科技税收优惠政策的公平公正。

在税收优惠税制体系上,优化整合现行税收优惠政策,完善科技税收优惠税制体系。我国现行科技税收优惠政策零散分布在增值税、营业税、关税、企业所得税和个人所得税等税种及相应的税收法律、法规当中。为更好地发挥科技税收优惠的创新激励作用,必须对现行的科技税收优惠政策进行优化整合,使其形成体系。例如,对从事与科技创新有关的技术开发和技术咨询、技术服务取得的收入应减免营业税。同时,对随之形成的与科技创新活动有关的专利权、非专利技术转让所得,应减免企业所得税。[③]

3. 金融(资本)政策

金融是现代经济的核心。科技创新离不开金融资本的支持,科技与金融的有机融合加快创新驱动发展战略实施的基础和保障。2011 年科技部、财政部、中国人民银行、国资委、国税总局、银监会、证监会、保监会联合下发了

---

① 参见郑伟:《促进我国高科技产业突破性发展的财税政策创新研究》,载《科技进步与对策》2007 年第 8 期。

② 参见樊慧霞:《促进科技创新的税收激励机制研究》,载《科学管理研究》2013 年第 2 期。

③ 同上。

《关于促进科技和金融结合加快实施自主创新战略的若干意见》,提出要加快形成多元化、多层次、多渠道的科技投融资体系,为提高自主创新能力、建设创新型国家保驾护航。

当前我国各型企业在科技创新中面临许多资本难题,主要表现在:(1)信贷融资困难,传统的信用评价机制难以适应科技创新需要。这主要是由于科技创新的高风险性与信贷机构追求资本安全和资本增值的目标相矛盾。①(2)资本市场不发达,直接融资渠道不通畅。主板、创业板入市门槛高,“新三板”规模小,满足不了众多科技企业需求;债券市场也存在准入门槛问题,众多中小型科技企业望洋兴叹。(3)创业投资和股权投资,社会资本难以找到适当风险投资渠道。

根据国务院《关于加快培育和发展战略性新兴产业的决定》的要求,在现阶段推进科技和金融的有机融合需要从以下三个方面着手②:

第一,信贷融资方面,鼓励金融机构加大信贷支持。引导金融机构建立适应战略性新兴产业特点的信贷管理和贷款评审制度。积极推进知识产权质押融资、产业链融资等金融产品创新。加快建立包括财政出资和社会资金投入在内的多层次担保体系。积极发展中小金融机构和新型金融服务。综合运用风险补偿等财政优惠政策,鼓励金融机构加大支持战略性新兴产业发展的力度。

第二,直接融资方面,积极发挥股票、债券市场的融资功能,充分利用好股权融资、债券融资手段。进一步完善创业板市场制度,支持符合条件的企业上市融资。推进场外证券交易市场建设,完善代办股份转让系统和高新技术企业股份报价转让系统,推动中关村“新三板”适时扩容,满足处于不同发展阶段创业企业的需求。大力发展债券市场,扩大中小企业集合债券和集合票据的发行规模,积极探索开发资本支持证券等新型金融产品,拓宽企业债券融资渠道。

第三,大力发展创业投资和股权投资基金。建立和完善促进创业投资和股权投资行业健康发展的配套政策体系与监管体系。鼓励保险公司、社保基金、企业年金管理机构和其他机构投资者参与新兴产业创业投资和股权投资基金。发挥政府新兴产业创业投资资金的引导作用,扩大政府新兴产业创业投资规模,充分运用市场机制,带动社会资金投向战略性新兴产业中处于创业早中期阶段的创新型企业。鼓励民间资本投资战略性新兴产业。

---

① 参见王苏生等:《促进科技与金融融合,加快推进转型升级》,载《中国发展》2013年第2期。

② 参见国务院《关于加快培育和发展战略性新兴产业的决定》。

（六）着力营造有利于创新的科技创新文化

从创新的层级来看，包括原始创新、集成创新和引进消化吸收再创新，而这其中最重要的是原始创新。原始创新来自哪里？来自培育它的土壤——好的科技创新文化。当前，科技创新文化已成为影响创新活力的主要因素。[①] 好的科技创新文化能够显著提升创新群体的创新活力，激发科研人员的创造力；不好的科技创新文化则会抑制创新群体的创新活力，扼杀科研人员的创造力。Claver 等(1998)的研究表明，组织创新文化是组织技术创新行为和创新绩效产生的基础。[②] Herrmann 等(2007)的研究表明，在高创新导向的行业，组织的创新文化特征显著影响了组织转型能力，这种转型能力又进一步导致了根本性的产品创新。[③]

当前，我国科技领域存在着不利于科技创新发展的文化倾向，主要表现为：管理者为中心的科研制度设计下，科研机构行政化、科研机构管理者官僚化，科研人员处于最底层，不能感受到应有的体面和尊严；畸形、僵化的考核评价机制助长功利化倾向；项目导向化的经费分配制度，既过多地耗费了科研工作者的精力，又阻碍了科研探索的自由。出现这种文化倾向的深层次原因是邓小平同志提倡的"尊重知识、尊重人才"在制度设计上没有落到实处，具体表现为：不按科学规律办事，制度设计呈现管理者为中心而非科研主体（科研工作者）为中心，知识分子得不到应有的尊重，享受不到科技工作者的尊严。[④]

建设良好的科技创新文化，关键是把尊重知识、尊重人才确定为科技创新制度顶层设计的出发点，摒弃以管理者为中心的科研制度设计，按科学规律办事，正本清源，以服务意识代替管理思维，以科研追求代替官本位取向，确立科技工作者在创新制度体系中的中心地位。传统的管理者为中心的科研制度设计之所以能够形成，主要在于行政管理者享有考核评价大权以及科研经费分配、晋升奖励决定权，以这几项权力为指挥棒，身家性命操之于手，广大科研工作者唯有服膺之。确立以科研工作者为中心的创新制度体系，需要对症下药，将考核评价大权以及科研经费分配权、晋升奖励决定权这几

---

① 黄宁燕、王培德：《实施创新驱动发展战略的制度设计思考》，载《中国软科学》2013 年第 4 期。

② Claver E, Llopis J, Gasco J L. Communicating Culture: A Reinforcement Process Model [J]. *Corporate Communications: An International Journal*, 1998, 3(4): 142—149.

③ HERRMANN A, GASSMANN O, EISERT U. An Empirical Study of the Antecedents for Radical Product Innovations and Capabilities for Transformation [J]. *Journal of Engineering and Management*, 2007,(24);92—120.

④ 黄宁燕、王培德：《实施创新驱动发展战略的制度设计思考》，载《中国软科学》2013 年第 4 期。

项核心权力从管理者手中剥离,管理者专门从事事务性工作,服务于科研工作者;同时完善考核评价体系特别是改革不合理的考核评价标准,降低考核频度,建立底线管理的柔性评价制度,重视科研工作者的入职聘用考察和入职初期考察,工作过程以底线管理为主,工作结果以工作投入程度、科研活动过程而非科技产出量为考量标准。① 创造力不是考核压力所能逼出来的,自由方为创新之根本。制度设计的目标是防止吃大锅饭和滥竽充数,这些构成机构管理的底线,而在底线之上要给予科研工作者充分的科研自由。

(七)着力扩大科技开放合作

扩大科技开放合作,一方面,要充分利用全球科技创新资源。在经济全球化和知识经济的大背景下,科技创新也要适应全球化浪潮。长期以来,为保持世界领先地位和防止技术外溢,各国的大型企业普遍将其科技研发中心设置于母国以便于控制。然而随着全球化浪潮的深入,国际竞争加剧,国际市场既连成一片又体现出区域性特点,各个国家、地区由于传统观念、文化背景、人种的差异,对产品提出了差异化的需求,为了适应这种情况,必须针对特定市场开发出多样化的产品以满足不同国家消费者的偏好。欧美巨头认识到,传统的研发机构配置已经不能适应这种变化,一种新型的创新模式——分布式创新由是而生。所谓分布式创新,是指以先进的知识管理为基础寻求在世界范围内配置创新资源以降低创新成本和风险。② 分布式创新模式充分利用了市场国现有的科技资源,一者有针对性地开发适应市场需求的产品,增加了研发成功率,降低了研发风险;再者,市场地的创新资源配置相较于异地配置,大大节省了科技资源配置成本。这种模式正在越来越大的程度上变革传统创新资源配置模式。我国科技企业特别是跨国企业集团也需要适应这种新的创新模式,以全球的视野,在全球范围内优化配置创新资源。

另一方面,要加强国际交流合作,掌握国际科技话语权,努力成为国际规则的参与者和制定者。当前围绕国际规则和话语权的竞争越来越激烈,联合国教科文组织、世界知识产权组织、世界贸易组织、G20、世界卫生组织、亚太经合组织等组织,在协调国际关系、制定国际规则、加强全球治理等方面的作用日益加强,相关的国际谈判越来越频繁和复杂,主要大国利用国际机制推进本国的战略目标,培养一批熟悉国际经济、商业、外交的一流人才和投入一批精英,把其本国的政策变成国际规则,从内部掌控国际议程和规则的制

---

① 黄宁燕、王培德:《实施创新驱动发展战略的制度设计思考》,载《中国软科学》2013 年第 4 期。

② 参见马一德:《创新驱动发展与知识产权战略实施》,载《中国法学》2013 年第 4 期。

定。① 面对这一趋势，中国不能置身事外，必须积极开展全方位、多层次、高水平的国际科技合作，鼓励我国科学家发起和组织国际科技合作计划，主动提出或积极参与国际科技标准制定。

二、科技创新驱动发展：中关村，中国科技创新中心

早在1992年，党的十四大报告就提出，中华民族要在世界科技领域中占有应有的位置。实现这一宏伟目标，就必须打造一个属于中国的有全球影响力的科技创新中心。当前，中关村已经具备了科技水平、高端人才、国际化水平、政策支持等许多优势，建设全球科技创新中心是中关村的历史使命。面向未来，中关村要加大实施创新驱动发展战略力度，以世界科技创新中心为标杆，加快向具有全球影响力的科技创新中心进军，为在全国实施创新驱动发展战略更好地发挥示范引领作用。

（一）美国硅谷——世界科技创新中心的标杆

硅谷是目前全球公认的全球科技创新中心，从硅谷的情况来看，全球科技创新中心起码须具备三个特征：第一，能够产生大量引领世界发展、改变人们生活方式的开创性创新成果。比如硅谷诞生的微处理器，将全球带入计算机时代，大型通用数据库使信息化管理成为可能，搜索引擎推动了全球互联网发展。第二，拥有若干在世界范围内具有影响力的领军企业。硅谷云集了像惠普、IBM、苹果、英特尔、IMA、甲骨文、思科、谷歌等影响全球高新技术产业发展格局的领军型企业，这些企业是使硅谷处于全球影响力顶端的基点。第三，形成以高技术为主导的经济结构。高技术产业逐步成为硅谷的主导产业，使得硅谷处于世界高新技术产业价值链的高端。

硅谷何以能够成为世界科技创新中心？（1）大量高素质人才。硅谷地处智力密集区，有著名的斯坦福大学、伯克利分校等8所大学、9所专科学院和33所技工学校，先后诞生过40多位诺贝尔奖获得者，拥有工程院士上千人。（2）发达的投融资体制。风险投资业是硅谷发展的“金融发动机”。高新技术企业的迅速成长与风险资本的贡献是密不可分的，如Intel、Yahoo、思科、Sun等公司都得益于风险投资。（3）严密的产学研体系。大学和研究机构、企业、政府、中介机构四个行为主体相互分工协作，共同建立了以区域创新网络为基础的严密产学研体系②。政府在其中的职责是建立游戏规则，对

---

① 参见同花顺金融服务网：《中关村海淀园发挥创新优势 建设全球重要的国际技术转移中心》，http://news.10jqka.com.cn/20120917/c529541299.shtml，最后访问日期：2013年10月17日。

② 参见新浪网：《硅谷的优势》，http://tech.sina.com.cn/it/2008-05-14/16012194724.shtml，最后访问日期：2013年10月17日。

硅谷的发展进行协调、引导,如加强基础研究和教育投入、为企业提供良好的法律法规环境等。(4) 完善的专业化服务体系。硅谷的"孵化器区域"包括了一整套齐全的支持创业制度化的基础设施,极大地降低了创业的门槛,刺激了创新者的创业欲望。强大的小企业衍生能力推动着硅谷不断创新。(5) 开放的创新环境与进取的创新文化。硅谷全球化的人员配置,各种文化背景的人才互通信息、互助发展,形成了高度开放的创新环境。此外,敢于冒险、崇尚竞争的价值观念,形成了进取的创新文化,极大地激发了创新和奋斗精神。

(二) 中关村的资格与条件

2012 年,中关村企业总收入 2.5 万亿元,比 2008 年增长 1.45 倍,占国家级高新技术开发区的 1/7,近 10 年年均增长率达到 27.2%;利润总额 1788.6 亿元,比 2008 年增长 1.46 倍。中关村企业专利申请量 34192 件,是 2008 年的近 2 倍,专利授权量 17969 件,是 2008 年的 1.98 倍(见表 6)。近年来,中关村加快创新发展步伐,在体制机制创新、科技成果转化、高端要素聚集、企业做强做大等方面,实施了多项改革创新措施,成效显著。

表 6　中关村国家自主创新示范区企业经营及科技活动情况表
(2008—2012 年)

项目		2008	2009	2010	2011	2012
总收入	**(亿元)**	**10222.4**	**13004.6**	**15940.2**	**19646.0**	**25025.0**
技术收入	(亿元)	1693.4	2093.6	2478.3	2845.9	3403.1
产品销售收入	(亿元)	5229.2	5923.6	6889.6	7809.4	8741.2
#新产品销售收入	(亿元)	3327.0	3203.7	3949.2	3405.1	3352.1
商品销售收入	(亿元)	2398.9	3689.4	5032.2	7161.9	10077.4
其他收入	(亿元)	900.9	1298.0	1540.1	1828.9	2803.4
出口总额	亿美元	207.4	208.2	227.4	237.3	261.7
实缴税费总额	(亿元)	504.0	658.7	767.2	925.8	1445.8
利润总额	(亿元)	726.3	1122.4	1298.9	1533.9	1788.6
研发人员	(人)	174797	152168	96699	111685	125429
研发经费支出	(亿元)	324.5	235.4	260.4	313.5	381.3
获奖成果个数	(个)	1448	1909	1811	2329	2509
#国家级	(个)	282	276	256	323	377
省部级	(个)	641	1044	1015	1351	1318
专利申请数	(件)	17219	17226	18515	24894	34192
有效发明专利数	(件)	9836	11611	13988	15232	23198
专利授权数	(件)	9050	10512	13151	12951	17969

数据来源:北京市统计信息网《北京统计年鉴 2013》。
#表示本级科目中的其中项,金额包含在上级科目中。

中关村的优势在于①：

一是经过20多年的建设和发展，中关村奠定了在中国独特的战略地位，树立了科技创新高地形象，向国内溢出大量技术，具备了强大的辐射能力。中关村已经成为我国技术创新的源头和高新技术产业的重要支撑。2010年，中关村技术合同成交额达1579.5亿元，占全国的40.4%，80%输出到北京以外地区。大唐电信、曙光、联想、神州数码、同方股份、百度等一大批中关村高新技术企业立足首都，面向上海、广州、深圳、武汉、西安、成都等全国各地进行产业布局，在京外设立分支机构达1665个，显现了强大的辐射能力。

二是中关村汇聚了大量高端创新资源，相关高新技术和战略性新兴产业已具规模，已经形成了大规模的产业集群；在国家确定的极大规模集成电路领域、新一代移动通信产业、云计算、物联网和移动互联网产业、空间信息服务与导航产业、高端装备产业、生物医药领域、新能源和智能电网领域、高效节能、资源循环利用和污水处理、新材料技术领域等7个战略性新兴产业领域中，中关村示范区都发挥了策源地和示范引领作用。

三是在推进协同创新方面，中关村起步最早，政策体系健全，培养出一大批参与国际科学技术创新竞争与合作的园区企业，初步形成一批有影响力的高科技企业集群。诞生了一大批百亿、千亿级企业巨头，诸如联想集团、神州数码、同方、百度、大唐电信等，形成了以联想为代表的计算机产业集群、以百度为代表的互联网产业集群、以华锐风电为代表的风电产业集群等。组建了物联网、云计算、智能电网等50余家产业技术联盟，推动战略性新兴产业领域的协同创新。

四是中关村处于智力密集区域，依托海淀园众多一流高校和国家重点实验室，聚集了众多的高素质创新创业人才，形成了较为完善的产学研体系，是名副其实的科技高地与人才特区。海淀园聚集了北京大学、清华大学等国内33所知名的高校，同时拥有国家重点实验室50家；2010年，中关村企业共有42人入选中央“千人计划”；成长出以联想的柳传志、百度的李彦宏、创新工场的李开复等为代表的一批国内外有影响的企业家。

五是国家政策的大力支持。中关村在国家定位、人才、财政、金融以及资本市场上都得到了国家的特殊照顾与大力支持。例如，针对中关村国家自主创新示范区“1+6”政策，国务院和北京市先后出台12项特别优惠配套政策。

---

① 参见：《中关村加快建设具有全球影响力科技创新中心》，和讯网，http://news.hexun.com/2011-02-28/127611897.html；《建设具有全球影响力的科技创新中心》，http://www.stcsm.gov.cn/jdbd/dbxmwb/ngjokw/10955.htm。

种种迹象表明,中关村完全具备成为我国的世界科技创新中心的潜力。

(三)将中关村打造为世界科技创新中心

全球科技创新中心的三个核心机制,一是技术链条,二是资本链条,三是人才链条。[①] 以硅谷为比对标杆,结合中关村目前的基础与条件,综合分析认为,中关村创建全球科技创新中心的短板在于资本链与全球化;中关村在技术链和人才链均处于中国顶端,在世界也具有竞争优势,在财税方面更是有着无与伦比的巨大优势。因此,打造中关村世界科技创新中心,除了在技术链、人才链方面继续发挥优势之外,需要着力推进的关键两点是完善资本链条与纵深推进全球化。

1. 完善资本链条,提升科技金融服务能力

(1)健全多层次资本市场。深化金融改革与创新,建立健全覆盖技术创新全过程的多功能、多层次金融服务体系。[②] 充分发挥信贷融资和股权融资、债务融资等多种融资渠道的功效。积极培育和推动各类创新型企业利用代办股份转让系统和中关村非上市股份公司报价转让系统股权融资制度。大力推进高新技术企业集合发债,做大做强中关村板块。

(2)大力推动科技金融创新。引导和鼓励商业银行、资产管理公司、信托公司、金融租赁公司等银行金融机构和证券公司等金融机构参与支持自主创新的金融服务。[③] 改革传统的信贷信用评价机制,建立符合高科技企业发展规律的信用评价机制。充分发挥高科技企业专利、商标等知识产权优势,推进专利、商标等无形资产评估质押工作,改善融资条件。支持以科技型中小企业贷款为主要业务的小额贷款公司的发展。探索设立科技型中小企业贷款风险补偿资金,扩大风险补偿贷款范围。

(3)提升科技金融服务能力。健全科技金融服务方式和手段,大力发展电子交易,促进各类金融信息系统、市场交易系统互联互通,降低交易成本,提高交易效率。大力发展科技金融中介服务,加快发展信用评级、资产评估、融资担保、投资咨询等专业服务机构,为高技术企业提供高效、便捷的专业化服务。

2. 纵深推进全球化,拓展国际化发展渠道

(1)加快融入全球研发创新体系。充分发挥示范区创新资源集中的优

---

① 《打造全球科技创新中心 中关村探索前行》,和讯网,http://news.hexun.com/2011-10-11/134085767.html,最后访问日期:2013年11月9日。

② 参见国务院《中关村自主创新示范区发展规划纲要(2011——2020年)》之五《集聚整合核心创新要素》之(二)《建设国家科技金融创新中心》。

③ 同上。

势,探索在研发设计等高端环节实现国际化发展的路径。大力支持示范区企业和新兴产业组织参与国际科技合作计划、国际标准制定和应用推广。鼓励有实力的企业在境外设立研发机构,提升整合利用全球研发创新资源的能力。①

(2) 全球化配置创新资源。中关村要成为全球科技创新中心必须集聚全球创新资源,推行分布式创新。把中关村打造成为全球科技创新中心,不仅要吸引国内一流的创新创业人才,吸引全球高端人才在中关村创办公司,更要大力发展分布式创新网络,鼓励面向全球市场的软件外包、生物技术研发外包等服务出口,利用国际创新资源做强做大,这样才有可能成为引导世界的全球科技创新中心。

(3) 完善国际交流平台,发挥交流、沟通桥梁作用。积极塑造有影响力的本土国际交流品牌,打造多层次、多类型、多元化的中关村国际交流平台,展示自主创新成果、提升国际合作水平。支持国际学术组织、产业组织和公益组织等在中关村搭建创新交流合作平台;积极承办有影响力的世界科技盛典、顶级峰会。

第二节　文化创新驱动发展战略实施

一、实施版权战略,提升文化创新力

版权是文化领域中最重要的知识产权,文化创意产业的存在与发展都是以版权制度的存在为基础的,版权制度在权利的内容、权利的利用、权利的保护上为文化创意产业的发展提供了制度前提。文化创意产业发展程度是一国或地区文化创新能力的最为直观也是最为重要的体现。创新驱动发展战略视野下,文化创新的使命是驱动经济发展;文化创新驱动经济发展的传动轴是文化创意产业,因此,文化创新的驱动力主要表现为文化创新对文化创意产业发展的驱动。简单地说,文化创新驱动力的主要体现是文化创意产业,文化创意产业是文化创新的产业化。文化创意产业的发展取决于文化竞争力的强弱,而竞争能力的强弱受制于文化创新水平,文化创新能力决定一国文化创意产业发展程度。② 产业视角下,打造文化创新力就是打造文化创意产业,二者所需要的制度、环境等支撑因素是高度契合的。

---

① 参见国务院《中关村自主创新示范区发展规划纲要(2011—2020年)》之六《推进开放创新合作》。

② 张旭东:《文化创新与文化产业创新相关问题略论》,载《北方论丛》2007年第5期。

然而各国(地区)对文化创意产业的称谓并不一致。在欧美发达国家，例如美国、加拿大、澳大利亚、墨西哥等国，文化创意产业被称为“版权产业”；最早提出创意产业概念的英国，文化创意产业被称为“直接依赖于版权的产业”和“主要依赖于版权的产业”。在亚洲，日本、韩国、新加坡等国家将之称为“内容产业”或“文化创意产业”。而在我国，文化创意产业的称谓也没有被高度认同，“文化产业”“创意产业”“版权产业”“版权相关产业”“文化创意产业”皆有称之，以“文化创意产业”较为常见[①]；在各种规范性政策文件中，概念也很不统一，例如，国务院2008年发布的《国家知识产权战略纲要》使用的是“版权相关产业”的称谓，国家版权局2009年发布的《关于贯彻国家知识产权战略纲要的实施意见》使用的是“版权产业”的称谓，而2011年党的十七届六中全会通过的《中共中央关于深化文化体制改革推动社会主义文化大发展大繁荣若干重大问题的决定》使用的是“文化产业”的称谓。笔者认为，无论何种称谓，终究只是称谓的不同，不存在概念内涵上的显著区别，其核心意思就是要依靠人类的知识、文化创新力，依靠文化创新产业化的力量驱动经济发展，使其转化为巨大的社会财富。[②] 本书拟采“文化创意产业”概念称之，一者该概念既点出了“创意”这一实质，又有“文化”置于前加以限定，与意欲所指的内涵更相契合；二者“文化创意产业”也是我国最为常用的称谓。

知识经济时代，文化创意产业是朝阳产业，已经成为各国经济发展的重点领域，在各国的发展如火如荼。根据英国政府的官方统计报告，2001年文化创意产业产值为1120亿英镑，占GDP的8.2%，雇佣了4.3%的就业人口。1997—2001年，文化创意产业年均增长率达到8%，而同期英国经济增长率仅为2.8%。[③] 1977—1997年，美国版权产业的产值增长率达到6.3%，远超

---

① 例如，蒋三庚所著《文化创意产业研究》(首都经济贸易大学出版社2005年版)；石杰、司志浩所著《文化创意产业概论》(海洋出版社2008年版)；陈洁民、尹秀艳所撰《北京文化创意产业发展现状分析》(发表于《北京城市学院学报》2009年第4期)；柯妍所撰《2012，北京文化创意产业稳步发展》(发表于《科技智囊》2013年3月)；汪曼所撰《英美日三国文化创意产业发展经验解读及启示》(载《浙江树人大学学报》2010年第5期)；苏玉娥所撰《我国政府支持文化创意产业发展的政策选择》(载《学术交流》2011年第6期)；傅才武、江海全所撰《文化创意产业在“两型社会”建设中的功能作用和价值定位》(载《中国地质大学学报(社会科学版)》2009年第7期)；蔡荣生、王勇所撰《国内外发展文化创意产业的政策研究》(载《中国软科学》2009年第8期)，均采用的是“文化创意产业”的称谓，吴汉东教授在《文化发展大繁荣与版权战略实施》(载《中国版权》2013年第3期)一文中则交替使用“文化产业”与“文化创意产业”的称谓。另外，新闻报道更多使用的也是“文化创意产业”这一称谓。

② 张丽艳、颜士鹏：《国外创意产业知识产权保护的法律与政策评析》，载《黑龙江省政法管理干部学院学报》2010年第9期。

③ 傅才武、江海全：《文化创意产业在“两型社会”建设中的功能作用与价值定位》，载《中国地质大学学报(社会科学版)》2009年7月版。

过了同期美国国民生产总值的年增长率(2.7%)。[①] 2004年日本文化产业在其经济总量中占到了约7%的比例,从业人员约215万人,约占日本就业人口的5%。日本的动漫产业以每年230万亿日元的营业额成为本国的第二大支柱产业。[②] 根据联合国贸发会议的数据,在2000—2005年间,创意产品和服务的国际贸易年增长率达到史无前例的8.7%。2005年全球创意产品和服务的出口值达到4244亿美元,占整个世界贸易的3.4%,文化创意产业为世界贸易中最具有活力的领域之一。[③]

同时,实施版权战略,有助于营造良好的创新环境,鼓励文化创新活动的开展,培育文化创新的成果,增强创新动力,从而提高我国文化创新的能力,增强文化软实力。

科技使国家富强,文化使国家伟大。文化产业国际竞争力的强弱,既涉及经济发展问题,又关系到一个国家的文化主权与文化安全问题,必须高度重视。2011年10月,党的十七届六中全会通过的《中共中央关于深化文化体制改革推动社会主义文化大发展大繁荣若干重大问题的决定》提出,要加快发展文化产业,推动文化产业成为国民经济支柱性产业。

然而,我国的版权体系不发达,文化创意产业发展整体滞后,存在巨大的文化创意产业贸易逆差。相关统计表明,中国文化创意产业对GDP的贡献率不到4%,国内市场只能满足30%的需求。[④] 从国际情况来看,美国文化创意产业占据了40%的国际市场份额,控制了全球75%的电视节目的生产和制作;日本出产了世界65%的动画,日本动漫甚至一度占领了中国整个动漫市场;韩国文化产品在国际市场的份额接近5%,号称全球第五大文化产业大国。[⑤] 中国是一个典型的文化消费大国、相对的文化生产大国,但远非国际意义上的文化产业强国。据统计,在全球15个主要文化创意产业竞争力要素比较中,美国独居第一集团,竞争力指数为0.87,其次依序为英、法、德、澳、意、日、韩等国,平均指数均在0.5以上;中国处于最末端,竞争力指数仅为0.12。[⑥] 同这些文化创意产业强国相比,我国的文化创意产业国际竞争

---

① 蔡荣生、王勇:《国内外发展文化创意产业的政策研究》,载《中国软科学》2009年第8期。

② 参见新浪网:《媒体称美国文化产业占GDP约四分之一》,http://news.sina.com.cn/w/2011-11-25/013623521155.shtml,最后访问日期:2013年11月25日。

③ 韩顺法:《文化创意产业对国民经济发展的影响及实证分析》,南京航空航天大学2010年博士学位论文。

④ 欧阳友权、杜鹃:《我国文化品牌发展现状、问题及对策》,载《黑龙江社会科学》2009年第5期。

⑤ 石德生:《知名品牌建设:我国文化产业发展的战略选择》,载《文化产业研究》2012年第00期。

⑥ 参见吴汉东:《文化产业大发展大繁荣与版权战略实施》,载《中国版权》2013年第3期。

力还处于低水平,在国际文化产品市场中的作用和影响力极为有限。我国文化创意产业发展中存在的问题突出体现在:

第一,缺乏宏观规划,政府引导不足,现代文化市场体系不健全,尚未形成现代文化产业体系。出台文化创意产业国家规划是文化产业大国的普遍做法。英国是世界上第一个政策性推动创意产业发展的国家,1998 年出台的《英国创意工业路径文件》是世界上第一个推动创意产业的政府规范文件。在日本,1996 年,日本确立了“文化立国 21 世纪方案”;2004 年日本内阁出台了《内容产业促进法》,希望通过文化创意的产业化,实现经济的转型升级,把日本打造为知识密集型国家。韩国政府也成立了中央一级的文化创意产业领导机构,先后制定和实施了《文化产业发展 5 年计划》《21 世纪文化产业展望》和《文化产业发展推进计划》,对文化创意产业进行战略规划与扶持、引导。反观我国,长期以来缺乏重视,缺乏系统的战略与应对,所幸的是 2009 年终于出台了《文化产业振兴规划》。文化创意产业规划的长期滞后,文化创意产业的人、财、物各项要素没有形成产业聚集,导致我国文化创意产业体系不健全,现代文化市场体系也未构建起来。

第二,文化体制不健全、不合理,不能适应市场化发展。文化体制不健全、不合理首先表现为文化产业市场主体不健全。现行的文化体制下,广大的文艺院团、报刊社、新闻网站等经营性文化单位均依附于文化管理部门,尚未进入市场。国有文化企事业单位迫切需要进行市场化改革,以培育成为合格的市场主体为目标,将文艺院团、报刊社、新闻网站等经营性文化单位推向市场。文化体制不健全、不合理其次表现在文化管理体制不合理。一者,文化行政管理机构重叠,文化管理职能分属文化、广电、新闻出版、版权、工商等多个部门,部门之间权限交叉;政出多门,部门利益难以协调,难以形成合力。再者,文化行政管理体制政企不分、政事不分,表现为文化行政管理机关与文化企事业单位不分,部分文化管理机构一个单位两块牌子,既是行政机关又是市场主体,机关混合;政策调节、市场监管、公共服务等政府职能与国有文化企事业单位资产管理职能不分,前者是公法上的行政职能,后者应当是公司法上的出资者依公司法行使权利承担义务,二者有着本质的差别,其职能不能混淆。

第三,创新能力不足,文化科技水平薄弱,文化产品对外依存度高。文化创新能力是决定一国文化创意产业发展水平的核心要素。美国好莱坞的电影,日本的动漫,韩国的网游,法国的时尚设计等等,无一不体现了所在国高超的文化创新能力。反观我国,文化产业基本停留在跟踪、模仿阶段,一些时下火爆的电视节目,诸如《中国好声音》《中国达人秀》等,其版权均是高价从国外引进,谈不上多少创新;近几年韩剧在我国荧屏的火爆程度更是一度令本土电视制造者芒刺在背。文化与科技的融合是现当代文化创意产业发展的趋势,数字技术、网络技术、移动通讯技术和电子技术的迅速发展创新了文化创意产业的传播手段,是文化创意产业新的着力点。电影《阿凡达》和3D版《泰坦尼克号》等美国大片在全球的超高票房收入表明,高新技术对文化创意产业发展具有重大的促进作用。近年国产电影票房虽屡创佳绩,但遗憾的是,能够独立运用现代影视高科技技术打造高票房和强影响力的作品还不多,与好莱坞大片相比,无论是影片画质、3D效果还是票房收入上都有很大差距,要打造出中国版的能与《阿凡达》媲美的影片还需假以时日。本土化文化精品不多,如电影票房收入的50%以上归属于进口影片,网游的半壁江山被外国文化企业所占据。本土文化精品过少不单单是文化创意产业发展落后的问题,长期来看,"它还会导致中国丧失文化市场的控制力,丧失对社会主流文化的支配力"①。

第四,产业发展资金匮乏,融资渠道不畅。文化创意产业的发展需要充足的资金作为后盾,但是由于文化创意产业产品利润回流方式的特殊性、创意载体文化产品的非保值性使得文化创意产业天然地缺乏风险分担机制②,从而导致文化创意产业的高风险性,从市场获取资金十分困难。据《2009年中国创意产业高成长企业发展报告》称,我国67%的文化创意企业依靠自有资金发展,其他融资渠道十分有限;90%以上的企业已把融资列为一项必要的战略规划,51%的企业存在1000万以上的资金缺口,20%的企业资金缺口在5000万以上。③ 高标准的投融资准入门槛使得广大社会投资者难以踏入文化创新产业投融资体系,而一般商业银行却因惧于文化创意产业的高风险,怠于资金供给,风险投资、股权私募投资等新型融资方式不发达,符合文化创意产业特性的市场信用中介服务体系尚未形成,文化创意产业融资渠道不畅,迫切需要创新投融资体制。

第五,专业的创意人才短缺,结构失衡。首先是创意人才短缺。在发达国家,文化创意中心城市人才密集,如纽约创意产业人才占就业人口的12%,伦敦为14%,东京为15%。④ 据统计,2009年我国影视动画和影视特

---

① 姜旭:《借版权战略促文化产业发展》,《中国知识产权报》2013年10月18日第10版。

② 苏玉娥:《我国政府支持文化创意产业发展的政策选择》,载《学术交流》2011年第6期。

③ 参见李洋:《国内创意产业以中小企业为主 九成创意企业渴望融资》,人民网财经频道,http://www.022net.com/2009/11-30/475473403283199.html,最后访问日期:2013年12月17日。

④ 王飞鹏:《文化创意产业与创意人才开发研究》,载《未来与发展》2009年第7期。

效人才缺口达15万人。① 以动漫制作为例,现在几乎全国所有的游戏公司都在喊缺人才。有专家估计,目前国内游戏人才供不应求的局面至少需要3—5年才可能得到缓解。而受培养周期和培养能力的限制,高校所培养的游戏人才一时还不能满足游戏公司的需求。与此同时,很多创意人才专业——广告、设计、艺术、游戏及动漫等——培养出来的学生又普遍被企业抱怨为"没有创意"。其次,人才队伍结构失衡。目前,我国文化创意产业的企业从业者以设计类、策划类和编辑类等专业类职位居多,分别达到了45.36%、13.4%、18.56%,三者之和达到了77.26%,而财务、管理、行政、教育等非专业类职位所占比例较低,不到三成。② 而未来的文化创意产业高端人才需要的恰恰是善于开拓文化创新领域的拔尖创新人才、掌握现代传媒技术的专门人才、懂经营善管理的复合型人才、适应文化走出去需要的国际化人才等跨学科的创新型复合人才。

第六,法律调整滞后,保护重点不突出,执法效能低下,盗版侵权频发。法律调整滞后首先表现在知识产权立法的滞后,其次是文化产业市场准入法律的滞后。文化创意产业最大的特征就是创意,创意是文化创意产业生命力之源,完善的知识产权保护是文化创意产业的外在屏障。整体而言,我国的知识产权保护水平是较高的,《专利法》《著作权法》《商标法》以及《计算机软件保护条例》《信息网络传播权条例》《著作权集体管理条例》《集成电路布图设计保护条例》等法律法规已经形成了完善的知识产权保护体系。然而,与国外发达经济体相比,仍存在文化创意产业知识产权立法滞后、保护重点不突出等问题。③ 从当前创意产业所涉及范围来看,包括了广告、软件、游戏与玩具、视频游戏、电视广播、建筑设计、艺术、工艺、时装、电影、音乐、表演艺术、出版发行等众多领域。创意产业所涉及的广告设计、网页设计、网络游戏等很难纳入到著作权保护客体范围之列。④ 例如美国,为了适应数字化时代对文化产业发展的需要,美国国会先后通过了《反电子盗版法》(1997年)和《跨世纪数字版权法》(1998年);文化创意产业要求在数字版权、电子图书、数字期刊、网络文学、网络游戏和动漫等电子出版领域重点保护,我国法律缺乏应有应对。此外,执法缺位、法律可执行性差的问题也严重制约了文化创意产业的发展壮大。在知识产权执法保护上,软件、音乐盗版现象十分严重,

---

① 陈浩民、尹秀艳:《北京文化创意产业发展现状分析》,载《北京城市学院学报》2009年第4期。

② 向勇、张相林:《文化创意人才现状与开发对策》,载《中国人才》2008年第1期。

③ 苏玉娥:《我国政府支持文化创意产业发展的政策选择》,载《学术交流》2011年第6期。

④ 张丽艳:《论创意产业知识产权的立法保护》,载《北方经贸》2011年第1期。

动漫产业特别是网络游戏产业中的“盗版”如影随形,例如,著作权法保护的作品范围,很难将广播、电视节目的高度模仿行为纳入其内,若法律不能加以控制,则权利收益的负外部性问题难以解决,而防范侵权的成本只能由权利人承担,降低收益的同时增加创业成本,削弱创新积极性。

蔡荣生(2009)认为,根据国外经验,文化创意产业的发展基础有三:第一,较高经济发展水平是发展文化创意产业的前提,表现在较高的经济发展水平为文化创意产业创造市场,提供物质保障;第二,本地的文化资源是发展文化创意产业的依托;第三,有利的制度环境是文化创意产业发展的保障,主要包括政府的合理规划与知识产权保护。① 从美国、英国、日本、韩国等国家文化创意产业的发展经验来看,政府的重视与支持是必不可少的。政府在促进文化创意产业方面发挥着规划、协调和政策扶持的作用,资金支持和税收优惠成为政府产业政策的普遍选择。② 除此之外,随时更新、修正知识产权立法,跟上文化创意产业知识产权保护的步伐,突出重点,加强执法力度以及强化人才战略特别是文化创意产业专业人才的培养也是这些国家的共同做法。从我国的实际情况来看,首先,我国人均 GDP 总量已经超过 6000 美元,在东部沿海发达地区甚至超过 10000 美元紧逼 20000 美元,而国际通行的看法是,人均 GDP 达到 8000 美元意味着经济的转型,国民的需求也主要从物质需求转向休闲、娱乐等精神需求。这意味着,我国的经济发展水平已经足够支撑起文化创意产业,我国国民已经初步进入以精神需求为主的阶段。再者,我国拥有五千年灿烂的文化,各民族、各区域文化交流融合,文化资源极其丰富,这为我国文化创意产业的发展提供了坚实的依托。由此看来,目前我国文化创意产业发展的基础,最缺的是有利的制度环境,特别是政府的宏观产业规划、人才规划和知识产权保护。文化创意产业的发展除了需要制度环境作为基础之外,还需要一系列的具体的开发手段的支撑,包括完善的投融资体系,文化科技以及财税优惠支持。

综合以上分析,笔者认为,发展文化创意产业的总体思路是,一方面着力优化文化创意产业的发展基础,包括创新文化体制,构建现代文化产业体系和现代文化市场体系,创新人才培养模式,加强知识产权保护等;另一方面着力优化文化创意产业的开发手段,包括加大财税支持,创新投融资体制,致力于文化与科技的融合。

---

① 蔡荣生、王勇:《国内外发展文化创意产业的政策研究》,载《中国软科学》2009 年第 8 期。

② 参见苏玉娥:《我国政府支持文化创意产业发展的政策选择》,载《学术交流》2011 年第 6 期。

(一) 创新文化管理体制,推进文化企事业单位改革

1. 创新文化管理体制

创新文化管理体制,首先是整合相关机构的文化管理职权,应当以一元化管理为目标,集中文化管理权限,必要时可以考虑在整合相关机构的基础上成立专门机构,统一权限,实现文化创意产业的专门化管理,建立"政府主导、学术领头、基金支持、部门协作、企业操作"为原则的"政产学研用一体化"的"文化产业科学发展模式"①。例如文化部门与新闻、广电、出版等部门职权相近,完全可以考虑机构合并,成立大文化部门。创新文化管理体制,其次在于加快政府职能转变,推动政企分开、政事分开,理顺政府和文化企事业单位的关系。文化企事业单位应当从文化管理机构中剥离出来,实现人事、财政、场地的独立;倡导建立完善的管人管事管资产管导向相结合的国有文化资产管理体制,建立专门的国有文化资产管理机构行使国有文化资产出资人职权,承担出资人义务,文化管理部门应当专心于政策调节、市场监管、社会管理、公共服务职能。

2. 推进文化企事业单位改革

深入推进文化企事业单位改革是十七届六中全会《中共中央关于深化文化体制改革推动社会主义文化大发展大繁荣若干重大问题的决定》(以下简称《决定》)的要求。《决定》指出,要科学界定文化单位的性质和功能,区别对待、分类指导,依序推进文化单位改革。总的思路是,对于经营性文化单位应当将其推向市场,培育为合格的市场主体;对于文化事业单位,应着力推进人事、收入分配、社会保障制度改革,加强绩效考核,提高服务标准。经营性文化单位,主要包括一般国有文艺院团、非时政类报刊社和新闻网站,其改革方向是改制为现代企业,建立现代企业制度,培育成为合格的市场主体参与市场竞争。已经完成改制的文化企业,应当致力于完善法人治理结构,形成符合现代企业制度要求、体现文化企业特点的资产组织形式和经营管理模式。文化事业单位改革的一般要求是,突出公益属性、强化服务功能、增强发展活力。推进文化事业单位人事、收入分配、社会保障制度改革,加强绩效考核,提高服务标准和服务能力。推动符合市场化运作条件的部分文化事业单位,主要是推动一般时政类报刊、公益性出版社、代表民族特色和国家水准的文艺院团等事业单位走向市场,实行企业化管理,增强面向市场的能力。

---

① 傅才武、江海全:《文化创意产业在"两型社会"建设中的功能作用和价值定位》,载《中国地质大学学报(社会科学版)》2009年第7期。

(二) 构建现代文化产业体系和现代文化市场体系

1. 构建现代文化创意产业体系

作为一项产业特别是未来的支柱产业,必须有一套现代的产业体系。文化创意产业要以规模化、集约化、专业化为目标,着力构建"结构合理、门类齐全、科技含量高、富有创意、竞争力强"的现代文化创意产业体系。在发展壮大新闻出版、影视制作、广告设计、工艺设计、文化会展、计算机软件、复制印刷、文化娱乐、音乐、演艺等传统文化产业的同时,加快文化创意、数字出版、移动多媒体、动漫、网络游戏等新兴文化产业的发展,拓宽文化创意产业链条。推动文化创意产业与旅游、建筑、信息、地产等产业融合发展,延伸产业链。优化文化创意产业布局,鼓励设立产业孵化平台,加强文化创意产业基地规划和建设,利用财政、税收、金融、土地等多项优惠政策鼓励文化创意产业聚集,形成文化产业集群,实现集聚效益。

2. 构建现代文化市场体系

构建统一开放竞争有序的现代文化市场体系,促进文化产品和要素在全国范围内合理流动。重点发展图书报刊、电子音像制品、演出、娱乐、影视剧、动漫、游戏等产品市场,进一步完善中国国际文化产业博览交易会、北京国际图书博览会、全国图书交易博览会、北京国际版权博览会、中国(南京)国际软件博览会等综合性会展交易平台。发展连锁经营、物流配送、电子商务等现代流通组织和流通形式,加快建设大型文化流通企业和文化产品物流基地,构建以大城市为中心、中小城市相配套、贯通城乡的文化产品流通网络。① 加快培育产权、版权、技术、信息等要素市场,建立国家版权信息公共系统,办好重点文化产权交易所,支持有条件的地区建设综合性文化产权交易平台,引导版权主体通过转让、许可使用、质押等方式参与版权市场化交易,促进版权要素的市场流动。加强行业组织建设,健全版权集体管理组织、行业协会、代理机构、信息咨询机构、信用评级、资产估值等中介服务机构,发挥它们在文化产权市场化中的作用。

(三) 加强政府引导,编制发展规划,引导文化创意产业发展

政府的归政府,市场的还给市场。政府既要发挥宏观引导作用,又要把握好政府引导与市场配置基础作用之间的平衡。政府应坚持"市场自发形

---

① 参见十七届六中全会通过的《中共中央关于深化文化体制改革推动社会主义文化大发展大繁荣若干重大问题的决定》。

成——政府宏观引导——市场主导”的推进模式①,根据产业发展所处的不同阶段,适时作出政策调整。创意成果产业化阶段,及时发现市场动向,把握产业脉搏,积极引导扶持,政策重心是积极营造文化创意产业孵化平台,创造良好的产业环境,培育产业新兴力量;在产业发展初期,资金、土地、办公场地等基础设施都很缺乏,此时政府应该大力推进文化创意产业园区和基础设施建设,实现产业聚集;产业新兴力量壮大之后,政府应及早退出,充分发挥市场手段推动资源配置,以维护市场化的运作机制。

宏观调控是市场经济条件下政府干预市场的最主要手段。文化创意产业是知识经济时代的朝阳产业,也是十七届六中全会《决定》所大力发展的支柱产业,政府必须把文化创意产业提升到国家战略产业的高度加以重视,抓紧制定文化创意产业发展的总体规划和行动计划,做好财政、税收、项目审批等各项政策的配套设计和制度安排。

(四)加强文化创意产业人才培养与引进,优化创意人才结构

知识密集型产业,队伍是基础,人才是关键,对于文化创意产业而言尤其如此。创造性的复合型人才是发展文化创意产业的核心所在。目前,我国文化创意产业人才短缺,人才结构、素质还不能满足创意产业快速发展的需要,培养和引进高素质的创意人才成为当务之急。

1. 加强人才培养与引进

建立高效的创意人才培养体系有赖于政府的大力支持和统筹规划。文化创意产业人才培养,首先,要找准创意人才培养定位,必须站在整个国家经济社会发展和产业转型升级的战略高度,将创意人才定位于“高层次创造性人才”,实施高端紧缺文化人才培养计划,并将创意人才列入国家紧缺型人才培养的重点目标。其次,要充分发挥高校和职业技术学校的作用,创新改革文化产业专门人才的培养模式和文化产业学科建设,鼓励学校与文化企事业单位共建培养基地,以“融通创新”为理念,大力推进跨学科的复合型创新人才培养,重点培养善于开拓文化创新领域的拔尖创新人才、掌握现代传媒技术的专门人才、懂经营善管理的复合型人才、适应文化走出去需要的国际化人才。各高等院校要在理工科专业中加强文化创新意识和创新精神的培养;高校文科类专业也应进行工业工程设计、工艺美术、计算机编程语言、网

---

① 参见苏玉娥:《我国政府支持文化创意产业发展的政策选择》,载《学术交流》2011年第6期。

页开发工具等有关知识、技能的培训。[①] 积极举办各种大型创意设计展览，打造设计师们互相交流的平台。再次，完善创意人才培养开发、评价发现、选拔任用、流动配置、激励保障机制，深化职称评审改革，为优秀文化创意人才脱颖而出、施展才干创造有利的制度环境。[②] 设立创意产业创业基金，为创意产业创业者提供创业训练或创意奖项，加快创意人才培养。

扎实推进“引智工程”建设，定期编制发布创意人才开发目录，多渠道吸引海外优秀的文化创意人才；将文化创意人才的引进纳入到国家创新人才引进计划，通过诸如“千人计划”等国家级引智计划直接引入境外文化创意人才。完善高端人才待遇配套政策，对文化创意产业高端人才给以税收、户籍、子女教育方面的优惠政策，拓宽人才引进绿色通道。[③]

2. 优化创意人才结构

找准人才培养方向，针对涉文化创意产业财务、管理、行政、教育人才紧缺的现状，有计划地优先培养涉文化创意产业财务、管理、行政、教育等紧缺人才，提高设计类、策划类和编辑类人才培养质量，优化创意人才结构。

(五) 加强知识产权立法，完善执法，营造文化创新软环境

1. 加强知识产权立法，突出保护重点

文化创意产业知识产权立法滞后、保护重点不突出问题是制约文化创意产业发展的一大重要因素。完备的文化创意产业知识产权立法是文化创意产业发展的法律基础。文化创意产业大国，无不有着完备的文化创意产业立法。以韩国为例，韩国在已有的知识产权立法基础上先后制定了以《文化产业振兴基本法》《出版与印刷振兴法》《电影、录像带振兴法》《音乐产业振兴法》《游戏产业振兴法》《演出法》《广播法》《唱片录像带暨游戏制品法》等为主的专门性的保护文化创意产业发展的法律。[④] 反观我国，专门的文化创意产业知识产权法律体系基本没有成型，立法十分滞后。适应信息时代的知识产权发展新趋势，我国应当创新立法，借鉴发达国家先进的文化创意产业知识产权立法经验和国际立法惯例，首先须制定文化创意产业基本法，明确国

---

① 参见苏玉娥：《我国政府支持文化创意产业发展的政策选择》，载《学术交流》2011 年第 6 期。

② 参见十七届六中全会《中共中央关于深化文化体制改革推动社会主义文化大发展大繁荣若干重大问题的决定》之八《建设宏大文化人才队伍，为社会主义文化大发展大繁荣提供有力人才支撑》。

③ 陈洁民、尹秀艳：《北京文化创意产业发展现状分析》，载《北京城市学院学报》2009 年第 4 期。

④ 张丽艳、颜士鹏：《国外创意产业知识产权保护的法律与政策评析》，载《黑龙江政法管理干部学院学报》2010 年第 9 期。

家的战略定位、基本方针政策,奠定文化创意产业的发展基石;其次要扩展版权保护领域,将创意产业所涉及广告设计、网页设计、网络游戏等纳入到著作权保护领域,或修法或单独立法;对数字版权、电子图书、数字期刊、网络文学、网络游戏和动漫等电子出版领域进行重点保护。

2. 改进执法机制,提高执法效能

执法缺位很大程度上是由于知识产权管理体制混乱所致,“九龙治水”看似完备,实则互相推诿、“踢皮球”的现象严重,因此首要的是理顺知识产权管理体制。要以建立权责一致、分工合理、决策科学、执行顺畅、监督有力的版权行政执法机制为目标,加强国家知识产权局、工商局、版权局、商务部等相关行政管理部门的合作,有效利用部际联席会议制度和工作机制,利用现代信息技术,建立跨地区、跨部门的信息沟通机制和联合执法机制①,增强执法协作效能;坚持日常监管与专项治理相结合,针对文化创意成果转化的重点领域和重点环节展开专项行动,严厉打击盗版侵权行为。

(六) 加大财政投入,扩大税收优惠,完善文化创意产业财税支持体系

国外经验表明,文化创意产业是新兴产业,由于文化创意产业产品利润回流方式的特殊性以及创意载体文化产品的非保值性,文化创意产业初期市场存活能力较为弱小,它的迅速成长需要政府实施广泛有效的政策支持。在这方面,北京市走在了前头。2006 年 11 月,北京市发布了《北京市促进文化创意产业发展的若干政策》,决定从 2006 年起每年安排 5 亿元专项资金用于扶持文化创意产业重点项目;设立 5 亿元文化创意产业集聚区基础设施专项资金,分三年投入。《政策》还对文化创意产业给予了巨大的税收优惠,如对文化创意企业的创意研发和产品出口给予所得税和营业税的减免;对单位和个人从事文化创意产业技术转让、技术开发和与之相关的技术咨询、技术服务取得的收入免征营业税。② 我国政府要从市场需要层面和公共政策层面统筹规划,通过财政、税收政策以及政府采购支持等推进文化创意产业发展。

1. 加大财政投入

保证公共财政对文化建设的投入,提高文化支出占财政支出的比例。探索设立文化创意产业专项扶持基金,完善产业配套资金财政供给,重点扶持具有示范效应和产业拉动作用的重大创意项目,发挥专项资金的示范和引导作用。设立国家文化发展基金,通过贷款贴息、项目补助、成果奖励等多种形

---

① 马一德:《创新驱动发展与知识产权战略实施》,载《中国法学》2013 年第 4 期。

② 参见陈浩民、尹秀艳:《北京文化创意产业发展现状分析》,载《北京城市学院学报》2009 年第 4 期。

式，多角度强化利益保障机制，降低创意产业创新的风险。

2. 加大政府采购支持

完善政府采购法律安排，强化政府采购法律法规的执行力度，引导政府采购向创意产品倾斜，通过政府采购拓展创意产品及服务的销售市场，加大对创意企业尤其是中小创意企业的市场扶持。

3. 扩大税收优惠范围

根据创意行业的特征差异以及创意产品和服务的特性，分类实行差别税率或免税政策。例如，对文化内容创意生产、非物质文化遗产项目经营可以实行税率优惠。要扩大税收减免领域，允许个人独资和合伙中小创意企业在企业所得税和个人所得税之间进行选择，等等。①

（七）创新融资制度，拓宽融资渠道，加快文化创意产业融资体系建设

信贷市场不热衷，资本市场不完善，风险投资不发达，民间借贷不合法，我国现有的体制机制下，文化创意产业融资存在很大困难，特别是对中小企业来说，融资渠道梗塞。这其中固然有文化创意企业还没能创造出能够产生巨大收益的文化产品的原因，但投融资体制的缺陷才是最主要的原因。

1. 放宽市场准入条件，拓宽投资主体

目前我国创意产业投资主体相对单一，政府需要转变观念，创新投融资体制机制，降低市场准入门槛，进一步改善投融资环境，实现投资主体的多元化。创新投融资体制，首要的一条是降低市场准入门槛，放松民间信贷机构管制，引导社会资本流入。其次，有针对地出台各项优惠政策，利用财政、税收、信贷等杠杆，积极引导民间资金和国外资金向政策允许的文化创意产业领域流动。②

2. 创新融资渠道，积极构建直接融资平台

直接融资是现代社会重要的融资渠道。探索建立知识产权交易市场，推动知识产权担保融资等新型融资方式。构建多层次的资本市场，完善创业板块市场，推动优秀的文化创意企业通过股权的市场化运作获取直接融资。大力发展风险投资事业，鼓励“天使投资人”参与文化创意企业私募股权投资；拓展风险投资基金资金来源，充分发挥风险投资的要素集成和资金放大功能，解决创意企业的资金短缺问题。③

---

① 参见苏玉娥：《我国政府支持文化创意产业发展的政策选择》，载《学术交流》2011 年第 6 期。

② 同上。

③ 同上。

3. 加快建立文化创意产业信用服务中介机构

完善的信用中介服务体系是文化创意企业试行知识产权担保融资、股权融资等新型融资方式的必备辅助，也是打造“产业文化化，文化产业化”①格局的重要组成部分。一个完善的信用中介服务体系，其主体包括信用担保机构、经纪机构、估值机构、产权登记机构，等等。信用担保机构是新型融资方式必不可少的中介服务机构，能够显著降低投资者的投资风险，发挥着底线保障功能。探索建立以政府为主体的政策性信用担保机构和企业合作为特征的互助性信用担保机构，主动为优质的创意企业融资提供信用保障。②

（八）致力于文化科技创新，推动文化与科技融合

科技创新是文化发展的重要引擎。党的十八大报告提出，“促进文化和科技融合，发展新型文化业态，提高文化产业规模化、集约化、专业化水平”。科技对文化创意产业发展具有强大的驱动能力，这种驱动“既体现为杠杆助推功能，也体现为平台托举功能，更体现为引擎牵引功能”③。在常州国家级文化和科技融合示范基地，依托科技创新驱动文化创意产业发展，取得了软件与信息服务业年收入 63.5 亿元、移动互联网应用年收入 109 亿元、电子商务年收入 151 亿元、广告与创意旅游年收入 180 亿元以及基地年均增速 49% 的良好业绩。常州国家级文化和科技融合示范基地的实践表明，文化科技融合有力地驱动了文化创新和文化创新产业的发展，进而促进了地区经济的发展。

面向未来，要发挥文化和科技相互促进的作用，深入实施科技带动战略，增强自主创新能力。抓住一批全局性、战略性重大科技课题，加强核心技术、关键技术、共性技术攻关，以先进技术支撑文化装备、软件、系统研制和自主发展，重视相关技术标准制定，加快科技创新成果转化，提高我国出版、印刷、传媒、影视、演艺、网络、动漫等领域技术装备水平，增强文化产业核心竞争力。依托国家高新技术园区、国家可持续发展实验区等建立国家级文化和科技融合示范基地，把重大文化科技项目纳入国家相关科技发展规划和计划。健全以企业为主体、市场为导向、产学研相结合的文化技术创新体系，培育一批特色鲜明、创新能力强的文化科技企业，支持产学研战略联盟和公共服务

---

① 汪曼：《英美日三国文化创意产业发展经验解读及启示》，载《浙江树人大学学报》2010 年第 9 期。

② 苏玉娥：《我国政府支持文化创意产业发展的政策选择》，载《学术交流》2011 年第 6 期。

③ 中华人民共和国文化部调研组：《“文化科技对文化创新驱动力”调研报告》，载《艺术百家》2013 年第 5 期。

平台建设。①

二、文化创新驱动发展:北京,中国文化创意之都

随着北京人均GDP突破10000美元,经济发展方式面临深刻转变,产业转型升级,第三产业顺势而起,文化产业经济方兴未艾,文化消费进入快速增长期,文化创新日益成为推动首都科学发展的强大引擎。北京抓住机遇,全力推行文化创新、科技创新"双轮驱动"战略,以文化创新驱动经济发展,解放和发展文化生产力。

早在2006年11月,北京市即发布了《北京市促进文化创意产业发展的若干政策》,对文化创意产业的发展作出了全方位战略部署。2011年10月,十七届六中全会通过了《中共中央关于深化文化体制改革推动社会主义文化大发展大繁荣若干重大问题的决定》,《决定》对北京提出了明确要求,要求北京发挥首都全国文化中心作用,为全国文化创意产业的发展起到示范、引领和辐射作用。为落实中央要求,2011年底,北京市制定下发了《中国北京市委关于发挥文化中心作用,加快建设中国特色社会主义先进文化之都的意见》,明确提出北京文化改革发展到2020年的总体目标是,把首都建设成为在国内发挥示范带动作用、在国际上具有重大影响力的著名文化中心城市,成为全国文化精品创作中心、文化创意培育中心、文化人才集聚教育中心、文化要素配置中心、文化信息传播中心、文化交流展示中心。

(一)系列措施

1. 创新文化管理体制,改革文化企事业单位

2006年,北京市政府专门成立了文化创意产业领导小组,统筹协调领导文化创意产业相关事宜。按照十七届六中全会《决定》的要求,2012年,北京成立了北京市国有文化资产监督管理办公室,按照"管人管事管资产管导向"的原则,对市属国有文化企业行使出资人职责,这是北京创新文化管理体制的又一重大改革。按照《关于深化北京市文化体制改革的实施方案》的要求,积极推进政企分开、政事分开,转变政府职能。全面执行《北京市在文化体制改革试点中支持文化产业发展的实施办法》和《北京市在文化体制改革试点中经营性文化事业单位转制为企业的实施办法》的各项规定,推进经营性文化事业单位转制,培育合格的市场主体。

---

① 参见十七届六中全会通过的《中共中央关于深化文化体制改革推动社会主义文化大发展大繁荣若干重大问题的决定》。

2. 加大财政投入和税收优惠、强化金融支持

2006 年 11 月发布《北京市促进文化创意产业发展的若干政策》,决定自当年起每年安排 5 亿元专项资金扶持符合重点支持方向的项目,同时设立 5 亿元文化创意产业集聚区基础设施专项资金。《决定》进一步提出,对文化创意企业的创意研发和产品出口,其所得税、营业税给予适当减免;单位、个人从事文化创意产业技术转让、技术开发和与之相关的技术咨询、技术服务取得的收入免征营业税。2012 年,北京市统筹安排 100 亿元,用于建立文化创新发展专项资金,促进文化产品创作生产。2008 年,北京市设立文化创意产业投资引导资金,按照市场化模式运作,以 1:10 的规模带动社会资金对文化创意产业项目进行股权投资,促进多元化投融资格局形成。①

3. 扶持龙头企业,推动产业聚集,建立现代文化创意产业体系

鼓励文化创意企业之间的并购重组,形成一批具有自主知识产权、具有较大规模、实力的文化企业集团。例如,广播、电影电视行业,华谊兄弟传媒股份有限公司整合电影、电视、艺人经纪三大业务板块,以“内容 + 渠道 + 衍生”的全产业链布局,成为国内广播影视业产业链最完整、影视资源最丰富的公司之一。② 北京在发展文化创意产业过程中,充分发挥首都的地缘优势,与中央部委合作打造产业集聚区,积极完善产业链部署,加强创意产品的研发商、运营商、发行商、销售商及周边服务商之间的联系,形成了核心层、外围层、相关层环环相扣,创意、制作、专业销售代理、版权转让、衍生品开发及销售一条龙的产业循环系统。③ 2011 年,国家工商总局与北京市签署推进首都广告业发展战略合作协议,选址北京通惠河南岸通惠国际传媒广场建设国家级广告产业示范区,配套建设全国广告产品交易中心、国家级广告产业公共服务中心以及国家级广告产业发展研究和人才培养中心,打造广告产业全产业链。与此同时,国家新闻出版总署向北京音乐创意产业园、数字音乐示范园、北京 1919 文化产业基地等七个北京国家音乐产业园区授牌,七大园区构建起北京国家音乐产业基地,形成现代音乐产业体系,凸显集聚效益。

4. 聚集文化创意人才,加强人才培养,引进高端人才

据统计,北京地区集中了 353 家科研院所,科研人员超过 30 万,77 所普通高等院校,其中 37 所设计类专业院校,在校生过万人;拥有 2 万多家服装、

---

① 陈洁民、尹秀艳:《北京文化创意产业发展现状分析》,载《北京城市学院学报》2009 年第 4 期。

② 柯妍:《2012,北京文化创意产业稳步发展》,载《科技智囊》2013 年 3 月。

③ 陈洁民、尹秀艳:《北京文化创意产业发展现状分析》,载《北京城市学院学报》2009 年第 4 期。

广告、音乐等领域设计公司,从业人员超过10万,是国内文化创意人才最丰富的地区。北京的人才集聚使得文化创意产业有足够多的创意人才,但是,发展文化创意产业的关键是创造性的复合型人才,北京缺的是这一环。为此,北京创新人才培养模式,鼓励高等院校、科研院所与文化企业开展创意人才培养合作,以"融通创新"为理念,大力推进跨学科的复合型创新人才培养,重点培养善于开拓文化创新领域的拔尖创新人才、掌握现代传媒技术的专门人才、懂经营善管理的复合型人才、适应文化走出去需要的国际化人才。同时,注重文化创意高端人才引进工作,积极推进"千人计划"等高层次引智计划进程;优化高端人才政策配套,对文化创意产业高层次管理人才、创意人才和营销经纪人才给予税收、户籍、医疗、社保、子女教育方面的优惠政策,拓宽人才引进绿色通道。

(二) 成就现在

目前,北京文化创意产业呈现勃勃生机,文化艺术、新闻出版、广播电影电视、广告会展、设计服务、旅游休闲众彩纷呈,文化创意产业产值连年高速增长。

表7　北京市2012年文化创意产业活动单位基本情况表　单位:亿元

项目	资产总计		收入合计		从业人员平均人数(万人)	
	2012	2011	2012	2011	2012	2011
合计	15575.2	12942.6	10313.6	9012.2	152.9	140.9
文化艺术	551.2	470.8	237.0	217.0	7.2	7.4
新闻出版	1514.6	1260.4	883.0	755.6	15.6	15.1
广播、电视、电影	1570.7	1326.0	680.3	553.5	6.0	5.5
软件、网络及计算机服务	6529.0	5436.5	3888.1	3342.5	69.8	61.3
广告会展	1050.0	1002.2	1256.8	1154.9	12.5	11.5
艺术品交易	817.5	464.4	705.6	492.2	2.8	2.5
设计服务	1163.7	920.0	443.0	369.9	11.9	10.1
旅游、休闲娱乐	934.5	713.9	849.0	706.6	11.1	10.6
其他辅助服务	1444.0	1348.4	1370.8	1420.0	16.0	16.9

数据来源:北京统计信息网《北京统计年鉴2013》。

2004—2011年,北京市文化创意产业年均增长率达到19.5%,超过同期地区生产总值增速(15.2%)4.3个百分点①,成为北京新的经济增长点。

① 参见柯妍:《2012,北京文化创意产业稳步发展》,载《科技智囊》2013年3月。

2012年全年实现收入10313.6亿元,比2011年同期增长14.4%;资产总计15575.2亿元,比2010年同期增长20.3%(见表7)。文化创意产业已经成为北京第三产业内部仅次于金融业的第二大支柱产业。北京的全国文化中心地位进一步稳固,在国际文化生态中的影响力日趋增强。2012年5月,北京市获联合国教科文组织批准为“设计之都”,成为继上海、深圳之后的中国第三个也是世界第十二个“设计之都”,这既是国际社会对北京文化创意产业发展成绩的肯定,也为北京文化创意产业的下一步发展创造了良好的国际环境。未来,作为全国文化中心,北京还将在文化上承担和发挥代表展示、向心力凝聚、首善辐射、示范带动、服务保障功能。①

第三节 品牌创新驱动发展战略实施

一、实施商标战略,培育品牌创新力

商标本为一种标表产品、服务的标记,但随着经济的发展,商标日益成为具有独立价值的市场要素。贺寿天(2010)认为,商标至少具有六种经济功能:第一,识别标志功能:商标起着区分商品、服务来源,证明“身份”的作用;第二,品质象征功能:商标象征着特定商品品牌所有者对消费者承诺的品质水准;第三,品牌宣传功能:商标以其“广告效应”展示品牌形象,扩大着商标自身的品牌知名度;第四,价值承载功能:商标是特定品牌在市场运作中积累的商誉等无形资产的载体,是一种财产权标的;第五,生产要素功能:商标与土地、厂房、资金、技术等生产要素一样,作为一种信用资本,参与商品价值的创造;第六,竞争工具功能:商标价值所体现的品牌影响力左右着市场资源配置,高知名度、美誉度的商标是市场竞争的利器。②

品牌是一个很宽泛的概念,它包括商标、商号、企业名称、地理标志以及其他商业标识。从深层次上讲,一个优质品牌包含有先进技术的支撑、优质品质的保证、诚信经营的依托、先进文化的底蕴等内涵。在知识产权法上,品牌体现为商标。当然,品牌与知识产权法上的商标并非完全对应,但是二者所统摄的核心内涵是一致的,皆指标表商品、服务的特殊标记,可以是文字、图形、字母、数字、声音、三维标志和颜色组合,以及上述要素的组合,因此可以大胆地将品牌与商标概念替换使用。本质上,品牌是多项知识产权的集

---

① 柯妍:《2012,北京文化创意产业稳步发展》,载《科技智囊》2013年第3期。

② 贺寿天:《试论商标战略在经济发展中的作用》,载《知识产权》2010年第4期。

成,也是知识产权的最终成果,简言之,品牌的本质就是知识产权①,品牌创新就是知识产权创新。

品牌创新一方面是指企业针对市场变化,创造新的品牌、创造品牌新的应用以及引进和转让品牌资产以实现品牌的管理活动,另一方面是指企业通过创造出竞争对手所不具备的先进技术和手段,提供比竞争对手更为全面的服务,满足顾客更新更高的需求,来保持和发展品牌的一种全新的经济活动。② 除此之外,品牌创新还涉及企业制度、企业文化以及产品营销、售后服务等外围元素。企业品牌创新的作用在于,促进生产要素(知识产权是最重要的生产要素)的合理流动,引导优势资源向品牌(尤其是名牌)聚集,协调技术、专利、商标、标准等知识产权战略的实施,增强企业产品的市场竞争力。③

品牌创新能力建设是一个持续的动态过程。品牌与产品一样是有市场寿命即生命周期的。随着科技的迅猛发展,产品更新换代的周期越来越短,只有持续不断地品牌创新,才能防止品牌老化。离开创新的品牌是没有生命力的。旭日升是一个存在于世纪之交的著名品牌,由河北冀州供销合作社于1993年创立。当年,旭日升进入冰茶领域,将国际流行的碳酸加工工艺与中国几千年来的饮茶习俗结合起来,生产出独创的冰茶系列饮料,大获成功,1998年销售额达到30亿元,品牌价值达到惊人的160亿元;到2000年,旭日升已居中国饮料十强第二位,占据茶饮料70%的市场份额,成为中国茶饮料大王。④ 旭日升的成功引来了众多竞争对手,各种茶饮料如雨后春笋般纷纷出现,此时的旭日升却没有成功进行品牌创新,品牌差别度没有拉开,在冰茶市场中逐渐被湮没于浩如烟海的各类冰茶之中。短短两年时间,旭日升即陷入绝境,至2004年,市场上已难觅旭日升品牌痕迹。五年创建一个160亿的品牌,但不到五年即从云端急速跌落,真是“其兴也勃焉,其亡也忽焉”。旭日升的兴亡史让人嘘唏不已,其衰亡原因可以有各种解读,但对品牌相关研究者来说,其教训就是:必须以持续的品牌创新对抗品牌老化。

当今世界经济竞争已经从产品竞争、技术竞争发展到品牌竞争,世界正迎来品牌经济的新时代。⑤ 由于经济全球化、市场一体化,更由于服务标准

① 魏纪林、李明星等:《企业品牌创新知识产权协同战略探析》,载《知识产权》2011年第9期。
② 赵锁学:《品牌与品牌创新刍议》,载《经济与管理》2003年第3期。
③ 魏纪林、李明星等:《企业品牌创新知识产权协同战略探析》,载《知识产权》2011年第9期。
④ 朱云飞、秦敬涛:《从旭日升的衰落看品牌老化与品牌创新》,载《中国民营科技与经济》2005年9月。
⑤ 魏纪林、李明星等:《企业品牌创新知识产权协同战略探析》,载《知识产权》2011年第9期。

化、产品同质化、技术趋同化,世界经济竞争强度空前,这凸显出品牌创新的紧迫性。① 创新是当今时代国家竞争的主旋律,品牌创新既是国家发展战略的需要,也是企业谋求长期生存的必由之路。

让我们回顾一下新中国成立60多年来中国品牌发展创新的历程。

在20世纪80年代之前的计划经济年代,物质极度短缺,指令性计划之下,不存在品牌生存的制度环境。品牌是商品经济的产物。只有在商品极度丰富、消费者有充分的选择余地的市场条件下,品牌才有存在的土壤。此30年间,1950年颁布了《商标注册暂行条例》,1963年公布了《商标管理暂行条例》和实施细则。我国真正意义上的品牌发展创新是在改革开放之后才开始的。

80年代,指令性的计划经济已然难以维持,商品市场的开放使得大量商品涌入市场,市场竞争开始出现,品牌成为市场营销的重要手段。为了在众多的产品中建立自己的知名度,众多商家开始利用电视、广播宣传自己的品牌,这个时代,品牌被视同于知名度。与此同时,以索尼、松下、日立等为代表的日本家电品牌捷足先登,随之世界名牌纷纷抢滩中国,国外商品开始在我国的市场上上演品牌大战,客观上推动了我国品牌的发展。

进入90年代,竞争激烈化,炒作概念和事件营销取代广告狂轰滥炸,成为品牌宣传的主要方式,这一阶段的代表品牌有格兰仕、海尔、三株、长虹等。90年代末到本世纪初,利用渠道和服务成为品牌建设的普遍模式,专柜和专卖店的大量复制是这段时间品牌建设的最大特点②,这一阶段的代表品牌是美的、海信、蒙牛等。消费者和经营者的品牌意识开始形成。整个80、90年代,中国的品牌发展历程可以这么概括:广告轰炸,概念炒作,事件营销,渠道营销。品牌创新体系没有建立起来,品牌创新能力十分低下,缺乏品牌运作经验,与专业化的品牌管理和品牌运营还离得很遥远。为打开知名度不遗余力、不惜重金砸向广告宣传,一旦成名之后,就疏于管理,也不知道如何维护和提升品牌。

至世纪之交,随着中国加入WTO,各种外来品牌潮水般涌入,在中外品牌大战中,外国企业通过品牌本土化、品牌阻击、收购中国品牌之后"冷藏"等方式,使本土品牌纷纷落败。以中华老字号为例,据有关资料统计,目前国内共有"中华老字号"2000余家,如今能正常营业的仅有30%,效益好的只有

---

① 陈爱军:《品牌创新与延伸》,载《中国品牌与防伪》2008年第5期。

② 李玉国:《中国品牌创新棋如何走》,载《品牌》2006年第9期。

10%左右。[①] 另据调查，在合资企业中，70%以上的中国品牌都被“软消灭”了，只有30%的品牌还存在于市场之中。[②]

当前我国品牌建设中存在的主要问题是：(1) 企业对品牌内涵缺乏深刻认识，观念老化，品牌内涵缺失。虽然目前中国的企业比任何时候都重视品牌建设，但就多数企业而言，仍然停留在品牌是一种标识的认识阶段，认为创建品牌就是打响产品知名度，有名则有利，名利双收。[③] (2) 企业品牌运营和管理水平不高，普遍缺乏品牌运营和管理知识，很多企业将品牌运营与企业经营混为一谈。绝大多数企业没有专门的品牌管理机构，对品牌的作用缺乏战略考量，未能将品牌运作上升到战略层面，对品牌的成长路线缺乏周密规划。品牌形象缺乏稳定性，品牌的核心价值没有贯穿始终。(3) 政府支持体系不完善。中国虽然较早就制定了国家级创新战略，但是从实践的角度看，面向创新的实质性优惠政策和制度体系依然相对缺乏，品牌保护法律制度、品牌培育政策、品牌管理与执法机制不完善。

世界级品牌之所以成为世界级品牌的核心在于其创新能力，创新能力的根源是价值内涵的活力，其形式是创新制度的建设，其结果是产品和服务的创新。[④] 世界品牌之所以在创新领域领先于其他品牌，就是根植于其价值内涵的活力。而创新制度的建设则是创新能力的保证。所以中国品牌创新能力的塑造必须强调在创新制度上的实际投入和切实保证。

通过上述分析，笔者认为，中国品牌创新的总体思路是：企业是品牌创新的主体，在品牌创新中发挥主导作用；同时也离不开政府的支持，必须充分发挥政府在品牌保护法律制度、品牌培育政策、品牌管理与执法机制、品牌创新人才培养等方面的作用。

(一) 企业层面

必须指出，产品质量和品牌意识是企业品牌创新的必要前提。

产品质量是品牌存续的基础，也是品牌发展、创新的前提，必须严守产品质量关。产品的质量之于品牌犹如基因之于人体，基因的癌变会使人体无可逆转地走向死亡，产品质量的缺陷对品牌而言也是致命的。品牌实质上是一种商业承诺，以牺牲产品质量为代价换取眼前利益，不啻于置品牌于道德审

---

① 王兆峰：《“中华老字号”企业品牌创新策略》，载《湖南商学院学报》2005年第6期。

② 中华人民共和国商务部编：《中国品牌发展报告2008—2009》，北京大学出版社2011年版，第108页。

③ 参见祝合良、王平：《中国品牌发展的现状、问题与对策》，载《经济与管理研究》2007年第8期。

④ 邱昱：《中国世界级品牌塑造模式、路径和实证研究》，载《中国经贸导刊》2012年6月下。

判台。品牌的道德缺陷能够让品牌由盛极一时到急速消失发生于须臾之间。显赫一时的三鹿曾是中国乳业的强势品牌,其品牌设计不可谓不好,其发展也可用“神速”来形容。但“三聚氰胺”事件的发生一举摧毁了三鹿多年经营的品牌价值,三鹿也被迫停产、变卖。对此不妨从品牌设计本身进行考察,以三鹿为代表的中国民族乳业,当时的飞速发展得益于品牌战略,但因急于扩张而滋生“基因变异”,用品牌战略迁就企业快速扩张战略而失衡①,这是值得深思的。据报道,三鹿集团早在2005年7月5日就出现过“早产奶”事件,三鹿虽然很快化解了危机,但其品牌隐患就此埋下,并且企业不思变革,“三聚氰胺事件”的爆发就不足为奇了。因此,品牌设计必须补全补强基因元素。② 与此相反,在“修合无人见,存心有天知”的自律信条下,同仁堂300多年来一直秉承“炮制虽繁必不敢省人工,品味虽贵必不敢减物力”的训规,始终坚持传统的制药特色,严把选料关,使其产品以质量优良、疗效显著而闻名海内外,“同仁堂”也因此成为质量和信誉的象征。正是这种一以贯之的品质追求,1989年,国家工商总局将全国第一个“中国驰名商标”授予了同仁堂,使同仁堂成为迄今为止在全国中医药制造业唯一取得“中国驰名商标”称号的企业。③

品牌意识是品牌创新的另一前提,没有品牌意识就没有谈论品牌创新的基础。良好的品牌意识意味着对品牌内涵的深度把握,必须把品牌创新从战术层面提升至战略层面,把追求名气转变为追求品牌价值。具体表现为制定、实施公司品牌战略,设立专门的品牌运营机构或者确定品牌运营负责人。品牌不仅仅是知名度,更是一种重要的无形资产,品牌资产固然包括知名度,但更重要的是品牌的认可度、美誉度和忠诚度等。例如雀巢(Nescafe),其品牌时刻传递给人一份温暖、包容和关爱,使得消费者在享用时体会到品牌所带来的人文关怀。这样的品牌就具备认可度和美誉度,当然也就让消费者乐于接受并形成用户忠实度。反观我国,品牌观念是有了,但是跟风成堆。例如,伴随着宫廷题材在影视方面的大肆泛滥,一些商家也趋之若骛,以“王”“霸”之类的浮华字眼冠名于品牌,真可谓“霸王漫天飞,皇亲满街走”。纵观国家知名品牌,哪一个不是历经市场竞争几十年甚至几百年的考验而形成的历史积淀?跟风浪潮下设立的品牌缺乏新意,缺乏品牌内涵,缺乏辨识度,当

---

① 余阳明:《中国品牌报告》,上海交通大学出版社2006年版,第411页。

② 陈艳彩:《浅论新媒体时代的品牌战略创新》,载《中国地质大学学报(社会科学版)》2009年第2期。

③ 中华人民共和国商务部编:《中国品牌发展报告2008—2009》,北京大学出版社2011年版,第108页。

然是很难长久的。

企业只有牢固树立产品意识和正确的品牌意识,品牌创新才是真正起步了。

品牌创新可以是发展创立新品牌,也可以是创造品牌新的应用领域,还可以是对品牌的资产认定和资产运作。具体而言,企业品牌创新可以包括以下内容:品牌文化创新,品牌定位创新,品牌管理创新,品牌传播创新,持续的产品创新和技术创新,营销创新,品牌战略创新,等等。①

1. 创新品牌文化

“品牌文化是基于传统文化之上的品牌个性形象的诠释,品牌既是个性化的精神提炼,又是特定化的物质概括,它不仅是产品本身与消费大众直接对话的载体,也是用时代特征语言来设计、用科学技术来制作、用品牌理念来塑造的媒介,是品牌情感的归属。”②品牌文化是品牌的内在核心,深远地影响品牌的长远发展,决定企业的兴衰成败。消费者的“购买欲望”3/4 是心理上的, 1/4 是功能上的。这种心理上的购买欲望,就是被品牌文化所激发的。创新品牌文化,第一,品牌文化必须有个性,产品可以同质,技术可以类似,但品牌文化必须具有充分的辨识度;第二,紧跟时代步伐,彰显时代特征;第三,统一中求变,展现品牌文化的活跃性。③ 品牌文化一旦形成就具有稳定性和持久性,但它并非一成不变,也必须随时代、时空、观念的改变而展现出一定程度的变化。具体在每个销售市场,也需要展现出一定的灵活性,与东道国的风土、人文相契合。

2. 创新品牌定位

品牌定位总的导向是:明确、统一、差异化、个性化,这是品牌战略制定与实施的基础和出发点。④ 一方面是基于市场的重新定位,重新定位消费市场;另一方面是基于自身产品或服务的价值重新定位。

品牌市场定位。星巴克董事长舒尔茨认为,对于企业来说,我们通常把品牌解释为“在企业与顾客之间建立的一种有亲和力的关系”。在消费意识和品牌意识觉醒的今天,越来越多的消费者不再盲目地为企业的广告费买单,他们其实更为关心的是品牌能够给他们带来什么样的价值,其产品选择更大程度上表现出对品牌的关注。企业必须了解,目标市场上,消费者对产

---

① 廖瑞玲、吴丽琴:《品牌创新及对策研究》,载《科技广场》2009 年第 12 期。

② 刘晓刚等:《品牌创新论》,东华大学出版社 2010 年版,第 4 页。

③ 同上书,第 46 页。

④ 中华人民共和国商务部编:《中国品牌发展报告(2008—2009)》,北京大学出版社 2011 年版,第 269 页。

品的选择,多大程度上是出于生活实际的便利性,多大程度上是出于身份的与众不同,又在多大程度上是由于某一独特生活理念?企业必须在这当中找到自己独特的定位。

品牌价值定位应当具有长期的稳定性。例如国际著名的“耐克”品牌,其品牌价值是“人类从事运动挑战自我的体育精神”,无论耐克品牌在世界哪一个地方推广,都始终如一地表现该品牌的内在价值,传达其品牌准确的定位。① 而品牌表现则可以具有很大的创新性。中国品牌需要独特的价值定位。新时期中国品牌要在全球赢得竞争优势,有三条路:第一条是针对发达国家的品牌战略上的弱点建立我们的品牌定位;第二条是考虑如何在全球继续保持制造优势;第三是大力扶持承载中国悠久历史文化的产品,如中药、茶叶、陶瓷、丝绸等,传统产业是一个有希望突破的领域。②

上海家化在1998年推出了其高档化妆品品牌——定位于东方式的化妆品“佰草集”。其在国内市场一直保持50%以上的增长,2011年零售超过20亿。同时,“佰草集”展开了相应的国际化进程,2008年“佰草集”出口到法国市场和其他欧洲市场,销售每年有80%的增长。在法国香榭丽舍大街的“丝芙兰”旗舰店里,一款售价49欧元的太极泥面膜上市不到一个月便脱销,在包括“香奈尔”“迪奥”等法国大品牌在内的2300个护肤品中销售名列前五名,“佰草集”全系列产品的总销售量也进入了全店护肤品的前十位。上海家化董事长葛文耀这样表达其成功经验:“佰草集获得今天的成功,甚至去了海外,初步踏入顶级化妆品市场进行试探,我认为首先是由于定位独特。如果我们讲‘草本’,那全世界有很多了,但是我们讲的是‘中医中药’……不仅有投入,更要有创新,才能锻造出成功的品牌和产品。”③

3. 创新品牌管理

品牌管理是对建立、维护、巩固品牌的全过程进行有效监管控制并协调与消费者之间关系的全方位管理过程。品牌管理应该遵循如下四个步骤④:

(1) 勾画品牌的“精髓”,即描绘品牌的理性因素,包括消费群体的信息、市场的状况、竞争格局等;

(2) 掌握品牌的“核心”,即描绘品牌的感性因素,包括品牌的文化渊

---

① 朱云飞、秦敬涛:《从旭日升的衰落看品牌老化与品牌创新》,载《中国民营科技与经济》2005年9月。

② 中华人民共和国商务部编:《中国品牌发展报告(2008—2009)》,北京大学出版社2011年版,第208页。

③ 邱昱:《中国世界级品牌塑造模式、路径和实证研究》,载《中国经贸导刊》2012年6月。

④ 中华人民共和国商务部编:《中国品牌发展报告(2008—2009)》,北京大学出版社2011年版,第236页。

源、社会责任、消费者的心理因素和情绪等；

(3) 寻找品牌的灵魂，即找到品牌与众不同的战略；

(4) 保持品牌的创新，即培育发展已创立的品牌。

品牌管理的常用策略是品牌延伸策略和品牌组合策略。

品牌延伸，包括产品类别延伸和产品线延伸，前者是由一种产品向另一种类别的产品延伸，后者是推出不同形态、不同规格、不同包装的产品。品牌延伸策略的意图是，利用原品牌建立起来的知名度、忠诚度转移到延伸产品和服务，凭借消费者对原始品牌的好感和印象降低对新产品的抵触而增加接受程度。通过这种方式的品牌创建成本最小。汽车工业很早就采用品牌延伸策略，使用副品牌来进入不同价格区间市场。其中的原始品牌起到了质量承诺与品牌影响的作用，副品牌用以切割价格细分市场，建立价格金字塔体系。[①] 同时，品牌延伸又是一把双刃剑，运用得好有助于减少营销成本、增强品牌形象，运用得不好则会产生“株连效应”，损害原品牌形象。[②] 邓德隆认为，品牌盲目延伸是当前中国企业品牌塑造中最大的陷阱。

品牌组合，即实施多品牌策略，品牌之间是独立的，每个品牌都有其独特的价值定位、明确的目标定位、独立的销售渠道。企业既可利用不同品牌占领统一产品领域中高中低不同档次的市场，也可利用不同品牌进入不同的产品市场。[③] 并且，相较于单一品牌策略和品牌延伸策略，由于品牌之间相互独立，形成防火墙，某一品牌出现风险时不会殃及其他品牌，不会出现“一损俱损”。这种这种品牌创建的策略成本浩大，适合于大型企业集团。宝洁公司和联合利华是品牌组合策略的代表。联合利华在高峰时期拥有超过 1600 个品牌。品牌过多也一度使联合利华不堪重负。2000 年 2 月，联合利华大刀阔斧地进行品牌精简，砍掉 1200 多个品牌，只保留 400 个。联合利华发展部负责人巴特勒解释道：“公司总共有 1600 多个品牌，但却没有 1600 个好的经营理念！公司无法容忍众多小品牌一方面耗费着公司有限的广告资源，另一方面又不能给公司带来规模效益的局面继续持续下去了。”[④]

---

① 陈爱军：《品牌创新与延伸》，载《中国品牌与防伪》2008 年第 5 期。

② 中华人民共和国商务部编：《中国品牌发展报告(2008—2009)》，北京大学出版社 2011 年版，第 210 页。

③ 同上书，第 237 页。

④ 参见：中国管理传播网：《品牌战略新进展：打造强大的公司品牌》，http://manage.org.cn/Article/201512/21441.html，最后访问日期：2013 年 10 月 17 日。

4. 创新品牌传播

(1) 创新传播媒介。

创新传播媒介包括更新名称和标识,采用新包装和选用新代言人等。

在品牌名称和品牌标识上做些改进,能为品牌带来新意。因为对于企业来说,名称是最基本的形象识别要素,是消费者对品牌的最直观的视觉印象。为了把企业与消费者之间的距离拉得更近,摩托罗拉公司将原“MOTORALA”的名称简化为“MOTO”,新名字简洁明快、朗朗上口,非常方便消费者记忆。品牌标识(LOGO)是指品牌中可以通过视觉识别传播的部分,包括符号、图案或明显的色彩和字体,如耐克的对勾、壳牌集团的贝壳造型、IBM 的字体和深蓝标准色等。企业标识应该随着时代审美观的发展而变换,综观标致、奔驰、百事可乐等著名品牌的发展过程,无不伴随着企业标识的不断更新。我国个人电脑企业联想集团 2003 年将品牌英文标识由原来的“Legend”(传奇之意)替换为“LENOVO”(创新之意),整个品牌的寓意为“创新的联想”,突出企业的核心价值是创新。但是更新标识不能背离品牌的核心价值和内涵,如耐克挑战极限的体育精神、诺基亚科技以人为本的人文精神。这样才能使新品牌标识既能保持消费者对品牌的忠诚度,又能给人以新鲜感。

包装是产品品质的外部表现形态,也是消费者识别品牌、与企业进行沟通的媒介,因此,改进包装是改变品牌形象老化的直接手段。改进包装应当遵循的思路是:人性化设计,体贴消费者;现代化设计,表现时代感;配合产品升级换代,体现品牌的多层次;加入新元素,传播品牌新概念、新主张等。此外,在品牌发展的每一个阶段,根据品牌概念及其文化内涵寻找符合时代形象的产品代言人,也能使企业品牌形象不断给人耳目一新的感觉。①

(2) 创新传播方式。

一种媒介造就一个时代,媒体发展迄今经历了六个时代:亲身传播时代、口头传播时代、印刷时代、大众传播时代、网络传播时代和新媒体时代。② 新媒体时代的传播特征体现在两个方面:一是网络媒体、手机媒体、移动电视和户外媒体等新媒体的出现使得媒体大众化向分众化递延,受众分化成一个个碎片;二是形象成为最主要的信息传播手段,“视像化生存”概念出现。我国品牌学者杨子云指出:在所谓的“视像化生存”中,大量的信息以多种形式特别是视像化的形式被生产、交换和消费,同时,商品价值更多取决于其信息含

---

① 朱云飞、秦敬涛:《从旭日升的衰落看品牌老化与品牌创新》,载《中国民营科技与经济》2005 年 9 月。

② 刘超:《广告媒体策略》,中国建筑工业出版社 2008 年版,第 3 页。

量。那些被认为是有价值的信息,往往都是视像化的信息。新媒体特征的这种变化提醒品牌运营者必须调整品牌战略设计和终端策略,自觉地改进和完善品牌的识别系统设计,努力寻找、锁定和放大品牌战略的传播导向和目标受众,以适应这种情境下传播的变迁,实现品牌价值共振。①

（二）政府层面

实施商标战略是贯彻落实《国家知识产权战略纲要》的举措之一。《国家知识产权战略纲要》明确提出,到2020年,把我国建设成为商标注册、运用、保护和管理水平达到国际先进水平的国家,实现"商标法治环境进一步完善,商标意识深入人心,市场主体注册、运用、保护和管理商标的能力显著增强,企业创新成果和合法权益得到有效保护,商标战略对经济发展、文化繁荣和社会建设的促进作用充分体现"的发展目标。为贯彻《纲要》的精神,落实商标战略,2009年6月2日,国家工商行政管理总局颁布了《关于贯彻落实〈国家知识产权战略纲要〉大力推进商标战略实施的意见》(以下简称《意见》),《意见》强调"商标战略是国家知识产权战略的重要组成部分",提出"到2020年,把我国建设成为商标注册、运用、保护和管理水平达到国际先进水平的国家"的目标,并从指导思想、战略目标、战略任务、组织实施等方面作出了商标战略实施的全方位部署。

柳思维、熊曦对全国各地品牌战略实施效果的研究表明,品牌战略实施在促进地区经济发展中的作用越来越明显,成为影响我国地区经济发展的最重要因素,地区经济发展仍然较多地依赖于当地有影响力的企业及其品牌效力。② 这成为地方政府推动商标战略实施的动力。国家工商总局《意见》颁布后,国内掀起了实施商标战略的热潮,江苏、安徽、湖南、天津、山东、重庆、陕西等地方政府纷纷制定和颁布了实施商标战略的规范性文件。③

然而,地方政府在实施商标战略的目标、具体措施上存在一些问题,表现在:目标上,微观目标不明确,与知识产权战略的目标不统一;具体措施上,重金奖励诱使企业追逐驰名商标致使驰名商标异化,不符合商标法立法本意;政府采购不加区分地向驰名商标、著名商标产品倾斜,但这类商标所指向的产品,并不一定与自主创新、节能环保、民族产业等国家利益、公共利益的实现有关,有可能就是一般的普通产品,这种"土政策"于法无据,破坏公平的

---

① 陈艳彩:《浅论新媒体时代的品牌战略创新》,载《中国地质大学学报(社会科学版)》2009年第2期。

② 柳思维、熊曦:《全国各地品牌战略实施效果评价及启示》,载《云南财经大学学报》2012年第1期。

③ 参见储敏:《地方政府实施商标战略的省思》,载《法学杂志》2012年第2期。

市场竞争环境。①

实施商标战略、培育品牌创新力,需要从以下方面着手:

1. 创新和完善商标注册管理体制机制

进一步深化商标行政管理体制改革,形成“权责一致、分工合理、决策科学、执行顺畅、监督有力”的商标行政管理体制。进一步完善公正、高效、科学的商标评审制度,理顺商标评审工作体制机制,全面提升商标评审效率与质量。以驰名、著名、知名商标的认定和保护为商标注册管理工作重点,切实保障自主知名品牌在市场竞争中脱颖而出。②

2. 引导、支持、推进企业实施商标战略

引导和帮助有条件的企业设立商标管理部门。全面提升企业创立自主品牌的意识,加强商标运用和应对竞争的能力,以商标整合企业的技术、管理、营销等优势,形成自身的核心竞争力。引导企业改进竞争模式,加强技术创新,提高产品质量和服务质量,丰富商标内涵,增加商标附加值,提高商标知名度,创立知名品牌。支持企业以商标权许可、质押等方式开展经营活动,充分开发利用商标权的市场价值。③ 鼓励和帮助企业建立商标价值评估、统计制度,制定商标信息检索和重大事项预警等制度。

3. 推动商标与经济社会发展的深度融合

在国家的发展规划、宏观经济政策、产业政策的制定和执行中,应当将商标的创造、管理、运用、保护全面融汇其中。以市场为导向,打造促进商标价值成长和运用的公共服务平台,大力推进商标与市场经济的融合,实现商标价值。

深入开展“商标富农”工作。加强对农民、农村经济组织和涉农企业的商标法律宣传,积极引导农林产品商标、农林业服务商标以及地理标志证明商标、集体商标的注册,提高农林产品附加值,增强市场竞争力。大力推进有机农产品、环境友好型农产品商标注册,促进提高农林产品质量,保障食品安全。大力推行“公司 + 商标(地理标志) + 农户”产业化经营模式,进一步提高农民进入市场的组织化程度,充分发挥商标在农林业现代化、产业化、规模化中的作用。④

---

① 参见储敏:《地方政府实施商标战略的省思》,载《法学杂志》2012 年第 2 期。

② 贺寿天:《试论商标战略在经济发展中的作用》,载《知识产权》2010 年第 4 期。

③ 国家工商行政管理总局颁布的《关于贯彻落实〈国家知识产权战略纲要〉大力推进商标战略实施的意见》。

④ 同上。

4. 规范发展商标中介服务体系

加强对商标代理组织和代理人的行政监督管理。抓紧建立商标代理组织、代理人信用记录、信用等级评价和失信惩戒等监管制度。建立健全商标代理行业自律制度。加强对商标代理人业务和职业道德培训,提高代理人素质。培育和发展市场化商标信息中介服务。鼓励社会资金投资商标信息化建设,满足不同层次商标信息需求。鼓励企业参与商标信息增值性开发利用。支持建设规范的网上商标交易平台,加强引导和监管。

5. 加大商标执法力度,遏制商标侵权行为

(1) 加大商标行政执法力度。

严厉打击假冒等侵犯商标权的行为,有计划、有重点地开展商标保护专项行动,集中打击严重侵权、群体性侵权以及大规模假冒等影响大的商标侵权行为,切实保护商标权人和消费者的合法权益。创新日常监管方式,建立和完善长效监管机制。将商标侵权信息纳入我国社会信用体系。加大商标办案指导力度,建立更为快捷的侵权案件批复机制和办案信息沟通机制。

(2) 建立健全行政执法协作机制及与刑事司法机关之间的联动保护机制。

完善区域联合执法与协作制度,形成打击商标侵权假冒行为的合力,增强执法协作效能。加强与海关等行政机关的执法协作,形成协调统一的商标行政保护体制。加强与公安机关以及司法机关之间的协作,进一步规范和完善涉嫌商标犯罪案件移送工作制度,提高案件移送工作效率,有效遏止侵犯注册商标专用权的犯罪行为。

6. 扩大商标国际交流与合作

建立和完善商标对外信息沟通交流机制。充分利用世界知识产权组织、世界贸易组织、亚太经合组织、自由贸易区协定以及其他双边经贸和知识产权交流合作机制,建立与我国有贸易关系的国家之间畅通的双边和多边商标交流渠道。① 积极参与国际商标领域的秩序构建,参与制定和修订商标国际规则,参与国际组织有关议程,扩大我国在商标领域的国际影响,维护我国的声誉和权益。

二、品牌创新驱动发展:青岛,品牌之都

没有品牌的制造业不仅无法获得品牌的附加值,而且在消费终端也缺少

① 国家工商行政管理总局颁布的《关于贯彻落实〈国家知识产权战略纲要〉大力推进商标战略实施的意见》。

话语权和影响力。没有拥有知名品牌的强势企业的支撑,城市也就缺乏扎实根基。打造具有市场竞争力的品牌,是城市营销的重要一途。

(一) 青岛品牌建设的成就

在世界说中国、在中国说山东、在山东说青岛,在青岛首先联想到的是海尔、海信、青啤、双星等知名品牌。青岛是一个品牌荟萃的城市,也是中国最早拥有国际知名品牌的城市之一。早在建市之初的1903年,就诞生了著名的青岛啤酒这一品牌。

20世纪80年代以来,青岛历届市委、市政府始终高度重视和积极推进"品牌兴市"战略。30多年间,青岛培育和成长出一批国内外名牌产品、驰名商标,在国内笑傲群雄。2003年9月,经世界品牌实验室认定,海尔品牌成为中国唯一入选世界品牌百强的品牌;2007年,海尔的排序由2003年的第95位上升到第83位;2005年8月30日英国《金融时报》公布的中国十大名牌,海尔列首位,青岛啤酒列第四位;2005年9月1日公布的中国世界名牌一共有3个,其中青岛两个,即海尔冰箱、海尔洗衣机。截至2008年底,青岛拥有"中国驰名商标"36件,占山东省28.3%;拥有"中国名牌"68件,占山东省25.5%;以青岛为龙头的半岛城市群制造业拥有的国家级、省级名牌占全省的64%;除此之外,青岛还拥有2个世界级中国名牌和7个中国行业标志性品牌。① 目前,青岛市已经形成了纵向以世界知名品牌、国家名牌、驰名商标和省市名牌为主体的多层次,横向以产品品牌、服务品牌和机关品牌全面发展的宽领域品牌集群。②

品牌建设的成就使得青岛接连收获众多荣誉。2004年,青岛被中国品牌研究院评为"品牌之都"。2005年,经中共中央宣传部批准,由《经济日报》主办,在"2005中国自主创新品牌高层论坛暨中国品牌经济城市峰会"上,经评审委员会审定,青岛市被授予"中国品牌之都"称号;2007年,青岛获"城市品牌营销奖";紧接着,2008年,青岛荣膺"中国制造业名城"。青岛,无疑已成为中国最具品牌影响力的城市之一。

(二) 青岛品牌建设的具体举措

青岛能够取得这样的成就,一方面是由于青岛市政府高度重视品牌建设,全力打造适于名牌发展创新的优良宏观环境,另一个非常重要的原因是,企业主体与企业家开拓、创新、积极进取的精神。

---

① 俞以平、韦明:《政府在品牌建设中的作用研究——以青岛市为例》,载《中国商贸》2009年第4期。

② 黄少英:《铸造青岛"中国品牌之都"的微观原因分析》,载《企业经济》2010年第3期。

1. 政府实施“名牌战略”，为品牌创新创造优良环境

早在20世纪80年代，青岛即在全国率先提出“名牌战略”的概念，是最早开展创名优品牌活动的城市。① 青岛遵循“品牌产品→品牌企业→品牌产业→品牌经济→品牌城市”的发展战略，在“八五”计划期间制定了系列文件，出台相应政策，开展了一系列争创“青岛市名牌产品”的活动。1984年，青岛市制定了《1984—1990年重点产品发展规划》，把获各级优质产品称号的376种产品编辑成《1979—1984年青岛市优质产品汇编》，向国内外推介。1988年，首次提出在本市(地区)范围内实施名牌战略的政策构想，正式拉开了青岛实施名牌战略的序幕。1989年，青岛市政府出台了《关于在工业系统全面开展争创“青岛金花”活动的通知》，要求以金花产品为载体，深入实施名牌战略，打造青岛品牌。1989年首批认定了11个金花产品作为名牌战略的重要支点，至1993年共认定金花产品31个，一大批后来崭露头角的品牌入选其中。在全国首次认定推出的20个中国驰名商标中，仅青岛一市就占据5个席位，占中国驰名商标的1/4。

进入90年代，随着市场化的经济体制改革的深入推进，简政放权、政企分开成为这一阶段改革的重点。1993年，青岛市开始推进企业体制改革和经营机制转换。1994年，14个市级企业主管部门被改制为资产经营公司，设立了青岛市国有资产管理委员会，形成了较完善的国有资产监督管理营运体系，将青啤集团、海尔集团等列为市直单位。② 1999年青岛市出台了《关于实行企业经营者年薪制的试行意见》及一系列配套文件和补充意见，进一步改革企业经营管理机制，激发企业家活力。在企业改制的同时，1994年，青岛市政府下发《关于实施名牌战略，开展争创“青岛名牌”产品活动的通知》，在全市开展“培育名牌、发展名牌、宣传名牌、保护名牌”为主要内容的新一轮名牌战略，在全市范围内推进争创“青岛名牌”活动，到20世纪90年代中后期，形成了以海尔、海信、青岛啤酒、双星等六个名牌企业为核心的名牌群体，同时名牌战略迅速向重化工业及民营经济领域延伸。③ 90年代，青岛涌现出168个青岛名牌产品，其中有25个产品被评为中国名牌。

进入新世纪，名牌战略被注入了新的内涵。决策者认识到，没有拥有知名品牌的强势企业的支撑，城市也就缺乏扎实根基。打造具有市场竞争力的

---

① 俞以平、韦明：《政府在品牌建设中的作用研究——以青岛市为例》，载《中国商贸》2009年第4期。

② 同上。

③ 侯永平：《品牌之路，青岛这样走过》，载《走向世界》2009年第23期。

品牌,是城市营销的重要一途。青岛的名牌战略不仅仅是推进工业企业发展的举措,也是打造青岛城市形象、营销青岛的重要方略。自2004年,青岛市财政每年安排专项资金设立新创工业知名品牌奖励资金。2007年发布《青岛市人民政府办公厅关于进一步加快实施名牌战略的意见》,为品牌发展提出了更高的要求。

2. 企业重视品牌战略,致力于品牌创新

(1) 企业文化是青岛品牌发展创新的精神支柱。

海尔集团CEO张瑞敏先生说:"中国二十年的辉煌,海尔十几年的成就,主要不在于有形的东西,而恰恰在于无形的东西。一个企业没有文化就等于没有灵魂。老子《道德经》中无形就是灵魂,就像'道生一、一生二、二生三、三生万物',万物的根源是道,而道恰恰是非常重要但看不见的东西。"张瑞敏先生对企业文化作了这样的解释:"企业发展的灵魂是企业文化,而企业文化最核心的内容是价值观。一般外来人员到海尔看到的是文化的外层,即海尔的物质文化。海尔将企业文化分为三个层次,最表层的是物质文化,即表象的发展速度、海尔的产品、服务质量等等;中间层是制度行为文化;最核心的是价值观,即精神文化。一般参观者到海尔最感兴趣的是,能不能把规章制度传授给他们。其实,最重要的是价值观。有什么样的价值观,就有什么样的制度文化和规章制度,这又保证了物质文化不断增长。"可以说海尔文化最核心的内容或者说价值观就是创新。

海信文化用一句话来概括其特色,就是"敬人为先,创新为魂,质量是根,情感管理"。[①] 青啤人外出会朋友、赴宴,只点青岛啤酒,且是青啤人的朋友就应该喝青岛啤酒,没有青啤情愿不喝甚至罢吃,这就是文化,这在青啤员工中也是普遍认同的,而且这种认同已经连带了家庭、朋友,没有任何人任何社会力量迫使他们这么做。

(2) 产品质量是青岛品牌发展创新的基石。

青岛名牌企业都把质量看做企业的生存和创牌的基石。在质量管理方面有着经典的故事、成功理念甚至完整的质量管理体系。海尔的张瑞敏在"有缺陷的产品就是废品"的思想指导下,1985年,带头把76台有质量缺陷的冰箱全部砸烂。如今,海尔科技馆里的那把"闻名遐迩"的大铁锤,向人们诉说着质量与品牌的故事。海信集团在质量战略方面严格执行"质量意识不强就下岗",质量管理被海信定为"一把手工程","在产品质量标准上,消

---

① 黄少英:《铸造青岛"中国品牌之都"的微观原因分析》,载《企业经济》2010年第3期。

费者说了才算”等制度,并且把“满意服务”作为质量战略的重要内容之一。

(3) 科技研发是青岛品牌发展创新的技术支撑。

现代科技的特点主要表现为三个方面:① 出成果速度快,数量多;② 从科研到市场产品的准备周期短;③ 科技新成果的生命周期短。现代科技的特点告诉我们,一个企业什么时候“科技研发”水平滞后,要么花更多的资金去购买别人的新专利,要么就被淘汰出局。青岛名牌企业在“科技研发”方面不断创造中国领先和国际领先,是青岛企业创建百年品牌的智力支撑。

海信集团倡导“创新就是生活”科技创新理念,并取得了令人瞩目的科技成果——海信“信芯”的诞生。海尔集团在科技创新上,建立以创新为导向的螺旋上升三角结构。在螺旋上升的三角结构中,一个角是市场需求,一个角是创新,一个角是质量保证和服务体系。导向创新的来源是市场需求,通过市场研究随时搜集市场的各种需求,来确定创新的课题。把市场上的难题确定为企业创新的课题,创新出来的产品再进入质量保证体系和服务体系网络。有了这两个网络的保证,把产品再推到市场上去,市场又会产生新的需求再进到创新这个体系中去,形成一个螺旋上升的三角结构。

(三) 展望未来:打造青岛品牌,营造品牌之都

“不管这座城市愿不愿意,商业化社会的进程必然将城市带入一个开放的市场交易平台之中,如果这座城市不想被淘汰,就必须像营销产品一样营销这座城市,并把城市做出品牌,进而继续保持自己在市场竞争中的地位。”①企业是城市的细胞,企业品牌的知名度也影响着城市的知名度,塑造企业品牌的过程就是打造城市品牌的过程。城市品牌是城市个性在城市顾客形成的品牌积淀②,本身就是一种城市形象信息传递的载体。

海尔、海信、澳柯玛、双星、青岛啤酒等企业品牌的成功带动了青岛城市品牌的提升;由此进一步吸引国内外资本、要素,带动城市不断发展。荣获“品牌之都”称号的青岛,在看到成绩的同时,也清醒地认识到,从品牌经济到品牌城市,是一个质的飞跃,需要量的积累。青岛在进一步推进品牌经济发展,扩大品牌经济辐射范围,塑造城市品牌文化,增强品牌经济发展后劲等方面,还有许多扎扎实实的工作要做。加速品牌培育,夯实品牌根基,青岛市

① 周文辉:《城市营销》,清华大学出版社2004年版,第11页。

② 中华人民共和国商务部编:《中国品牌发展报告(2008—2009)》,北京大学出版社2011年版,第226页。

将在科学制定品牌经济中长期发展规划的基础上立足城市品牌资源,按层级、分梯队推进。在规划实施中,有计划、有重点地进行品牌储备,形成品牌发展梯队;引导企业完善以技术中心为核心的技术创新体系建设,参与国内外同行业产业标准制修订活动,提高企业竞争力和增强技术开发能力;引导企业采用新技术、新标准、新工艺、新材料、新装备,占领行业制高点,促进营销型品牌向技术型品牌升级,提高品牌含金量。①

① 吴子敬:《青岛:打造品牌,前后驱动组合拳》,载《品牌》2006年第8期。

第四章　创新驱动发展战略实施中的知识产权运行机制

21世纪是知识经济的时代。知识经济时代,知识产权成为社会财富的主要来源,“资本家”让位于“知本家”,知识产权成为体现国家竞争力的核心战略资源。“实施创新驱动发展战略,把全社会智慧和力量凝聚到创新发展上来”,这是党的十八大对中国未来发展的新的战略部署。知识产权战略是国家创新驱动发展战略的重要组成部分。完成十八大的战略目标,实现从知识产权大国到知识产权强国的历史性跨越,需要我们以更宽广的视野完善知识产权运行机制,纵深推进知识产权战略。

缺乏有效运行机制是阻碍我国知识产权事业发展的症结之所在,对科技创新主体的奖励、认可及成果保护都需要大幅度增强时效性。只有使创新主体可以充分自由地行使自己的权利以满足自己的利益需求,在物质和精神上都得到极大的满足,才能激励创新主体以极大的热情投入到智力成果的创造中去。因此,要激发产业集群和中小企业的创新动力就必须完善知识产权制度,通过细化实施步骤纵深推进知识产权战略。

模块化运行机制是国际创新企业在实践探索中运用分布式创新理论的具体实现形式。自20世纪80年代以来,随着经济全球化的深入发展与国际竞争的日趋激烈,一些大型跨国公司与科研机构为了适应世界市场的复杂性、产品的多样性以及不同国家消费者的偏好,同时也为了充分利用世界各国现有的科技资源,降低产品研制过程中的成本和风险,在生产水平不断提高的基础上,纷纷跨越国界,通过对外直接投资新建海外R&D机构、参股控股并购海外R&D机构以及合作兴办R&D机构等,大量实施分布式创新活动。一种新型的创新模式——分布式创新(Distributed Innovation)由此而生。所谓分布式创新,即以先进的知识管理为基础寻求在全球范围内配置创新资源,从而降低创新成本和风险来获得竞争优势。

根据《模块时代:新产业结构的本质》一书的阐释,所谓模块化(modularity)是指半自律性的子系统,通过和其他同样的子系统按照一定的规则相互联系而构成更加复杂的系统或过程。模块化是解决复杂系统的产品生产或服务而提供的一种生产性组织方式。[①] 通过模块操作，对模块内部的各种成果进行事后的选择，或者将这个领域里使用的模块组合规则应用到其他领域，能使系统发生崭新的变化，创造新的生产系统，实现熊彼特所讲的"创造性地破坏旧的组合，实现新的组合"。[②]

模块化运行机制实现了创新资源在集群企业内的分享和合作，适应了现代产业的分布式创新特点，即以组合式产品结构满足多样化的需要，以单元模块的柔性制造和组合实现柔性化生产。模块化运行机制具有创新国际化战略意义，该机制下，广泛采取了开放式继承创新战略，整合全球资源更为迅速地对市场作出响应，在全球范围内配置资源，形成竞争优势。相对于其他创新机制而言，模块化机制更适合于起步较晚、在竞争中处于劣势的发展中国家，特别是像中国这样的发展中大国。

为此，引入模块化理念，提出构建促进知识产权事业发展的模块化运行机制，通过整合功能相近的平台和机制，构建促进知识产权事业发展的模块化运行机制。具言之，该机制包括以下四大结构模块：以提升协同创新能力为重点的创新主体模块，以实现创新驱动发展为目标的宏观引领模块，以促进创新成果应用与产业化为重点的服务保障模块，以有效遏制侵权行为为重点的成果保护模块。

第一节 以提升协同创新能力为重点的创新主体模块

创新活动的复杂性，研发活动的高投入、高风险以及市场需求的快速变化，迫使我们更加注重产学研用的协同创新。协同是系统中诸多要素或不同子系统相互协调、合作及同步的过程，是系统整体性、关联性的外在表现。狭义上的协同创新是指科学(知识创新)与技术创新互动结合，推动科技创新成果转化能力的提升，这是协同创新最基本的含义。科学创新是技术创新的先导，科学创新瞄准技术前沿，技术创新瞄准市场需求，科学创新与技术创新的协同既有利于抢占科技发展制高点，又有利于顺利实现技术的商业价值和产业化，将科技的突破转化为经济的发展。

长期以来，科学创新和技术创新是脱节的，由于高校、科研院所以学术价值为唯一指向、以科研成果为基准的单一考核评价机制，科学家的创新活动

---

① 〔日〕青木昌彦、安藤晴彦：《模块时代：新产业结构的本质》，周国荣译，上海远东出版社2003年版，第20—30页。

② 〔美〕熊彼特：《经济发展理论》，何畏、易家祥等译，商务印书馆1990年版，第254页；〔美〕熊彼特：《资本主义、社会主义与民主》，吴良健译，商务印书馆1999年版，第213页。

停留于知识创新阶段；与此相反，企业家的逐利本能使得企业家关注的只是商业价值，而实现商业价值的主要途径就是由技术创新引致生产力提升，以此为导向，企业工程师的创新活动限于企业内部的自我研发，科学家与工程师之间的联系是被阻断的。

开展协同创新，关键在于知识协同。知识协同的本质是企业、高校、科研院所各自拥有的隐性与显性知识的相互转换与提升。知识协同包含诸多的反馈与回路，是各种知识流在创新主体中的各种组合。同时，根据知识互动的正式化程度、隐性知识的转移、人员接触方式等可以区分专利许可、联合研发、共同参与会议、学术创业、非正式研讨、通过项目培训学生、人员互流等16种知识协同形式。① 提高知识协同能力具体需要做好以下几个方面的工作：

一、确立企业创新主体地位，引导企业加大创新投入

（一）多举措确立企业创新主体地位

刘斌、刘朝（2013）认为，一个适格的创新主体应当具备四个基本条件。②首先，必须具有强烈的创新愿望。创新活动具有风险，强烈的主观愿望必不可少；这种主观愿望背后，反映了创新主体对创新迫切性的认知。其次，必须具有完全的自主决策能力。创新主体能够自主决定创新活动的目标、途径和措施，以及创新收益的分配。再次，必须具有持续投入的能力。创新活动是一个长期的、动态的过程，需要人、财、物的持续稳定投入。最后，刘斌还特别强调知识产权必须由我所有。汪锦、孙玉涛（2012）的研究表明，当前外资企业已成为中国国家创新体系的重要组成部分，以市场换技术使得我国企业在失去市场的同时也失去了研发和创新的机会，我国企业大多分布在各产业的中下游。③ 随着我国自主创新的不断深入，必须摒弃“拿来主义”，提高对技术成果所有权的要求。

让企业成为技术创新主体，既是发达国家的成功经验，也是我国提升产业竞争力的必由之路。回顾工业革命史，不难发现许多重大的技术发明和创新都是由企业所创造出来的。与企业这种创新主体相比，政府仅仅是创新活动的引导者和管理者；高校以基础理论研究、科技前沿探索为重点，科研机构则主要从国家的战略需求出发，进行战略性重大科研课题的研究、定向研究

---

① 何郁冰：《产学研协同创新的理论模式》，载《科学学研究》2012年第2期。

② 刘斌、刘朝：《中国企业能够承担起“创新主体”之重任吗?》，载《经管空间》2013年7月。

③ 汪锦、孙玉涛等：《中国企业技术创新的主体地位研究》，载《中国软科学》2012年第9期。

和重大公益性创新,其理论价值远远大于市场效应;历史教训表明,高校和科研机构无法解决“科技、经济两张皮”的问题,实现协同创新必须另觅他法。找寻创新主体的目光最终聚焦在企业身上。

在国家创新体系中,企业是创新活动的具体实施者和最终实现者,表现在:

首先,企业是创新资本的投入主体。逐利是企业的本能;为了追求利润,企业必须加入市场竞争,通过技术革新,以优质的产品、服务竞争制胜、获得更大利润。因此,企业的首要任务是了解、适应市场需要,根据市场需求自觉主动地组织技术、资金、人才等要素,研究开发符合市场需要的新技术、新工艺和新产品。

其次,企业是创新风险的承担主体。创新是一种需要充足资金、人力投入的高风险活动。企业资本决定了它具有创新风险承担的意愿和能力。企业目标决定了它具有为追求利润和获得或保持竞争优势而承担创新风险的意愿,并且企业的资本实力也为其抗风险能力提供了物质保障。

再次,企业是创新成果的获利主体。企业的目标是利润最大化,为实现利润最大化目标,企业组织技术、资金、人才等从事创新活动,所以说,创新本质上是企业为自身利益而自发的行为。对创新成果未来收益的预期,这是企业创新的内在动力。

企业的上述作用表明,企业不仅具有把科技成果转化为生产力、实现产业化生产和市场开拓的先天优势,有直接面向市场并了解市场需求的灵敏机制,具有创新的便利,而且更具有不断推进创新的内在动力。① 企业的优势决定了它是这些创新个人或组织中首要的、最现实的运行主体。

当前企业在成为创新主体方面还存在一些制约因素。首先,是体制、机制制约。长期以来,科技管理领域行政色彩浓厚,项目申报、审批、评审、验收、结项等,都需要经过层层审批,一个项目跑十几个政府机构是常事。这与市场变化越来越快、科技成果转化的市场机遇稍纵即逝的严苛市场环境严重背离。其次,是企业本身的创新机制不健全,创新能力较弱,根本上制约了企业作为科技创新的第一主体。确立企业在国家创新体系中的主体地位,就需要破除体制、机制制约,健全企业的创新机制,增强创新能力。

企业的创新主体地位,首要的应当表现为企业在技术创新中的决策权。因此,发挥企业技术创新主体作用,应当通过相关立法赋予企业真正的科技

---

① 杨庆宪:《企业创新主体的机制构建》,载《陕西理工学院学报(社会科学版)》2008 年第 3 期。

创新主体地位和与之相称的人、财、事权,简化行政审批手续,大力放权。引导资金、技术、项目、人才等创新要素向企业集聚,建立以企业为主体、市场为导向、产学研相结合的知识产权创造平台。

企业的创新主体地位,其次表现在企业在研发投入、科研组织和成果转化中的主导权。必须由企业主导技术创新和成果转化的全过程,使得企业成为技术集成、产业化和商业化平台。以企业为创新主体,并不意味着创新链条上的每个环节都要在企业内部完成,在基础研究、应用基础研究和共性技术研究开发等方面还要充分发挥科研院所和高校的作用。因此,要进一步明确高校、科研机构和企业在创新体系中的定位,搭建科学家、科学机构与工程师、企业的利益共享平台,实现科研机构所追求的学术价值和企业所追求的商业价值的结合、科学创新主体和技术创新主体的交汇,构建起产学研一体化的协同创新机制。完善和细化各级政府科技计划的成果转移管理办法,提高企业对应用性科技计划立项和执行的参与程度,从企业被动接受大学和科研院所的研究成果转向由企业主导创新过程。

从政府角度而言,要建立公平的市场准入规则,减少行政性垄断,创造各种所有制企业公平竞争、平等获得资源的市场环境。政府要吸纳企业参与国家科技项目的决策,产业目标明确的国家重大科技项目由有条件的企业牵头组织实施。要有重点地落实政策,降低企业创新的成本和风险,如切实落实研究开发费用税前加计扣除政策,以多种方式加强鼓励创新的需求政策;进一步细化政府采购政策,发挥政府采购对创新的激励作用;通过法律、技术标准、安全标准、市场准入等措施促进新技术的利用和推广,对应用节能减排等社会效益明显的创新产品和技术,给予适当的财政补贴和收税减免优惠。

(二) 引导企业加大创新投入

当前,我国多数企业都还只是依赖于资源、资金、劳动力投入的简单市场主体,创新意识很弱;大中型企业初步具备科技创新能力,但是科研投入不足,人才匮乏。据统计,2007 年我国企业的研发投入只占销售收入(营业额)的0.5%,大企业也只占到0.7%左右,这与发达国家的4%—5%还有很大的差距。①

现实面前,唯有加倍努力。我们必须引导企业树立创新意识,转变发展观念,加大科技研发投入,提高原始创新、集成创新和再创新能力,把创造知识产权、获取知识产权优势作为开拓市场、提升核心竞争力的主要手段,增强

① 闫瑞军:《战后日本技术创新主体行为对中国的启示》,载《生产力研究》2010 年第 5 期。

突破核心技术和创新成果转化的能力,实现由产业链低端向国际产业链高端跃升。

企业是否愿意加大创新投入首要取决于创新能否给企业带来效益。企业创新的动力源自市场竞争压力、市场需求推动和企业对盈利的预期。[①] 因此,引导企业加大创新投入,还必须从市场竞争、市场需求、盈利预期等方面着手。第一,必须维护良好的市场竞争秩序,打破地区封锁、行业封锁,鼓励市场竞争;第二,加强知识产权保护力度,加大对假冒侵权等违法活动的打击力度,提高侵权成本,有效保护知识产权市场;第三,强化企业技术创新的动力机制,通过财政支持、税收优惠、政策扶持等手段,完善成果归属机制,优化收益分配机制,激励企业创新。

企业加大创新投入,除了自有资金之外,还需尽可能地拓宽融资渠道,争取资本市场和风险投资等对技术创新的支持。此外,政府亦当大力发展证券市场,建立风险投资机制,鼓励和引导社会资金投向技术创新领域,支持企业技术创新活动的开展。

二、优化区域创新资源配置,培养高端知识产权人才

(一) 优化区域创新资源配置

所谓区域创新资源是指区域内带动区域经济超越简单再生产和扩大再生产的创新经济要素、制度要素和社会要素的总和。熊彼特认为,创新的过程是一种不断打破经济均衡的过程,也是一个经济、技术、信息、科研资源的配置和整合过程。区域创新资源是区域创新系统的基础要素,区域创新资源的汇聚和优化配置,对区域经济长久发展至关重要。

陈健、何国祥(2005)认为,创新资源配置主要依靠三种作用力,这三种作用力分别来自市场、政府和社会。第一,市场驱动。市场驱动力、生产和经营以及科技成果的研制与转化领域占据主导地位。一个地区的市场化水平和市场的成熟程度极大地影响着其创新资源的配置能力,其中产权市场、市场中介体系、市场信用体系这几项指标尤为重要。第二,政府驱动。在推进区域创新的发展中,政府的主要作用应体现在为创新主体的服务上。经济运行系统中,为解决公共资源短缺和市场无效问题,政府必须履行宏观调控职能,致力于创新行为的秩序和制度建设。第三,社会驱动。所谓社会驱动既是指社会氛围及社会各种非政府组织在资源配置中的作用,也是指社会趋向

① 范思立:《技术创新驱动中国 科技体制改革夯筑强国路》,载《中国经济时报》2012 年 9 月 12 日。

与各种非制度性联系和网络的配置力量。它可以包括社会提倡公平竞争的商业道德,包括创新主体创新行为的投资理念,包括社会要求政府解决经济发展过程中的瓶颈问题的愿望,包括人们对社会发展的要求和倾向,包括社会对创新行为予以的支持和肯定等等。①

长期以来,我国主要科技计划大多按“条”(按照学科和行业)分配科技资源,缺乏按“块”(区域)布局的维度。从全国科技创新资源的区域分布来看,就科技活动人员数、科技经费筹集总额、专利申请授权数、国外检索论文数等指标而言,大致东部占60%强,中部约20%,西部10%强,国家科技创新资源明显形成东、中、西三个梯度的分布格局。② 并且在每个区域内部,创新资源的空间分布也是高度集聚的,若干都市圈成为区域的“创新极”。其中,珠三角、长三角、环渤海、关中和成渝5个地区,科技人员占全国总数的60%左右,科技支出占全国科技总支出的70%以上;珠三角、长三角、京津冀和关中、成渝的专利授权量和科技论文数、技术市场成交额分别占全国总数的70%、80%和60%,形成了以京津冀、长三角、珠三角三大都市圈为核心的创新高地以及关中、成渝等科技密集区,这些地区在科技创新能力上率先崛起,成为我国具有较强创新能力的“创新高地”。③ 但是,创新极、创新带(或创新区域)的发展与布局缺乏全国性统筹规划,科技资源空间配置缺乏重点,没有跟上国家区域发展战略与布局的方向。

促进创新资源区域优化配置的具体建议是:

加强国家创新资源宏观调控管理能力,推动和深化部省会商工作机制。科技部作为国家科技创新资源的主要管理部门,要加强区域科技的整体部署和战略布局能力,集成中央和地方的科技资源,形成中央和地方联动机制,支持有条件的地方组织实施国家重大科技项目。进一步推进和深化部省会商工作机制,提升部省会商工作层次,贯彻国家区域发展的空间布局战略,紧紧围绕关系科技宏观战略与布局的重要问题,着力推进体制机制和政策措施的改革与完善;重点针对地方资源环境建设、转变经济发展方式所面临的重大科技问题进行定向、定点支持,发挥示范带动效应。

构建新型、有效的创新资源配置工作机制。从现实条件出发,比较可行的机制包括:(1) 建立创新资源管理工作协调机制,以建立部门间决策信息共享平台为支撑,通过部省会商、部际联席会议等形式,加强对科技规划、经

---

① 陈健、何国祥:《区域创新资源配置能力研究》,载《自然辩证法研究》2005年第3期。

② 刘冬梅、王书华、龙开元:《优化创新资源配置　加快区域创新体系建设》,载《科技日报》2012年9月3日第1版。

③ 相应数据,参见上注。

费投入、课题立项等重要事项的综合平衡和战略协商;(2) 建立创新资源分配过程公开机制,使创新资源配置过程接受各有关方面的监督,广泛听取意见,确保资源配置的科学性与公正性①;(3) 建立健全创新资源分配结果公示与备案工作机制,既有利于接受各界监督,又有利于建设信息共享库,为相关创新管理决策部门提供决策参考;(4) 建立健全创新资源配置中的激励机制,促进创新资源的开放和共享,提高创新资源利用的综合效益。

探索建立创新服务平台。围绕区域创新战略要求,完善自主创新示范区、创新孵化产业园区等创新服务平台。创新服务平台建设是优化区域创新资源配置的重要途径。创新示范区、创新孵化产业园区等创新服务平台作为产学研用结合的新载体和科技资源配置的新模式,按照"政府搭建平台,平台服务企业,企业自主创新"的平台建设总体要求,以及"整合、共享、服务、创新"的基本思路,整合区域内创新资源,建设一批跨单位、跨部门、跨地区的开放式公共科技基础条件平台、行业科技创新平台和区域科技创新平台,集中优势创新资源,打造创新高地。

(二) 培养高端知识产权人才

知识产权人才通常包括以下六类:一是企事业单位的知识产权工程人员与管理经营人员,比如知识产权工程师、知识产权专员、知识产权经理等;二是专业服务机构的知识产权代理与法律服务人员,比如专利代理人、商标代理人、知识产权律师等;三是国家知识产权行政部门的专利及商标审查人员;四是各级司法机关知识产权司法人员,如法官、检察官、侦查人员等;五是各级知识产权管理机关的知识产权公共管理人员,比如知识产权局、工商局、版权局等部门的行政管理与执法人员等;六是高校、研究机构的知识产权教研人员。

世界未来的竞争就是知识产权的竞争,究其实质,就是知识产权人才的竞争。高素质的知识产权人才既是社会发展的需要,也是走创新驱动发展道路、建设创新型国家的需要。建立科学的知识产权人才培养模式、加大知识产权人才培养力度是推动国家知识产权战略实施的重要内容。《国家知识产权战略纲要》提出,要加强知识产权人才队伍建设,建立部门协调机制,统筹规划知识产权人才队伍建设;建设若干国家知识产权人才培养基地;制定培训规划,广泛开展知识产权培训;完善吸引、使用和管理知识产权专业人才相关制度。

---

① 刘冬梅、王书华、龙开元:《优化创新资源配置　加快区域创新体系建设》,载《科技日报》2012年9月3日第1版。

我国知识产权教育肇始于20世纪80年代。经过20多年的发展，我国已基本形成知识产权本科、知识产权双学位、知识产权(法)硕士、法律硕士(知识产权方向)、知识产权(法)博士的知识产权人才培养体系。截至2012年底，全国有35所高校增设知识产权本科专业；31个学位授予单位设置知识产权二级学科，开展知识产权硕士、博士研究生培养工作。

然而，当前我国知识产权人才培养数量上远远低于社会对知识产权人才的需求总量。2012年，我国专利申请量跃居世界第一，突破了200万件大关，但在岗的专利代理人数量却不足1万，专利代理人的工作压力可见一斑；截至2012年底，全国各类知识产权专业人才达6万多人，但仍不能满足知识产权人才的需求。① 不仅如此，知识产权人才培养还存在与社会需求脱节的现象。我国知识产权人才培养层次虽然较高，但是偏重于理论性人才培养，忽视实务性人才培养。而市场真正需要的，是懂法律、晓科技、知管理的复合型应用人才，那些能深度挖掘知识产权价值、为企业知识产权布局的高端服务人才则更为稀缺：一是应对涉外知识产权纠纷与诉讼的知识产权应急法务人才，二是打造对新技术和驰名品牌领域的知识产权应急经管人才的资助机制。② 高级知识产权人才的缺乏，已成为制约我国知识产权事业发展的重要瓶颈。

1. 知识产权人才培养面临障碍

从知识产权人才培养的情况看，我国知识产权人才战略的实施目前还存在着三个方面的障碍：其一，思想障碍，这需要通过多种途径增强公众意识和企业意识，尽量统一一些专业上的认识；其二，制度障碍，需要制定或完善一些规范性文件，对一些基础问题作出规定，加强教育培训机构的准入管理，优化学科和专业的配置；其三，能力障碍，需要采取多种措施，增加教育培训机构，强化师资队伍，增加教育经费投入，提高组织管理能力。③ 需要特别注意的是以下三点：

首先，缺乏与社会需求有效衔接的人才培养机制。社会对知识产权人才的需求是多方面的，如知识产权理论研究人才、知识产权企业高级管理人才、

---

① 《知识产权人才"赤字" 供需缺口大 实用人才匮乏》，载《科技日报》2013年9月9日。转引自中国新闻网，http://www.chinanews.com/edu/2013/09-09/5262268.shtml，最后访问日期：2013年12月9日。

② 参见陶鑫良：《我国知识产权人才培养的当务之急》，载吴汉东主编：《中国知识产权蓝皮书(2005—2006)》，北京大学出版社2007年版，第248页。

③ 钱建平：《谈国家知识产权人才战略实施的障碍及其克服——基于知识产权人才培养的视角》，载《南京理工大学学报(社会科学版)》2010年第6期。

知识产权法律服务人员、知识产权国际人才，等等。[①] 各类人才对知识结构的要求是不一样的，人才需求的多样性、人才知识构成的差异性，决定了课程设置上应当有所偏重，并可以适当体现出多样化。然而，受制于学科专业自身的特性以及总学分的限制，实际上经管类、理工类课程难以反映到课程设计当中。每个学院只能根据自身师资构成和人才培养的目标定位，有选择地凸显某种课程类型。这样所培养出来的人才不可避免地只能部分适应社会需求。

其次，缺乏知识结构合理、具有实践经验的师资队伍。知识产权是一门实践性极强的学科，这一特点需要反映到教师队伍构成当中。当前我国大部分从事知识产权教学的教师在知识构成上以法学知识为主，具有理工科背景的知识产权教师不多，具有一定实践经验的教师更是匮乏。现实的情况是，知识产权理论专家往往较少从事知识产权实务，而知识产权实务专家也较少进行知识产权理论研究。[②] 师资的匮乏和知识结构的欠缺，直接影响了知识产权课程设置，难以培养出符合社会需求甚至引领社会需求的人才。

再次，缺乏开放式、实践性课程内容设计。知识产权人才需求单位和机构对人才的实践操作技能十分注重，要求学生应能够熟练处理各种知识产权实务问题。然而，由于诸多从事知识产权教学的教师没有在专利商标事务所、大型企业以及司法部门、行政管理部门工作的实践经验，因此教学模式上不可避免呈现出重理论轻实务的倾向，在授课过程中大多偏重于法理教育而缺少实务技能教育。[③]

2. 倡导产学研合作的知识产权人才培养模式

当前，必须改变大学人才培养自我封闭的机制，彻底改变人才培养脱离社会经济发展和科技发展的状态。产学研合作的知识产权人才培养模式力图通过产业界、教育机构、研究机构的通力合作，打造理论学习与实践教学合一的培养路径，人才培养与社会需求相衔接。从这一意义上讲，产学研合作是培养高端知识产权人才的最优途径。[④]

(1) 开放式的课程设置。

知识产权是一门综合性的学科，这种综合性决定了知识产权人才应当具

---

① 张平：《中国知识产权高等教育二十年论坛：高校知识产权教育中的热点问题探讨》，载《中国发明与专利》2007年第11期。

② 严永和：《我国知识产权人才培养机制存在的问题及其解决办法》，载《电子知识产权》2008年第12期。

③ 谢惠加：《基于产学研结合的知识产权人才培养模式研究——以华南理工大学知识产权专业为例》，载《科技管理研究》2012年第11期。

④ 马廷奇：《产学研合作与创新人才培养》，载《中国高等教育》2011年第6期。

有多门学科知识融合交叉的知识结构。要文理交叉、科技与法律并举，并兼有国际贸易、情报、外语等方面的知识。[①] 因此，知识产权人才的知识结构应该是复合型的。从这个角度来说，培养符合社会需求的知识产权人才，首要看课程设置是否符合多学科、多元化的要求。为此，专业课程建设的方向应该与社会背景、行业背景、职业岗位背景及其发展趋势紧密结合。[②] 对于课程设计应多到社会或业界中去，多了解社会和业界对当前知识产权专业人才状况的评价、希望以及需求等，进而动态调整相应的培养方案。[③]

严格来说，知识产权专业在学科设置上并不属于独立学科，而是从属于法学学科之下；在研究生教育阶段，大多也设置于民商法学科之下，与民商法学科并立的仍为少数。这一学科分类意味着，在本科阶段，法学十四门核心课程同时也是知识产权专业的核心课程。根据教育部规定，每所高校在本科课程设置上，一般都包括通识课程、专业核心课、专业选修课三个部分。这意味着，能在课程设置上凸显特色的，实际上就只有选修课这一部分。诚如许多知识产权学者所呼吁的那样，提升知识产权学科的地位、设置独立的知识产权学科十分有必要。在知识产权成为独立学科的条件下，可以根据需要独立设置符合知识产权人才培养需要的课程，例如，知识产权交易课程、知识产权诉讼课程、专利代理课程、专利审查与复审课程、企业知识产权管理课程，等等。通过系统性的知识产权课程设置使学生具备从事某个行业的基本知识素养。为保证选修课“套餐”的设计符合经济社会需求，高校在课程的设计上应当充分征询产业界的意见。

（2）产学研合作的教师队伍组成。

正所谓打铁还需自身硬。教师具备知识产权实践知识是传授给学生实践技能的前提。在我国现行的教育体制之下，诸多高校知识产权专业教师仍是以科研为主，鲜有时间参加实践活动；而诸多具有实践经验的实务界人士却由于不具有高校教师资格而难以走上大学的讲台传授知识。教师队伍构成的不合理严重制约了知识产权人才的培养。因此，如何构建一个符合教育管理制度要求，同时又能体现社会需求的教师队伍，是开展产学研合作教学的重要一环。[④]

---

① 叶美霞、曾培芳、李羊城：《德国知识产权人才培养模式研究及对我国的启示》，载《科学管理研究》2008 年第 5 期。

② 宁滨：《行业特色型高校产学联合人才培养模式和机制的思考》，载《高等工程教育研究》2011 年第 1 期。

③ 钱建平：《谈我国高校知识产权人才培养的社会化》，载《科技管理研究》2010 年第 7 期。

④ 谢惠加：《基于产学研结合的知识产权人才培养模式研究——以华南理工大学知识产权专业为例》，载《科技管理研究》2012 年第 11 期。

必须优化师资队伍结构,实现教师队伍理论研究人才与实践教学人才的合理配置。可行的方法是将教学活动对业界开放,让有实践经验的业界人士走上大学讲台。在实际操作方面,高校可以优先考虑聘请一些曾经在高校工作过,具有高等学校教师资格的业界人士到学校讲学。然而,社会上具有高校教学经历或者具有高校教师资格的实务界人士毕竟较少,为此,聘请部分没有教师资格但拥有丰富实践经验的实务界人士担任教师就必不可少。为解决这部分实务界人士的上课资格问题,高校可以实行"双主讲教师制",即课程由高校老师和实务界人士共同进行,高校老师主讲理论部分,实务界人士主讲实务部分;同时,要求高校教师必须参加实务界老师的课堂授课,承担点评和理论答疑任务。①

(3) 产学研合作的经常性实习机制。

创新的根本在于实践,只有有效开展经验性学习,采取理论联系实际的教学,才能促进创新人才培养。② 知识产权作为一门应用性极强的学科,开展融教学于实践的经常性实习机制就显得非常必要。但是,目前诸多高校知识产权专业的实习与法学专业一样,都是大三或大四阶段统一集中实习。这种集中的实习由于只有2—3个月的时间,学生实际上难以学到系统的实践技能,甚至有的可能到单位之后只负责一些档案的装订整理工作,连基本的实践知识都没掌握。为此,高校应根据知识产权专业的特点,加强与专利商标事务所、律师事务所、政府专利商标审查机构通力合作,建立实习基地,开展常规性、长期性实习。高校在每个学期的课程安排中要充分考虑到学生实习的需要,尽量将课程集中在一起,争取每周至少有1—2个半天的时间让学生可以到单位进行实习。为保障实习效果,学院应改革现行的实习鉴定机制,将经常性的实习作为一门实践性课程加以成绩考核。③

三、强化知识产权激励,鼓励创新思维

激励机制与相应的激励理论是经济学、管理学、组织行为学乃至法学等学科的研究对象。管理学中的综合激励理论、期望效价理论等则提出了过程激励理论,研究人的行为动机与行为目标选择的关系,认为人们预期其行为

---

① 谢惠加:《基于产学研结合的知识产权人才培养模式研究——以华南理工大学知识产权专业为例》,载《科技管理研究》2012年第11期。

② 王迎军:《深化产学研合作教育培养拔尖创新人才》,载《中国高等教育》2011年第21期。

③ 谢惠加:《基于产学研结合的知识产权人才培养模式研究——以华南理工大学知识产权专业为例》,载《科技管理研究》2012年第11期。

有助于达到某种目标时动机才会被充分地激发，从而采取行动以实现这一目标。[①] 20世纪60年代以波特和劳勒为代表的期望理论则指出，激励力量受制于多方面因素，包括特定事项的成功、取得的报酬以及相关影响的认识和评价。在经济学上，激励机制和激励理论以理性经济人为出发点，以获得最大化利润或最佳效应为目标。[②]

创造力是推动科学技术、文化艺术乃至人类一切领域发展的动力。创造力的勃发离不开创新激励机制。以政策激励，用利益诱导，给"天才之火"增添"利益之油"，这是知识产权激励机制的制度价值所在。

（一）激励创新人才

创新人才是知识产权的创造者，对创新人才的激励是调动创新人才创造性的重要举措，如何设计创新人才激励机制，吸引和留住创新人才，发挥他们的积极性和创造性，对于创新的推动有重要意义。

关于影响创新人才的创新激励因素，安盛咨询公司与澳大利亚管理研究所在调查了澳大利亚和日本多个行业的近千名员工后，列出了前5位的因素：报酬、工作性质、提升、与同事的关系、影响决策。知识管理专家玛汉·坦姆仆进行了大量的调研，提出了专门针对知识工作者的4个主要激励因素，它们是：个体成长、工作自主、业务成就、金钱财富。[③] 文魁和吴冬梅以北京市30家高科技企业397名技术员和管理人员为调查对象，研究知识员工的激励因素依次为：个体成长、业务成就、金钱财富、工作自主、人际关系。[④] 从这个意义上来说，我们也应当从以下四个方面考虑创新人才的激励问题。

1. 产权激励

缘于产权的角度考虑对创新人才的激励，有两层含义：第一，通过确立创新者与创新成果之间的所有权来推动创新。第二，通过实施股份制度，通过技术入股等方式，赋予核心研发人员部分产权，使得技术人员的个人利益与企业的长远发展有机结合起来，来增强对企业的切身利益感，形成对企业员工技术创新的持久的动力系统，激励创新。[⑤]

2. 成果收益分配

应当确立并强化职务发明人的创新成果转化主体地位，赋予成果转化收

---

① 冯晓青：《促进我国企业技术创新与知识产权战略实施的激励机制研究》，载《社会科学战线》2013年第2期。

② 王淑芳：《企业的研究开发问题研究》，北京师范大学出版社2010年版，第337—349页。

③ ［美］保罗·S.麦耶斯：《知识管理与组织设计》，蒋惠工等译，珠海出版社2003年版。

④ 文魁、吴冬梅：《异质人才的异常激励》，载《管理世界》2003年第10期。

⑤ 蔡翔：《企业技术创新激励机制：基本内容与政策建议》，载《经济界》2002年第6期。

益分配权利。为鼓励科技人员创新的积极性,确保其个人知识性劳动的合法权益不受损害,应当在法律上明确发明人的收益权,发明人应当从成果转让(包括专利实施)的净收入或技术入股的股份中得到适当的回报,在现阶段,借鉴国外经验,可将回报的份额定为30%左右。①

3. 薪酬与奖励

应当合理安排创新人才薪酬,维持适度薪酬水平,建立符合创新特点的创新人才薪酬动态增长机制;建立健全奖励制度,对为知识产权创造作出突出贡献的相关人员给予多种形式的奖励,使之拥有贡献社会的成就感与得到尊重的满足感。

4. 职业目标和上升空间

除此之外、还应该根据创新人才的技术专长和目标要求,为创新人才设计合理的职业发展规划,使他们有一个明确的职业目标,通过对发展目标的追求来提高技术创新的自觉性。② 拓宽创新人才的职业上升空间,适当赋予决策地位。

(二) 激励创新企业

必须指出,在知识产权制度下,企业创新的动力主要来自对创新成果的知识产权保护产生的垄断性利益。因此说,知识产权制度是企业创新的内在动力,也是根本原因。此处所要探讨的,是在知识产权制度之下,如何进一步激励企业从事创新活动、推动创新驱动发展。

刘和东等(2005)通过对中国大中型工业企业1992—2001年技术创新活动的实证分析表明,影响转型时期中国企业技术创新的重要因素包括企业激励、市场激励、政府激励和文化激励。冯晓青(2013)认为,就外部环境而言,企业创新活动主要基于市场需求拉动、技术机会、市场竞争力以及政府引导和鼓励技术创新的政策和制度而进行。③

1. 市场机制是企业创新的催化剂

企业的创新活动需要有效的市场制度给予激发和支持。市场对企业创新的激励作用表现在以下三个方面:首先,市场竞争的存在造成一种压力,使企业产生生存危机感和危机意识,迫使企业开发出超过竞争对手的技术和产

---

① 刘和东、耿修林、梁东黎:《技术创新的激励因子及其效应比较——以中国大中型工业企业为对象》,载《科学学研究》2005年第2期。

② 杨晓刚:《国外科技人才创新激励机制的相关理论启示和经验借鉴》,载《未来与发展》2013年第3期。

③ 冯晓青:《促进我国企业技术创新与知识产权战略实施的激励机制研究》,载《社会科学战线》2013年第2期。

品,以赢得竞争优势。其次,市场需求的旺盛为企业进行某方面的技术创新提供了外部动力。再次,通过市场价格机制来诱导企业创新,并减少创新中的不确定因素,在一个良好的知识产权体系前提之下,市场将平等地给予创新者回报。

市场激励的实现措施包括:建立健全技术市场,为技术成果的转让(价值与使用价值实现)、推广、扩散创造基础条件,为技术创新主体提供市场供求和竞争趋势信息;赋予创新主体一定程度的自主权,使之在技术创新目标的设立、技术创新的实现、技术创新成果的转让以及与技术创新相关的人力、物力、财力资源的有机组合上具有决策权,并且具有相应的收益权。同时,必须进行彻底的体制改革,使企业既是技术创新成果的需求者,又是真正的技术创新主体,以双重身份参与市场竞争;尽早形成企业家人才市场,并采取各种形式对现有的经理人员进行培训。①

2. 政府是企业创新的重要保障

政府激励创新的政策和制度内容丰富,涉及对创新成果的保护政策、鼓励创新政策和引导性政策等。知识产权创造阶段,企业从战略目标出发产生战略需求,进而引导研发方向,产生研发成果,从而申请并获取自主知识产权。其主要任务是通过市场信息搜索,把握创新趋势和方向,组织人力、财力、物力投入研发,研制新工艺,开发新产品。该阶段的特点是投入高、时间长、回报慢、风险大,研发主体独力承担研发的全部风险,亟需政府统筹协调财政、税收、金融政策以降低研发成本、分摊研发风险。②

以科技创新激励计划和实施创新激励工程为平台,加大财政支持。从政府政策和制度层面以及由政府提供科技创新经费的角度来说,有必要通过制定科技创新激励计划、启动创新激励工程、落实专项经费等形式激励和推进创新活动。我国实行的“863”计划等即有类似特点。从国外来看,2011 年 7 月欧盟发布的欧盟史上规模最庞大的科技创新激励计划就具有实施重点产业技术突破、强化重大技术产业化应用的目的。

提供财政税收优惠支持,并对企业知识产权确权给予资助。Billings(2003)的研究表明,企业创新活动的安排取决于创新的使用成本;税收激励政策不仅可以直接降低企业的创新成本,而且还会降低创新活动的机会成

---

① 刘和东、耿修林、梁东黎:《技术创新的激励因子及其效应比较——以中国大中型工业企业为对象》,载《科学学研究》2005 年第 2 期。

② 孙晶:《基于过程的自主知识产权成果产业化政策框架研究》,载《科技创业月刊》2012 年第 3 期。

本,因此,税收激励是影响企业进行创新活动的一个重要变量。① 我国《科学技术进步法》第33条第3款规定:"企业开发新技术、新产品、新工艺发生的研究开发费用可以按照国家有关规定,税前列支并加计扣除,企业科学技术研究开发仪器、设备可以加速折旧。"第36条则进一步规定,从事高新技术产品研究开发与生产的企业、投资于中小型高新技术企业的创业投资企业以及法律、行政法规规定的与科学技术进步有关的其他企业按照国家有关规定享受税收优惠。这些原则性规定当然需要其他相关法律和主管行政机关制定更加明确的具有操作性的规定予以落实。

以拓展融资渠道为目标,增加金融支持政策。积极推进知识产权质押融资、产业链融资等金融产品创新。综合运用风险补偿等财政优惠政策,促进金融机构加大支持战略性新兴产业发展的力度。继续推进创业板市场建设,鼓励有条件的高科技企业在中小企业板上市,国家要引导政策性银行、商业银行的资金向自主创新的企业流动,鼓励风险投资,银行对科技创新企业实行优惠贷款利息。② 建立和完善促进创业投资和股权投资行业健康发展的配套政策体系与监管体系,大力发展创业投资和股权投资基金。

第二节　以实现创新驱动发展为目标的宏观引领模块

一、将知识产权竞争力作为产业结构调整的首要考量

经过改革开放30多年的发展,当前我国正由规模扩张主导的经济高速增长期转入结构调整和质量效益主导的经济平稳增长期,经济发展从主要靠拼体力、拼汗水、拼环境、拼资源向主要靠拼科技、拼知识、拼创新、拼人才转变。按照国际工业化理论,这个阶段是工业化后期向后工业化初期转变的一个阶段,最容易出现"中等收入陷阱"问题。转型升级是跨越"中等收入陷阱"的重要手段之一,那么,实现转型升级靠什么呢?要实现经济结构转型升级、创新驱动发展,必须将知识产权融入科技、经济主战场,将知识产权竞争力作为产业结构调整的首要考量,发挥知识产权战略的引领作用。

在产业结构调整中,战略性新兴产业集中体现了新兴科技与新兴产业的深度融合,是我国转变经济发展方式、调整产业结构的重要力量,引导着未来经济社会发展。战略性新兴产业创新要素密集,投资风险大,发展国际化,国

① 张源:《民营企业科技创新税收激励分析——以广州为例》,载《商业时代》2011年第26期。

② 郑建国、贺昌政:《国内企业自主创新激励机制研究综述》,载《西南民族大学学报(人文社会科学版)》2012年第3期。

际竞争激烈，对知识产权创造和运用依赖强，对知识产权管理和保护要求高，未来的发展高度依赖于知识产权的创造、运用、保护和管理的程度。

纵观全球，着眼于"创新驱动"、立足于"应对危机和支撑发展"，各国高度重视战略性新兴产业的培育和发展，纷纷出台以培育和发展新兴产业为核心的新经济战略。美国颁布了《创新战略：推动可持续增长和高质量就业》，重构国家创新基础、强化创新要素，扶持重点产业发展。欧盟发布《2020 战略》，鼓励创新，推动经济更加健康、更为绿色地发展，同时还发布 70 亿欧元的科技创新激励计划，重点激励健康、环保、生物多样性、信息通讯和纳米技术领域发展。日本推出《新成长战略》与《产业结构展望 2010 方案》，重点培育基础设施、环境能源、文化创意、医疗健康、尖端技术等五大战略性产业。可见，在新一轮更高层次的竞赛中抢占先机，关键在于积极创造和有效运用知识产权。①

2012 年 4 月 28 日，国务院办公厅转发了国家知识产权局等 10 部门《关于加强战略性新兴产业知识产权工作的若干意见》（国办发〔2012〕28 号），这是加强知识产权工作、促进战略性新兴产业发展的重要政策文件，对于支撑战略性新兴产业培育和发展有重要意义。与此同时，各级地方政府也根据这一《意见》，纷纷出台本地规则，积极运用知识产权促进高新技术产业发展，引领经济社会转型升级。

将知识产权竞争力作为产业结构调整、经济社会转型升级的首要考量，这是一种发展观念、一种思想认识，属于思维层面的问题；将这种认识落到实处，还必须通过以下措施：

（一）确立以知识产权引领新兴产业发展的政策导向

战略性新兴产业属于知识产权密集型产业，其先天具有"发展的前瞻性、较强的社会性、生产要素的先进性以及产品首次进入市场的困难性"②等特性，因而其发展需要政府引导和组织。政府应当主动充当战略性新兴产业的坚定倡导者、组织者和支持者，确立和强化知识产权在经济、文化和社会政策中的导向作用，将培育自主专利、自主品牌和自主版权作为首要任务和核心目标，努力为战略性新兴产业发展铺平道路。主要包括以下四个方面：

第一，涉及战略性新兴产业的科技项目要实行专利前置审查，对重大科

---

① 参见《战略性新兴产业的关键：知识产权与专利布局》，中国经济网，http://finance.eastmoney.com/news/1348,20120504203929617.html，最后访问日期：2013 年 11 月 12 日。

② 李明星、何娣等：《知识产权促进战略性新兴产业发展实证研究——以江苏省为例》，载《科技进步与对策》2013 年第 9 期。

技成果转化项目设立发明专利考核硬指标，要求重大科技产业化项目必须拥有具有自主知识产权的核心技术，并建立知识产权指标统计监测体系，使战略性新兴产业中的优秀专利技术得到有效实施。其目的在于通过设置强制性门槛，发挥知识产权对科技计划的导向作用。

第二，在战略性新兴产业中，设定专利存活率、企业对外发明专利申请产出率、商标注册年均增长幅度、自主知识产权和自主品牌产品销售收入等一批围绕科技创新的指标，并与本单位知识产权年度工作考核挂钩。

第三，编制发布企业知识产权管理规范的地方标准，为企业建立专业专利信息数据库和知识产权制度，将更多企业列入省级知识产权战略推进计划，以引导和推动更多企业以技术创新的优势去实现战略性新兴产业的快速发展。

第四，在战略性新兴产业中推进科技创新与知识产权有机结合、自主品牌与自主知识产权有机结合，着重培育知识产权龙头企业与知识产权优势企业，积极引导企业充分开发和利用知识产权的市场价值和竞争优势，将其转化为现实生产力、市场竞争力和文化软实力。

（二）以知识产权引导、完整产业链的合理布局

以重大技术突破为先导的战略性新兴产业，其组织培育方式明显异于传统产业。在战略性新兴产业集群空间范围内，上下游企业实现配套衔接，有助于知识和技术的转移与扩散，从而尽快形成产业竞争能力。

第一，以核心专利技术、自主标准等自主知识产权及创新产品为基点，推动产业链条向两端延伸。

加快以企业为主体的技术创新，促成具有自主创新能力和知识产权的产业、产品和品牌快速增长，增强企业核心竞争力。加强企业技术进步中的专利运用；加强承接产业中的专利工作；提升传统产业，促进结构优化；培育优势产业，实现产业升级；围绕企业做大做强，深化自主知识产权优势企业提升工程，支持骨干企业运用知识产权，增强核心竞争力。

第二，建立以知识产权为核心的新兴产业技术创新战略联盟，推动新兴产业技术创新与产业结构优化升级。

通过组建由政府、上下游企业、科研院所、金融机构、行业协会等组成的产业技术联盟，可以推动技术创新主体之间的技术学习与合作，扩大企业边界和影响力，在一定程度上降低交易成本，促进“官、产、学、研”各方围绕产

业技术创新链在战略层面建立持续稳定的合作关系。①

除此之外，政府还必须加强产业政策、区域政策、科技政策、贸易政策与知识产权政策的衔接，制定适合相关产业发展的知识产权政策，促进产业结构的调整与优化；针对不同地区发展特点，完善知识产权扶持政策，培育地区特色经济，促进区域经济协调发展；健全与对外贸易有关的知识产权政策，建立和完善对外贸易领域知识产权管理体制、预警应急机制、海外维权机制和争端解决机制。

二、尊重知识财富，弘扬知识产权文化

知识产权文化是人类在知识产权及相关活动中产生的、影响知识产权事务的精神现象的总和，主要是指人们关于知识产权的认知、态度、价值观和信念。② 包括诸如知识产权的法律制度、国际规则、政策体系、发展战略、价值准则、观念意识、学术思想、外部环境等内容。加强知识产权文化建设十分必要，"因为观念形态的知识产权文化的影响力是深层次、长效性的，能够渗透到人们的意识领域"③。

当前知识产权文化在我国远未落地生根。传统文化中存在着有悖知识产权文化的基本精神、理念内容，如"循古""中庸之道""窃书不为偷""君子欲于义，小人欲于利"。有关公众知识产权认知程度与行为的调查反映，知识产权文化建设中道德教育滞后，公众尊重知识产权、保护知识产权的意识没有内化。④ 这就对知识产权文化建设提出了要求。在今后一个时期，必须大力宣传普及知识产权知识、相关政策法规、知识产权文化以及实施知识产权战略的重要性和必要性，提高全民知识产权意识，推进以"尊重知识、崇尚创新、诚信守法"为核心的知识产权文化建设。在全社会弘扬以创新为荣、剽窃为耻，以诚实守信为荣、假冒欺骗为耻的道德观念，形成尊重知识、崇尚创新、诚信守法的知识产权文化。

（一）加强知识产权普法宣传

知识产权文化建设需要有总体规划，统筹策应。因此，首要的任务是要

---

① 李明星、何娣等：《知识产权促进战略性新兴产业发展实证研究——以江苏省为例》，载《科技进步与发展》2013 年第 9 期。

② 马维野：《知识产权文化建设的思考》，载《学术论坛》2005 年第 5 期。

③ 杜荣霞、刘冰：《从群体性侵权透视知识产权文化意识的培植》，载《河北法学》2010 年第 6 期。

④ 孙庆杰、褚国斌：《我国公众知识产权意识现状分析与对策》，载《宿州学院学报》2011 年第 9 期。

建立政府主导、新闻媒体支撑、社会公众广泛参与的知识产权宣传工作体系，加强宏观政策指导，建构知识产权文化发展的顶层框架和机制。在此基础上，完善协调机制，制定相关政策和工作计划，推动知识产权的宣传普及和知识产权文化建设。必须立足于我国知识产权文化的发展性需求，在国家知识产权战略的整体框架下，加强对知识产权文化建设工作的系统筹划，科学编制知识产权文化发展的顶层框架，颁布国家层面的知识产权文化建设指导意见及阶段性建设规划。为了推进部门协调，应当建立一种灵活生动的知识产权文化建设机制，使中央政府知识产权文化宏观政策的统一性与各部门、行业、地方政策措施执行方式的多样性有机结合。

其次，要加大知识产权宣传力度，丰富宣传普及创意。知识产权文化宣传普及的良好社会效果主要取决于三个因素：一是内容，二是渠道，三是受众。因此，必须选好宣传内容，选择恰当的宣传渠道，适时、适地进行宣传，用先进的知识产权舆论影响公众。第一，宣传内容要通俗易懂。要大力宣传知识产权理念、常识，营造“尊重知识、崇尚创新、诚信守法”的舆论氛围，彰显知识产权基本价值理念。宣传内容要做到形象生动、富有创意，童叟喜闻乐见。第二，选好宣传媒介。可以采用标语、条幅、墙报等形式，进街道、进社区进行知识产权认知宣传。充分利用电视、互联网、手机短信、新闻媒体等平台，特别是微博、微信等新媒体进行知识产权宣传，报道知识产权保护典型事例，曝光知识产权侵权企业、单位、个人。第三，做好世界知识产权宣传日、中国知识产权宣传周策划、宣传工作。应积极策划知识产权主题活动，通过举办相关论坛、专题研讨、专题会议等形式，组织知识产权法学名家、媒体人、学生、普通公众参与学习研讨活动，针对知识产权领域的热点话题、焦点问题开展调研活动，提高公众对知识产权问题的参与感和关注度，提升公众知识产权意识。

（二）将知识产权教育纳入教育体系

公众获得知识产权意识、正确观念最终要靠教育，因为“知识产权意识不会自发形成，只有通过教育，才能实现知识传播和观念教化的双重目的”①。知识产权文化建设中应充分注重教育的持久性、普遍性特点，实施行之有效的专项工程，将知识产权教育内容合理融汇于学历教育体系中。

教育的首要阵地就是学校。要立足学校，结合其他形式教育，深入开展知识产权教育。制定并实施全国中小学知识产权普及教育计划，将知识产权

---

① 赵俊林、郭红：《论公共知识产权意识与和谐创新环境构建》，载《法制日报》2009年6月10日第11版。

内容纳入中小学素质教育课程体系。运用现代网络教育手段，对小学生、中学生、大学生等进行认知教育，内容由浅入深、由点到面。加强学生思想道德教育，使学生的认知程度与思想道德成正相关，教育学生尊重他人智力成果，尊重私权，抵制抄袭，倡导学术诚信。①

除此之外，要加大知识产权从业人员培训力度，拓宽教育培训渠道，实施知识产权在职培训专项工程，突出专项工程的示范辐射作用。

三、对内实施专利、商标、版权三大战略

（一）制定和实施专利战略

以提高核心技术和关键技术专利的拥有量为目标，推进关键核心技术的专利权创造，提高专利授权标准，保证专利授权质量，由重数量向重质量转变，提高专利的技术含量，推动专利的产业化和标准化。

提高企业专利创造与经营管理水平。营造鼓励科研人员发明创新激励机制，促进专利创造，鼓励、支持企业申请专利，帮助企业处理好专利许可、专利纠纷中的法律问题。帮助企业在专利保护、抑制竞争对手、专利转让与收购、许可他人专利产品销售等一系列问题上提高经营管理能力。支持企业与科研院所、大学联合组建技术研发平台和产业技术创新战略联盟，合作开展关键技术研发和相关应用基础研究，形成一批具有跨越发展优势的核心专利技术，支撑高新技术与新兴产业发展。

加强国家科技计划的专利管理。立项前做好专利检索分析工作，合同签订时解决好专利归属问题，管理过程中注重专利申请工作，将专利管理贯穿于项目管理的全过程。② 项目验收环节，应当检验专利申请的数量、质量及应用的情况，鼓励专利许可转让等产业化行为。

制定、实施行业专利战略，建立行业专利数据库。根据行业特点，遴选共性技术，以国家计划为引导，联合大学、科研院所和企业共同研发，专利共享，集中力量解决一些行业重大的技术难题。以国家战略需求为导向，在生物和医药、信息、新材料、先进制造、先进能源、海洋、资源环境、现代农业、现代交通、航空航天等技术领域超前部署，掌握一批核心技术的专利，支撑我国高技术产业与新兴产业发展。

---

① 孙庆杰、褚国斌：《我国公众知识产权意识现状分析与对策》，载《宿州学院学报》2011 年第 9 期。

② 杨林村、邓益志：《国家专利战略研究》，载《科技与经济》2005 年第 4 期。

(二) 制定和实施商标战略

激励商标品牌创新。以国际知名品牌的拥有量为目标,推进自主商标培育工作,提升企业自主创新水平,坚持自主创新中国化与国际化相结合。鼓励有条件的企业通过自主培育、国际并购等多种途径实现品牌国际化;鼓励企业进行国际商标注册,维护商标权益,参与国际竞争;加快出口名牌建设,着力培育一批国际知名品牌。充分发挥产业集群优势,推进产业集群商标和区域品牌集群建设;加快创立和培育现代商贸、专业市场、物流、金融、信息、旅游、餐饮、房地产等服务品牌。

支持企业实施商标战略。全面提升企业创立自主品牌意识,加强商标运用和应对竞争的能力,以商标整合企业的技术、管理、营销等优势,形成自身的核心竞争力。引导企业改进竞争模式,加强技术创新,提高产品质量和服务质量,丰富商标内涵,增加商标附加值,提高商标知名度,创立知名品牌。支持企业以商标权许可、质押等方式开展经营活动,充分开发利用商标权的市场价值。

强化商标在经济和社会政策中的作用。大力支持各级政府和有关部门以商标为抓手推动行业、地方经济发展,制定和实施相关经济社会发展政策。推动制定和实施地区及行业商标战略。针对不同地区发展特点,完善商标扶持政策,培育地区特色经济,促进区域经济协调发展。积极配合产业政策、区域政策、科技政策、贸易政策等与商标战略的有效衔接。①

加强商标管理。进一步深化商标行政管理体制改革,形成权责一致、分工合理、决策科学、执行顺畅、监督有力的商标行政管理体制。完善商标审查、审理、备案登记、撤销及公告制度。逐步理顺商标评审工作体制机制,全面提升商标评审效率与质量,缩短审查周期,保证审查质量。尊重市场规律,切实解决驰名商标、著名商标、知名商品、名牌产品、优秀品牌的认定等问题。提高在商标确权领域解决纠纷和化解矛盾的能力。加强行政执法体系建设,健全商标执法管理体制。完善区域联合执法与协作制度,形成打击商标侵权假冒行为的合力,增强执法协作效能。

(三) 制定和实施版权战略

版权的政策功用和制度价值表现为三个方面:第一是国力体现,版权优势就是文化实力优势;第二是战略选择,版权战略就是文化强国战略;第三是

---

① 参见国家工商行政管理总局2009年6月2日发布的《关于贯彻落实国家知识产权战略纲要 大力推进商标战略实施的意见》。

竞争焦点,版权竞争就是国家文化产业竞争。[①] 新闻出版、广播影视、工艺设计、动漫游戏、音乐美术等文化创意产业,都是以版权的存在为基础,以版权交易为纽带,以版权保护为后盾。可以说,没有版权,文化创意产业将不复存在。因此,必须以增强内容创新为目标,加大政策扶持力度,鼓励版权创造、促进版权运用、强化版权管理。版权战略实施刻不容缓。

完善版权法律体系。尽快完成《著作权法》修订工作,推进版权法律现代化。加紧制定《音乐著作权条例》《教科书法定许可付酬办法》《互联网传播影视作品著作权监督管理办法》《出版文字作品报酬规定》《版权执法指导意见》等法规、规章。制定针对服务提供者、著作权拥有者和消费者的行为准则,以保证在线音乐、电影和游戏内容得到广泛传播时,能有效保护作者版权,平衡知识创造者、传播者、利用者之间的利益关系。

完善制度,促进版权市场化。进一步完善版权质押、作品登记和转让合同备案等制度,拓展版权利用方式,降低版权交易成本和风险。建立国家版权交易市场,推进版权资源市场化流转。充分发挥版权集体管理组织、行业协会、代理机构等中介组织在版权市场化中的作用。

推进文化创意、设计服务与相关产业融合发展。扶持新闻出版、广播影视、文学艺术、文化娱乐、广告设计、工艺美术、计算机软件、信息网络等版权相关产业发展,支持具有鲜明民族特色、时代特点作品的创作,扶持难以参与市场竞争的优秀文化作品的创作。着力推进文化软件服务、建筑设计服务、专业设计服务、广告服务等文化创意和设计服务与装备制造业、消费品工业、建筑业、信息业、旅游业、农业和体育产业等重点领域融合发展。开展优秀出版物和原创影视作品的输出工作,发展软件产业和网络工程等技术版权产业,集聚文化资源,推进文化创意产业发展,扩大中国核心版权产业的国际影响力。

四、对外加强知识产权国际事务的交流与合作

(一) 知识产权事务交流与合作

推进政府间的会晤,积极加强知识产权国际事务的交流与合作,巩固和发展与主要国家和地区的多、双边交流渠道,营造稳定的大局关系框架,密切与发展中国家的联系,加强周边战略规划,创新合作方式、丰富合作手段、拓展合作领域,为我国知识产权事业和经济科技发展争取外部资源,创造良好

① 吴汉东:《文化大发展大繁荣与版权战略实施》,载《中国版权》2013 年第 3 期。

的国际发展环境。

增强参与知识产权国际事务的综合能力。强化涉外知识产权事务统筹协调，加大对地方知识产权涉外工作的指导。建立和完善知识产权对外信息沟通交流机制，加强国际和区域知识产权信息资源及基础设施建设与利用的交流合作。加强涉外知识产权事务中全局性和战略性的政策研究，根据国际知识产权制度发展态势，适时调整知识产权国际合作政策。

加强知识产权人才交流与合作。鼓励开展知识产权人才培养的对外合作。促进懂技术、懂法律、懂外语、懂市场的高端国际合作人才队伍建设。引导公派留学生、鼓励自费留学生选修知识产权专业。支持引进或聘用海外知识产权高层次人才。

（二）知识产权国际规则制定

时代在变，知识产权国际大势在变。当前，知识产权的价值不断提升，知识产权的运用转化与经济融合成为知识产权的工作重点，各国知识产权工作从边缘位置逐渐向中心位置移动；同时，世界知识产权创造中心自西向东转移，知识产权资源进一步集中，知识产权国际规则的变化和调整进入活跃期和多元化推进阶段。[①] 如何把握机遇、迎接挑战，积极应对知识产权国际规则的变革，更好地服务于国家发展大局，加强知识产权国际交流与合作显得至关重要。

推动建立平衡有效的知识产权制度，已经成为世界各国共同关注的重大课题。[②] 完善知识产权国际规则的总体要求是，既要强化知识产权保护意识，更要重视知识产权运用；要充分考虑各国所处的发展阶段、经济水平以及可承受的能力，相互尊重，加强对话，增进共识，密切合作，实现共赢。

在国际知识产权保护谈判中争取话语权。发展中国家，尤其是我国应协同发展中国家，在遵守国际知识产权的公共利益原则、最惠国待遇原则、国民待遇原则、最低保护标准原则的前提下，以《文化多样性公约》和《生物多样性公约》为依据，以国际人权中的发展权理论为切入点，积极参与国际知识产权制度的构建，谋求在知识产权协定框架内或外，寻求保护发展中国家的优势资源。确保新的知识产权国际规则反映广大发展中国家的利益诉求，如强制许可、利益分享、发展援助等，争取更多的话语权，逐渐取得国际知识产权规则的制定权。同时，对发达国家知识产权进行适当限制，促进发展中国

① 田力普：《国内外知识产权最新形势分析》，载《知识产权》2014 年第 1 期。

② 田力普：《不断开拓知识产权国际交流与合作新局面》，载《今日中国论坛》2010 年第 6 期。

家积极发展和文化安全。①

(三) 国际合作与本土传统知识产权资源保护

民间文学艺术是指由传统社区或不确定的作者创作,经过代代相传保留下来的文学、艺术和科学作品。遗传资源是指具有实际或潜在价值的遗传材料,包括来自植物、动物、微生物或其他来源的,任何含有遗传功能单位的材料,如植物遗传资源、动物遗传资源、人类遗传资源等。② 传统知识是指传统部族在其漫长的生产生活过程中所创造的知识、技术和诀窍的总和。③

发达国家始终认为民间文学艺术处于公有领域,任何人都可以自由使用,使其被排除在知识产权制度保护之外,长期得不到国际法律保护,被发达国家无偿进行商业利用或者歪曲,使民间文学艺术遭到破坏。同时,发达国家利用其先进技术盗窃发展中国家的遗传资源,开发药品和转基因生物,已对发展中国家的公共健康和农业生产构成威胁。

受惠于辽阔的疆域、悠久的历史、繁多的民族,中国是一个传统知识产权资源大国。如何在全球化背景下通过国际合作加强传统知识产权资源法律保护,推动传统中医药、民间文学艺术表达形式、遗传资源、生物多样性、地理标志等领域的知识产权资源的国际保护④,是知识产权国际合作必须解决的问题。

必须加强国际交流,强化国际合作,增进共识,最终制定相关公约保护发展中国家具有特色和优势的遗传资源、传统知识、民间文学艺术等。具体到我国,应当重点推动中医药、民间文学艺术表达形式、遗传资源、生物多样性、地理标志等具有优势的知识产权资源的国际保护。

第三节　以促进创新成果应用与产业化为重点的服务保障模块

多年来,面对西方发达国家特别是美国对中国知识产权保护状况的严厉指责,知识产权保护被提升到知识产权战略实施的首位,相形之下,知识产权运用和管理被置于末位,知识产权呈现"重保护、轻运用"格局。毋庸讳言,中国的知识产权保护确实存在保护不周、执法不严的问题。然而,解决这些

---

① 邓社民:《中国知识产权一是的觉醒与法律保护的未来走向——纪念〈国家知识产权战略纲要〉颁布三周年》,载《科技进步与对策》2011年第11期。

② 吴汉东:《知识产权基本问题研究》,中国人民大学出版社2009年版。

③ 严永和:《论传统知识的知识产权保护》,法律出版社2006年版,第33页。

④ 吴汉东:《利弊之间:知识产权制度的政策科学分析》,载《法商研究》2006年第5期。

问题,不能依循“为保护而保护”的思路,而应当从市场竞争和注重运用的角度加以解决,真正回归市场。知识产权是一种私权,市场主体获取、运用、维护知识产权,都是为了自身的利益。政府的职责是创造良好的市场环境,而非冲锋在前、为市场主体的侵权承担责任。获取知识产权不是目的,保护知识产权更不应是目的,让知识产权转化为企业在市场上的竞争力,转化为国家的核心竞争力,促进经济社会的永续发展,才是最终的目标。只有通过知识产权运用才能实现知识产权与经济社会发展的对接,激发财富创造,推动创新发展。归根结底,知识产权之价值实现在于运用。为此,必须转变战略中心,促使知识产权战略重心从保护到运用转移,大力促进知识产权综合运用,加快创新成果产业化。

一、加快创新成果转移转化

根据孙晶(2012)的研究,在知识产权产品化、商业化阶段,其主要任务是通过转化和转移的方式推动自主知识产权成果形成产品、通过产业化实现知识产权的商业价值,特点是成果转移市场机制不完善、成果流动性差、成果转化收益低等,需要政府制定相关政策完善自主知识产权成果转移市场机制,提高成果持有人转让和转化收益。①

(一) 促进成果转化的财政扶持政策

1. 设立专项扶持资金

国家财政支持知识产权成果产业化主要体现在设立专项扶持基金,以财政经费支持科技成果转化。而专项扶持基金又主要以科技产业化计划的形式出现。当前,我国设立的科技产业化计划具体包括星火计划、火炬计划、科技成果重点推广计划、国家重点新产品计划以及科技兴贸行动计划,等等。此外,我国政府还设立了科技型中小企业技术创新基金、农业科技成果转化资金以及科研院所技术开发研究专项资金等。

2. 政府采购政策

2006 年年初,国务院发布《关于实施国家中长期科技发展规划纲要的若干配套政策》提出:建立财政性资金采购自主创新产品制度,建立激励自主创新的政府首购和订购制度,发挥政府采购对创新的扶持与导向作用。一方面,通过政府采购创造一个稳定的市场,降低新产品早期进入市场的风险,推动企业对新技术、新工艺和新产品的研发。另一方面,政府的采购行为具有

---

① 孙晶:《基于过程的自主知识产权成果产业化政策框架研究》,载《科技创业月刊》2012 年第 3 期。

示范作用,将影响和提高国民认识,提高自主品牌的知名度和影响力。[①] 再者,政府采购形成政策导向,也将大大提高企业的创新热情和动力。

3. 金融(资本)优惠政策

包括采用直接投资、贷款贴息、补助资金和风险投资等形式支持知识产权成果转移转化活动。同时通过信贷窗口指导等政策,督促商业银行对符合信贷条件的技术成果转化项目积极发放贷款。鼓励有条件的地方设立科技成果转换基金或风险基金。科技部等七部委共同制定的《关于促进科技成果转化的若干规定》提出:各地方要支持高新技术创业服务中心(科技企业孵化器)和其他中介服务机构的建设与发展,有关部门在资金投入上要给予支持,政策上要给予扶持。要引导这类机构不以营利为目的,以优惠价格为科研机构、高等学校和科技人员转化高新技术成果,创办高新技术企业提供场地、设施和服务。有条件的高新技术创业服务中心可以根据《中华人民共和国促进科技成果转化法》及其他有关法律、法规和文件规定,建立风险基金(创业基金)和贷款担保基金,为高新技术企业的创业和发展提供融资帮助。[②]

(二) 促进成果转化的税收激励政策

1. 完善促进成果转化的企业税收政策

(1) 投资抵免。我国目前实施的投资抵免办法有别于国际上的一般做法:一是限于购置的国产设备投资;二是限于此前一年的新增税额。建议借鉴国际经验,即对企业购买自主知识产权产品实行更加优惠的投资抵免政策,如不限于新增税额、提高抵免比例等,但要规定优惠的截止时间,不能对某项目长期实行优惠,以防形成保护落后的局面。[③]

(2) 增值税转型。可率先在高新技术企业实行消费型增值税。调整区域税收政策,对高新技术产业开发区内和区外的高新技术企业一视同仁,促进税收公平。改进优惠方式,在保留并完善减免税这种直接优惠的基础上,加强、完善间接优惠政策,促使优惠形式多样化。

(3) 税收减免。例如,对从事与科技创新有关的技术开发和技术咨询、技术服务取得的收入应减免营业税;同时,对随之形成的与科技创新活动有关的专利权、非专利技术转让所得,应减免企业所得税。[④]

---

① 王铁山、冯宗宪:《政府采购对产品自主创新的激励机制研究》,载《科学学与科学技术管理》2008 年第 8 期。

② 财政部财政科学研究所课题组:《促进我国自主知识产权成果产业化的财政政策研究》,载《经济研究参考》2007 年第 22 期。

③ 赵昌华:《促进自主知识产权成果产业化的税收政策建议》,载《中国税务》2008 年第 7 期。

④ 参见樊慧霞:《促进科技创新的税收激励机制研究》,载《科学管理研究》2013 年第 2 期。

2. 制定促进成果转化的个人所得税政策

为加大对科技创新和科技成果向现实生产力转化的鼓励力度,建议对个人自主知识产权成果的转化给予税收优惠。例如,对个人转让自主知识产权成果所得,比照个人转让著作权的税收优惠政策,减征个人所得税,以鼓励个人进行科研开发和发明创造的积极性。

(三) 成果归属与收益分配激励机制

创新成果权属的明确是创新成果转换运用的前提条件。我国科技成果转化率非常之低。以高校为例,教育部科技发展中心 2012 年的调查显示,87 所被调查高校中,57.5% 的高校未实施的专利达 90% 以上。粗略估计,高校整体未利用专利的比例为 82% 左右,成为"沉睡"的专利。究其原因,其中很重要的一个就是创新成果权属不明,这直接导致后续成果转化收益分配上的模糊不清。

关于政府资助科技项目成果的归属,美国《拜杜法案》的做法是,将创新成果之归属直接授予项目承担者。我国 2007 年修订的《科技促进法》借鉴了美国的做法,规定国家资助研发的科技成果所有权归属于项目承担单位,相应的,项目成果转让(转化)收益也归项目承担单位所有。然而这仍然不能完全解决我国科技成果转化面临的国有资产管理困惑。这是因为,在我国,项目承担方多为作为"事业单位"的高校和科研院所,与作为经营性主体的国有企业不同,事业单位所有的科研成果本质上仍是国有资产,其经营转让仍然需要经过国资管理机构的审批,监管所得收益要按照国有资产管理。在此过程中,高校及科研院所的成果处置权和收益权相对有限,科技成果运用审批程序繁琐、时限过长,影响成果转化的时效性。按照《中央级事业单位国有资产处置管理暂行办法》的规定,科技成果转化(转让)收入,在扣除奖励资金后上缴中央国库;利用无形资产对外投资形成的股权转让收入,扣除投资收益,以及税金、评估费等相关费用后,上缴中央国库。① 实际上这使得科技成果权属又回到了最初模糊不清的状态。

现在必须改变这种权属不清的现状。应当赋予高校、科研院所在技术市场上的经营性主体地位,赋予充分的职务科技成果处置权和收益权。如此,则不仅在名义上而且在实际操作上解决了权属不清、科技成果转让主体不明确的问题,还使得科技成果转化的制度性难题迎刃而解。科研成果转化的收益,应当主要由转让主体享有,国家亦可作为投资者获得一部分,但比例应当

① 邸晓燕、赵捷:《政府资助形成的科技成果:转移现状、政策制约及建议》,载《中国科技论坛》2013 年第 8 期。

严格限定于较低水平。除调动企业的积极性之外,还要强化对职务发明人的激励。应当确立并强化职务发明人的科技成果转化主体地位,引导激励科研人员面向发展需求与生产实践,研发、转化科技成果。《促进科技成果转化法》规定了职务技术成果转化以及实施中对相关人员的奖励制度。该法第29条规定:“科技成果完成单位将其职务科技成果转让给他人的,单位应当从转让该项职务科技成果所取得的净收入中,提取不低于20%的比例,对完成该项科技成果及其转化做出重要贡献的人员给予奖励。”第30条规定:“企业、事业单位独立研究开发或者与其他单位合作研究开发的科技成果实施转化成功投产后,单位应当连续3至5年从实施该科技成果新增留利中提取不低于5%的比例,对完成该项科技成果及其转化做出重要贡献的人员给予奖励。采用股份形式的企业,可以对在科技成果的研究开发、实施转化中做出重要贡献的有关人员的报酬或者奖励,按照国家有关规定将其折算为股份或者出资比例。该持股人依据其所持股份或者出资比例分享收益。”除此之外,2009年国资委发布的《关于加强中央企业知识产权工作的指导意见》指出,要“建立健全对自主创新的激励机制,探索知识产权的收益分配制度,在知识产权转让、转化获得收益时,对职务发明人与团队及其他做出重要贡献人员依法予以适当奖励和报酬”。

二、促进知识产权综合运用

(一)引导企业开展知识产权运营

企业知识产权运营是企业知识产权经营管理的基本形式,加强企业知识产权运营管理是实现企业知识产权管理目标的重要保障。由于具有全球流动性、产业渗透性和价值倍增性等特征,作为企业非货币性资产,知识产权的估值、交易成为现代企业在经济活动中重要的利润来源。有关研究和统计显示,在全球生产总值的高速增长中,知识产权的贡献份额已经由20世纪的5%上升到今天的80%—90%,以知识产权为核心的无形资产对全球500强企业发展的贡献率已经超过80%。[①] 知识产权运用能力正越来越成为企业甚至国家竞争力的决定性因素。

拥有知识产权不是目的,通过知识产权运营实现知识产权的价值最大化、提高企业竞争力和收益才是企业知识产权创造的最终目的。从宏观层面讲,知识产权竞争是当今世界综合国力竞争的核心,知识产权竞争力是国家

---

① 杨智杰、任凤珍、孟亚明:《企业知识产权运营与交易市场建设》,载《光明日报》2013年10月16日第7版。

竞争力的核心体现;就微观角度而言,企业知识产权运营是当今世界各国企业之间主要的一种竞争手段,是国家实施知识产权战略的微观基础,是国家实施发展战略和提升国际竞争力的重要方面。作为一种经营方式的变革,从产品经营到资本运营再到知识运营是企业适应经济社会发展需要、由低级到高级不断提升的过程。

企业知识产权运营是企业知识产权战略的重要环节,也是其实现企业技术创新的重要保障。企业知识产权运营侧重于如何有效地运用知识产权的资产,整合企业各种资源,及时有效地将知识产权转化为技术产品,利用知识产权为企业创造更多的财富和价值,提高企业经济效益,因而企业知识产权运营战略主要表现为企业知识产权的利用,知识产权产品化、市场化和商业化,知识产权投资,预防与控制知识产权流失等内容,具体表现为企业知识产权许可,企业知识产权转让,以知识产权质押融资、投资入股、证券化、信托等为表现形式的资本运营等。

促进企业开展知识产权运营,首先,支持企业制定和实施知识产权战略,指导企业建立和完善与知识产权战略相适应的知识产权管理体系;其次,加强企业知识产权资产运营管理,指导企业完善并落实知识产权资产运营的各项制度,在涉及以知识产权入股参与并购重组中加强知识产权评估,防范知识产权风险,鼓励企业通过知识产权转让、实施许可等方式,盘活知识产权资产;再次,建立商标、版权等知识产权的协调运作机制,充分发挥专利的技术支撑和商标的市场价值实现作用,加强专利保护推动技术创新,培育知名商标提升产品附加值,实现技术创新专利化、专利成果品牌化。

(二)健全知识产权投融资体制

《国家知识产权战略纲要》明确提出,要“促进自主创新成果的知识产权化、商品化、产业化,引导企业采取知识产权转让、许可、质押等方式实现知识产权的市场价值”。知识产权融资作为知识产权运用的重要形式之一,主要包括知识产权作价入股、知识产权质押融资、知识产权证券化、知识产权信托等方式。知识产权融资能有力推动科技和金融的结合,使科技含量高、创新能力强的科技型中小企业更容易获得资本的青睐,优先获得金融支持,实现“知本”到“资本”的转变。

改善科技型中小企业融资条件、完善风险投资机制是十八届三中全会《全面深化改革决定》提出的要求。“种子期”、初创期的科技型中小企业,普遍存在高风险偏好,对长期资金的需求旺盛。对于广大科技型中小企业而言,在科技创新的高风险性导致信贷融资困难、资本市场的高准入门槛导致直接融资无望的资金困局之下,知识产权投融资不啻为一条融资新渠道。新加坡政府曾推出一项总值1亿新元的知识产权融资计划。该计划通过政府与银行共同承担部分债务风险,帮助新加坡企业使用知识产权获得银行贷款。典型风险投资机构如知识风险公司(Intellectual Ventures Management, LLC,简称IV),IV于2008年进入中国并通过创立的基金与优秀的发明者合作,寻找并筛选出拥有市场前景的发明创造,帮助发明者将其发明创造开发成国际发明专利,继而通过专利授权等方式实现市场化,并与发明者分享利润。① 这值得我们借鉴。就我国而言,切合实际的促进政策、专门的推进机构以及整合政府、银行、中介机构、企业、社会化投资主体的知识产权投融资平台是当前要务。从长远来看,知识产权投融资商业化、常态化是未来目标。

(三) 加快构建知识产权交易市场

《国家知识产权战略纲要》明确提出,要充分发挥技术市场的作用,构建信息充分、交易活跃、秩序良好的知识产权交易体系;要简化交易程序,降低交易成本,提供优质服务。2007年12月6日,国家发展改革委、财政部、科技部、国家工商总局、国家版权局、国家知识产权局六部委联合发布了《建立和完善知识产权交易市场的指导意见》(发改企业(2007)13371号,以下简称《意见》),从而将知识产权交易市场的建立和发展提上了日程。

当前,世界贸易形式已由单一的货物贸易拓展为资本贸易、技术贸易、货物贸易三种形式,而技术贸易在三种贸易形式中增速最快。据统计,世界专利技术贸易额的年平均增长率高达15%,大大超过货物贸易年增长率3.3%的速度。② 全球授权商品零售额每年超过2000亿美元,美国授权商品零售额年均达1050亿美元。2009年美国大学每年产生5000多项专利,技术转让收益为3亿美元。国际商标交易主要以品牌授权(即商标许可)为主,德国技术贸易进出口总额为738.55亿欧元,专利许可出口贸易额98.76亿欧元,专利许可进口贸易额102.33亿欧元。③

观诸我国,技术市场虽已初具规模,但仍处于初级阶段,突出表现为两难:买技术难,卖技术亦难,科技成果对经济发展的贡献远未得到充分发挥。来自国家统计局的统计数据显示,2013年,境内共签订技术合同29.5万项,技术合同成交金额7469.0亿元,比上年增长16.0%。然而这与专利申请量、

---

① 徐棣枫:《专业化与体系化结合的美国知识产权服务业》,载《求索》2013年第11期。

② 阳贤文:《建立深圳知识产权交易平台之探析》,载《特区实践与理论》2011年第3期。

③ 统计数据参见《德国的技术发展现状及技术交易平台简况》,文章来源于驻德国经商处,2010年8月12日,http://de.mofcom.gov.cn/aarticle/201009/20100907155098.html,最后访问日期:2013年11月13日。

授权量、保有量相比，仍然相形见绌。据统计，2013 年全年受理境内外专利申请 237.7 万件，全年授予专利权 131.3 万件；截至 2013 年底，我国共有有效专利 419.5 万件，这意味着每年仅有一小部分专利技术被交易。正如上述数据显示的那样，尽管近年来专利技术合同交易不断增长，但存在交易数量不够多，比例偏低，交易方式过于简单的问题，缺乏对专利技术的过程熟化和培植，专利技术交易的内涵尚停留在一种技术方案或技术产品层面，专利作为权利的价值和无形资产经营的意义远没有得到充分挖掘。①

我国目前拥有多种类别的技术产权交易机构、技术产权交易市场、技术资本对接平台，分布在各个区域，种类繁多，但存在交易规则不统一、信息覆盖率低、市场协作性差的问题，远远不能满足市场对知识产权交易的需求，急需相关部门协调市场资源，组建一个符合国家发展战略、适应市场需求的知识产权综合交易市场。构建知识产权综合交易市场，总体目标是要推进知识产权交易市场的规范化和现代化，建设一个统一的、全国性的，有企业、高等院校、科研院所等创新主体参与的，信息畅通、服务内容完备、管理规范的，集专利、商标、版权交易于一体，发挥着知识产权项目展示和交易功能、规范知识产权交易、提供项目交易各个阶段的一站式服务的，具有信息沟通和发布功能，能利用信息化等各种手段，加强知识产权项目信息的快速沟通，提高信息量和服务质量的，具有知识产权项目贸易进出口功能、足以沟通知识产权国际与国内两个市场，能提供知识产权项目转让、许可使用、交叉许可等贸易进出口业务的知识产权综合交易市场。②

依照上述构想，全国统一的知识产权综合交易市场应该是一个统一的市场，表现在管理规则、交易规则的全国统一以及国际接轨；全国统一的知识产权交易市场应该是一个信息化市场，实现知识产权买方需求和卖方供给信息在全国范围内的有效沟通；全国统一的知识产权交易市场应该是开放的市场，其开放性应体现在其对内对外两个方面，同时促进资源在国内的优化配置和在世界范围内的合理流动。③

知识产权交易市场的建设过程，是多种因素相互制约、相互作用的过程，只靠市场的拉动是远远不够的，还需要政府部门的大力推动。政府相关部门应该在知识产权交易市场的建设过程中积极发挥领导、参与、协调、规范和管

---

①　刘振刚：《如何更好地实现专利的价值》，原载《知识产权报》，转载于 http://www.sipo.gov.cn/yl/2011/201101/t20110106_560580.html，最后访问日期：2013 年 11 月 13 日。

②　陈勇：《建设我国知识产权综合交易平台的思考》，载《中国软科学》2005 年第 1 期。

③　杨智杰、任凤珍、孟亚明：《企业知识产权运营与交易市场建设》，载《光明日报》2013 年 10 月 16 日第 7 版。

理职能,通过运用经济、法律、行政等手段引导、支持交易市场的发展。政府应当成为知识产权综合交易市场的主要推动者和主要协调者。①

1. 政府要成为市场建设的主要推动者

要推动知识产权综合交易市场的形成和完善,就要通过加强以科技需求为导向的行为,促进经济建设依靠科技进步机制的形成和企业技术创新主体地位的建立;通过制定法律法规、行政指导等方式引导和鼓励知识产权进场孵化。还要牵头整合知识产权孵化平台,加大对科技的投入力度,刺激整个经济界对科技的需要,促使企业自主地提高科技投入,重视科技进步,改善经营者短期行为。

2. 政府要成为市场发展的主要协调者

在知识产权综合交易市场建设和发展的初期,政府的协调作用非常重要,主要表现在三个方面:

首先,是对市场监管的协调。知识产权交易市场的建设和发展过程涉及财政、工商、税务、经贸委、科技局、知识产权局等多个监管部门,关涉到方方面面,牵涉甚广,政府部门应该成立由相关部门牵头、其他部门参与的市场发展监督和管理委员会,通过行政手段强力支持知识产权交易市场的建设与发展。

其次,是对市场主体的协调。我国目前拥有多种类别的技术产权交易机构、技术产权交易市场、技术资本对接平台,分布在各个区域,种类繁多。一个综合性知识产权交易平台,必然是立足区域、辐射全国的"统一、开放、竞争、有序"的知识产权交易平台,这就需要打破行政隶属关系限制,整合区域内相关市场主体,最终实现建设全国统一的知识产权综合交易市场的目标。

最后,是对社会资本的协调。政府可以根据科技创新活动从研发到产业化的不同阶段,制定产业发展政策,设立市场发展基金,鼓励各类适合市场发展需求人才的培养,积极引入和利用社会资金、风险投资、金融信贷等直接、间接投资支持创新成果的转化和商业化。②

从长远来看,做大做强知识产权综合交易市场必须走市场化道路。待全国统一的知识产权综合交易市场建立之后,应当逐步脱离行政干预,实现市场化运作,俾得以独立法人主体、多元投资等形式实现自主经营、自负盈亏,按照公开、公平、公正的市场操作原则不断做大做强。

---

① 陈长永、陈晓枫、汪力夫:《我国知识产权交易市场建设与发展初探》,载《产权导刊》2008年第9期。

② 同上。

三、发展知识产权服务业

知识产权服务业是提供知识产权相关服务，促进智力成果产品化、商用化、产业化的新兴产业，是现代服务业的重要组成部分，是高技术服务业优先发展的重点领域。按照国家统计局最新修订的《国民经济行业分类和代码表》，知识产权服务业属于L大类商务与租赁服务业项下的L7250小类。具体范围包括对专利、商标、版权、著作权、软件、集成电路布图设计等的代理、转让、登记、鉴定、评估、认证、咨询、检索等活动。

当前，我国知识产权事业的一个显著问题是，与高速增长的创新投入和知识产权权利获得数量相比，高质量的创新成果少，产业化率低，知识产权对国民经济发展的贡献率不高。这些问题的出现，原因复杂多样，但知识产权服务能力不足，没有形成与我国知识产权制度相配合的知识产权服务体系是重要原因。① 创新服务体系建设滞后，各类技术中介机构等还不发达，无法提供高质量的评估咨询、成果转化、知识传播、技术服务、风险投资、技术转移、教育培训、知识产权代理等服务活动。② 整体来讲，知识产权公共服务仍然相对滞后，政府主导、社会参与的知识产权公共服务合作供给格局尚未有效形成；知识产权信息传播、运用的能力较弱，难以满足市场主体和全社会日益增长的高层次实际需要。③

（一）发展知识产权服务市场

知识产权服务市场是实现知识产权市场价值的重要辅助。在市场经济条件下，企业知识产权运营必须在市场中实现其价值，而中介服务市场是市场不可或缺的组成部分，因此，必须充分发展知识产权服务市场。

第一，推动知识产权服务市场主体建设，支持民营企业开展知识产权服务活动；鼓励民间资本参与专利池共建，积极吸收风险资金，加强专利深度开发，鼓励专利联盟以专利池为核心，成立专利经营公司。④

第二，引导知识产权代理服务机构拓展业务范围。积极推动专利服务外包、专利权托管经营、知识产权资产评估、专利权交易和转化、知识产权尽职调查、行业及产业专利分析等领域的业务拓展和市场竞争。在国家科技创新、投资计划制订、兼并重组、贸易出口等重大科技经济活动中，实施知识产

---

① 徐棣枫：《专业化与体系化结合的美国知识产权服务业》，载《求索》2013年第11期。

② 吴楣、倪艳：《知识产权成果产业化问题解析——以湖北省为例》，载《中国集体经济》2013年第13期。

③ 吴离离：《浅析我国知识产权公共服务体系的构建》，载《知识产权》2011年第6期。

④ 同上。

权评议制度；在高新技术企业认定、上市公司资信审核与信息披露、自主创新产品目录认定等活动中，提供知识产权配套服务。

第三，逐步制订创新服务检验检测标准，提高科技服务业的质量和水平。建立全国创新调查制度，逐步完善全国创新能力要素数据库建设，有针对性地调动全社会各方面的力量，开展各种形式的、广泛的创新合作，尤其要重视科技社团在其中的作用。

第四，培育知识产权服务品牌机构，支持服务机构自主开发专业化的知识产权分析工具和服务平台。推进知识产权服务托管工程，为中小企业创新活动提供全流程服务。鼓励商业化服务机构提供高端专业化服务，支持知识产权服务机构向专业化、市场化、国际化、品牌化发展，打造一批具有国际影响力和品牌优势的知识产权代理、信息服务、经营、咨询等服务机构。

（二）完善知识产权公共信息服务平台

第一，加强知识产权基础信息资源建设与开发利用。依托国家专利、商标、版权等数据库资源，为企事业单位提供及时、准确、便捷的知识产权信息公共服务。加强知识产权信息资源的收集、加工，整合专利、商标、版权、植物新品种等各类知识产权信息，建设综合性知识产权信息公共服务平台。加快知识产权服务中心和行业、特色产业专利信息库建设，构建专利信息公共服务基础网络、数据平台和应用系统，促进专利信息在技术创新和经济活动中的有效利用。

第二，强化政府的基本公共服务职能，进一步开放基础知识产权信息资源，扩大共享范围，使各类知识产权服务主体可低成本地获得基础信息资源。鼓励社会资金投入，参与增值性知识产权信息的开发利用，促进形成自主品牌的知识产权信息服务机构。①

第四节　以有效遏制侵犯知识产权行为为重点的成果保护模块

知识产权保护是知识产权行政执法、司法保护以及行业协会、社会维权机构共同作用的一个完整保护体系，其中最重要的是知识产权行政执法与知识产权司法审判。《国家知识产权战略纲要》已将“健全知识产权执法和管理体制”作为一项战略重点，并且明确提出，“加强司法保护体系和行政执法

---

① 刘菊芳：《发展知识产权服务业的关键问题与政策研究》，载《知识产权》2012 年第 5 期。

体系建设,发挥司法保护知识产权的主导作用,提高执法效率和水平,强化公共服务。深化知识产权行政管理体制改革,形成权责一致、分工合理、决策科学、执法顺畅、监督有力的知识产权行政管理体制。”除此之外,《纲要》在具体的战略措施中也明确提出,“提高知识产权执法队伍素质,合理配置执法资源,提高执法效率。针对反复侵权、群体性侵权以及大规模假冒、盗版等行为,开展知识产权保护专项行动。加大行政执法机关向刑事司法机构移送知识产权刑事案件和刑事司法机关受理知识产权刑事案件的力度。”

一、建立健全知识产权行政执法体制

知识产权行政执法,也即狭义上的知识产权行政保护。对于知识产权行政保护,学界有“全面保护”与“侵权保护”两种主流观点。全面保护观认为,知识产权行政保护是包括“知识产权行政授权、行政确权、行政处理(包括行政调解、行政裁决、行政复议、行政仲裁等)、行政查处(包括行政处罚、行政强制等)、行政救济、行政处分、行政执法监督、行政服务,等等”①的全面保护。侵权保护观认为,知识产权行政保护是指当知识产权侵权行为发生后,行政机关依据权利人的申请或依职权,“根据法律赋予的准司法处罚权限,责令侵权行为人立即停止侵权,并对侵权行为人处以没收、罚款等行政处罚”②,保护权利人的合法权益,以维护社会正常秩序的行为。全面保护观下,知识产权行政保护外延既包括行政执法,又包括行政管理与行政服务,实际上使三者之间的界限变得模糊。作为知识产权保护之一环的行政保护,必须与民事保护、刑事保护具有内在共同点,但知识产权的行政管理与行政服务并不具备处罚性,不宜被纳入到行政保护的概念之中。并且,作为一种趋势,行政管理与行政执法的分离是知识产权行政体制改革的方向,将行政管理与行政执法区分开来具有足够的理论自持性。

(一) 现行知识产权行政执法体制概观

我国历来奉行的是知识产权行政管理与行政执法合一的知识产权行政体制。现行知识产权行政体制之下,享有知识产权行政执法职权的行政机关包括以下几个系统:(1) 知识产权局系统;(2) 工商行政管理局、商标局系统;(3) 新闻出版广电总局、版权局系统;(4) 文化部门及所属文化执法大队系统;(5) 农业部、林业局系统;(6) 质量监督检验检疫总局系统;(7) 海关系统;(8) 中央保护知识产权工作领导小组办公室下辖的系统。

① 邓建志、单晓光:《我国知识产权行政保护的涵义》,载《知识产权》2007 年第 1 期。

② 宋惠玲:《我国知识产权行政保护的概念、问题及解决之策》,载《学术交流》2013 年第 7 期。

知识产权局系统以国家知识产权局为最高行政主管机关，主要负责专利行政管理；商标局系统是下属于国家工商行政管理总局的一个子系统，负责商标行政管理；版权局系统以国家版权局为最高行政主管机关，与国家新闻出版广电总局是"一个机构、两块牌子"，负责版权行政管理。这三个系统是我国知识产权行政执法的主体。除此以外，文化系统的文化执法大队也涉及版权监管职责，农业部、林业局管理植物新品种的授权，国家质量检验检疫总局管理地理标志的注册和实施，海关部门管理进出口货物中的知识产权保护工作。2004 年 5 月，为进一步加强对知识产权保护工作的领导，国务院决定设立国家保护知识产权工作组，工作组由中宣部、公安部、司法部、信息产业部、商务部、文化部、国资委、海关总署、国家版权局、质检总局、食品药品监管局、知识产权局、国务院法制办、国务院新闻办、最高人民法院、最高人民检察院的负责人共 17 人组成，国务院时任副总理吴仪担任组长。① 工作组办公室设在全国整顿和规范市场经济秩序领导小组办公室，负责日常工作和督办侵犯知识产权重大案件。工作组的主要职责是：统一领导全国保护知识产权工作，推动知识产权保护工作体系和法律法规建设；推动建立跨部门的知识产权执法协作机制，搞好行政执法和刑事司法衔接；加强知识产权宣传，增强全社会保护知识产权意识。

作为政府职能的一部分，知识产权行政执法机关的主要职责包括：相关政策的制定，授权法律法规的起草，主管行政事务处理，下级机关业务指导，相关行业监管，具体案件执法，对外交流与协商、谈判，社会公众宣传教育，等等。在众多职能当中，涉及知识产权授权或者注册登记的，主要由中央国家机关统一负责。例如，专利授权由国家知识产权局下设的专利局负责，商标注册由国家工商行政管理总局下设的商标局负责；版权登记由国家版权局下设的中国版权保护中心负责。

我国现行知识产权行政执法体制呈现出鲜明特点：

第一，知识产权行政执法权力分散，根据知识产权类型的不同，分别交由不同的行政机关和执法机构主管。这样一种多头管理、条块分割的行政管理与执法体制，其优势在于知识产权保护非常具有针对性，为知识产权权利人提供多维度的行政保护，然而其弊端也是显而易见的，主要表现在：(1) 机构设置过多，职能划分不明确，不同机构之间存在职能交叉或者职能空缺，导致多头管理或无人管理；(2) 各机构互不隶属，不同机构之间执法衔接机制不

---

① 参见国办发(2006)26 号文件：《国务院办公厅关于国家保护知识产权工作组主要职责和调整组成人员的通知》。

健全,执法合力效果不佳;(3) 不同机构之间信息共享困难,容易在确权与登记、管理与执法中造成相互冲突、标准不一的不良后果;(4) 不同机构在主要职责、人员配备、管理体制等内容上的差异,使得知识产权行政执法力度不均,有损法律权威。①

第二,知识产权行政执法与行政管理不分,知识产权行政管理部门同时具有行政执法职权。这种体制是在20世纪80年代知识产权法律制度初创、知识产权司法保护极为不健全的情况下形成的。随着知识产权法律制度建立而设立的知识产权行政管理机关理所当然地担负起了知识产权行政执法的重任。行政管理与行政执法合一体制的弊端在于,一方面,执法人员非专业化,执法队伍素质不高,执法效能低下;另一方面,行政管理机关直接执法也不符合知识产权为私权的基本原则要求,并且政府一力承担知识产权保护职责,使得我国政府在国际上面临知识产权执法不力的国际压力。

(二) 设立统一的知识产权专门执法机构,加大知识产权行政执法力度

1. 设立统一的知识产权专门执法机构

多头管理、条块分割,行政管理与行政执法不分的知识产权行政执法体制,在知识产权侵权高发、频发的态势下已经越来越难以适应知识产权行政保护的需要,也与国际大势不符。目前,全世界70%的国家和地区对工业产权实行统一管理,有24.5%的国家和地区对专利、商标和版权实行统一管理,只有5.5%的国家和地区将专利、商标、版权分开管理,而我国就是其中之一。② 考察日本、英国、德国、法国、意大利、美国、加拿大等国以及我国香港特区、台湾地区的做法可以发现,上述国家和地区的知识产权行政管理机构均没有直接行政执法职能。在这些国家和地区,知识产权行政执法主要依靠专业执法队伍。例如,美国,知识产权行政执法主要由警察和海关部门负责。在日本,警察部门设有专司知识产权行政执法职能的专门部门,由知识产权事务专业人员组成。③

多头管理、条块分割的行政管理与执法体制严重影响了我国知识产权的有效管理和整体保护。面对国际知识产权理论变革的新形势特别是知识产

---

① 参见曹新明、梅术文:《知识产权保护战略研究》,知识产权出版社2010年版,第234页;中国社会科学院知识产权研究中心编著:《中国知识产权保护体系改革研究》,知识产权出版社2008年版,第145页。

② 贺尚武:《西安市知识产权保护现状及对策研究》,载国家知识产权局办公室编:《优秀专利调查研究报告集》,知识产权出版社2000年版。

③ 中国社会科学院知识产权研究中心编著:《中国知识产权保护体系改革研究》,知识产权出版社2008年版,第41页。

权国际环境和国家知识产权事业发展的新要求，我们有必要重新建构我国的知识产权行政执法体制。未来的方向是在行政管理与行政执法相分离的基础上，实行行政执法权的集中化配置，整合现有的知识产权行政部门，分别成立统一的知识产权行政管理机构与统一的知识产权行政执法机构。

对于统一的知识产权行政管理机构，具体模式上，有的主张采取一步到位的做法，将专利、商标、版权三个部门合并，成立"名副其实"的国家知识产权局；有的主张采取稳妥做法，先行将专利、商标事务部门合并成立国家工业产权局，版权事务因其特殊性，继续与新闻出版事务合一管理，以后再根据具体情况建立大一统的知识产权局。① 至于农林行政部门负责的植物新品种、质量检验检疫行政部门负责的地理标志、海关部门管理的贸易进出口中的知识产权保护，其之所以由这些部门管理，主要在于这些知识产权本身的特殊性，出于专业性要求的原因，交由农林、质检、海关等部门管理，并无不当，即便在国外，也大多是由专门机构管理，因此现有格局无须作出改变，保持为宜。②

针对知识产权行政执法多头管理、条块分割的现状，国务院早在2004年便成立了国家保护知识产权工作组，其主要职责之一就是建立跨部门的知识产权执法协作机制。国家知识产权局也专门设立了知识产权"保护协调司"，主要承担组织协调全国保护知识产权的有关工作、知识产权执法协作机制的相关工作。与中央层面的知识产权执法协作机制相对应，地方各级政府也有一些类似的机制设置。然而，由于缺乏必要的常规执法手段尤其是综合调控权限，现有的国家保护知识产权工作组所发挥的功能极为有限，协调、监督效果不是很理想，不能从根本上解决部门之间的利益纷争。并且，这种复杂且非常设的组织协调机构，"本身就增加了行政执法协作的成本和难度"，并且"由于行政级别、隶属关系、协调能力乃至职责分工等各方面的条件限制"，再加上信息交流机制不畅，行政执法协作的质量和频度都受到严重影响。③ 多头管理、条块分割的行政执法体制效率低下是显然的事实。十八届三中全会《决定》提出："要深化行政执法体制改革。整合执法主体，相对集中执法权，推进综合执法，着力解决权责交叉、多头执法问题，建立权责统一、权威高效的行政执法体制。"④根据《决定》的精神，应当按照知识产权

---

① 朱雪忠、黄静：《试论我国知识产权行政管理机构的一体化设置》，载《科技与法律》2004年第3期。

② 参见中国社会科学院知识产权研究中心编著：《中国知识产权保护体系改革研究》，知识产权出版社2008年版，第37页。

③ 朱一飞：《论知识产权行政执法权的配置模式》，载《法学杂志》2011年第4期。

④ 参见2013年11月12日中共十八届三中全会《中共中央关于全面深化改革若干重大问题的决定》之九（推进法治中国建设）。

行政执法专门化、行政管理与行政执法相分离的总的思路，实行行政执法权的集中化配置，整合现有的知识产权行政管理部门的行政执法机构和职能，成立统一的知识产权行政执法机构扮演“知识产权警察”的角色。具体而言，以现有的工商行政执法队伍为基础，集中专利、版权、商标执法队伍，整合知识产权投诉举报中心、文化执法大队等资源，建立统一的知识产权专业行政执法队伍，置于公安部或者国家工商总局领导之下，全方位负责知识产权行政执法工作；作为例外的是，针对进出口货物的知识产权行政执法，应当继续由海关负责。

2. 加大行政执法力度

只有保持高频度的执法，构建打击知识产权侵权的常态化机制，营造知识产权行政执法的高压态势，才能有效遏制知识产权侵权的高发、蔓延趋势。因此，在执法手段上，实行打击与防范相结合、日常执法与专项治理相结合、重点整治与营造环境相结合，加大行政执法对侵犯知识产权行为的处罚力度，震慑侵犯他人知识产权的违法者。针对反复侵权、群体性侵权以及大规模假冒、盗版等行为，开展知识产权保护专项行动。加强专利、商标、版权等知识产权行政执法，进一步完善知识产权举报投诉制度，畅通知识产权行政保护的救济渠道。

二、推进知识产权执法协作，重点建立健全行政执法与司法联动保护机制

知识产权执法协作包括部门协作和区域协作。部门协作，主要是行政执法部门与刑事司法部门，包括公安、检察、法院的协作，除此之外，还有行政执法部门间协作的问题。区域协作，即不同行政区域知识产权执法部门之间的协作，本质上还是要落实到部门协作上来，此处不作详细阐述。

当前，知识产权侵权行为呈现出持续的高发态势，并且其国际化、智能化、高科技化、组织化趋势明显，再加上知识产权侵权所具有的隐蔽性、复杂性的特点，知识产权案件往往跨越地市、省区，甚至跨越国境，侦办工作存在着发现难、取证难、涉及面广、打击成本高的问题①，迫切需要推进知识产权执法协作特别是行政执法与刑事司法的协作工作。知识产权执法协作机制的建立和运行状况直接影响到知识产权执法的成效，进而影响国家知识产权战略实施的实效，这对于我国实施创新驱动发展战略、建设创新型国家而言，

---

①　曹世华：《基于自主创新战略的知识产权执法协作机制研究》，载《安徽工业大学学报（社会科学版）》2007年第5期。

举足轻重。因此,必须从战略高度积极推进知识产权执法协作工作。

(一)行政执法与刑事司法协作

知识产权是一种私权。但就知识产权这种“私权”的保护而言,我国实行的是行政保护与司法保护并行的双保护体制,并且,这两种保护是两套相互独立的系统,也即“双轨制”。在发生知识产权侵权的时候,权利人既可以到行政执法机关主张权利,也可以到人民法院主张权利。TRIPS 第 41 条至第 62 条对缔约方的行政执法和司法诉讼提出了许多要求,占条款总数的 30%。① 行政执法是知识产权执法体系的重要环节。与法院一样,行政执法机关有权确定侵权与否和损害赔偿的金额。② 这种行政保护与司法保护的“双轨制”产生“两法衔接”问题。“两法”是指行政执法和刑事司法,“两法衔接”针对的是涉嫌犯罪的知识产权违法行为如何在行政权体系和司法权体系之间平稳有序地过渡。③

近年来,知识产权保护实践中,比较突出的一个现象就是“四多四少”,即“现实发生多,实际处理少;行政部门处理多,移送司法机关追究刑责少;查出具体实施的一般案犯多,深究幕后操作者少;适用缓刑多,判处实刑少”④。例如,“2003—2010 年,全国地方法院共审结各类知识产权一审案件 176515 件,同期全国工商行政管理部门查处各类商标违法案件 403316 件。在著作权领域,1997—2005 年,著作权行政处理、行政处罚与司法保护所处理的知识产权案件分别占总量的 8.95%、66.93% 和 24.12%”。⑤ 另据上海市工商行政管理局提供的数据,2005 年上海市工商行政管理局共查处商标违法案件 1227 件,其中商标侵权案件 1108 件,但进入刑事司法程序的案件只有区区 11 件,仅占行政查处案件总数的 0.9%,涉案人员 13 人。⑥ 总的来说,知识产权行政执法与刑事司法之间存在问题的主要根由是:

其一,知识产权执法协作机制的相关法律规范缺乏整合,部分法律规范甚至缺乏合理性。据不完全统计,有关执法协作规范以及专门针对知识产权

---

① 高卢麟:《中国加入世界贸易组织和知识产权执法》,载《知识产权》2003 年第 1 期。

② 参见中国社会科学院知识产权研究中心编著:《中国知识产权保护体系改革研究》,知识产权出版社 2008 年版,第 193 页。

③ 张道许:《知识产权保护中“两法衔接”机制研究》,载《行政法学研究》2012 年第 2 期。

④ 同上。

⑤ 参见孟鸿志:《知识产权行政保护新态势研究》,知识产权出版社 2011 年版,第 12 页。

⑥ 周舟:《我国知识产权行政执法与刑事司法衔接机制研究》,载《福建法学》2011 年第 1 期。

执法协作的规范不下于12部。[①] 这12部法规位阶较低,效力层次不同,颁布主体多样,内容或重复或抵触,且实体性规范多,程序性规范少,缺乏细化的操作方法,形同虚设。[②]

其二,程序设计上先天不足,执法体制存在缺陷,行政权与司法权冲突。行政权与司法权分属不同的权力体系,两者之间存在天然的重合区域。[③] 在知识产权侵权案件查处过程中,行政执法权与刑事司法权特别是公安机关的刑事侦查权之间存在一定的重合,如何划分行政程序与刑事程序的界限,成为当前知识产权执法当中困扰颇多的问题。执法体制上,行政与司法"两条途径,并行运作"的体制总体上并无不当,但却存在衔接机制不够完善的问题。[④]

其三,案件移送标准、移送程序不够明确、细化,缺乏可操作性。例如,违法所得数额、侵权物品案值、犯罪案由的确定,移送的时间节点,移送的证据要求以及证据证明力的转化,案件移送至公安部门内部具体主管机构的确定,检察机关对"两法衔接"的监督职能,等等,都有待进一步细化。实践中,行政机关对于司法解释以及规范性文件的理解与司法机关存在一定的差异,对于罪与非罪的把握存在一定困难。

知识产权保护的双轨制将会是我国坚守的知识产权保护模式,探索和改进知识产权行政执法与司法保护之间的衔接规则,建立健全行政执法与司法保护衔接机制对于切实保障知识产权权利人的合法利益,维护市场经济秩序具有重要意义。

完善的知识产权行政执法与刑事司法协作机制,应当包含有联席会议制

---

① 这十二部法律文件具体为:《关于查处侵犯知识产权违法犯罪案件工作中加强协作配合的通知》(公安部、国家工商行政管理总局、国家知识产权局)、《关于整顿和规范市场经济秩序的决定》(国务院)、《行政执法机关移送涉嫌犯罪案件的规定》(国务院)、《关于做好涉嫌犯罪案件移送工作加大打击生产销售伪劣商品违法犯罪活动力度的通知》(国家工商总局、公安部、卫生部、国家质检总局、国家药监局、国家烟草专卖局)、《人民检察院办理行政执法机关移送涉嫌犯罪案件的规定》(最高人民检察院)、《关于加强行政执法机关与公安机关、人民检察院工作联系的意见》(最高人民检察院、全国整顿和规范市场经济秩序领导小组办公室、公安部)、《关于打击侵犯商标专用权违法犯罪工作中加强衔接配合的暂行规定》(公安部、国家工商行政管理总局)、《关于在行政执法中及时移送涉嫌犯罪案件的意见》(最高人民检察院、全国整顿和规范市场经济秩序领导小组办公室、公安部、监察部)、《关于加强知识产权执法协作的暂行规定》(公安部、海关总署)、《关于打击侵犯著作权违法犯罪工作中加强衔接配合的暂行规定》(公安部、国家版权局)、《关于办理知识产权刑事案件适用法律若干问题的意见》(最高人民法院、最高人民检察院、公安部)、《关于加强工商行政执法与刑事司法衔接配合工作若干问题的意见》(最高人民检察院、公安部、国家工商行政管理总局)。

② 参见梅术文:《知识产权的执法衔接机制》,载《国家检察官学院学报》2008年第2期。

③ 张道许:《知识产权保护中"两法衔接"机制研究》,载《行政法学研究》2012年第2期。

④ 曹世华:《基于自主创新战略的知识产权执法协作机制研究》,载《安徽工业大学学报(社会科学版)》2007年第5期。

度、信息通报与共享制度、案件移送制度等具体衔接制度。

1. 建立健全联席会议制度

联席会议制度是指没有隶属关系但有工作联系的相应机关,为了解决跨部门、跨区域问题,由一方或多方牵头,以召开会议的形式,在充分发扬民主的基础上,达成共识,形成具有约束力的规范性意见,用以指导工作,解决问题的一项工作制度。联席会议是现当代社会解决涉及面广的复杂问题的重要手段。完善知识产权行政执法与刑事司法协作机制,建立联席会议制度是重要一途。在具体形式上,考虑将知识产权、工商、质检、文化等行政机关的行政执法活动与公安机关、检察机关的立案、侦查、拘留、批捕、逮捕、起诉以及审判机关的审判活动衔接起来,形成一套"行政执法机关查处知识产权违法侵权行为——移送刑事犯罪案件——公安机关立案侦查——检察机关审查起诉"相互衔接的工作机制。① 健全案件交办机制,整合执法资源,完善执法协调机制。

2. 建立健全信息通报与共享制度

目前,由于行政执法机关作为知识产权行政管理机关及知识产权一线执法机关,掌握着有关信息情报资源,例如,作为行政管理机关,掌握着商标注册登记资料、专利权确权及权利人信息、著作权资料信息;作为一线执法机关,掌握着知识产权侵权、违法人员相关资料以及行政案件处罚信息等,这些信息往往是发现涉嫌犯罪的重要线索。对此,由于尚无正规、快捷的渠道获取,公安机关在对涉嫌犯罪案件的查处中就很难及时获取这些信息,而这些信息对发现犯罪、案件侦破却是十分关键的。可见,在办理知识产权案件中,通畅的信息沟通机制是十分必要的,信息共享平台建设是知识产权保护工作迫切需要解决的问题。应搭建行政执法与刑事司法信息共享平台,加强知识产权行政执法部门与刑事司法部门的信息沟通,充分发挥知识产权举报投诉服务中心的作用。

3. 推进"两法衔接",建立健全行政执法与司法联动保护机制,完善案件移送制度

《国家知识产权战略纲要》明确提出,要"加大行政执法机关向刑事司法机关移送知识产权刑事案件和刑事司法机关受理知识产权刑事案件的力度"。推进行政执法与刑事司法衔接,重点是完善案件移送制度,确保涉嫌犯罪的案件及时移送司法机关,做到"执法必严、有罪必究",防止"有案不

---

① 曹世华:《基于自主创新战略的知识产权执法协作机制研究》,载《安徽工业大学学报(社会科学版)》2007年第5期。

立、有罪不究、以罚代刑”。① 具体举措如下：

(1) 统一案件移送标准。

第一，违法所得数额与非法经营额。根据国家知识产权局2009年颁布的《著作权行政处罚实施办法》，违法所得额超过2500元，非法经营额超过15000元的，才属于“情节严重”行为，两者之间的比例是1:6；而在最高人民法院、最高人民检察院（以下简称“两高”）2004年颁布的《关于办理侵犯知识产权刑事案件具体应用法律若干问题的解释》中，违法所得超过3万元，非法经营额超过5万元的，构成侵犯著作权罪，两者的比例是3:5。并且，该行政规章并没有规定数额达到“两高”《解释》所规定的上限就必须移交司法机关。有必要对司法解释和行政规章以及地方性法规在违法所得数额与非法经营额上作出协调，统一立场。

第二，非法经营数额的计算。非法经营数额的高低，很多时候就是罪与非罪的界限，决定了是否应当移送司法机关。对于非法经营数额的计算，2004年“两高”颁布的《关于办理侵犯知识产权刑事案件具体应用法律若干问题的解释》第12条对侵权物品的计算作了三种不同的规定：已销售的侵权产品的价值，按照实际销售的价格计算；制造、储存、运输和未销售的侵权产品的价值，按照标价或者已经查清的侵权产品的实际销售平均价格计算；侵权产品没有标价或者无法查清其实际销售价格的，按照被侵权产品的市场中间价格计算。实践中，没有标价或无法查清实际售价的，行政机关大多按照市场中间价计算，而公安机关通常以实际价值计算。② 笔者以为，抛开“两高”《解释》不论，但就合理性而言，公安机关的做法更具有合理性。③ 司法解释需要对此作出回应。

(2) 统一案件移送程序。

第一，移送的时间节点。可以采用“提前介入”或“联合打击”的思路。前者指在接到举报或现场检查时就发现有犯罪嫌疑的，立即将案件移交公安机关；后者指行政执法部门立案之后，查办过程中发现涉嫌犯罪的，通知公安机关介入，一起收集证据、调查。④

第二，移送的证据要求以及证据证明力的转化。笔者以为，对于书证、物证、勘验笔录、检查报告、鉴定结论等证据，司法机关只需审查其主体、程序是

---

① 元明：《行政执法与刑事司法衔接工作回顾与展望》，载《人民检察》2007年第5期。

② 叶家平：《知识产权行政执法与刑事司法衔接中若干问题研究》，载《科教文汇》2007年第4期。

③ 周舟：《我国知识产权行政执法与刑事司法衔接机制研究》，载《福建法学》2011年第1期。

④ 同上。

否合法即可裁定是否作为证据使用。对于笔录等言词证据,则应当尽可能地重新进行谈话和询问、制作笔录。

第三,案件移送至公安部门内部具体主管机构的确定。根据《公安部刑事案件管辖分工规定》,七个知识产权犯罪中,假冒注册商标案(《刑法》第213条)、销售假冒注册商标的商品案(《刑法》第214条)、非法制造、销售非法制造的注册商标标识案(《刑法》第215条)、假冒专利案(《刑法》第216条)、侵犯商业秘密案(《刑法》第219条)由经侦部门主管,侵犯著作权案(《刑法》第217条)、销售侵权复制品案(《刑法》第218条)由治安管理部门负责。这种安排极为不合理,同为知识产权案件,管辖不统一,徒添纷扰,宜由经侦部门统一负责知识产权案件的管辖。①

(二)行政执法部门间协作

知识产权行政执法除了需要知识产权专门执法部门(即当前负有知识产权执法职能的知识产权、工商行政管理、商标、新闻出版广电、版权、文化部门及所属文化执法大队、农业、林业、质量监督检验检疫、海关等机关,以及未来将会设立的统一知识产权执法部门)外,还需要其他行政机关,诸如商务部门、司法部门、科技部门、卫生部门、公安部门甚至外交部门(海外执法)的协助,因此,行政执法的部门间协作相当有必要。行政执法部门间协作的着眼点是整合政府部门间的执法资源,强化行政执法部门之间的协作,提高执法效率。

美国知识产权联合执法的经验值得借鉴。1999年,美国成立了全国知识产权执法协调委员会,成员包括贸易、司法、海关、商务、国务院、专利商标局等部门,负责协调国际国内知识产权执法,并就各部门协调活动情况向总统和参议院报告。2005年,国会立法扩大了委员会的职责范围,包括执法政策、目标、战略的制定以及对政策、目标、战略的监督实施。同年7月,美国政府设立国际知识产权执法协调员,协调联邦政府的资源强化知识产权的国际国内保护。② 2008年,布什总统签署了《优化知识产权资源与组织法案》,《法案》对知识产权联合执法作了以下优化:一是设立知识产权执法代表,全面负责监督和协调美国贸易代表、国土安全部、国务院等部门的知识产权执法工作。该职位直接隶属于总统行政办公室,由总统委任。二是实施联合战略计划,动用各方资源、全部手段优化知识产权执法活动实施并进行绩效评

---

① 张道许:《知识产权保护中"两法衔接"机制研究》,载《行政法学研究》2012年第2期。

② 武善学:《美日韩知识产权部门联合执法概况及其借鉴》,载《知识产权》2012年第1期。

估。三是设立知识产权执法顾问委员会,主要职责是参与联合战略计划的制订。① 2010年2月,美国司法部宣布成立知识产权特别工作组,与知识产权执法协调员展开密切合作。同年6月22日,美国知识产权执法协调员发布美国历史上第一部《知识产权执法联合战略计划》,在美国知识产权执法协调办公室的协调领导下强化协调与合作,健全信息共享机制,减少执法资源的闲置和冲突,该《计划》下的成员囊括农业部、商务部、健康和人类服务部(食品药品管理局)、国土安全部、司法部、国务院、美国总统行政办公室(美国贸易代表)和国会图书馆(版权局)等联邦部门和机构。②

借鉴美国知识产权联合执法的经验,行政执法部门间协作应当从以下两个方面着力:

第一,建立高级别、权威性的知识产权部门联合执法协调常设机构,直接隶属于国务院。行政部门内部的协作,有条件而且也必须采取比联席会议制度更紧密的安排,建立由国务院直接领导的国家知识产权执法协调委员会,以高级别、高权威打破条块分割、推进执法协作。

第二,建立畅通、便捷的信息沟通机制。高效的知识产权执法协作离不开畅通、便捷的信息沟通机制。目前,我国知识产权执法部门一般通过部门间协定或者联席会议的方式交流信息,这种交流机制下,信息交流的广度和深度极为有限。必须打造知识产权执法信息共享平台并将之与行政执法、刑事司法信息共享平台对接,实现全方位的信息共享。

三、加强知识产权行业自律

行业协会是指由同一行业的企业、个体商业者及相关的企事业单位自愿组成的民间性、自律性、非营利性社会组织,它在协调企业与政府主管机关之间、企业之间、企业与社会之间的相互关系上发挥着桥梁和纽带作用。行业协会是国家知识产权战略推进的重要力量,《国家知识产权战略纲要》强调,要"充分发挥行业协会的作用,支持行业协会开展知识产权工作,促进知识产权信息交流,组织共同维权"。行业协会可以从多个方面为我国知识产权保护事业作出贡献,表现在:

其一,参与知识产权监管,弥补行政执法资源不足。知识产权执法资源的欠缺是很多中西部地区地方政府特别是经济落后地区县一级政府所面临

① 谭江:《美国知识产权立法的最新动向——解读美国〈优化知识产权资源与组织法案〉》,载《知识产权》2009年第1期。

② 武善学:《美日韩知识产权部门联合执法概况及其借鉴》,载《知识产权》2012年第1期。

的重要难题，专门执法机构的缺乏和执法人员的短缺使得许多地方的知识产权工作处于弱势。行业协会作为自律监督管理机构，可以在一定程度上替代知识产权行政执法机关的职能，对协会成员侵犯知识产权的行为进行监督。并且，知识产权行业协会在知识产权行政执法机关的授权下，可以从事一定的知识产权管理工作。

其二，发挥行业自律作用，规范成员行为。加强行业自律，制定完善行规行约，对成员的行为进行监督、约束、规范和引导，这是行业协会基本价值所在。鼓励支持业内企业开展平等自由的竞争，约束假冒、仿制、伪造、冒用等不规范行为，协调成员之间的知识产权事务，协调成员关系，减少相互之间的知识产权摩擦，避免诉累和内耗。①

其三，发挥维权作用，为解决知识产权纠纷提供帮助。行业协会在协调解决成员企业之间以及成员企业与国外的知识产权纠纷上具有无可比拟的优势。对于成员企业之间的知识产权纠纷，由于成员是自愿加入行业协会的；作为自律组织，行业协会往往具有较高的亲和力，这种亲和力使得其规制措施更容易被规制对象所理解和接受②，从而较好地促成这类知识产权纠纷的及时解决。对于成员企业与国外的知识产权纠纷，由于诉讼成本高昂，企业需要联合起来共同应对，此时行业协会作为企业的代表，为成员单位在知识产权案件的起诉与应诉、与国内外政府和组织间的知识产权协调等方面发挥集体运作的优势。③

实施知识产权保护战略，必须充分认识到行业协会的作用，支持行业协会、商会及各类工商组织整合行业内的知识产权资源，根据行业发展的要求，制定知识产权的行规行约并组织实施。充分发挥行业协会监督、管理与协调各方的作用，协调会员之间、会员与其他经济组织之间、会员与消费者之间的知识产权争议，指导企业协商解决知识产权纠纷。

四、建立健全知识产权维权援助机制

知识产权维权援助是一种旨在防范和应对知识产权侵权的公共服务，是为知识产权执法程序涉及的当事人提供服务。在实践中，如果维权援助中心工作人员能参与中心合作单位援助的专利纠纷案件，既可以了解援助案件的全部案情，又能有效监督维权援助中心合作单位开展援助的服务效果。

---

① 黄一琨、潘丹丹、刘倩云：《行业协会与国家知识产权战略的互动关系研究》，载《学理论》2013年第32期。

② 董新凯：《市场规则的社会化——以行业协会为例》，载《江苏社会科学》2006年第5期。

③ 陈武：《行业协会在实施知识产权中的作用》，载《电子知识产权》2006年第5期。

受制于知识产权维权意识淡薄、维权成本高昂等原因,我国面临着知识产权维权援助特别是海外知识产权维权的艰巨任务。加入世界贸易组织十多年来,发达国家和地区利用知识产权优势采取知识产权壁垒的形式对我国企业参与国际贸易和市场竞争进行限制。国家知识产权局局长田力普透露,从2002年起,我国连续成为遭受美国国际贸易委员会"337条款"调查最多的国家。截止到2009年8月,我国共遭受90多起"337调查",涉及企业160多家,波及下游企业多达上万家,其中仅2009年1月至8月,美国就发起了17起"337调查案",涉及中国内地7起,中国台湾5起,中国香港2起。① 而在这众多的海外知识产权纠纷中,由于诉讼周期长、诉讼成本高昂、法律规则不熟悉、专业的法律人才匮乏等等原因,鲜有企业积极应诉,即便应诉也是败多胜少。例如,2006年5月15日,美国国际贸易委员会对温州市恒星烟具眼镜有限公司等四家中国企业发起"337调查"。温州烟具协会召开理事会紧急协商,终因诉讼费用过高协商无果,最终仅温州恒星公司单方应诉。②

韩国知识产权海外维权的做法对我国具有启示意义。2005年9月,韩国专利厅对分布在海外60个国家和地区的205家韩国企业的知识产权现状进行了一项调查。调查显示,知识产权侵权案件45起,较2004年的29起增加了155.2%;被调查企业中约13.7%的企业曾经被侵权或者发生过知识产权纠纷;遭侵权最严重的是商标,约占42.2%,其次是专利和实用新型。③ 在面对知识产权纠纷时,普遍存在诉讼时间长、费用高昂、信息不畅等问题,面临维权难题。面对这种情形,韩国政府采取了一系列措施:首先,韩国政府于2006年1月26日颁布了《关于为了保护海外产业财产权提供审判与诉讼费用补贴的规定》,为遭受海外知识产权纠纷的中小企业及个人应诉时提供侵权调查费、审判及诉讼费等费用方面的补贴。2006、2007年,韩国政府分别向企业提供了2.4亿韩元、2.6亿韩元的援助。其次,韩国政府积极设立或者协助设立知识产权海外维权机构。1997年,韩国专利厅设立了"海外知识产权保护中心"作为韩国企业在海外遭遇知识产权纠纷时的维权平台。除此之外,一些社会团体或者行业协会,如大韩贸易投资振兴公社(KOTAR)、与

① 参见张平、黄贤涛:《不能忽视"337调查"对我国的影响》,载《经济参考报》2009年12月13日,http://jjckb.xinhuanet.com/gnyw/2009-12/23/content_198887.htm,最后访问日期:2014年3月17日。

② 潘灿君:《美国337条款对我国海外知识产权纠纷援助机制的启示》,载《电子知识产权》2011年第5期。

③ 刘钻扩:《韩国知识产权海外维权措施及其启示》,载《国际经贸探索》2008年第4期。

贸易相关知识产权保护协会(TIPA)以及韩国贸易协会出口商品仿制品综合应对中心也发挥着海外知识产权维权平台的作用。目前,韩国的海外知识产权维权已经形成了以企业为主,政府、行业协会以及驻外经商机构共同参与的联动保护机制。①

2007 年 11 月,国家知识产权局印发了《关于开展知识产权维权援助工作的指导意见》,标志着我国知识产权维权援助工作正式启动。截至 2008 年底,已经批准设立了 46 家维权援助中心。为深入推进知识产权维权援助工作,国家知识产权局提出近年内要设立约 100 家国家级知识产权维权援助中心。② 2011 年 11 月 17 日,中国商务部宣布,设立企业知识产权海外维权援助中心,为我国企业"走出去"提供知识产权服务与帮助,维护我国企业海外知识产权纠纷与摩擦中的合法权益。目前,我国已经初步形成了知识产权维权援助中心体系,但与德国、韩国等发达国家和地区相比,知识产权维权机制尚不完善,主要表现为:一是知识产权维权经费补足机制尚未建立起来;二是尚未充分发挥企业、行业协会在知识产权维权援助中的作用;三是知识产权海外维权援助的部门协同推进机制尚未建立起来。③

一个完善的知识产权维权援助机制应当满足政府主导、行业协会与企业积极参与、经费有保障、专业人员充足这几个要件。以此为目标,建立健全我国的知识产权维权援助机制,必须从以下几个方面着力:

第一,建立部门协调、行业协会参与的高效知识产权维权援助机制,加强维权援助举报投诉工作平台建设,完善工作机制,打造专业维权团队,为知识产权保驾护航;建立科学决策、快速反应、协同运作的涉外知识产权纠纷应对机制,帮助市场主体依法应对涉外知识产权侵权纠纷。完善海外知识产权纠纷预警系统,协作开展海外知识产权风险监控,为企业做好风险提示和风险管控,提出应对建议措施。

第二,统筹政府补助、行业协会投入、社会公众资助,设立企业海外知识产权维权援助专项资金,主要用于企业海外知识产权诉讼费用补助以及相关的信息咨询、法律咨询等服务,帮助企业防范和应对海外知识产权风险以及相应的知识产权诉讼。借鉴美国、英国、日本等国经验,探索建立海外知识产

---

① 刘钻扩:《韩国知识产权海外维权措施及其启示》,载《国际经贸探索》2008 年第 4 期。

② 参见《我国拟建立百家知识产权维权援助中心》,载《机械工业标准化与质量》2009 年第 2 期。

③ 张红辉、周一行:《"走出去"背景下企业知识产权海外维权援助问题研究》,载《知识产权》2013 年第 1 期。

权保险机制,分摊海外知识产权纠纷风险。①

第三,以知识产权维权援助中心为平台,发挥行业协会与政府、驻外经商机构、销售商或代理商、涉外律师事务所、专家学者的协商沟通作用,汇集知识产权维权援助专业人员,构建专业的维权团队,同时加强对国际知识产权制度及规则的研究,做好海外维权高发国家知识产权法律制度的研习工作。

---

① 潘灿君:《企业海外知识产权纠纷调查及援助机制——以浙江省为例》,载《电子知识产权》2012 年第 10 期。

第五章　创新驱动发展引领知识产权理论变革

我国知识产权制度是舶来品，与西方知识产权法律制度有着明显不同，它没有数百年的发展历史，不是由科技、经济制度慢慢发展而来，而是通过"改革上层建筑进而推进制度的不断完善"。[①] 从1978年改革开放以来，知识产权在我国从无到有直至发展到今天，有着较为完整的制度，有必要对我国知识产权立法历史变革与发展进行梳理与总结。

第一节　美国、日本与韩国创新驱动发展历程

一、美国创新驱动发展历程

创新是美国的根本，重视创新是美国立国以来的一贯做法。早在立国之初的1787年，美国《宪法》第1条即明确规定，国会授予作者和发明者就他们的作品和发明在有限时期内的专有权利。紧接着1790年颁布了第一部专利法并于1836年成立了专利局。1862年的《土地赠与法案》为教育和研究事业无偿提供土地。1863年立法成立美国国家科学院，加强基础科学研究。1915年，美国成立了国家航空顾问委员会，以促进航空技术发展，等等。

美国之所以能够长期维持其第一科技强国、经济强国的地位，与其国家创新体系的建立是密切相关的。美国的国家创新体系有以下特点[②]：首先，以国家重点项目特别是军事科技项目为先导，适时转入民用；其次，官民结合，体现为联邦与州各级政府、大学、公司相结合的科研体制；再次，保护竞争反对垄断，确保科学研究与发展充满活力；最后，积极主动地从世界各国招纳和挖掘人才。

研发投入上，联邦政府一直是各类科研机构重要的资金投入来源。据统

---

① 参见张维炜：《知识产权修法的强国之路》，载《中国人大》2013年第2期。

② 于雯亦：《美国创新型国家形成与发展的机制特点研究》，东北师范大学2008年硕士学位论文。

计,美国的研发投入构成上,联邦政府占36%,工业部门占60%,大学占3%,非营利机构占1%。并且联邦政府特别注意保持合理投入结构,注重基础研究。基础研究是推动技术进步和社会经济发展的重要源动力,但是具有投入时间长、花费资金多、经济效益不显著、投入与产出比不协调等特性,具有公共品的特点。因此,政府对于研发的投入主要集中在基础研究及科学教育上。从20世纪80年代至今,美国基础、应用、开发这三者之间的比例保持在15:25:60左右,形成了合理的投入比例。① 巨额的研发投入推动了科研成果不断涌现。创新成果不断地渗透到工业、农业、商业和金融业等各个领域的制造、加工、运输、信息获取和传递等环节,革新了传统经营方式,极大地提高了劳动生产率。

美国的历届政府都把促进创新作为政府一项重要的政策加以实施,适时推出新的创新政策。20世纪90年代克林顿政府时期,克林顿提出以产业技术为美国创新战略的核心,并提出了系列行动计划和报告,例如"信息高速公路计划"、《国家关键技术》报告、《科学与国家利益》报告、《技术与国家利益》报告,等等。② 与此同时,创新政府架构,为创新计划实施提供组织、领导支持。1993年,成立了国家科技委员会,委员会的正副主席由正副总统兼任,成员由政府部长担任,负责统筹与规划研究开发工作。1994年委员会开始运作,同年提出建立全球信息基础设施,1997年又开始执行"下一代互联网"计划。克林顿政府对创新的极度重视带来了美国经济的繁荣,史称"新经济繁荣"。从1992年到1998年,美国经济连续7年保持了强劲增长,年均增长率达3.8%以上,远远高于同期发达国家的经济增长速度。在保持高增长的同时还维持着低通胀,失业率也持续处于低水平。通胀率1998年仅为1.4%,失业率低于80年代公认的自然失业率6%的水平,约为4%。在1998年,联邦政府财政数十年来首次出现盈余,1999年仍保持了良好的发展势头。③ 经济的繁荣给克林顿总统带来了极大的自信。在其2001年度总统预算咨文中,克林顿自信满满地说道:"过去七年,我们已经取得了很大进步,消除了早期财政混乱现象,实现了财政平衡,巩固了财政纪律,创造了空前的繁荣。这一时期是美国历史上在和平环境下时间最长的经济扩张期,为美国创造了2000万个就业机会,失业率达到了30年来最低水平,拥有家庭和住房的美国人超过了历史上任何一个时期。"

---

① 参见孙凯:《科技进步与经济增长相关性研究》,西北大学2006年博士学位论文。

② 胡婷婷、文道贵:《发达国家创新驱动发展比较研究》,载《科学管理研究》2013年第2期。

③ 黄中文:《科技进步对世界经济的决定作用》,载《瞭望》2004年第4期。

2008年,次贷危机爆发,随之而来的金融危机席卷全球并向实体经济演进,将美国经济引入衰退通道,经济增长乏力。危机之中,科技创新在应对危机中的作用日益凸显。2009年2月,美国国会通过了总额为7870亿美元的经济刺激法案——《2009年美国复苏与再投资法案》,其中1000亿美元投资用于支持突破性的创新,包括720亿美元直接投资于清洁能源项目。其后,2009年9月,美国科技政策办公室发布了《奥巴马总统的创新战略》,旨在通过创新战略的实施保证可持续增长,为美国赢得未来。该战略由三大部分构成:第一,注重国家创新基础架构的建设,强化研发投入以及人力资本投资;第二,营造创新环境,发展有国际竞争力的企业和市场;第三,扶持国家重点项目,特别是新能源项目的研发,力求突破。① 一系列创新政策的实施使得美国经济迅速触底反弹,呈现强劲增长之势。美国经济自2007年12月陷入衰退,2009年第一季度触底至负6.1%,此后开始反弹,其2010年国内生产总值同比增长3.8%,失业率也从2009年10月10.2%的峰值一路降低至2014年1月的6.6%。②

二、日本创新驱动发展历程

日本是当年亚洲四小龙的龙头。第二次世界大战后,日本成为一片废墟,国家陷入崩溃,民生多艰,百废待兴、百业待举。从20世纪50年代初开始,日本政府就确立了技术立国战略,把引进国外先进科学技术定为国策,称之为"吸收性战略",有意识地大规模引进外国技术,进行消化、吸收和再创新。在1950—1979年这29年中,日本共引进国外新技术35995件(其中甲种技术18523件),支付外汇近104亿美元③,引进技术之多,居世界首位。正是因为这样,才使得日本经济长期以超过10%的速度飞速发展,至1969年已超越德国成为资本主义世界第二号经济大国,原苏联解体后更是一跃成为世界第二经济大国。据日本经济企划厅的估计,日本经济的增长有60%是靠科技进步形成的,特别是进入20世纪60年代末期以来,科技进步所占比重愈来愈大,有的年份竟接近90%。④ 仅仅短短30—40年的时间,从废墟崛起为世界经济巨人,日本的神奇经济发展历程显示了创新驱动的魔力。

---

① 董娟、巩诗滢:《危机应对与创新发展——奥巴马科技政策与法律的实践与选择》,载《天津大学学报(社会科学版)》2010年第9期。

② 参见东方财富网数据中心美国经济数据,http://data.eastmoney.com/cjsj/foreign_0_0.html,最后访问日期:2014年2月13日。

③ 王沛芳、王伟军:《技术引进与经济技术基础——战后日本引进国外技术的基本经验》,载《东岳论丛》1981年第4期。

④ 冯晓青:《美、日、韩知识产权战略之探讨》,载《黑龙江社会科学》2007年第6期。

然而,随着其技术越来越接近于世界先进水平,单纯跟踪模仿的追赶型经济发展模式所带来的技术外溢效应越来越弱,与此同时,货币升值、房地产泡沫、人力成本提升等因素叠加,制造业开始加速向外转移,出现了“产业空心化”①,其后果是日本90年代的经济发展陷入停滞。日本政府认为重要原因是“技术创新、技术转移和知识产权制度运营方面的滞后”②。痛定思痛,1994年日本政府提出了“创造科技立国”的新战略,1995年制定并通过了《科学技术基本法》,明确指出,日本在科学技术上结束了所谓的赶超时代,以后须向未知的科学技术领域挑战,标志着日本开始告别追赶型模仿时代,而进入了发展独创性技术的科技创新时期。③ 1996年制定了《科学技术基本计划》,同时各省厅也都制定了相应的科技创新计划,如日本科技厅制定由其中介机构主持的“推进战略性基础研究计划”(1995年),通产省为配合日本政府的《改革经济结构行动计划》而实施的“创立新产业型产业科学技术研究开发制度”等。这些科技创新战略和计划都是具有基础性和先导性的高技术和大学科,其基本方向是寻求技术突破,为确立21世纪的新产业奠定基础,为迎接21世纪更激烈的经济和技术竞争做好物质准备。④

面向未来,2007年,日本政府发布了《日本创新战略2025》报告,从医疗与健康,环境、水与能源,生活与产业,安全、放心、舒适的区域社会,拓展领域(机器人登月等)等五个方面提出了未来创新方向⑤,力图通过科技创新、社会创新、人才创新以及法律政策创新多管齐下,使日本摆脱持续20年之久的经济颓势,成为世界经济增长的引擎,打造一个国民健康、安全、舒适、丰富多彩的创新型社会,在世界范围内发挥影响力。

三、韩国驱动发展历程

韩国与日本同为赶超型国家,它在短短几十年间,无论经济还是科技都取得了令世人瞩目的成就,至20世纪90年代,韩国已经加入到了发达经济体的行列当中,2010年人均国民收入超过20000美元。世界经济论坛发布的《2005—2006年全球竞争力报告》显示,韩国国家综合竞争力和科技竞争力分别排在世界第17位和第11位。

---

① 邓仪友:《美、日、韩三国知识产权政策评述》,载《中国发明与专利》2008年第7期。

② 冯晓青:《美、日、韩知识产权战略之探讨》,载《黑龙江社会科学》2007年第6期。

③ 参见孙凯:《科技进步与经济增长相关性研究》,西北大学2006年博士学位论文。

④ 何剑:《科技创新的制度供给——一些国家科技创新的基本做法》,载《财经问题研究》2000年第3期。

⑤ 参见《日本创新战略2025》,载《科技促进发展》2009年第1期。

在韩国经济与科技进步过程中,政府的作用特别突出。被日本殖民近半个世纪的惨痛历史使得韩民族普遍有一种国家强大的强烈愿望。因此,无论是哪一届政府,即便是在政局不稳、军人独裁专政的时期,韩国政府也高度重视科技创新,从政府组织架构、科技创新法律和国民经济发展规划方面全力保障科技创新。

在政府组织架构上,1967 年,将原隶属于经济企划院的技术局扩展为独立的副部级科学技术处;1988 年,建立由副总理领衔的科学技术委员会;1998 年,将科学技术处升格为科学技术部;1999 年,在"科学技术委员会"的基础上建立由金大中总统挂帅的"国家科学技术委员会",该委员会是非常设的与科技相关的最高政策审议、调整机构。在政府的推动下,韩国已经建成了以企业为研发主体,国家承担基础、先导、公益研究和战略储备技术开发,大学从事基础研究,产学研结合并健全法制保障的国家创新体系。

在科技创新法律方面,韩国不断完善有关科技法律体系,主要有《科技振兴法》《技术开发促进法》和《技术开发投资促进法》。2001 年制定的《科学技术基本法》可谓是推动韩国科技进步的根本大法。韩国认为,高效科技创新必须依靠国家总体战略,形成创新科技的社会合力。依法施政便于规范科技研发的合理竞争,依法保护知识产权,有效发挥国家和企业等民间机构在科技创新中的有机互动作用,确保科技的良性发展机制。①

韩国是资本主义世界中少有的实行"五年计划"的国家,历次"五年计划"均将科技创新摆在经济发展的重要位置,并且随经济发展的重点不断调整科技重点。20 世纪 60 年代韩国启动了第一个经济发展五年计划,此时的科技政策重点建立技术培训体系、科技发展的法律和组织架构等。20 世纪 70 年代工业发展重点向资本和技术密集型工业转化,科技政策的重点也偏向了加强重工业和化学工业等工程技术的教育上,促进国内研究与开发来满足工业需要。20 世纪 80 年代工业政策力求保证深入发展和稳定。科技政策主要对建立本土研发能力给予优先权。通过加强研究生教育、吸引海外人才等办法,培养了一批高水平的科学家和工程师。90 年代末,政府颁布了数条创新措施,如制定《科技创新特别法案》、实施"科技创新五年计划(1997—2002)"、执行"高级先进国家(NAH)研究与开发计划(1992)"以及"创造性研究计划(1997)"等等。2001 年以来韩国政府又推出进入新世纪后为期五年的《科学技术基本计划》,对信息通信、生物工程、纳米、航空航天等国家战略科技进行攻关。近年又启动了定名为"十大新一代成长动力"的科技发展

① 李明星:《韩国科技发展与创新》,载《企业管理》2006 年第 3 期。

工程,重点发展数码广播、智能型机器人等十大高新技术产业。①

四、对比与借鉴

重视创新是美日韩三国创新驱动发展历程的共通之处,在具体的实施过程中,三国各有侧重。首先是战略方向的重点有所区别。美国自从20世纪初以来即引领世界科技发展潮流,处于世界科技链条的顶端,故此,美国一直采取的是创新战略;日本与韩国最初采取的是跟踪模仿的赶超型战略,其后随着自身科技能力的提高和经济结构的转型,在20世纪80年代末开始采取主动创新战略,力争走在世界前沿。就我国而言,也已经走到了日韩20世纪80年代末的阶段,跟踪模仿战略已经不适应中国的发展,主动创新应当成为中国创新的战略方向。

美国的创新驱动历程中,最为显著的一个特点是重点投向战略性项目和基础研究科目,以重大科技项目为先导,科技成果成熟以后,迅速转为民用。重大科技项目成为引领美国创新发展的重要引擎。例如美国的"曼哈顿"原子弹计划,"阿波罗"登月计划,以及90年代的"信息高速公路计划",均是举全国之力发展一个重大专项,之后再将成果推向民用,取得了巨大的国防、经济、社会效用。

日本的创新驱动历程带来的重要启示是,在一国创新驱动初期,引进境外先进技术是后发国家实现赶超型、跨越式发展的重要途径。引进、消化、吸收、再创新是一条创新驱动的捷径,但是,捷径不是一条长久之路,欲实现长久的创新驱动发展,必得重视本国的创新能力培育,在引进、消化、吸收、再创新之外,重视原始创新和集成创新。

在韩国的创新驱动历程中特别需要强调的是政府的作用。韩国政府在韩国创新发展历程中起到了核心作用。韩国的做法包括:在政府组织架构中一再提升科技管理部门的地位,组建国家级的跨部门综合协调机构。在创新发展初期,政府主导科技政策走向,注重宏观科技规划,根据产业结构适时调整科技政策;在创新发展中后期,一大批企业成长起来之后,创新体系由政府主导型向企业主导型转变,确立并强化企业的科技创新主体地位。中国要建成创新型国家的基本框架,就必须下大力气抓好企业的自主创新能力培育工作,尽快实现科技发展体制的政府主导型向企业主导型的转变。② 市场的归

① 秦涛、黄军英等:《韩国科技发展战略和政策初探》,载《科学学与科学技术管理》2005年第3期。

② 李安方:《创建创新型国家的韩国经验与中国借鉴》,载《世界经济研究》2006年第10期。

市场,政府的归政府。政府主要做好科技政策的宏观管理,为企业营造良好的发展环境,同时在基础研究、政策支持等方面做好自己的工作,增加对行业共性技术研究开发的投入。

第二节　美国、日本与韩国创新驱动发展引领知识产权变革

一、国际背景

(一) 以TRIPS为核心的知识产权国际条约体系的形成

自1994年签订《与贸易有关的知识产权协定》(TRIPS)以来,以TRIPS为核心的国际知识产权法律制度逐步建立与完善,现已形成以TRIPS为基础,包括规制工业产权(专利权、商标权)的《保护工业产权巴黎公约》,迄今影响最大的著作权公约——《保护文学艺术作品伯尔尼公约》,世界知识产权组织(WIPO)管理的《WIPO版权公约》《WIPO表演与录音制品公约》,关于商标国际注册的《商标国际注册马德里协定》等条约以及联合国教科文组织管理的《世界版权公约》在内的知识产权国际协调体系。截至2013年10月,世界知识产权组织已有186个成员,占全球国家与地区总数的83%以上,成员数量上的增加,也表示着国际知识产权制度的影响力日益增强。WIPO和WTO下与贸易有关的知识产权理事会等国际组织,为国际知识产权制度形成、完善及国际知识产权争端的解决提供了国际环境下的常设机构。这些国际组织依据其组织章程或条约的行政条款确定的宗旨与职能所持续开展的大量的知识产权国际保护活动,不仅有力地推动了知识产权制度的国际协调,而且积极地"促进了知识产权领域的国际合作和科学、技术与文化的进步,从而在建立国际经济政治新秩序中发挥了重要作用"。①

(二) 创新驱动发展引领国际知识产权体系不断完善

上文已经谈到,最早提出创新驱动概念的是美国经济学家迈克尔·波特,他把经济发展划分为4个阶段:第一阶段是要素驱动阶段,第二阶段是投资驱动阶段,第三阶段是创新驱动阶段,第四阶段是财富驱动阶段。他认为经济发展的第三阶段就是创新驱动阶段。② 而国际知识产权制度的建立实

---

① 古祖雪:《国际知识产权法——一个新的特殊国际法部门》,载《法学评论》2000年第3期。
② 参见洪银兴:《关于创新驱动和创新型经济的几个重要概念》,载《新华日报》2011年8月26日。

际上也是对某一阶段特定创新活动的良好反映。

自知识产权最早由生活在17世纪中叶的法国学者卡普佐夫提出以来,国际知识产权保护规则、理论不断完善发展。1790年对版权进行保护时只保护本国作品,排斥对外国公民作品的保护,而且在某种程度上鼓励盗版。第二次科技革命开始后,1884年《保护工业产权巴黎公约》的签订,正是对当时出现的专利发明、商标权等与工业相关的产权领域缺乏法律、制度规范的弥补。第三次科技革命以进化论、相对论、量子论等为标志,第四次科技革命是生物、能源革命,这两次科技革命引发了原子能、信息通讯、航空航天等一系列技术和产业的兴起。[①] 这一时期的知识产权重大事件包括美国全力推行、促进知识产权与贸易挂钩,"信息高速公路"计划,世界知识产权组织的成立与快速发展,TRIPS的谈判与签订等等,都是为了适应知识产权事业全球化、国际化脚步而作出的知识产权制度变革。第五次科技革命,由电子和信息技术的普及应用开启,而随着互联网技术的普及和移动互联网的发展,全球正处于半个世纪以来的又一次重大技术周期之中,这一时期国际知识产权制度进一步完善:世界知识产权组织成员国增长到186个,占全球国家总数的96%以上;英国于2011年发布《英国知识产权国际战略》,鼓励利用知识产权开拓更为广阔的国际市场;同一年日本也颁布《知识产权战略推进计划》以应对全球化、网络化带来的挑战。

知识产权制度之所以变化得这么快,有学者总结认为这是由一国知识产权水平与其经济实力、科技能力是否相适应决定的。如果一国的知识产权保护水平高于其本土技术能力、经济能力和相关公共政策体系的支持能力,那么这种制度不仅不能达到刺激发明创造,刺激科技投资和引进、吸收外来技术的目的,而且还会加大知识的学习和传播成本,抑制本土的模仿行为,阻碍自主创新能力的提高。[②] 针对即将到来的第六次科技革命,国际知识产权制度为谋求进一步发展更要遵循创新驱动发展的最新要求,适应全球化、一体化的大趋势。

二、美国

(一)美国知识产权制度的发展背景

知识产权的发展离不开美国,它的知识产权制度对世界各国都有很大的

---

① 参见马一德:《创新驱动发展与知识产权战略实施》,载《中国法学》2013年第5期。

② 谢晓尧、陈贤凯:《知识的产权革命——知识产权立法的"中国奇迹"》,载《法学评论》2010年第3期。

影响。美国于1787年通过了宪法,以法律形式规定“国会要促进科学和有用的工艺的进步”。美国《宪法》第1条第8款明确规定,其赋予发明人专利权的目标是为了“促进科学及有用技术的进步”,“在有限时间内给予作者、发明者以专有权”。美国宪法是世界上唯一一部写有“知识产权条款”的宪法。[①] 1790年美国国会又通过了专利法,奖励“有用的科学发明和技术创新”。在这一系列措施的激励下,到1880年,美国已经是西方第二经济大国,1890年,更是跃居世界第一,许多工业产品的产量都居世界首位,其黄金储量占70%,成为世界经济的霸主。

第二次世界大战后至20世纪五六十年代,美国科技、经济实力骤然增长,在资本主义世界经济中占有全面的优势。从1945年到1968年,凯恩斯主义风靡美国[②],经过恢复与改造,到20世纪60年代末,美国经济持续发展,其西部、南部等地区呈现繁荣景象。

然而,20世纪70年代,由于凯恩斯主义失灵,美国经济陷入“滞涨”[③](停滞性通货膨胀)困境,失业率迅速增高。“滞涨”状态主要表现在以下几个方面:第一,通货膨胀严重。第二,经济增长速度减缓,其他国家经济发展迅速,大大缩小了与美国之间的差距。1980年,美国在资本主义世界的经济比重已经降到了26.7%。第三,劳动生产率降低,工业份额下降,在工业生产的一些关键性领域中,美国的竞争优势日渐削弱,特别是在1975年到1980年下降到一个非常低的数值,只有1.7%,远低于同时期的日本、法国甚至意大利。第四,工业产品竞争优势削弱。美国在国内产品市场中的一部分尖端技术领域尚且保持着领先优势,但这种领先优势逐渐削弱,有的部门已经为日本和西欧所代替。

因此,美国政府和产业界对此进行了深刻反思,认为美国在全球经济竞争中最大的资源和优势仍然在于科技和人才,而由于知识产权保护不力,使得外国能够轻而易举模仿,并凭借劳动力和制造业的廉价成本优势实现了经济快速发展。如何将技术和人才转变成生产力资源显得非常重要。于是,卡特总统在1979年提出“要采取独自的政策提高国家的竞争力,振奋企业精神”,并第一次将知识产权战略提升到了国家战略的层面[④],旨在解决科技成

① 徐瑄:《专家学者谈〈纲要〉(四):美国知识产权宪政机制与中国战略对策》,载《知识产权报》2008年6月18日。

② 参见王健:《美国政府的宏观调控》,载《宏观经济管理》1998年第7期。

③ “滞涨”指资本主义世界经济停滞和物价持续上涨同时并存的经济状况。参见李成鼎:《“滞涨”是资本主义经济危机在今天的表现形式》,载《理论月刊》1987年第9期。

④ 赵立新:《国外知识产权战略浅析》,载《技术与创新管理》2006年第5期。

果怎么通过法律固化带动技术创新，怎么将知识产权糅合进经济制度中。在这种背景下，美国的目标就是要遏制日本、欧洲的经济赶超。

1. 推进“与贸易有关的知识产权”

20世纪80年代中后期，面临经济衰退的美国将其国际竞争力下降的主要原因归咎于其知识产权没能在世界范围内得到保护，认为其在经济竞争中最大的资源和优势在于科技和发明，有效保护海外知识对美国经济至关重要。

美国在制定知识产权国家战略之后，进行了一系列国内法律的修改，同时针对日本半导体技术、汽车技术的迅速发展，反思自身如何在技术上取得突破成果。由于美国是贸易大国，此时它企图通过国际条约将其高标准的知识产权制度推向世界各国，极力推行知识产权与贸易挂钩。美国在1986年发起的关贸总协定乌拉圭回合谈判中将知识产权保护纳入关贸总协定的框架①，称之为“与贸易有关的知识产权”。1988年，里根总统签署了《综合贸易与竞争法》，在对不公正的贸易行为进行报复的301条款上增加了一条“特别301条款”②，把知识产权单独列为一项，对不保护美国知识产权或者阻碍美国知识产权企业进入其市场的国家进行调查并实施贸易制裁。

这里有必要对“特别301条款”作一番解释。“301条款”原指美国1974年修订《贸易法》制定的第301条，其实质是一种非贸易壁垒报复措施或者说是一种威胁措施，即当其他国家有美国认为的“不公正”或“不公平”的贸易做法时，美国贸易代表可以决定实施撤回贸易减让或优惠条件等制裁措施，迫使该国改变其“不公正”或“不公平”的做法。目前的“301条款”是以《1988年综合贸易与竞争法》为基础制定的，该法授权美国单方面向其他违反《关税与贸易总协定》，不公平地限制美国的商品、劳务或坚持不合理的或歧视性的政策及行为的国家征收报复性关税。其内容包含着“一般301条款”“特别301条款”（关于知识产权）、“超级301条款”（关于贸易自由化）和具体配套措施，以及“306条款监督制度”。因而“301条款”可以称为301条款制度。一般301条款是美国贸易制裁措施的概括性表述，而“超级301条款”“特别301条款”、配套条款等是针对贸易具体领域作出的具体规定，构成了美国“301条款”法律制度的主要内容和适用体系。其中的“特别301条款”是针对知识产权保护和知识产权市场准入等方面的规定。

① 参见李明德：《“特别301条款”与中美知识产权争端》，社会科学文献出版社2000年版，第1—6页。

② 汪涌：《美国贸易法特别301条款分析与对策》，载《知识产权》1996年第1期。

“特别301条款”的核心是以美国市场和经济制裁为武器，迫使其他国家接受美国认可的知识产权保护标准，并以该标准保护进入其国内市场的美国的知识产权。按照“301条款”，如果其他国家想让自己的商品顺利进入美国市场，就必须以同等条件向美国商品开放其市场。一旦美国认为哪个国家或地区的贸易政策、法规和做法不符合美国所认可的标准，阻碍了美国商品的输入或损害了美国的贸易利益，美国就会以征收高额关税或限制进口等方式，强迫贸易伙伴改变其政策、法规和做法。①

在启动和运用“特别301条款”时，美国贸易代表具有绝对的权力，其个人可以把对美国知识产权不给予充分、有效保护的国家纳入“观察名单”和“重点观察名单”之中。而被该代表认为是拒绝对美国的知识产权给予“充分、有效的”保护，或者剥夺享有知识产权保护的美国公民“公平地进入其市场的机会”的国家，则可以被列入“重点国家”名单。确定“重点国家”的标准有三个方面：一是该国采取的法律、政策与做法拒绝对美国的知识产权给予“充分、有效的”保护，拒绝对依赖于知识产权保护的美国商号或个人给予“公平的市场准入”；二是该国的上述法律、政策和做法对美国有关知识产权产品造成了最不利的现实或潜在的影响；三是该国尚未就上述问题与美国进行谈判，或者在双边、多边谈判中未取得重大进展。

在“301条款”的制度设置中，美国任何利益相关人都可以向贸易代表提出申请，要求就某种外国贸易做法进行调查。在接到该申请的45日内，美国贸易代表必须决定是否受理该申请，受理后调查就开始启动。美国贸易代表也可以不经有关“利益相关人”的申请而自行决定对某国的贸易法律、政策或做法进行调查。调查结束后，美国贸易代表必须裁定美国与被控国家贸易协定条款下的权利是否被剥夺，或者被控国家是否存在不公平的贸易法律、做法或政策，以及美国贸易代表应采取何种行动以消除这些不公平贸易法律、做法和政策。

“特别301条款”对中国的知识产权法律产生了巨大的影响。中国社会科学院知识产权中心副主任、中国法学会知识产权法研究中心秘书长李顺德博士在接受《21世纪经济报道》记者的采访时就谈到：中美之间的知识产权摩擦始于“特别301条款”。该条款是利用贸易政策推行其价值观念的一种手段，其威力不在于条款本身，而在于它带来的制裁性后果和制裁的可能。1989年实施的“特别301条款”被认为是美国将知识产权问题与贸易问题捆

① 李明德：《“特别301条款”与中美知识产权争端》，社会科学文献出版社2000年版，第61—67页。

绑的标志。中美历史上重大的、正式的知识产权谈判共有四次。1989 年“特别 301 条款”实施第一年,中国就进入了 4 个重点观察国家的名单(当时还没有重点国家)。1989 年 5 月开始的第一次中美知识产权谈判达成了一个非正式意向书,即原则上希望中国在 1990 年前出台《著作权法》。1991 年 4 月中国再次进入“特别 301 条款”重点国家名单,在最后双方达成的备忘录中,对以下四方面提出了立法和修改的明确要求:药品和农业化学物质,文学、艺术作品以及唱片,计算机软件和商业秘密。“特别 301 条款”与“337 条款”①的不同威力在于迫使贸易往来的国家按照美国保护知识产权的理念来修订自己国家的贸易政策和法律。

经过多轮艰苦谈判,1994 年《与贸易有关的知识产权协定》签署,知识产权的国际保护与国际贸易多边机制——即世界贸易组织(WTO)紧密结合起来。这样,知识产权保护便成为美国对外贸易政策的基本组成部分,为美国抓住第五次科技革命的成果带来了制度保障。

2. 信息高速公路计划

20 世纪 90 年代,信息产业迅猛发展,世界经济结构从物质型向信息型、从本土化向全球化的方向发展,社会生产活动和人们的日常生活对信息服务提出了日益多样化的需求。美国政府也认识到了这点,开始重视发展信息技术以促进经济增长。克林顿总统于 1992 年在其《复兴美国的设想》中指出,“为了使美国再度繁荣,就要建设 21 世纪的‘道路’”,也就是所谓的“信息高速公路”②。这是“信息高速公路”计划正式提出,该计划使得美国政府致力于支持发展信息产业,特别致力于因特网的改进及普及。1994 年,美国政府提出建设全球信息基础设施的倡议,旨在通过卫星通讯和电信光缆连通全球信息网络,形成信息共享的竞争机制,全面推动世界经济的持续发展。但是,以网络技术、数字技术和多媒体技术装备的信息高速公路的兴建和运营,以及由此产生的信息新产品和服务对当时的知识产权制度提出了严峻的挑战,其中最典型的就是信息网络内部运行与服务所衍生的知识产权问题。这个问题解决不好,就有可能使信息网络出现尽管“道路”四通八达,但“车辆”寥寥无几或者有“车”无“货”的局面,从而阻碍信息高速公路的发展。③ 因此,

---

① 美国“337 条款”是美国《1930 年关税法》第 337 节的简称,主要是用来应对进口贸易中的不公平竞争行为,特别是保护美国知识产权人的权益不受涉嫌侵权进口产品的侵害。参见李巍:《对美国关税法第 337 条款的剖析》,载《政法论坛》1997 年第 5 期。

② 薛维明、高黎新:《为什么要建设信息高速公路》,载《中国管理信息化(会计版)》1998 年第 1 期。

③ 郑友德:《信息高速公路中知识产权保护的若干问题》,载《法学研究》1997 年第 4 期。

如何调整和完善知识产权制度,使之适应国家信息基础设施建设的需要,引起了美国的高度重视。1995年9月,美国信息基础设施专门工作组下属的知识产权工作小组,提交了一份"关于知识产权和国家信息基础设施"的白皮书。主要论述了著作权法及其对信息高速公路的应用与影响。① 参加白皮书起草的除美国专利与商标局、美国版权局外,还包括美国商务部、国防部、教育部、能源部、财政部、国家科学基金会等26个国家部门和机构,可见其重视程度非同一般。

至此,美国通过20世纪80年代的知识产权与世界贸易组织(WTO)挂钩战略、90年代的信息高速公路计划,形成了以专利为核心,以跨国公司为主体的知识产权防御壁垒。同时美国利用其在国际社会上的经济和政治地位,强行对发展中国家推行严格的知识产权保护制度体系,以确保其在海外市场的利益和对国际贸易的控制。在美国的推进下,知识产权制度完成了从纯法律概念到法律与贸易紧密结合的蜕变。

进入21世纪之后,美国日益重视从战略角度主动部署、积极调整知识产权政策。2010年7月,美国专利商标局公布《2010—2015财年战略计划草案》,首次提出将制定《21世纪国家知识产权战略》。2010年6月,美国政府公布了由知识产权执法协调员艾斯比奈尔提出的《知识产权执法联合战略计划》,几乎涵盖了美国政府知识产权执法的所有领域。2010年7月29日美国众议员弗兰克·沃尔福向众议院提交了一份题为"制造行业 & 就业机会转移回国战略"的法案,旨在制定国家制造业战略以创造工作岗位和促进知识产权保护。②

(二)美国知识产权制度的特色

第一,在知识产权立法完善方面,根据个人、企业以及国家的利益要求,不断修改完善传统知识产权立法(包括专利法、版权法、商标法等),动作较为频繁。

首先,在专利法领域,美国自1790年通过第一部专利法开始,专利法就在不断修改和完善。美国专利制度是条文法与判例法的混合体,美国专利法属联邦法,由国会制定,专利法实施细则和审查指南由专利商标局制定。专利法的规定比较宽泛,而涉及的具体内容往往在实施细则中予以规定。这在较大程度上使美国专利制度具有灵活性和可操作性。其中美国专利法的如下几次修改具有重大意义:1952年的修改奠定了美国现代专利法的基本框

---

① 郑友德:《信息高速公路中知识产权保护的若干问题》,载《法学研究》1997年第4期。

② 参见李丽娜:《美国知识产权政策调整动作频频》,载《中国发明与专利》2010年第11期。

架，规定了授予专利权的三个条件——“新颖性、实用性以及非显而易见性”；1999年修改了美国的专利审查、专利保护期和复审等制度，强调充分保护发明人的利益；2004年的修改弥补了“非显而易见性”标准的漏洞；2011年9月16日，美国总统奥巴马签署了对美国专利法进行重大变革的《美国发明法案》(AIA)，改“先发明”制度为“先申请”制度①，适应目前世界上绝大多数国家都采用先申请制的潮流，扩大了现有技术的范围，实行绝对新颖性，即将现有技术的范围从仅限于美国境内的现有技术扩展到“凡世界范围内以专利、公开出版物、公开使用、销售或其他方式为人所知的技术均构成现有技术”②，增加了4种对专利有效性提出质疑的新程序，扩展了某些侵权抗辩，并取消或弱化了某些抗辩，取消一些可授予专利权的主题。这是美国专利法自2005年以来取得的又一实质性突破。

其次，在版权法领域，美国第一部《版权法》颁布于1790年，在随后的二百多年中，美国采用全面立法的模式加大对知识产权的保护力度，通过对《版权法》的历次修改以及大量单项法律法规的颁布来完善其知识产权法律体系。1980年，美国《版权法》将计算机软件列入作品范围；1982年，颁布《反盗版和假冒修正法案》；1984年将录音作品列入版权保护范围；1990年首次将作者的精神权利纳入版权法保护范围；1998年通过颁布《版权期间延长法案》和《数字千年版权法》，成功延长版权保护期限，扩展作者数字化版权权利内容；2002年又通过了《技术、教育和版权协调法案》，力图解决远程教育和版权协调问题；2005年则通过《家庭娱乐与版权法》，进一步加大了对美国电影版权的保护力度。

另外，在商标法领域，美国于1870年颁布第一部商标法，并与1881年基于宪法中的“贸易条款”制定新的商标法，建立了较为完备的商标法体系。后来美国商标法经过1995年的修订，对驰名商标的保护作出了特殊规定——即禁止他人未经授权使用已经驰名但未注册的商标；1999年的修订增加了对商标和域名保护的规定。

第二，注重加强调整知识产权利益关系，鼓励转化创新。1999年，美国国会通过的《美国发明家保护法令》强调对大学、国家实验室在申请专利及利用专利等方面的保护，“加速产、学、研结合及创办高新技术企业方面发挥更大的积极性”。③ 2000年通过的《技术转移商业法案》则进一步简化了归

---

① 参见柯思鹰：《解析美国专利法修改后的新规定》，载《中国知识产权报》2012年7月5日。

② 参见吴艳：《美国专利法修改了，你会灵活应对吗？》，载《中国知识产权报》2011年10月24日。

③ 杨起全、吕力之：《美国知识产权战略及对中国的启示》，载《世界标准信息》2005年第3期。

属政府的科技成果的运用程序,对保持科技工作者的积极性、创造性发挥了重大作用。

第三,将知识产权与国际贸易挂钩,完成知识产权法律制度与贸易的紧密结合。美国政府通过其综合贸易法案,利用与知识产权有关的"特别 301 条款"遏制竞争对手。"特别 301 条款"和"337 条款"共同构成了用国内法对付外国侵权行为的手段,这就是美国知识产权保护的第一次国际延伸。① 同时,美国又积极推动世贸组织《与贸易有关的知识产权协定》(TRIPS)的谈判与达成,从而迫使国际社会形成了一套对美国十分有利的关于知识产权的新的贸易规则。作为乌拉圭回合谈判产生的最后 21 个文件之一,TRIPS 是全球第一个全面而有效地保护知识产权的规则体系。它要求 WTO 成员修改国内法,提高本国保护知识产权的水平,可视为美国将其国内知识产权保护标准的"第二次国际延伸"。

(三) 美国知识产权制度的启示

第一,政府在实施知识产权战略的过程中应当发挥突出性作用。政府"不仅是公共政策的制定者也充当干预者,同时还承担谈判者的角色"。② 譬如,美国政府将其国内法规范("特别 301 条款""337 条款")用于国际贸易保护;在 TRIPS 谈判过程中,极力推进知识产权与贸易挂钩,试图将其国内知识产权保护水平国家化。

进入 21 世纪以后,知识产权已成为世界各国的竞争焦点,成为衡量国家技术实力、经济发展以及国家综合实力的重要指标。在与其他国家进行知识产权竞争的过程中,我国政府应当吸收美国这方面的经验,主导国家知识产权战略的实施。首先,在国内知识产权法律规范完善方面,我国政府应当注重根据本国的经济社会发展状况和我国大、中、小企业的特点制定和调整相关法律,加强知识产权保护,以法律制度的修改与完善作为知识产权战略实施的基本前提。其次,在国际方面,我国政府亦应当学习美国将其国内知识产权认识上升为全球共识的做法,积极参与国际条约谈判,增强我国在知识产权国际环境中的影响力,为支持国内知识产权战略实施并提高本国国际竞争力,拓展国家发展空间。

第二,推动企业成为知识产权创造、运用和保护的主体,促进各类创新成果的市场化、产业化。

企业应当是技术创新的主体,也应当是知识产权相关工作的主体。在美

① 严燕:《美国知识产权保护制度带给我们的启示》,载《安徽科技》2008 年第 8 期。
② 崔伟:《美国知识产权战略特点及对我启示》,载《国际技术经济研究》2004 年第 3 期。

国,其专利申请都是以企业为主,许多跨国公司拥有数量巨大的知识产权,如早在2001年,IBM公司就拥有专利34000项,朗讯公司拥有专利24000项。[①]与这些处于发达国家的大公司相比,我国企业的创新能力尽管在近十几年来进步迅速,但还是跟它们有着较大的差距。美国历史上第200万号专利证书已于2012年颁发,我国也已于同年7月签发了第100万号发明专利,虽然创造了27年间发明专利授权量达到100万件的全球耗时最短纪录[②],但是我国专利不论是在数量上还是质量上都不能与美国相提并论。因此,我国政府应当引导企业成为知识产权创造、运用和保护的主体,企业自身也应当从切身利益出发,将知识产权相关工作贯穿于企业技术创新的全过程,充分发挥知识产权的经济价值,提高企业竞争力。

第三,建立健全有利于技术创新的科学的管理体制,健全知识产权激励机制。

美国知识产权战略的实施,十分注重为技术创新创造优良环境。然而,从我国目前的状况看,"知识产权在经济、科技活动评价指标体系中所占比重较小,有关部门专利权归属与利益分配的激励机制尚不健全"。[③] 我国应重点研究解决专利工作与有关科技计划管理的衔接与协调问题,健全技术创新的管理体制、知识产权的激励机制。通过知识产权制度的建设,为科技创新与经济发展营造良好的法律环境、政策环境。

三、日本

(一)日本知识产权制度的发展背景

第二次世界大战后,日本确立了"技术立国"的强国战略,走的是一条引进和消化欧美技术为主的模仿型技术发展道路。在此期间,日本实行了经济民主化改革,重点发展民营企业,并且进行了农地改革,使得日本经济经历了快速发展的20年。[④] 20世纪70—80年代,日本企业经过前一时期的积累,其创新能力和竞争力显著提高,尤其是在技术上已经跨入先进国家行列。70年代,日本的半导体技术、汽车技术以及电子技术已经在北美市场上非常流行,如丰田汽车、本田汽车以及索尼公司的电子产品在美国、加拿大非常受欢迎,其半导体技术更是有后来居上之势。譬如1978年,日本本田汽车在美

① 李健:《专利之争+标准之争》,载《南方周末》2001年11月2日。

② 参见《解读我国第100万号发明专利签发的背后》,见中国经济网,http://www.ce.cn/cysc/zljd/gd/201207/17/t20120717_21194154.shtml,最后访问日期:2013年11月5日。

③ 祝晓莲:《美日两国知识产权战略:比较与启示》,载《国际技术经济研究》2002年第4期。

④ 参见陈晴、王宇:《日本知识产权战略及对我国的启示》,载《中国科技产业》2008年第1期。

国的销售量就超过了德国大众。日本企业开始大规模进军美国市场,在技术领域,对美国的霸权地位提出了挑战。这种引进与创新相结合的战略带来了日本经济的飞速发展,使日本仅花不到30年的时间就成为仅次于美国的世界第二大经济强国,实现了重大飞跃。

日本经济初期崛起的原因主要在于国家干预方式和企业内部的经营管理特点对经济发展的巨大推动作用。

在国家干预方面,日本采取引进国外先进技术的方针,根据本国经济发展的条件和实际需要,有选择有重点地进行干预。20世纪50年代主要引进电力、钢铁、机械制造等基础产业部门的传统成套设备和技术,60年代逐渐转向以购买专利为主来引进新兴技术,70年代中期开始为了实现从资本密集型产业向技术、知识密集型产业转变,又以引进尖端技术为主。1950—1973年,日本共引进技术21852项,是当时世界上引进技术最多的国家之一。① 为了对引进技术进行吸收改造,日本不惜花费巨额资金,吸引优秀人才,在仿造的基础上博采众长、改革创新,并且积极发展教育事业,培养本国的技术力量。1956—1978年期间,日本教育经费在行政费中的比率约达20—23%,1978年的教育经费占国民总收入的7.1%,同年人均教育经费相当于1950年的51.46倍。② 与此同时,对于这些引进技术的审查,50年代的日本对引进技术一直执行较为严格的审批制度,直到60年代以后日本经济实力和外汇支付能力加强后政府才放松这方面的管理。

在企业内部的经营管理方面,日本企业在这一时期结合国情,将全面质量管理发展得更具有综合性,成为综合性的全面质量管理③,也就是说,企业中所有部门、所有人员都以产品质量为核心,把专业技术、管理技术、数理统计技术集合在一起,建立起一套科学严密高效的质量保证体系,控制生产过程中影响质量的因素,以优质的工作、最经济的办法提供满足用户需要的产品,以此促进企业的迅速发展。

然而自进入20世纪90年代后期以来,日本在高技术领域的竞争力开始落后于欧美,而在传统工业和劳动密集型产品方面,随着中国等亚洲各国产业的急剧发展,日本发现其国内制造业领域的优势有所削弱,产业竞争力开始下降,且日本产品的成本优势有所丧失。这不仅是因为日元不断升值,而且是因为以中国为代表的发展中国家的产品开始进入国际市场,并且具备更

---

① 徐艳玲:《战后日本经济高速发展原因分析》,载《高等函授学报(哲学社会科学版)》1995年第6期。

② 同上。

③ 张贵恩:《企业全面质量管理》,中国经济出版社1990年版,第9页。

为明显的成本优势,因而这些发展中国家的产品对日本的产品形成了新一轮的挑战。在这种情况下,2002 年 2 月,日本首相小泉纯一郎在施政方针演说中提出:“把研究活动或创造活动的成果作为知识产权从战略上给予保护和利用,把加强本国产业的国际竞争力作为国家的目标”,从而将知识产权保护提升到国策的高度。2002 年 3 月召开第一次“知识产权战略会议”,自那以后到 2003 年 1 月的短短 10 个月时间,日本总共召开了 8 次“知识产权战略会议”,确定了知识产权战略为日本的立国之策。① 2002 年 7 月,日本国会出台了《知识产权战略大纲》,同年 11 月 27 日,日本国会通过了政府制定的《知识产权基本法》,为“知识产权立国”提供了较为完善的法律保障。2003 年 2 月,日本政府决定在内阁设立知识产权战略本部,首相小泉纯一郎亲任部长。新成立的知识产权战略本部在 2003 年 6 月公布了“知识产权推进计划”,提出了 270 项需要落实的具体措施,着重提高知识产权相关领域的工作效率,并从法律、制度方面加强知识产权的保护。2004 年 5 月,制定了《知识产权推进计划 2004》,提出了需要落实的 400 项具体措施。2005 年 6 月,制定了《知识产权推进计划 2005》,又提出了 450 项具体措施。自 2003 年起,日本每一年都会公布其知识产权推进计划,明确政府部门在知识产权工作中的职责,加强政府部门对知识产权管理工作的支持力度,并努力地在全社会普及知识产权知识,促进形成知识产权文化。② 自此,日本国家战略从“技术立国”向“知识产权立国”转移。

(二) 日本知识产权制度的特色

日本在其《知识产权战略大纲》(2010)中指出:“知识产权立国就是要大量创造知识产权并对此加以保护和利用,以此谋求日本经济和文化的持续发展。”旨在通过进一步推动日本知识产权的创造、保护和利用,从而提高日本的国际竞争力来进行社会和经济的复苏。

首先,日本政府将知识产权战略的重点放在激励知识产权创造、加强知识产权保护以及推进知识产权应用上。在激励创造方面,日本知识产权战略以大学、研究机构和企业为中心,促进知识创新和发明创造。完善教育环境,培养创造性人才——日本 2002 年发表的《知识产权战略大纲》指出培养出出色的创造性人才的当务之急在于“从初等、中等教育到高等教育采取一整套的对策来推行激发创造性的教育”,即在教育的各个阶段分层次、按重点

---

① 《保护知识产权是怎样成为国家战略的》,载《南方周末》2006 年 5 月 4 日。

② 那英、闻雷:《日本的知识产权战略》,载《知识产权》2004 年第 4 期。

推进知识产权教育和人才培养。① 在大学和科研院所中建立和完善知识产权管理体系，健全技术转让机构，强化激励机制，将知识产权作为评估教师、研究人员研究开发成果和业绩的指标，改革和完善在职发明制度、知识产权归属制度，加强高新技术领域的研究开发，等等。② 同时为了强化知识产权保护，加强知识产权司法审判机构建设，改革审判制度，提高审判效率，完善保护高新技术领域的知识产权技术成果，另外还应加强国际合作，构筑国际信息网，积极主动利用 WTO 争端解决机制等。此外，为了促进知识产权的应用，促进知识产权的转让和流通，日本推行知识产权经营战略，使企业真正把知识产权作为其竞争力的源泉，有效地运用知识产权，促进大学和公共研究机构知识产权的转让和流通，力图实现科研成果产业化，建立和完善知识产权价值的评价体系等等。

其次，日本知识产权战略的特色还在于其大力发展多媒体产业。譬如，日本的动漫、电影、音乐、游戏软件等本来在世界上就具有独特优势和广泛影响，日本的知识产权战略服务于这些产业，使得他们可以利用这些带有日本"特色"的知识文化资产扩展海外市场，创造更大价值，促进经济复苏与发展。

此外，政府介入知识产权的保护、利用与管理也是日本知识产权战略的一大特色。当前，日本政府通过知识产权战略的实施，开始以行政指导、行政合同等高效、快捷、灵活的行政方式，积极介入知识产权保护。如着手建立便捷的专利审查制度，实施与国际惯例接轨的专利审查标准等等。③ 司法机关也开始介入知识产权的查处工作，改革司法制度，扩大审判官队伍，提高审判效率和透明度等等。

（三）日本知识产权制度的启示

第一，将知识产权战略作为立国战略，通过知识产权来抢占国际竞争制高点。在知识经济时代，国与国之间的竞争实际上就是知识产权竞争，知识产权作为当今世界国家发展的重要战略资源，其利用与管理已经成为衡量一个国家技术实力的核心因素。"知识产权是维护国家核心竞争力的战略武器，知识产权优势即是国家实力优势。"④因此，日本政府在总结"失去的十年"经验教训的基础上提出其知识产权立国战略，对知识产权产业实施政府

① 参见梅术文、王超政：《中、日国家知识产权战略比较》，载《中华商标》2010 年第 4 期。
② 参见葛天慧：《日本"知识产权立国"战略及启示》，载《前线》2009 年第 7 期。
③ 参见杨书臣：《日本知识产权战略浅析》，载《日本问题研究》2004 年第 2 期。
④ 吴汉东：《知识产权战略：创新驱动发展的基本方略》，载《中国教育报》2013 年 2 月 22 日。

介入、国家干预,给企业对知识产权的利用与发展指明了方向,同时也极大地增强了全社会的知识产权保护意识。我国于2008年颁布了《国家知识产权战略纲要》,正是党和政府对知识产权的重视促使国家制定了这一切实可行的知识产权战略,为规范知识产权保护和利用,为企业提高科技实力,为提升国家竞争力保驾护航。

第二,完善国家干预,为政府介入知识产权保护、利用和管理提供政策、制度保障。2003年2月25日,日本政府决定在内阁增设知识产权战略本部,下设知识产权战略推进秘书处,加大知识产权保护的力度,由首相任部长,并由全体内阁成员和10名在知识产权方面有专长的成员组成。① 因此,我国在借鉴日本的经验时,应当加快转变政府职能,将工作重心转移到为知识产权的发展提供良好的政策支持、法律环境上。将知识产权战略提升到立国战略高度,不仅要加强各职能部门之间的统筹协调,给知识产权保护提供行之有效的保护机制,还要强化知识产权制度本身就应当具有的服务职能,为知识产权的产业化应用提供高效、高质量的服务。此外,针对技术研发,我们还应当推进科技宏观管理改革,完善科研机构、高等院校等知识产权创造、运用的保障机制与考评机制。

第三,以系统方法推进知识产权战略。知识产权战略涉及经济社会的多个方面,必须以系统工程的方法,制订科学的长期战略和详备的实施计划,以保证工作顺利推进。② 知识产权战略的制定与实施不仅需要考虑法律问题,还要做好企业、组织、财政、人才等各方面的问题。同时,知识产权战略不宜宽泛,针对各类问题应当规定有具体的措施,保证战略的可操作性。此外,要根据形势发展和具体情况,对知识产权战略进行修订和完善,保证战略的科学性与时效性。

第四,不断完善知识产权立法,加大与国际接轨的程度。从20世纪90年代起,针对数字化技术、网络化技术以及国际化趋势,日本政府对其施行的知识产权法进行了重新评价和修改。③ 1991年日本修订其《商标法》,增加了对服务标记的保护;1993年修订的《专利法》针对的则是附在专利申请书上的说明书或附图的修订;1991年修改《不正当竞争法》首次在日本将商业秘密确定为知识产权,等等。进入21世纪,日本颁布知识产权战略大纲,成立知识产权战略本部,于2002年11月通过了《知识产权基本法》,进一步完

① 参见:《日本成立知识产权战略总部》,载《人民日报海外版》2003年2月28日。
② 葛天慧:《日本"知识产权立国"战略及启示》,载《前线》2009年第7期。
③ 参见杨书臣:《日本知识产权战略浅析》,载《日本问题研究》2004年第2期。

善了日本知识产权的立法。而尽管我国在加入 WTO 之后，已对《专利法》《商标法》进行了三次修改，对《著作权法》的第三次修改也正在紧张有序的进行当中，但各部知识产权法律之间的重复、矛盾之处，仍然待调整和修改。另外，我国现行知识产权法律法规难以规范日益增多的由高新技术带来的知识产权纠纷，仍需不断完善。

第五，持续重视知识产权的应用，深化全社会对知识产权重要性的认识。知识产品的价值只有通过充分有效的应用才能体现出来。日本非常重视知识产权的应用，通过对大学等单位采用结构一元化管理，强化大学等单位的技术转让功能，建立与技术转让等相关的合同规则，鼓励促进技术转让，并针对企业提出应提高企业管理者的意识，战略性地利用知识产权。① 另外，日本知识产权制度的迅速发展与完善也离不开其社会各界对知识产权的重视，通过统一"'知识产权''产业产权'等知识产权用语，加强启蒙活动以及进行知识产权相关调查统计"②等来提高其国民的知识产权意识。我们应该学习这种经验，在培养知识产权专业人员的同时，也应当重视知识产权的通识教育，让所有人都意识到"知识产权与人的生活息息相关"。

四、韩国

（一）韩国知识产权制度的发展背景

韩国建立知识产权制度的时间并不长，到 1949 年韩国才在当时的商业与工业部下设置专利处，处理所有与专利和商标有关的事务。但韩国知识产权制度的发展很快，在知识产权战略方面积累了许多值得借鉴的经验，是发展中国家知识产权发展乃至科技、经济发展的典范。

1949 年设置专利处标志着韩国现代知识产权制度的开端，但经过 1953 年的朝鲜战争，韩国的工业领域遭到巨大破坏，再加上韩国本身就是一个自然资源贫乏、经济发展条件有限的国家，使得真正属于韩国自己的知识产权制度起步较晚，直到 20 世纪 60 年代才开始建立较为完整的现代知识产权法律体系。1957 年，韩国政府初次制定并颁布了《版权法》，其主要内容来源于日本《版权法》；1961 年至 1963 年，韩国大幅修订《特许法》，将其分离成为《特许法》《实用新案法》和《意匠法》3 部法律；1963 年，重新修订了《商标法》；1977 年，将特许院改设为特许厅，隶属产业资源部管辖。

---

① 参见《日本知识产权战略大纲(2002)》第三章"具体行动计划"之三"促进知识产权利用"。

② 《日本知识产权战略大纲(2002)》第三章"具体行动计划"之四"知识产权相关人才的培养和国民意识的提高"。

20世纪70年代,为维护国内经济增长的良好势头,韩国在1973年修改知识产权法,实行更高标准的知识产权保护政策。20世纪80年代韩美之间发生的一系列知识产权争端给韩国企业引发危机。这一危机给韩国提供的启示是:知识产权的战略性运用是摆脱危机的唯一出路。[①] 因此,自20世纪80年代后期开始,韩国政府在科学技术政策上以出口驱动转变为技术驱动,改变依赖劳动力和出口的经济发展模式。

此外,加入知识产权国际公约,知识产权多边、双边协定等也促进了韩国知识产权制度的完善,韩国于1979年3月1日加入世界知识产权组织(WIPO),1980年5月4日加入《巴黎公约》,1984年8月10日加入《国际专利合作条约》,1988年3月加入《布达佩斯条约》,1995年1月1日加入TRIPS。为适应国际公约的要求,20世纪80年代至90年代末,韩国对知识产权相关法律作了较大修订,基本完成了知识产权法律体系的现代化建设。1986年全文修订《版权法》,加强版权保护;1990年全文修订《商标法》,以适应经济飞速发展和国际交流日益扩大的需要;同年,全文修订《特许法》,增加了保护转基因植物、补正程序等条款;1998年制定了《特许法、实用新案法、意匠法、商标法执行条例》,作为各法执行条例的补充;同年将1961年制定的《防止不正当竞争法》更名为《防止不正当竞争及保护营业秘密法》;1999年,韩国发布《科技发展长远规划2025年构想》;2000年又重新修订了《版权法》和《计算机程序保护法》以适应《WIPO著作权条约》及《WIPO音像制品条约》的要求;同年组织成立了专利技术商业化委员会,2001年制定《科学技术基本法》,该法被称为促进其科技进步的“根本大法”;2003年建立了国家知识产权服务中心;2004年将原隶属商业、工业与能源部的知识产权局转属科技部,以使知识产权更有利于促进科技的发展。[②] 种种措施均旨在使韩国成为21世纪的知识产权强国。

近几年,韩国知识产权事业发展迅速,无论是在法律制度建设还是知识产权的申请量、授权量方面,都取得了显著成效。2009年3月,韩国特许厅联合相关部门研究制定《知识产权的战略与愿景》,提出三大战略目标:一是改善技术贸易收支,二是扩大著作权产业规模,三是提升知识产权国际主导力。[③] 2011年4月29日,韩国国会全体会议通过《知识产权基本法》,成为韩国国家知识产权战略的基础和支柱,协调知识产权各单行法之间的矛盾,将

① 冯晓青:《美、日、韩知识产权战略之探讨》,载《黑龙江社会科学》2007年第6期。

② 参见黎运智、孟奇勋:《经验与启示:韩国知识产权政策的运行绩效》,载《中国科技论坛》2008年第8期。

③ 付明星:《韩国知识产权政策及管理新动向研究》,载《知识产权》2010年第3期。

彼此紧密联系起来,从而实现对知识产权的统一保护。

(二) 韩国知识产权制度的特色

2009年韩国在其发布的《知识产权的战略与愿景》中指出,“在今日社会中,知识和信息都已成为国际竞争力的核心所在”,仅依靠劳动力和资本来发展经济有很大的局限,而“运用新理念和新技术的产品却能够成功地立足于国内和国际市场”。①

首先,为适应以TRIPS为主导的国际知识产权保护标准,强化知识产权制度对技术创新和知识创造的激励作用,提高知识产权制度的行政效率,韩国频繁修改完善其知识产权法律,建立了较为严密的知识产权法律体系。韩国政府一直“重视知识产权在经济发展中的作用,多次修订其知识产权法律,鼓励国外专利的引进和国内专利的国际输出,以促进国际技术转移和本国的技术学习”。② 1995年,韩国成立了知识产权法庭;1997年,延长专利保护期至20年;1998年修改外观设计法,对纺织品设计等实行形式审查并修改商标法;1999年实现实用新型快速登记;2001年对七部相关知识产权法进行了较大幅度的调整,还制定了被称为促进韩国科技进步“根本大法”的《科学技术基本法》。以下以2007年开始实施的修改后的韩国三大传统知识产权法为例进行说明:

在专利法领域,2007年7月1日,修改后的韩国《专利法》正式生效,其中有三点修订值得注意:第一,宽限权利要求书提交日期。根据《专利法》第42条的修订,可以在提出实质审查时或公布前提交权利要求(权利要求暂缓提交),即申请人在递交专利申请日无需提交权利要求书,仅需提交一份发明的详细说明书,但必须在自递交申请日或优先权日起18个月内提交与说明书描述相一致的发明的详细权利要求书。针对PCT申请,其韩国国家阶段从30个月延伸到31个月。第二,放宽说明书的记载内容。根据《专利法》第42条的修订,申请人无需在说明书中对发明的目的、构成和效果进行分别描述。第三,增强对权利要求审查的制度化。根据《专利法》第63条的修订,审查员应本着认真负责的态度对每个存在驳回理由的权利要求详细阐明依据条款,让申请人能够一目了然每项权利要求被驳回的理由。此外,还修改了相关专利实质审查的期限,实用新型专利3年内提出实质审查,发明专利5年内提出实质审查,并对权利要求放宽了描述方式,允许means + function表达方式。

---

① 参见《韩国知识产权管理的愿景与目标》之一“愿景与目标的构建背景”。

② 左中梅、王智源、盛四辈:《中日韩知识产权战略比较研究》,载《学术界》2011年第1期。

在商标法领域，韩国2007年修订实施的《商标法》最大的亮点是规定了“与注册商标近似的商标可以继续使用”的情形，对商标注册人的权利保护带来重大影响，即如果某人使用的商标是他人的注册商标，但是使用商标的时间早于已注册商标的申请日，且没有不正当竞争行为，并在注册商标申请日前，使用人的商标已经被韩国用户认知为其个人的商标，在这种情形下，即使商标使用人的商标和注册商标相同或近似，该使用人仍有权继续使用该商标，类似于我国的商标先用权制度。此外，此次《商标法》修改还有颇多亮点，如韩国首次开始了对部分非传统商标的保护，将可以保护的商标延伸至颜色商标、全息图像商标等视觉能够辨别的其他形式商标；对申请程序上的规定作了一些修正，如将商标的异议期从商标公告之日起30天修改为商标公告之日起2个月。

在版权法领域，2007年修改的韩国《版权法》，第一，引入了向公众传播，比如数字音频传输的概念，包括广播、线上传输的新的方式；第二，允许正规学校的远程教育进行在线传输，借此推进网上教育作为一种新的教育手段的发展；第三，引入了表演者和录音制品制作者对于数据音频传输获得报酬权，数字音频传输组织可以未经表演者或者录音制作者的许可使用录音，但是必须支付报酬；第四，强化互联网服务提供商的责任，从而杜绝非法复制和传播；第五，加大对于侵权行为的惩罚力度。经过修订后的韩国版权法极大程度上加强了版权所有者以及使用者的利益保护。

其次，韩国自1999年起开始实施知识产权行政管理全面创新计划，建立了较为完善且分工明确的、一流的知识产权行政管理制度。

现代工业产权管理于1949年进入韩国，当时的商业与工业部（现已更名为商业、工业与能源部）成立专利处，处理所有与专利、实用新型、工业外观设计和商标有关的事务。1977年该处提升为副部级单位，并更名为知识产权局。2004年，为更有利于促进科学技术的发展和进步，韩国政府将原属韩国商业、工业与能源部的知识产权局转属科技部。① 此外，韩国知识产权保护所涉及的行政部门还有负责版权保护及相关事宜的文化观光部、负责计算机软件保护及管理的信息通信部，以及这些部门下设的各类审议调解委员会和专利厅下设的专利审判院等都承担部分的知识产权行政管理职能，司法、执法部门下设有专利法院、检查厅、警察厅，海关、产业资源部贸易委员会也担负部分保护知识产权的职责。

早在2002年，韩国知识产权局就已完成知识产权服务网络的全面改进，

---

① 参见姜桂兴：《韩国知识产权管理与知识产权战略探析》，载《科技与经济》2005年第5期。

拥有世界最先进的自动化知识产权系统。申请人可以通过因特网填写申请，全部审查程序在线进行；知识产权公告内容可以通过 Internet 进行免费查询和检索。2007 年 7 月 1 日，韩国知识产权局启用新的网上专利申请系统，通过简化申请文件，新增文件撰写功能，增设电子支付服务，方便用户操作。另外，韩国知识产权局还通过各种措施来提高知识产权行政管理的质量和效率。譬如，实行国际水平的审查和复审期，韩国知识产权局在知识产权审查工作量不断增加的情况下，借助资源查询的网络化、国际化和增加审查员数量，以达到国际一流水平的审查期和复查期。目前，韩国发明专利和实用新型专利申请"一通(第一次审查意见通知书)"平均周期从 2010 年的 18.5 个月缩短为 2012 年的 14.8 个月，商标及外观设计专利"一通"周期从 2010 年的 10.6 个月分别加快到 2012 年的 8.9 和 8.8 个月。发明专利和实用新型专利的总审查周期平均为 21.6 个月，外观设计专利为 10.5 个月，商标为 13.5 个月。[①] 又如，在审查和复审质量上，韩国知识产权局一方面增加审查员数量，另一方面，应用先进管理理念和方法进行管理改革，为申请人提供一站式服务，被评为韩国政府机构中最佳知识管理组织。

再次，针对专利，韩国较为重视促进专利的应用及技术转让。在 2001 年制定了《促进技术转让法》，通过法律形式保障韩国技术交易所的设立与运营，旨在鼓励、实施技术转让。同时，韩国知识产权局还建立了互联网知识产权市场来促进专利、技术的商业化运用，并加强对专利技术商业化财政上的支持。

此外，韩国十分重视知识产权专业人才的培养，并注意培养全社会的知识产权意识。针对知识产权人才的培养，早在 1987 年，韩国就成立了国际知识产权学院，旨在为韩国政府和企业以及亚太地区国家培养和开发优秀的知识产权专家。韩国专利厅对从事知识产权执法工作的相关部门的人员，如对警察、海关、地方政府、知识产权局等方面的执法人员不断加强培训，重点是与知识产权有关的法律法规及具体执法实务的培训。2003 年，韩国在国际知识产权学院创立国家发明教育中心，为今后大规模地培养发明创新人才奠定了基础。在提高全社会知识产权意识方面，韩国在 180 个学校建立了发明实验室，确定了许多发明教育模范学校，还将每年的 5 月 20 日确定为发明日，强调创新和知识经济的重要性。

最后，韩国十分重视知识产权保护的国际化工作，积极加入各项知识产权国际公约，关注国际知识产权制度规则的制定和国际知识产权合作。2012

---

① 参见：《韩国知识产权年度报告》(2012 年)。

年3月23日,韩国特许厅与墨西哥工业产权局在签署知识产权合作谅解备忘录的基础上,就“专利审查高速路”(PPH)项目达成一致,并定于2012年7月1日开始施行。① 韩国已经与日本、美国、丹麦、英国、加拿大、俄罗斯等多国实施“专利审查高速路”项目。2009年9月,韩美两国启动“专利申请快速审查合作战略”,进一步推动两国专利审查一体化进程②,同时,韩国也积极参与知识产权国际规则的调整。此外,通过加强国际合作,韩国知识产权局早在本世纪初就已经成为专利合作条约国际检索单位和国际初审单位之一,成为菲律宾、印度、智利③等国家的国际检索服务单位和国际初审单位。

(三)韩国知识产权制度的启示

第一,韩国知识产权制度注重适应本国的国情和国际形势变化,不断及时转移知识产权战略的重点,从而使得知识产权制度行之有效地引导产业发展。韩国作为发展中国家向发达国家进阶的代表,在经济发展初期,以劳动密集型产业为核心,吸收外来资本,大力引进外来技术。在积累了一定的产业基础之后,注重提升科技创新能力,推行“出口导向型战略”,替代原来的科技进口战略,加快产业的更新换代,发展高新技术产业和外向型经济,积极参与国际竞争。韩国知识产权保护战略取得成功,一个重要原因在于:“政府能够结合本国相关产业的实际需要及时调整知识产权发展战略的侧重点,使之与国家产业政策、经济体制以及企业的需求相匹配,从而成功实现促进本国知识产权开发、保护和利用的战略目标。”④随着知识经济及经济全球化的深入发展,知识产权日益成为国家发展的战略性资源和国际竞争力的核心要素⑤,因此,中国要转变经济增长方式,走可持续发展的道路,就必须立足国情,放眼于国际形势,依靠自主创新,以创新作为推动经济发展的主动力。

第二,韩国政府对其知识产权法的不断调整也是使其成为当今世界的知识产权强国的重要原因。20世纪90年代,为了适应TRIPS的规定,韩国在1993年修改专利强制法令和专利强制规章,1995年建立知识产权法

---

① 段然:《韩墨两局将实施“专利审查高速路”项目》,国家知识产权局网站,http://www.sipo.gov.cn/dtxx/gw/2012/201204/t20120420_674576.html,最后访问日期:2013年11月15日。

② 参见付明星:《韩国知识产权政策及管理新动向研究》,载《知识产权》2010年第3期。

③ 2010年9月22日在日内瓦举行的第48次世界知识产权组织大会中,韩国知识产权局处长和智利国家工业产权机构主任签署了一份谅解备忘录,依据《专利合作条约》(PCT)将韩国知识产权局指定为智利的国际检索单位和国际初步审查单位。

④ 包海波:《韩国的知识产权发展战略及其启示》,载《杭州师范学院学报(自然科学版)》2004年第5期。

⑤ 《国家知识产权战略纲要》(2008)。

庭,1997年延长专利保护期限,1998年修改工业外观设计法,1999年建立实用新型快速等级制度,2001年全面修改7部知识产权法,还制定了“根本大法”——《科学技术基本法》。仅为了适应TRIPS的国际知识产权规则,韩国政府对其知识产权法律制度的修改与完善就做了如此多的工作,可以窥见韩国对知识产权的重视程度之高。反观我国,自1978年正式开始着手建立新中国知识产权法律制度以来,《专利法》《商标法》仅经过了三次修改,《著作权法》的第三次修改迟迟未能完成,我国对知识产权的重视程度仍需加强。

第三,韩国独创的知识产权自动化、网络化行政管理方式,不仅提高了知识产权行政管理效率,还方便了从事知识产权事业的普通人,甚至有利于减少行政违法现象。早在2002年,韩国知识产权局就已完成知识产权服务网络的全面改进,拥有世界最先进的自动化知识产权系统。申请人可以通过因特网填写申请;在线进行全部审查程序;知识产权公告内容也可以通过因特网进行免费查询和检索。正是凭借着国际化统一检索系统和一流的自动化知识产权行政管理机制,韩国已经成为专利合作条约国际检索单位和国际初审单位之一。反观我国,知识产权行政管理还存在诸多不足,其中行政执法和行政管理的“一体化”最易滋生行政违法,损害知识产权所有人的利益,且不利于对知识产权行政管理机构的监管。因而我国可以效仿韩国知识产权管理系统,建立较为方便的、公开的知识产权行政管理体系,以保障知识产权所有人的利益,促进知识产权事务的高效、高质解决。

第四,韩国高度重视知识产权创造成果的商业化,尤为注重专利的商业化利用。专利不是一张授权书,只有将专利实现商业化运用之后才能促进社会对技术的应用与提高,才能挖掘出专利背后的经济价值,创造经济增长点,起到既鼓励技术创新又促进技术扩散的积极作用。韩国在2001年制定了《促进技术转让法》,通过法律的形式来保障韩国技术交易所的设立与运营,成为技术转让的制度基础与机构基础。同时加大对优秀技术和专利产品的扶持。近年来,韩国政府改变了一度的“扶强”——即牺牲中小企业的做法①,对中小型企业发展给予支持,加大财政资助,包括减收、少收专利费、促进专利技术市场化、加大法律援助力度等。

---

① 参见金相郁:《WTO与韩国经济政策调整及其对中国的启示》,载《开放导报》2002年第10期。

第三节 创新驱动发展引领中国知识产权制度变革

一、我国知识产权概念的引进概述

(一) 我国法学界对“知识产权”的定义

1973年11月,时任贸促会法律部部长任建新率四人以“观察员”身份列席WIPO年会,新华社发回来的报道中用了“知识产权”这一话语,这是“知识产权”这一概念第一次见诸我国媒体。自1967《成立世界知识产权组织公约》签订后,知识产权这一概念得到世界上大多数国家和众多国际组织的承认。在我国,法学界曾长期采用“智力成果权”的说法①,然而,随着1992年召开的国际保护工业产权协会东京大会将知识产权划分为“创造性成果权”与“识别性标记权”,我国学者认为知识产权并不都是基于智力创造成果产生,因此称为“智力成果权”颇有不妥。直到我国于1986年颁布实施了《民法通则》之后,才开始正式采用“知识产权”这一称谓。我国学者对“知识产权”的定义有所不同,郑成思教授认为,“知识产权指的是人们可以就其智力创造的成果所依法享有的专有权利”②;吴汉东教授认为,“知识产权是人们对于自己的智力活动创造的成果和经营管理活动中的标记、信誉所依法享有的专有权利”③;刘春田教授认为,“知识产权是基于创造性智力成果和工商业标记依法产生的权利的统称”④;张玉敏教授认为,“知识产权是民事主体依据法律的规定,支配其与智力活动有关的信息,享受其利益并排斥他人干涉的权利”⑤,等等。上述学者观点不一,但不难从他们对“知识产权”的概念定义中发现一些共同特点:知识产权区别于财产所有权,是产生于精神领域的非物质化的财产权⑥,可基于智力创造成果产生,亦可基于工商业经营标记产生,还可基于企业信誉产生,知识产权是依法产生的,是“法定之权”⑦。

---

① 吴汉东:《知识产权基本问题研究》(总论)(第二版),中国人民大学出版社2009年版,第3页。

② 郑成思:《知识产权法教程》,法律出版社2003年版。

③ 吴汉东主编:《知识产权法》(第三版),北京大学出版社2011年版,第2页。

④ 刘春田主编:《知识产权法》(第四版),高等教育出版社、北京大学出版社2010年版,第3页。

⑤ 吴汉东:《知识产权基本问题研究》(总论)(第二版),中国人民大学出版社2009年版,第5页。

⑥ 参见吴汉东主编:《知识产权法》(第五版),法律出版社2014年版,第5页。

⑦ 吴汉东:《知识产权基本问题研究》(总论)(第二版),中国人民大学出版社2009年版,第5页。

(二) 对我国知识产权制度迅速建立的评价

从20世纪70年代末开始,到90年代初期,仅仅花费十几年的时间,我国就初步建立了一套属于自己的知识产权法律体系,不可谓不是又一个"中国奇迹"。有学者认为,"我国知识产权的保护标准起点高,标准严,在对外开放的初期就真正做到了与国际标准的接轨,甚至可以认为,它是真正意义上、最早达到国际水平的立法领域。"①这主要是由于强大的外部压力所致,在较大程度上,外部压力影响了我国知识产权的立法。有学者认为我国知识产权法律的建立是"外来政治、经济压力的结果",知识产权法制的建立是被动的、功利的。② 外部压力正好反映了改革开放之初我国知识产权立法的无奈。

知识产权制度的发展与进步仍是一个不断借鉴、不断积累、不断完善的过程。我国知识产权制度从被动接受美国标准开始,历经国际环境下知识产权规则的磨炼,直到2008年《国家知识产权战略纲要》的颁布,知识产权制度才真正进入到一个战略主动期。

因此,笔者倾向于把中国知识产权立法分为四个阶段:被动立法期(1978—1992年)、被动调整期(1992—2001年)、适应期(2001—2008年)、主动调整期(2008年至今)。具体每一阶段知识产权立法的发展与变化将在下一部分论述。

二、创新驱动引领下的中国知识产权立法完善

(一) 被动立法期(1978—1992年)

这一时期,美国利用其在国际社会的经济和政治地位,强令发展中国家推行其严格的知识产权保护制度体系,以确保其在海外市场的利益和对国际贸易的控制。

1978年12月,中国共产党召开了十一届三中全会,揭开了中国社会主义改革开放的序幕。1979年,中美正式建交,并于当年7月1日在北京签订了《中美贸易关系协定》,根据这一协定,中美双方将在关税、手续、税费方面相互给予最惠国待遇,向对方的商号、公司等贸易组织提供最惠国待遇,相互

---

① 谢晓尧、陈贤凯:《知识的产权革命——知识产权立法的"中国奇迹"》,载《法学评论》2010年第3期。

② 谢晓尧、陈贤凯:《知识的产权革命——知识产权立法的"中国奇迹"》,载《法学评论》2010年第3期。参见曲三强:《被动立法的百年轮回——谈中国知识产权保护的发展历程》,载《中外法学》1999年第2期;魏森:《法律文化帝国主义研究——以中国知识产权立法为中心》,载《法商研究》2009年第3期。

对等地保护专利、商标和版权,允许建立在本国领土内的对方的金融机构根据最惠国待遇的原则开展业务,协商解决双边贸易问题等。该《协定》第6条明确规定:“每一方提供的专利、商标和著作权的保护,应与对方给予自己的此类保护相适应。”我国接触并了解知识产权概念及其保护,即是随着1979年中美正式建立外交关系开始的。自此刻开始,我国才注意到我们亟需系统的知识产权立法。

于是,在美国的要求下,根据《中美贸易关系协定》,我国于1979年5月开始起草《著作权法》,开始建立自己的知识产权制度。1982年8月23日通过了新中国第一部知识产权法——《商标法》,标志着我国开始系统建立属于我们自己的现代知识产权法律制度。《商标法》于1983年3月1日开始施行,明确规定了商标采用自愿注册制度,国家保护商标所有权;并对国家规定必须使用注册商标的商品实行强制申请注册制度,未经核准注册,不得在市场上使用及销售该商标标识的商品。随后,在1984年3月12日我国通过了《专利法》。这部法律在1985年4月1日开始施行,带有一定的计划经济色彩,规定专利所有权属于国家,因而引起了公众的强烈抵制,且使中美贸易谈判再次陷入僵局。1986年4月12日通过了《民法通则》,其中设专节对“知识产权”作出相应规定。1990年9月通过了《著作权法》,这部知识产权法是对传统分享意识的最大挑战。《著作权法》从1979年开始起草,耗时11年才得以颁布,于1991年6月1日开始施行。

由此,基于中美贸易关系发展的需要,我国关于知识产权保护的法律和管理机制迅速发展起来,初步建立了一套并非十分完整的知识产权保护体系。下表就是我国开始建立知识产权法律体系的具体立法情形:

著作权法	1979年,国家出版局负责起草《著作权法》;1985年,国务院批准成立版权局;1990年,颁布《著作权法》
专利法	1979年3月,国家科学技术委员会组建起草小组;1980年,批准成立国家专利局,开始起草;1984年,颁布《专利法》
商标法	1981年5月,国家工商总局成立起草小组;1982年,颁布《商标法》
反不正当竞争法	1992年初,国家工商总局成立起草小组;1993年颁布《反不正当竞争法》

(二)被动调整期(1992—2001年)

1992年,党的十四大决定建立有中国特色的社会主义市场经济体制,同时中国正在积极地为复关做准备,知识产权立法进入被动调整期。这一局面主要是由于外来压力所导致,其中影响最大的是中美知识产权争端。

中美知识产权问题,最早可见于1979年的《中美贸易关系协定》。争端开始于20世纪80年代末，双方在知识产权问题上长期处于摩擦状态，进行了很多次谈判和磋商，其中几次磋商都面临谈判破裂、引发贸易战的边缘。可以说，知识产权问题是中美经贸关系的一个重要方面。1989年，中国被美国列入“观察国家”名单，5月达成非正式意向书，原则上希望中国在1990年以前出台《著作权法》；1990年，中国被美国列入“重点观察国家”名单。

20世纪90年代，中美之间的三场知识产权争端，直接促进了中国知识产权的立法与修改。

其一是1991年4月美国针对中国的版权立法问题发起了“特殊301调查”。具体指控包括四个方面的内容：专利法有缺陷，尤其是对药品和农业化学品不提供产品专利保护；对首次发表于中国之外的美国作品，不提供著作权保护；著作权法及有关法规对著作权的保护水平过低，版权法没有完全制订出来，计算机软件没有按照文学作品来保护；对商业秘密的保护不足。另外中国缺乏对于知识产权，包括商标权的有效实施。

1992年1月17日，中美两国政府签订《中华人民共和国政府与美利坚合众国政府关于保护知识产权的谅解备忘录》，对以下四方面提出立法和修改的明确要求：药品和农业化学物质，文学、艺术作品以及唱片，计算机软件和商业秘密。

其二是1994年针对中国的知识产权执法问题，主要是针对我国严重的盗版问题，再次对我国发起“特殊301调查”。美国认为中国市场上94%以上的计算机软件都是盗版，提出我国有关部门的计算机软件必须更换等要求。要求中国不但要保护美国在中国注册的商标，也要保护美国没有在中国注册的商标，海关对进出口商品及转口商品，凡是侵犯知识产权的，都不得放行，美国的音像制品要自由进入中国市场，对制品不能实行配额许可证，并且允许美国在中国建立音像制品的合资、独资企业。同时认为我国的诉讼费用太高，诉讼期限对外国人一审超过6个月的规定不合理，等等。美国认为中国企业的侵权行为给美国造成了每年几十亿美元的损失。

1995年2月26日，中美两国达成了《中美关于保护知识产权的协议》，协议由双方换函和“有效保护及实施知识产权的行动计划”组成。在该协议中，中国承诺立即采取措施在全国范围内打击盗版活动、采取长期措施保证知识产权的有效执行、保证美国权利持有人增加进入中国市场等。美国对中国的承诺是撤销“301”行动，不实施对中国的贸易制裁，并在保护知识产品方面，为中国提供技术援助，同时继续通过协商办法与中国就其他货物、外国竞争性产品和农产品的市场准入问题进行工作，以及提供相应的协助等。

其三还是针对盗版问题第三次宣布对我国进行“特殊 301 调查”。[①] 美方提出因为中国的盗版行为,美国出版业 1995 年的损失达 23 亿美元。美方认为中方并未采取有效行动解决盗版问题,中国出口的盗版光盘持续增长,音乐光盘、视盘及其他科技产品的出口没有明显下降等。中国在市场准入方面迄今未取得什么进展。

1996 年 6 月 17 日,中美两国达成协议,协议由部长换函和《关于中国在 1995 年知识产权协议项下所采取的实施行动的报告》两部分组成。两个附件分别是《关于中国 1995 年知识产权协议项下所采取的实施行动的报告》和《其他措施》。第三个协议的内容主要围绕侵权工厂的治理、加强执法、采取边境措施和市场准入这几个方面。双方的争议点已经不是是否保护知识产权的问题,而是如何实施双方在 1995 年签署的知识产权协议的问题。中国政府承诺采取措施防止盗版 CD、CD-ROM、LD 及 VCD 的进出境,加强对 CD 工厂的监控,加强版权认证和实施 SID 码,核查 CD 工厂的营业执照,采取清理行动等。

三次争端最终和解,中美双方于 1999 年 3 月 12 日正式签署《中美知识产权协议》。

另外,这一时期我国开始积极加入各个知识产权国际公约:1985 年加入《保护工业产权巴黎公约》(Paris Convention on the Protection of Industrial Property);1989 年加入《集成电路知识产权条约》(又称华盛顿条约,Treaty on Intellectual Property in Respect of Integrated Circuits)、《商标国际注册马德里协定》(Madrid Agreement Concerning the International Registration of Marks);1992 年加入《保护文学和艺术作品伯尔尼公约》(Berne Convention for the Protection of Literary and Artistic Works)、《世界版权公约》(Universal Copyright Convention);1993 年加入《保护录音制品制作者防止未经许可复制其录音制品公约》(The Convention for the Protection of Producers of Phonograms Against Unauthorized Duplication of Their Phonograms);1994 年加入《商标注册用商品和服务国际分类尼斯协定》(Nice Agreement Concerning the International Classification of Goods and Services for the Purpose of the Registration of Marks)、《专利合作条约》(Patent Cooperation Treaty);1995 年加入《商标国际注册马德里协定有关议定书》(Protocol Relating to the Madrid Agreement Concerning the International Registration of Marks)、《国际承认用于专利程序的微

---

① 争端详情参见李明德:《“特别 301 条款”与中美知识产权争端》第三章“中美知识产权争端”之第一节、第二节、第三节,社会科学文献出版社 2000 年版,第 173—227 页。

生物保存布达佩斯条约》(Budapest Treaty on the International Recognition of the Deposit of Microorganisms for the Purposes of Patent Procedure);1996年加入《建立工业品外观设计国际分类洛迦诺协定》(Locarno Agreement on Establishing an International Classification for Industrial Design);1997年加入《国际专利分类斯特拉斯堡协定》(International Patent Classification Agreement);1999年加入《国际植物新品种保护公约》(The Convention on the Protection of New Plant Varieties)。加入国际公约意味着我国相应知识产权制度要受公约的约束,因而国内相关知识产权法律制度亟需修改完善。

顶着中美知识产权争端和国际条约带来的巨大压力,我国在这一时期对知识产权立法进行了全局性的修改,以适应国际知识产权环境。具体调整修法情形如下:

第一,《专利法》分别于1992年和2000年进行了两次修改。1992年的修改增加了本国优先权和外国优先权的相关规定,将方法专利延伸到权利人利用该方法制造的产品,扩大了专利保护的客体,并延长了专利保护期限,还对专利权审批程序进行完善。2000年的修改,针对发明和实用新型专利,规定了"许诺销售"制度,加大了专利保护的力度;简化了专利审批程序,取消了原来关于行政决定为终局决定的规定,取消了撤销程序等;增加了对假冒他人专利但并不构成犯罪行为的行政处罚,同时增加了关于临时禁令和法定赔偿的规定。总之,这一时期我国按照TRIPS的规定进一步调整完善了专利法的有关规定。

第二,《商标法》于1993年和2001年也进行了两次修改,1993年修改后的《商标法》规定服务商标也可以获得注册并取得商标专用权,同时增加了对不当商标撤销的规定;2001年的修改新增法条23条,修改23条,将商标权的主体扩大到自然人,将商标权的客体扩大到包括三维标志和颜色组合在内的可视性标志,并增加了关于集体商标、证明商标和驰名商标的规定;扩大了商标的范围,将集体商标、证明商标写入商标法,增加了一系列优先权的规定等;在程序法方面,增加了行政执法机关没收、销毁侵权商品和专门用于制造侵权商品、伪造注册商标标识的工具等执法手段,还规定了商标确权程序中的行政决定可以接受司法审查。

第三,《著作权法》于2001年进行了一次修改,修正后的《著作权法》由原来的6章、56条变更为6章、60条,扩展了作品种类,增加了杂技艺术作品和建筑作品等作品,增加了出租权、广播权、信息网络传播权和汇编权等重要权利的规定,还进一步限定了合理使用的范围。同时规定增加了故意避开或者破坏权利人为保护其著作权或者相关权利的技术措施的法律责任,以及故意删除或者改变著作权或者相关权利的权利管理电子信息的法律责任。与此同时,我国于2001年颁布了《计算机软件保护条例》,将保护期限延长为50年,并将原来的强制登记制度改为自愿登记制度。

第四,在其他知识产权保护方面,1993年制定了《反不正当竞争法》;1997年3月20日,颁布了《植物新品种保护条例》;同年在修订《刑法》时设专节规定了"侵犯知识产权罪";2001年3月28日,颁布了《集成电路布图设计保护条例》确立保护集成电路布图设计专有权。

第五,在知识产权司法、行政管理方面,这一时期我国的知识产权司法审判体制和行政管理体制得到长足发展。针对知识产权司法审判,我国法院系统统一了法院内部的执行标准,完善了知识产权民事、刑事、行政上的救济制度,促进知识产权司法标准的统一,并对自由裁量权进行规范;针对知识产权行政管理,1994年7月11日,为了健全和完善我国的知识产权管理制度,加强知识产权工作的宏观管理和统筹协调,国务院同意建立国务院知识产权办公会议制度①,负责领导、统筹协调及研究全国知识产权相关工作。

（三）适应期(2001—2008年)

2001年,中国加入世界贸易组织(WTO),同时随着中国经济的飞速发展,中国知识产权立法进入适应期,逐渐为本国经济的发展服务。此时,我国知识产权制度建设还十分不完善,但是与国际贸易接轨是历史的必然。根据世界贸易组织的有关规则,修改和完善知识产权立法,是我国知识产权立法完善第三阶段"适应期"的突出特点。

2008年12月27日第十一届全国人民代表大会常务委员会第六次会议通过了对《专利法》的第三次修改:提高了授予专利权的条件及标准,将现有技术明确定义为"申请日以前在国内外为公众所知的技术";取消了"中国单位或个人如要将在国内完成的发明创造向外国申请专利,应当先申请中国专利"的要求;加大对专利侵权行为的处罚力度,明确规定了专利侵权行为的法定赔偿金额;明确将诉前证据保全的相应规定纳入其中,以进一步加大专利保护的力度;第一次明确了在专利侵权判定中的现有技术抗辩原则,即在专利侵权纠纷中,被控告侵权人有证据表明其实施的技术或者设计属于现有技术或者现有设计的,不构成侵犯专利权;首次明确了"平行进口"和"Bolar例外"不属于侵权行为;对强制许可的实施作了更具体的规定,并增加了给予强制许可的新的依据;首次引入了对遗传资源的保护;明确规定,同一申请

① 《国务院办公厅关于建立国务院知识产权办公会议制度及有关部门职责分工问题的通知》(国办发[1994]82号)。

人同日对同样的发明创造既申请实用新型专利又申请发明专利的，如先获得的实用新型专利尚未终止，且申请人声明放弃该实用新型专利，则可以对发明专利申请授予专利权；增加了专利行政管理部门查处假冒专利的行政措施；取消涉外代理机构，等等。

我国的知识产权立法与修改，尤其是《专利法》的修改，基本上都是为了履行我国政府在中美《关于知识产权的备忘录》中所作出的承诺，也是为了适应我国加入WTO后的各项要求。《专利法》的前两次修改就是一个学习国外先进立法与适应国际形势需要的过程，而2008年对《专利法》的第三次修改，开始根据我国在知识产权方面的实践，为符合我国知识产权发展的需要，作出适于我国国情的修改，标志着我国知识产权立法开始由适应期向主动调整期转变。

与此同时，我国在2001年12月20日颁布了修订后的《计算机软件保护条例》；为适应北京奥运会的需要，2002年4月1日颁布实施了《奥林匹克标志保护条例》；同样出于上海举办世界博览会的缘故，2004年12月1日颁布实施了《世界博览会标志保护条例》；2003年11月26日颁布了修订后的《知识产权海关保护条例》；2006年5月18日颁布实施了《信息网络传播权保护条例》，以适应加入《世界知识产权组织版权条约》（WCT）和《世界知识产权组织表演和录音制品条约》（WPPT）的需要，使得我国对知识产权的保护水平达到TRIPS、世界知识产权组织的基本要求。此外，我国于2008年8月颁布了《反垄断法》，期望预防和制止垄断行为，保护市场公平竞争，提高经济运行效率，维护消费者利益和社会公共利益，促进社会主义市场经济健康发展。

至此，从1978年到2008年，我国用仅仅三十年的时间制定了一套比较完备的知识产权法律制度，完成了许多西方国家花费几十年乃至一百多年的时间才完成的知识产权立法过程。

然而这些年来，国家在知识产权立法、修法过程中也走了很多弯路，积累了丰富的经验教训。如国内品牌“活力28”在引进外资过程中的教训：“活力28，沙市日化”，曾几何时响彻大江南北，堪称“中国第一日化品牌”，但遗憾的是“活力28”最终被市场抛弃。

“活力28”在鼎盛时期因为扩大产业规模急缺资金，于是寻求合资，于1996年与德国美洁时公司成立合资公司：“活力28”以品牌和设备作价出资9000万元占合资公司40%的股份，合资公司享有“活力28”品牌50年的无偿使用权。但是合同约定的合资公司洗衣粉产量的50%使用“活力28”品牌的承诺并没有兑现，前3年共投入1.84亿元用于“活力28”宣传的广告费用也成了一纸空文。合资设立后的新公司将“活力 28”商标冷藏起来，彻底丢掉了“活力 28”品牌在中国市场上树立起来的内涵，最终导致“活力 28”基本淡出中国市场。① 虽然时隔 7 年之久，中国公司再次回购“活力 28”商标成功，但已无力回天。

此外如“王致和”“北京同仁堂”等中国传统品牌也遭遇了很多坎坷。由于对知识产权法律制度的不了解，在引进外资、建立中国特色社会主义市场经济体制的过程中，很多欧美国家企业、国际著名公司瞄准了中国的潜在的巨大市场以及中国国内传统民族品牌的巨大营销网络和稳定的客户群体，千方百计通过合资、收购等方式隐形地“掠夺”了民族品牌的知识产权等无形资产。

（四）主动调整期（2008 年至今）

这一时期，国内经济继续发展，法律政策进一步完善。2007 年，党的十七大首次提出“实施知识产权战略”。2008 年 6 月，国务院正式印发《国家知识产权战略纲要》，提出了到 2020 年要把我国建设成为知识产权创造、运用、保护和管理水平较高的国家的战略目标，标志着我国知识产权制度开始进入主动调整期。《纲要》颁布后，国务院批复成立了“由国家知识产权局牵头，28 个成员部门组成的国家知识产权战略实施工作部际联席会议，统筹协调全国战略实施工作，并对各成员单位做出明确任务分工”。②

2010 年，中国超越日本，一跃成为全球第二大经济体，终结了日本自第二次世界大战后 40 多年来仅次于美国的“经济奇迹”。2012 年，中共十八大提出了创新驱动发展战略，继续强调加强知识产权保护。先来看一下我国党和政府对待知识产权制度的态度：

1992 年 10 月　中共十四大	不断完善保护知识产权的制度
1997 年 9 月　中共十五大	实施保护知识产权制度
2002 年 11 月　中共十六大	完善知识产权保护制度
2007 年 10 月　中共十七大	实施知识产权战略
2012 年 11 月　中共十八大	实施创新驱动发展战略；实施知识产权战略，加强知识产权保护

从上表可以看出，从单一强调知识产权保护制度到将知识产权制度上升为战略，我国党和政府对知识产权从 1992 年到 2012 年越来越重视。2012 年

① 详细案情参见朱婧：《流泪的“活力 28”》，载《中国商界》2004 年第 12 期。

② 田力普：《深入实施知识产权战略，有效支撑创新驱动发展——写在〈国家知识产权战略纲要〉颁布 5 周年之际》，载《科技与法律》2013 年第 3 期。

我国发明专利申请量(约50万件)跃居世界首位。① 截至2012年底,我国国内有效发明专利拥有量已达43.5151万件,每万人口发明专利拥有量达3.2件。② 我国全社会R&D③ 支出达10240亿元,占GDP比重达1.97%,其中企业R&D支出占74%以上;我国研发人员总量达320万人年,居世界首位。④

2008年开始的全球金融危机使国际经济持续低迷,但知识产权仍迅速发展,而中国已经成为全球第二大经济体,国际经济的复苏在一定程度上需要仰仗中国市场。此时,中国便有了自身的知识产权利益诉求,开始主动修改完善本国的知识产权立法体系,运用国际贸易中的知识产权规则维护自身利益并开始为第六次科技革命进行知识产权布局。

自实施知识产权战略以来,特别是创新驱动发展战略的提出,我国知识产权法律制度正迎来新一轮的改革。

2010年2月26日第十一届全国人民代表大会常务委员会第十三次会议通过了对《著作权法》的第二次修改。新《著作权法》第4条删除了"依法禁止出版、传播的作品,不受本法保护"这一规定,并新增"国家对作品的出版、传播依法进行监督管理"一款。新增第26条——"以著作权出质的,由出质人和质权人向国务院著作权行政管理部门办理出质登记。"

对于原《著作权法》第4条第1款的争议一直很多,理论上有两种观点,一种认为从保护权利、鼓励创作的角度讲,凡是作者独立创作的作品,就应当享有著作权;另一种观点认为权利是法律赋予的,因而法律禁止出版、传播的内容不享有权利。该条款还引起一起中美知识产权争端——"美国诉我国著作权法第四条第一款",该起争端于2009年3月20日,由WTO通过了专家组报告,认定我国《著作权法》第4条第1款违反了《保护文学艺术作品伯尔尼公约》第5(1)条和TRIPS第41.1条。⑤ 该裁决的生效意味着我国须作出相应修改,因此,为了严格履行入世承诺,表明对著作权平等的坚定不移的保护态度,我国于2010年进行了《著作权法》的修改,删除了"依法禁止出版、传播的作品,不受本法保护"这一规定,从而适应我国发展模式转型的需

---

① 《2012年我国发明专利申请量跃居世界首位》,载《人民日报》2013年9月5日。

② 《2012年我国发明专利授权量逾21万件》,载《中国知识产权报》2013年2月22日。

③ R&D指research and development,指在科学技术领域,为增加知识总量(包括人类文化和社会知识的总量),以及运用这些知识去创造新的应用进行的系统的创造性的活动,包括基础研究、应用研究、试验发展三类活动。可译为"研究与开发""研究与发展"或"研究与试验性发展"。

④ 《我国科技研发人员总量居世界首位》,见中国网络电视台,http://news.cntv.cn/2013/03/07/ARTI1362638464889398.shtml,最后访问日期:2013年11月9日。

⑤ 参见王迁:《WTO"中美知识产权争端":美国赢得了什么?》,载《华东政法大学学报》2009年第4期。

要,符合国际知识产权规则。然而新增的一款"国家监管作品"的规定也难免遭到批评,这一带有"公法"色彩的条款写入《著作权法》这部"私法"中颇为不伦不类。有学者评论认为:"不妨说,原本由删除第4条第1款所体现的著作权法理念的进步,又因这一规定的增加而被拉了回去。"①

2013年8月30日第十二届全国人民代表大会常务委员会第四次会议通过了对《商标法》的第三次修改,修改后的《商标法》由原来的64条变成73条。本次修改的重点是:"完善商标申请、注册条件和程序,方便申请人获得商标注册;规范商标申请、使用,维护公平竞争的市场秩序;加强商标专用权保护,切实保障权利人的合法权益。"②

首先,新《商标法》明确将诚实信用原则用纳入总则,并体现在第15条、第47条、第63条等具体条款中。其次,新《商标法》扩大了可注册商标的标志范围,引入了声音商标,并规定"商标注册申请人可以通过一份申请就多个类别的商品申请注册同一商标"③,即"一标多类"的申请制度;同时确立了电子申请的法律地位,允许以数据电文方式申请商标注册;并改善了商标的审查程序,完善了商标异议制度。④ 再次,出于维护公平竞争的目的,该修正案完善了驰名商标保护制度,规定"驰名商标应当根据当事人的请求,作为处理涉及商标案件需要认定的事实进行认定"⑤,再次体现了驰名商标的"个案处理、被动认定"的原则。同时加强对未注册商标的保护,规定通过反不正当竞争法规制将他人商标注册为企业名称的行为。⑥ 此外,修改后的《商标法》还增加了侵犯注册商标专用权行为种类,引进了惩罚性赔偿制度;并对商标代理活动作出了相应规范,明确了相关违法行为的法律责任。

《著作权法》第二次修改、《商标法》第三次修改,尤其是《商标法》的修改,以及正在进行中的《著作权法》第三次修改,体现了现阶段我国知识产权法由"被动适应"向"主动求变"转变的特点。这些已经发生、将要发生的改变,使得我国知识产权法律制度不仅完全符合我国参加的相关知识产权国际公约的要求,并且较为适应我国国情,与其他法律制度相协调。

---

① 宋慧献:《意义与缺憾:〈著作权法〉二修之管见》,载《电子知识产权》2010年第4期。

② 金武卫:《〈商标法〉第三次修改回顾与总结》,载《知识产权》2013年第10期。

③ 《商标法》第22条第2款。

④ 新增"审查修正程序",见《商标法》(2013年修正)第29条。"商标异议制度"详见《商标法》第33条、第34条。

⑤ 参见《商标法》第14条。

⑥ 参见《商标法》第58条:"将他人注册商标、未注册的驰名商标作为企业名称中的字号使用,误导公众,构成不正当竞争行为的,依照《中华人民共和国反不正当竞争法》处理。"

第六章　以创新驱动发展战略打造知识产权理论与制度升级版

第一节　我国知识产权变革已进入主动变革阶段

一、知识产权变革进入主动调整期的背景

西方发达国家五十多年来不断完善和增强其国内知识产权法律制度，并且企图通过国际组织、国际条约将对其极为有利的知识产权高标准规则推向全球，实现其国内知识产权制度的国际化，保持其在国际竞争中的有利地位。虽然众多发展中国家也正在建设或者正在不断完善自己的知识产权制度，贸易话语权也不断加强，但是与这些知识产权强国的差距还很远，究其源头是因为知识产权制度起源于发达国家，大多数发展中国家的知识产权制度都是因不同程度的外来压力而建立的。只有当一个法律制度不是在受外力强加的情况下，而是基于本国的经济文化发展水平的客观条件来制定的，才能有助于推动经济与社会的协调发展。① 我国知识产权制度起步很晚，20 世纪 70 年代末至 90 年代初十多年的努力，使我们建立了形式上较为完备的知识产权法律制度，“用了不到 20 年的时间，走过了西方国家一两百年才能够完成的知识产权立法进程”②。

尽管取得了被世界贸易组织前总干事鲍格胥先生称为“举世瞩目”的成就，但我国知识产权保护与管理现状与发达国家的知识产权制度相比仍有很大差距。

首先，从制度发展历史上看，我国知识产权制度起步晚，社会知识产权意识薄弱。

中国知识产权制度作为“舶来品”，一般认为源于清末新政，是清政府向西方学习的产物；而作为现行的知识产权法律制度直到 1978 年改革开放才称得上真正开始建立，到目前为止也不过三十多年，起步晚已是公认的事实。

---

① 夏辰旭：《中国知识产权法律制度的历史发展与变革》，载《法治视点》2013 年第 5 期。

② 吴汉东：《中国知识产权法制建设的评价与反思》，载《中国法学》2009 年第 1 期。

同时,我国传统文化里的“保守中庸”“隐忍循古”“重义轻利”“权力崇拜”的观念与知识产权文化中“崇尚创新”“倡导竞争”“鼓励传播”和“尊重私权”的观念是悖逆的。① 自“罢黜百家,独尊儒术”起,中国人就十分注重“传道”,以传播知识为己任,一般不会认为抄袭、剽窃其作品会损害到自己的权利,或者说根本没有“权利”这一观念。长此以往,助长了未经许可使用他人作品的非法使用者对创作者权利的“轻视”,对违法行为后果的“无视”,譬如“窃书不为偷”“述而不作,信而好古”的传统文化观念,均或多或少地给现代知识产权文化(核心为创新)的倡导带来负面影响,阻碍知识产权文化在我国的传播与发展。正是知识产权文化底蕴的缺失导致了我国知识产权保护意识的薄弱,知识产权意识的缺乏不仅表现为普通社会公众没有知识产权保护意识,还表现为中国企业在知识产权工作上与发达国家企业的令人扼腕的巨大差距。现实生活中,侵犯知识产权的行为屡屡发生,书店复印销售畅销书籍,音像店翻刻贩卖盗版光盘,商家混淆使用他人商标,等等,知识产权侵权的一角就已混乱不堪。在“全球创新企业百强”榜上,中国企业连续两年无缘百强;“世界百强品牌”之内,中国只有 4 个入选。② 2008 年国家知识产权战略出台以来,中国企业努力改善知识产权观念淡薄的现象,多方寻求知识产权保护途径。不管是企业自身发展的需要,还是参与国际市场的要求,我国越来越多的企业认识到市场经济条件下保护知识产权的重要性,然而与发达国家企业的差距仍是悬在中国企业知识产权工作上的一面“警世钟”,这种差距在自主知识产权竞争能力上体现得更为明显,我国企业的创新能力和运用知识产权的能力有待进一步提高。

其次,从法律制度上看,我国知识产权实体法尚待继续完善,程序法也比较缺失。由于我国的知识产权立法是迫于国际社会的压力完成建构的,快速建立的知识产权法律制度难免出现纰漏,我们的知识产权实体法尚需完善,程序法更需解决现实问题。在实体法领域,我国知识产权法的保护范围需要拓宽,如商业秘密等问题的保护并无相应的具体性法律规范,《计算机软件保护条例》也需要及时修订以适应网络新技术的发展与冲击。在程序法上,我国知识产权立法难免给人一种“保护外国人多于保护中国人”的感觉,程序法在实质上给予外国人的是一种反常的超国民待遇;书籍、音像制品、软件等盗版现象仍然十分猖獗,商标混淆现象十分严重,侵犯专利权的现象也时

① 刘华:《文化政策视阈下我国知识产权文化发展研究》,载《华中师范大学学报(人文社会科学版)》2009 年第 2 期。

② 马一德:《创新驱动发展与知识产权战略实施》,载《中国法学》2013 年第 4 期。转引自:张维炜:《知识产权修法的强国之路》,载《中国人大》2013 年第 2 期。

有发生,不仅如此,地方保护主义现象还比较严重,地方政府保护知识产权的意识与态度也不够坚决。

从管理体制上看,我国知识产权管理体制缺乏科学性,较为混乱,知识产权运用效率较低。

首先,我国全国性的管理知识产权工作的政府部门多达十几个,每一个部门又从中央到地方设置若干个层级的对应机构。除此之外,还设有一些协调机构、联合执法机构等。各个机构均有其相对独立的组织机构、办公设施、人事编制和工作程序。运行如此庞大的组织系统需要耗费大量的人力、物力、财力,显然我国的知识产权行政管理成本过高;同时,由于我国知识产权事务的管理实施的是分散的管理体制,难免导致管理资源的配置不均,从而在客观上导致一些部门的资源闲置,另一些部门的资源匮乏。以专利为例,管理专利工作的机构有的地方归知识产权局或专利局负责,有的归科学技术局或其下设机构负责,有的则是地方政府设立的专门机构负责。行政管理资源的分散不利于资源的合理分配和集中利用,易造成资源浪费,资源利用率较低。

其次,当前知识产权行政管理机构各自为政,虽然国家设立了国家保护知识产权工作组和国家知识产权战略制定工作小组等协调机构,但其仅为非常设性的组织机构,联合执法机构和联席会议等也是临时性的行政管理组织,都未制度化,无法起到高效统筹管理的作用。国家知识产权局虽被赋予统筹协调全国知识产权工作的职能,但实践中还是以专利管理为主,相关知识产权的管理仍分属其他部门。① 缺乏一个专门的统一管理知识产权事务的机构,客观上增加了行政管理协作和贯彻行政执法计划的难度,降低了行政管理的效率,给接受知识产权服务的社会工作带来了诸多不必要的困扰。

另外,我国知识产权行政管理机关往往同时是知识产权执法机关,从而难免出现职能划分不清的现象,造成“职能交叉”和“权力的冲突”。在目前知识产权行政管理体制下,各机关往往会设法不断扩张自己的权力范围,导致彼此间职能的交叉,重复授权,甚至出现权力冲突,部门利益化现象越来越严重。②

纵观世界文明发展史,能否抓住科技革命的机遇,是决定一个国家国力

---

① 参见《国家知识产权局的职能是什么?》,国家知识产权局网站,http://www.sipo.gov.cn/zsjz/cjwt/200804/t20080402_367766.html,最后访问日期:2014 年 4 月 15 日。

② 参见武善学:《健全中国特色知识产权行政管理和执法体制》,载《法学杂志》2010 年第 4 期。

兴衰的关键①,创新是其必要驱动力,知识产权是重要支撑。2012 年 11 月,党的十八大使知识产权战略成为创新驱动发展战略的重要组成部分,标志着以知识产权制度为载体的创新驱动发展战略正式上升为战略性国策。实施创新驱动发展战略是科学发展观的必然要求,其关键在于促进科技与经济的紧密结合,既要找准未来科技创新的主攻方向,又要迅速把创新成果转化成生产力促进经济、社会发展。而在国家创新体系中,知识产权制度作为保护智力劳动成果的一项重要法律制度,发挥着传播信息、调整利益、规范竞争和激励创新的重要作用,为创新驱动发展提供了必要的制度保障和法律保障。在市场经济条件下,技术的创新与进步必然更多地要依靠和运用知识产权制度来激励与保护。因此,知识产权政策导向对创新发展有着重要的指引作用,直接影响到企业、行业和国家核心竞争力的提升,进而影响到我国在国际市场上的地位。

现如今,我国知识产权制度的运用已经迈上了一个大台阶。截至 2012 年底,国家知识产权局已在全国 28 个地区开展知识产权质押融资试点,2012 年全国知识产权质押融资金额首破百亿元,达 141 亿元人民币,同比增长 56.7%,涉及专利数量 3399 件,同比增长 74%。② 与此同时,我国知识产权法律制度迈入了主动求变时期,《著作权法》《商标法》《专利法》等主要知识产权法律正在修改中③,植物新品种保护等其他知识产权制度也日趋完善,知识产权法律制度的不断完善正助力于建设创新型国家,为其提供必不可少的制度保障。

然而知识产权文化理念的缺失,知识产权人才的储备严重不足等具体问题也给我国知识产权制度造成了较大的负面影响。我国知识产权制度是舶来品,制度建设起步晚、道路坎坷,因而整个社会尚未形成全方位的“尊重知识、崇尚创新、诚信守法”的知识产权文化理念;再者,企业、社会公众知识产权保护意识不强且知识产权运用意识欠缺,没有从骨子里意识到知识产权的重要性,更无法认识到知识产权是决胜未来的核心竞争力。④ 目前,全国企业从事知识产权相关工作的仅有 3 万人,专利审查人员仅有 7000 多人,执业

---

① 马一德:《创新驱动发展中国梦》,见人民网知识产权频道《马一德谈知识产权战略五周年:创新驱动发展中国梦》,http://ip.people.com.cn/n/2013/0826/c136655-22697300.html,最后访问日期:2013 年 11 月 8 日。

② 马励:《2012 年全国知识产权质押融资金额首破百亿》,国家知识产权局,2013 年 1 月。

③ 新《商标法》已于 2013 年 8 月 31 日颁布,2014 年 5 月 1 日正式实施。

④ 参见郭民生:《创新驱动战略视角下的知识产权文化建设 知识产权文化建设助推“中国梦”》,载《中国发明与专利》2013 年第 7 期。

专利代理人仅有8000多人,全国从事知识产权审判的法官仅有2000多人。① 为了改变这种局势,2013年2月8日,国家知识产权局办公室印发了《2013年全国知识产权人才工作要点》提出:"加大对各类知识产权急需紧缺人才培养力度,推动全国知识产权人才工作向纵深发展,为国家知识产权战略和全国专利事业发展战略实施提供人才支撑。"种种举措正是为了改善我国知识产权工作环境,早日形成系统的中国知识产权文化理念,辅佐知识产权法律制度的良好运行。

虽然我国知识产权制度还有很多不足之处,但是其已有的成果也是令人瞩目的。其中尤为值得肯定的是"国家知识产权战略"的颁布实施——2008年,国务院常务会议审议颁布了《国家知识产权战略纲要》,依此纲要国务院批复成立了由国家知识产权局牵头,28个成员部门②组成的国家知识产权战略实施工作部际联席会议,统筹协调全国战略实施工作,并对各成员单位作出明确任务分工,极大地推动了知识产权事业的发展。在联席会议协调下,各部门凝聚共识,以高度的责任感和使命感建立起逐级负责、横向联动的工作机制,制定本部门实施战略的纲领性文件。各省、区、市也陆续建立地方战略实施领导机构,结合本地区发展特色出台相应政策,战略实施的工作体系迅速向全国铺开③,知识产权理论基础也不断丰富、趋于完善,这标志着我国知识产权制度变革进入了战略主动期。

二、我国知识产权主动变革的具体表现

2012年,党的十八大将创新驱动发展上升为国家战略,继续强调实施知识产权战略,并使其成为创新驱动战略的重要组成部分,可以看出我国政府已经做好了谋求知识产权制度主动变革的准备,这主要表现为专利、商标和著作权领域的高速发展。

(一)专利申请量、授权量持续增长

在专利领域,2012年国内专利受理总计191.2151万件;得到授权的三种专利数量分别为发明14.3847万件,实用新型56.6750件,外观设计45.2629件;截至2012年,国内三种专利的有效量分别为发明专利47.3187万件,实

---

① 詹远光:《用"知识产权梦"为"中国梦"增光添彩》,载《今日中国论坛》2013年第7期。

② 这些部门包括专利、商标、版权等知识产权管理部门,也包括承担知识产权创造、运用和保护各环节的相关职能部门,以及各行业、领域的主管部门。

③ 参见田力普:《深入实施知识产权战略,有效支撑创新驱动发展——写在〈国家知识产权战略纲要〉颁布5周年之际》,载《科技与法律》2013年第3期。

用新型专利148.6839万件,外观设计104.4997万件,合计300.5023件。①

具体数据如下表所示:

表8 国内专利受理年度状况统计(1985.4—2012.12)

地区	总累计	1985—2007	2008	2009	2010	2011	2012
全国总计	9412188	3291184	717144	877611	1109428	1504670	1912151

表9 国内三种专利申请授权量统计(1985.12—2012.12)

地区	总累计(1985.12—2012.12)			2012		
	发明	实用新型	外观设计	发明	实用新型	外观设计
全国总计	592328	2671301	2167930	143847	566750	452629

表10 国内三种专利有效量统计(2012.12)(节选)

地区	2012			
	发明	实用新型	外观设计	合计
全国总计	**473187**	**1486839**	**1044997**	**3005023**
北京	69554	79520	21442	170516
天津	10137	33948	8253	52338
河北	5838	29262	8258	43358
山西	4383	12309	2869	19561
内蒙古	1650	5106	2240	8996
辽宁	13424	43006	7589	64019
吉林	4809	10997	3012	18818
黑龙江	7403	23254	13913	44570
上海	40309	92595	40609	173513
江苏	45238	190361	301581	537180
浙江	35571	202927	211459	449957
安徽	7682	54085	26559	88326
福建	7764	46500	27003	81267
江西	2651	11411	5601	19663
山东	21943	126688	28880	177511
河南	8683	46008	13133	67824
湖北	12089	41053	11577	64719
湖南	11271	33409	14748	59428

① 参见国家知识产权局:《2012年专利统计年报》之专利申请受理状况、专利申请授权状况以及专利有效状况。

（续表）

地区	2012			
	发明	实用新型	外观设计	合计
广东	78902	206603	204654	490159
广西	2561	9684	4577	16822
海南	1095	1219	794	3108
重庆	6833	30099	16451	53383
四川	13003	44648	37287	94938
贵州	2641	8994	4296	15931
云南	4107	9232	4144	17483
西藏	136	93	233	462
陕西	11316	25249	4882	41447
甘肃	2109	5785	1366	9260
青海	293	577	632	1502
宁夏	450	1578	465	2493
新疆	1306	7456	1809	10571
香港	2061	3441	5824	11326
澳门	26	55	23	104
台湾	35949	49687	8834	94470

资料来源：国家知识产权局：《2012 年专利统计年报》之“专利申请受理状况”“专利申请授权状况”及“专利有效状况”。

据统计数据显示，2001 年至 2010 年的 10 年间，我国发明、实用新型和外观设计专利被宣告无效的数量分别占这 10 年授权量的 0. 17%、0. 33%、0. 26%。相关数据显示，2011 年，在我国专利实施许可合同备案中，涉及的专利有 2. 1846 万件，其中发明专利 6335 件，实用新型专利 1. 1985 万件，外观设计专利 3526 件；在我国专利质押登记中，涉及专利 1953 件，其中发明专利 648 件，实用新型专利 1044 件，外观设计专利 261 件。①

截至 2012 年年底，我国专利申请受理量和授权量仍然保持增长态势，这与我国大力实施国家知识产权战略密切相关。由于国家知识产权战略的实施，企业越来越重视知识产权，其知识产权意识不断提升。在激烈的市场竞争中，专利等无形资产对提升企业核心竞争力的作用也越来越明显，由于专利技术带来的巨大经济效益，越来越多的企业管理者开始或持续积极地通过物质、精神奖励来激励企业研发人员开发新技术，并将符合申请专利条件的技术提出专利申请，从而给整个国家带来大量的专利申请量，大量的专利申

① 参见薛飞：《我国高质量专利数量快速增长》，载《中国知识产权报》2012 年 3 月 16 日。

请量又必然带来较高的专利授权量。同时，国家知识产权政策的导向作用也越来越明显，从国家到地方实施的各项知识产权激励政策促进了专利申请量的提高。① 各种内因、外因相结合，推动着我国专利申请量和授权量的持续增长，保持着我国专利技术上量的优势，促进专利技术向高质高效发展。

然而，由于多年来 GDP 增长主要依靠出口和投资，我国的自主科技创新成果仍然无法与发达国家相比，“我国创新能力整体上还没有达到世界先进水平，原始创新能力弱和核心技术缺失的问题长期困扰着我们”。② 根据经合组织（OECD）2014 年年初公布的数据，我国在 2012 年将 GDP 的 1.98% 投入到了研发当中，超过了欧盟 28 国 1.96% 的总体比例。然而我国研发投入强度仍然偏低，与发达国家相比还有很大的差距，譬如，德国 2012 年的科研投入强度就高达 2.92%，美国、日本早在 2011 年的研发投入强度就分别高达 3.2%、2.7%，这些国家的研发投入强度不仅远高于我国现在的比重，也高于《国家中长期科技发展规划纲要》设定的“到 2020 年达到 2.5%”的目标。不仅如此，《国家中长期科技发展规划纲要》曾设定了“我国全社会研究开发投入占国内生产总值的比例逐年提高，到 2010 年达到 2%”的目标，而我国直到 2012 年底都没有达到这个目标。另外，我国作为研发投入主力的企业投入强度偏低，基础研究投入也偏低：我国规模以上工业企业的研发投入一般仅占主营业务收入的 0.71%，而主要发达国家的这一比例为 2.5%—4%；近几年我国基础研究投入占全社会研发投入的比例一直徘徊在 5% 左右，而发达国家一般都在 15%—20%。③ 虽然“花钱是买不来创新的”，高的研发投入强度并不直接等于高的研发能力，但不言而喻，我国还要继续增加研发投入，更要用好研发投入资金，增加拥有自主知识产权的技术，以促进专利产业尤其是核心专利产业的发展。

（二）商标注册申请量连续 11 年居世界第一

在商标领域，2013 年我国商标注册申请量超过 188 万件，达 1881546 件，比上年增长 14.15%。截至 2013 年年底，我国商标累计注册申请量超过 1300 万件，达 13241337 件；累计商标注册量为 8652358 件，有效注册商标为 7237894 件。④ 2012 年全年共受理商标注册申请 164.8 万件，同比增长

---

① 参见向利：《上半年我国专利申请受理量授权量均实现较快增长》，载《知识产权报》2012 年 7 月 25 日。

② 马一德：《创新驱动发展与知识产权战略实施》，载《中国法学》2013 年第 5 期。

③ 参见陈建辉：《理性看待我国研发投入强度首超欧盟：与发达国家差距仍然很大》，载《经济日报》2014 年 1 月 28 日。

④ 《2013 年商标注册申请量超 188 万件》，载《中国工商报》2014 年 1 月 9 日。

16.3%,连续11年位居世界第一;审查商标注册申请122.7万件,同比增长1.8%;裁定异议案件7.3万件,同比增长28.7%;审理完成商标评审案件5.25万件,同比增长50%。近年来,我国商标注册申请持续保持快速增长的良好态势。自2010年起,商标注册年申请量连续4年超过百万件,2010年为107.2万件,2011年为141.7万件,2012年为164.8万件,2013年更达创纪录的188.2万件。此外,我国是《商标国际注册马德里协定》的成员国,2013年,我国马德里商标国际注册申请量再创历史新高,达2273件,比2012年增长8.2%,居马德里联盟第六位,比2012年提升了一位。国外申请人指定我国的马德里商标申请量为20275件,比2012年增长0.8%,连续9年居马德里联盟第一位。[①] 这说明世界各国企业对中国商标市场的高度重视,也与我国大力实施知识产权战略密不可分。

尽管我国已经成为举世公认的商标大国,但与发达国家相比仍然称不上是商标强国,原因在于市场主体平均有效注册商标拥有量过低,截至2011年上半年,我国商标有效注册量约500万件,位居世界第一位。但用市场主体一除,就少得可怜了,我国各类市场主体平均有效注册商标拥有量仅为10%,也就是说平均每十个市场主体才拥有一件有效注册商标,而各类企业平均有效注册商标拥有量也仅为40%。[②] 同时,我国企业拥有的知名商标较少,"含金量"和影响力普遍不足,虽然中国内地有25个品牌入选2013年"世界品牌500强",但最高排名也才到第53位,且入选的中国品牌大多为国有企业,甚至是垄断企业。此外,我国入选的500强品牌与世界著名品牌如"可口可乐(Coca-Cola)""苹果(Apple)""谷歌(Google)""微软(Microsoft)""麦当劳(McDonald's)""三星(Samsung)"等品牌的市场价值差距较大。

(三)著作权发展态势优良

在著作权(版权)领域,2012年,全年全国作品著作权登记量达68.7651万件,软件著作权登记量达13.9228万件;2012年全国版权合同登记达18645份,其中北京以9587份版权合同登记居全国各省之首;2012年全国作品自愿登记达560583件,其中北京以37万件居全国各省之首;在引进版权方面,2012年我国共引进16115份图书作品,475份录音作品,503份录像作品,100份电子出版物,189份软件作品,12部电影作品,190部电视节目作品等总计

---

① 《2013年我国马德里商标国际注册申请量达2273件》,载《中国工商报》2014年1月21日。

② 参见张晓松、黄毅:《中国:从商标大国到商标强国距离有多远?》,新华网,http://news.xinhuanet.com/fortune/2011-09/06/c_121988650.htm,最后访问日期:2014年4月17日。

17589项作品。① 具体数据参见下表：

表11 2012年全国版权合同登记情况统计(节选)

	合计	图书	期刊	音像制品	电子出版物	软件	电影	电视节目	其他
合计(份)	18645	16554	199	319	417	1085	24	14	33
北京市	9587	9162	192		63	170			

表12 2012年引进版权汇总表(节选)

	合计	图书	录音制品	录像制品	电子出版物	软件	电影	电视节目	其他
本季引进版权总数(项)	17589	16115	475	503	100	189	12	190	5

自党的十六大提出“大力发展社会主义文化”以来，与版权相关的产业发展受到了高度重视。党中央、国务院以及有关部门出台了一系列相关政策，极大地促进了版权产业②的发展。如，2003年底，国务院印发了《文化体制改革试点中支持文化产业发展的规定（试行）》和《文化体制改革试点中经营性文化事业单位转制为企业的规定（试行）》，对经营性的文化事业单位转制为企业给予税收优惠，开始了促进文化体制改革的工作；2006年1月，中共中央、国务院发布《关于深化文化体制改革的若干意见》，明确了文化体制改革的指导思想、原则要求和目标任务，还要求继续执行实践证明行之有效的文化经济政策，制定和完善扶持公益性文化事业、发展文化产业、激励文化创新等方面的政策；2005年8月，国务院发布《关于非公有资本进入文化产业的若干决定》，明确了非公有资本进入文化产业的范围，鼓励非公有资本参与文化产业的发展，鼓励、推动外资引进和国内非公资本进入文化产业；2008年6月，国务院发布了《国家知识产权战略纲要》，第一次在国家战略规划中明确提出“扶持新闻出版、广播影视、文学艺术、文化娱乐、广告设计、工艺美术、计算机软件、信息网络等版权相关产业发展，支持具有鲜明民族特色、时代特点作品的创作，扶持难以参与市场竞争的优秀文化作品的创作”，“完善制度，促进版权市场化”，“使核心版权产业产值占国内生产总值的比重明显提高”。该《纲要》的发布标志着我国政府对版权产业的认识达到了

① 参见国家版权局：《2012年全国版权合同登记情况统计》《2012年全国作品自愿登记情况统计》和《2012年引进版权分类汇总表》。

② 根据世界知识产权组织的界定，版权产业是指版权可发挥显著作用的产业，是国民经济中与版权相关的诸多产业部门的集合，这种集合“以版权制度为存在基础，发展与版权保护息息相关”。

一个新高度。2009年9月,国务院又发布《文化产业振兴规划》,系统提出了加快我国文化产业振兴的指导思想、基本原则、目标、重点任务和政策措施。[①] 自此,我国对著作权(版权)产业的政策支持进入到一个崭新的阶段。

从上述数据与国家版权政策的进步可以看出,我国版权产业已形成了较为完整的产业政策体系,具备了一定程度的版权产业规模,取得了显著的发展,但仍面临着不少问题。

首先,尽管我国标称自己为"出版大国",每年发表的作品非常之多,但实际上具有较大影响力的非常少,更遑论全球影响力。究其原因,主要是因为我们的作品创新性内容较少。比如说,我们常说的知识经济、创意产业、长尾理论、蓝海战略、软实力等,没有一个是我们的创新;我们在哲学、社会学、经济学、管理学、法学等领域使用的理论和分析工具,几乎都来自国外。[②] 2006年10月,英国UK Watch商业频道经济学家约翰逊·史密斯(Johnson Smith)发布报告称,中国软件创新能力严重不足,甚至低于巴西和印度。[③]

其次,多年来我国出版物版权引进与输出比悬殊。近年通过实施出版"走出去"[④]工程,情况有些好转,但引进和输出比也还在7:1左右。2012年全国共引进出版物版权17,589份,共输出出版物版权9,365项。与西方发达国家相比,我国版权贸易逆差十分严重:2012年,我国从美国引进各类版权共计5,606种,英国2,739种,德国941种,法国846种,同期向美国转让各类版权总计1,259种,英国606种,德国354种,法国130种。[⑤] 这个逆差在2008年实施知识产权战略之初更为严重,仅在图书版权方面,2008年,我国从美国引进图书版权4,011种,英国1,754种,德国600种,法国433种,同期向美国转让图书版权122种,英国45种,德国96种,法国64种。[⑥] 其中值得说明的是,我国版权输出地主要为东南亚地区的周边国家(即所谓的"传统

---

① 参见魏玉山、赵冰、张凤杰:《中国版权产业发展的成就、问题与前景》,载《现代出版》2011年第2期。

② 同上。

③ 《中国软件创新能力弱于巴西》,中文业界资讯站,http://www.cnbeta.com/articles/16415.htm,最后访问日期:2014年4月20日。

④ 出版"走出去"工程,只有在政府的主导下,坚持企业为走出去主体,做好中国文化产品,着力开拓国外市场,中华文化的影响力才能日益扩大,此为众多国内企业走出去的共识。"十一五"期间,走出去工作取得了新的成效。2010年,中国出版集团公司输出版权412项,同比增长86.49%,其中,输出到国外275项、港澳台137项。版权引进总计801项。引进和输出之比为1.94:1。较2005年即"十一五"规划初年,版权输出增长了5.7倍,其中输出到欧美等国家的版权增长了13倍。参见《中国出版走出去:向世界讲好"中国故事"》,中国新闻出版总署,http://www.gapp.gov.cn/contents/808/77917.html,最后访问日期:2014年4月20日。

⑤ 参见国家版权局:《2012年引进版权汇总表》《2012年输出版权汇总表》。

⑥ 参见国家版权局:《2008年全国图书版权引进地情况统计》《2008年全国图书版权输出地情况统计》。

的中华文化圈”);已经进入西方国家的,也多是华裔族群内部,很少真正进入西方主流社会。

再次,尽管我国的版权产业得到了长足的发展,但产业规模仍然较小,版权产业的出口仍存在严重的不平衡状态。按照中国版权产业经济贡献[1]调研项目组测算的数据,2011 年我国版权产业行业增加值为 31528.98 亿元人民币,占全国 GDP 的 6.67%;其中,核心版权产业 17161.81 亿元人民币,仅占全国 GDP 的 3.63%。从行业增加值来看,2011 年,美国版权产业的行业增加值为 16819 亿美元,折合人民币约为 104479.63 亿元,占全美 GDP 的比重为 11.16%,而我国版权产业的行业增加值为 31528.98 亿元人民币,不到美国的 1/3。[2] 版权产业的这种状况显然与我国作为世界第二大经济体的国际地位不相称。

此外,我国版权领域的侵权盗版现象还比较严重,其中在图书、音像制品、计算机软件等领域尤为猖獗。随着高新技术的发展,网络新媒体给人们的日常生活带来巨大的变化,近年来,我国著作权领域出现了大量的网络侵权盗版现象,制约了多种行业尤其是新兴产业的发展。而从监管的角度看,“版权产业发展在基层,侵权盗版发生在基层,版权行政管理却很难覆盖到基层”,我国版权行政管理部门“高位截瘫”,地市及以下不少地方存在着“无版权局牌子、无版权管理职能、无版权执法人员”的“三无”现象,专职版权行政管理人员很少,版权执法力量非常薄弱。[3] 而在地方上尚未彻底清除的“地方保护主义”仍然对版权产业具有较大影响,少数领导出于地方利益、局部利益考虑,放任侵权盗版现象,对版权保护工作产生不容忽视的消极影响。

三、主动变革知识产权以获得国际竞争优势

在全球竞争环境下,衡量企业竞争力的核心指标不再是资金、土地、厂房和设备,取而代之的是人力资源、管理水平、企业文化等,其中最重要的是“知识产权”。[4] 知识产权已经成为国家发展的最重要的战略资源之一,“知识产权的拥有数量和对知识产权创造、运用、保护和管理的能力已经成为衡量一

---

① “中国版权产业的经济贡献调研”项目是国家版权局委托中国新闻出版研究院开展的重大科研项目,自 2007 年以来已经连续进行了五次调研。

② 《中国版权产业的经济贡献(2011 年)》,中国新闻出版研究院,2014 年 4 月 18 日。

③ 参见魏玉山、赵冰、张凤杰:《中国版权产业发展的成就、问题与前景》,载《现代出版》2011 年第 2 期。

④ 毛晶慧:《我国知识产权制度建设已迈入“战略主动期”》,载《中国经济时报》2008 年 6 月 11 日。

个国家经济、科技实力的核心因素”。[①] 比如,就品牌而言,2013 年世界品牌 500 强中美国占据 232 席,继续保持品牌大国风范;法国以 47 个品牌位居第二,比上一年增加了 3 个品牌;日本虽然以 41 个品牌入选而排名第三,但比上一年减少了 2 个品牌。英国、德国、瑞士和意大利是品牌大国的第二阵营,分别有 39 个、23 个、21 个和 18 个品牌入选;而中国虽然有 25 个品牌入选,但相对于 13 亿人口,中国显然还处于“品牌第三世界”。[②] 不得不说,这些具有较高价值的品牌也是一国经济综合实力的体现。在今天,看似“抽象”的知识产权,已经真真切切地成为中国企业在国际竞争环境下,获取生存、发展空间的关键因素。

三十多年来,从迎合世界知识产权保护要求建立知识产权制度,到如今我国知识产权制度谋求主动变革,在取得巨大成绩的同时,发达国家较发展中国家相对完善的知识产权制度也已经让我国付出了不小的代价,知识产权具体规定方面的缺失总会让我国处于弱势地位,发展知识产权时间方面的劣势是无法弥补的。因此,在未来的国际竞争中,我国应当转变以出口和投资拉动 GDP 增长的形式,走开放创新[③]之路,根据知识产权战略的指引,也只有在知识产权战略的指引下,大力实施知识产权创造、管理、运用和保护战略,增强自主创新能力,提高文化软实力、科技创新能力,尤其要注重核心技术的创新,变“中国制造”为“中国创造”,才能取得在国际市场中的竞争优势,才能在全球化趋势中站稳脚跟,谋求更进一步的发展!

第二节　我国知识产权制度存在的问题

一、我国知识产权法律制度概述

(一) 我国知识产权制度框架与法律体系

立法方面,我国知识产权保护立法囊括了法律、行政法规、行政规章以及地方性法规、地方规章等。

现代知识产权制度在我国已经走过三十多年的历程,从改革开放至今,我国在极其短暂的时间内初步建立了一套标准较高、体系较为完备的知识产

---

① 吴汉东:《实施知识产权战略 实现创新驱动发展》,载《中国知识产权报》2013 年 1 月 22 日。

② 具体排名详见《2013 年(第十届)世界品牌 500 强排行榜》。

③ 开放创新的基本思路是:一家企业把它自身的技术优势与其他相关企业的技术优势结合起来,互补合作。参见佟文立:《创新驱动发展的“前生今世”——从自主创新到开放创新》,载《新产经》2013 年第 4 期。

权法律体系，“中国知识产权保护制度的建设，在初始阶段就显示了面向世界、面向国际保护水平的高起点。在改革开放的推动下，中国知识产权立法速度之快，也是史无前例的”。①

加入世贸组织及参加各种国际公约之后，按照国际知识产权规则，我国全面修改了《专利法》《著作权法》《商标法》及《计算机软件保护条例》，颁布了新的《集成电路布图设计保护条例》与《植物新品种保护条例》等，为适应北京奥运会的需要，还颁布了《奥林匹克标志保护条例》，另外，由于在上海举办世界博览会的缘故，还颁布了《世界博览会标志保护条例》。

我国现行的知识产权法律体系是由分散的《著作权法》《专利法》《商标法》《反不正当竞争法》及《计算机软件保护条例》《植物新品种保护条例》《集成电路布图设计保护条例》《著作权集体管理条例》《音像制品管理条例》《植物新品种保护条例》《知识产权海关保护条例》《特殊标志管理条例》《奥林匹克标志保护条例》《世界博览会标志保护条例》《科技进步法》《农业技术推广法》《发明奖励条例》《自然科学奖励条例》《科学技术进步奖励条例》《实施国际著作权条约的规定》等涵盖知识产权保护主要内容的法律法规及一系列部门规章组成，并颁布了一系列相关的实施细则和司法解释，如《著作权法实施条例》《商标法实施细则》《专利法实施细则》。我国知识产权法律制度具体包含了著作权法律制度、专利权法律制度、商标权法律制度、商号权法律制度、产地标记权（地理标志权）法律制度、商业秘密权法律制度以及反不正当竞争法律制度等。

同时，结合《刑法》《合同法》《民法通则》等基本法律中有关知识产权的相应部分，以及《科学技术进步法》《促进科技成果转化法》等相关法律，还有与之密切相关的行政规章、地方性法规等具体规范以及一系列相关的实施细则和司法解释，使中国知识产权保护的法律法规体系不断趋于完善。

此外，迄今为止我国已加入包括 WTO 构架下的《知识产权协定》在内的 15 个知识产权国际公约，这些都是我国知识产权法律保护体系的重要组成部分，其中影响较大的条约或公约主要有：《世界知识产权组织公约》《世界版权公约》《保护文学艺术作品的伯尔尼公约》《保护表演者、唱片制作和广播组织公约》《保护录音制品制作者防止未经许可复制其录音制品公约》《关于播送由人造卫星传播的节目信号公约》《录像制品国际注册公约》《保护工业产权巴黎公约》《制止产品来源虚假或欺骗性标记马德里协定》《商标国际

---

① 国务院新闻办公室：《中国知识产权保护状况》（1994）之一“中国保护知识产权的基本立场和态度”，1994 年 6 月。

注册马德里协定》《工业品外观设计国际保护海牙协定》《商标注册用商品与劳动国际分类尼斯协定》《建立工业品外观设计国际分类洛迦诺协定》《专利合作条约》《商标注册条约》等。我国已经加入这些条约或公约，严格遵循TRIPS和衔接各主要知识产权国际公约，现行法律正比较全面地保护各类知识产权。

知识产权法律救济方面，我国采取知识产权行政保护和知识产权司法保护两条救济途径。

我国知识产权行政执法行为包括国家各级专利管理机关、工商行政管理机关、版权管理机关等知识产权行政管理机关依法对知识产权侵权行为采取的行政强制措施、作出行政处罚等活动。① 我国现行知识产权行政执法部门由国务院知识产权领导小组牵头，由国家知识产权局、国家版权局、国家工商行政管理局、商标局、国务院各主管部委以及地方各级行政管理部门组成，形成了比较完善的知识产权行政管理和保护体系。由于知识产权纠纷往往涉及比较复杂的专业问题、技术问题，设置相对专门化、专业化，具有一定专业优势的各类知识产权行政执法部门，能为知识产权工作提供更为全面、专业的保护，因此，知识产权行政保护能充分发挥知识产权行政管理和执法部门的专业优势。

我国知识产权司法行为主要是指当权利人的权利被侵犯后，依法向法院提起民事诉讼、行政诉讼乃至刑事诉讼：要么被侵权人请求法院提供民事法律救济，保护权利人的权利；要么法院对知识产权行政执法进行司法审查，区别正确的行政执法行为和错误的行政执法行为，并予以支持或纠正；要么法院根据《刑法》的规定，对情节恶劣、后果严重的犯罪嫌疑人追究刑事责任。对于民事侵权行为，我国法律规定法院可以责令侵权人承担停止侵害、消除影响、赔礼道歉、赔偿损失等民事责任②，还可以对侵权人给予没收非法所得、罚款、拘留等制裁；对于刑事犯罪行为，我国《刑法》分则在第三章"破坏社会主义市场经济秩序罪"中规定了侵犯知识产权罪，包括假冒注册商标罪、销售假冒注册商标的商品罪、非法制造、销售非法制造的注册商标标识罪、假冒专利罪、侵犯著作权罪、销售侵权复制品罪、侵犯商业秘密罪七项罪名，涵盖了侵犯商标权、专利权、著作权和商业秘密权等方面的犯罪，根据犯罪情节可以处以7年以下徒刑、拘役、并处或者单处罚金③，提供较高水平的

---

①　孙国瑞、金恬：《知识产权保护双轨制协调运行》，载《完善知识产权执法体制问题研究》，知识产权出版社2009年版，第91页。

②　参见我国《侵权责任法》第15条。

③　参见《刑法》第213条—219条。

知识产权刑事司法保护。

(二) 我国知识产权法的保护范围

我国知识产权法主要包括:专利权法、著作权法、商标权法以及反不正当竞争法四大部分,同时通过专门性法律法规来规范计算机软件、集成电路布图设计、商业秘密、地理标志、植物新品种、商号等。

第一,针对专利权的保护,我国《专利法》将可授予专利权的专利分为发明专利、实用新型专利和外观设计专利三类,并对获得授权的专利根据类别的不同分别给予20年、10年不等的专有权利保护期限。

迄今为止,我国《专利法》历经三次修改。1992年《专利法》第一次修改工程较大,其中有多处扩展了专利的保护范围,譬如,增加了进口权的规定,使得专利权人有权阻止他人未经其许可,为生产经营目的进口其专利产品或进口依照其专利方法直接获得的产品;将方法专利的保护延伸到利用该方法直接获得的产品;将食品、饮料、调味品,药品和利用化学方法获得物质列入保护范围;增设本国优先权。此外,还将发明专利的保护期由15年增加到20年,实用新型专利权和外观设计专利权保护期也增加到10年;增加专利复审的范围,对国务院专利行政部门撤销或维持专利权的决定不服的,也可以请求复审;增加对冒称专利产品或方法的处罚;取消了审查中的异议制度,代之以授权后的撤销制度,等等。2000年《专利法》的第二次修改出于与《知识产权协定》保持一致并适应国内经济体制改革和技术发展的需要的目的,更加完善了对专利权的保护,在实体内容中,第二次修订后的《专利法》明确规定对职务发明人的"报酬",将善意使用或销售侵权产品,由原来的不视为侵权改为不负赔偿责任;进一步强化了专利权的效力,将"许诺销售"列入专利权的效力范围。在程序上,《专利法》将专利审查完全置于司法监督之下,规定任何行政机关作出的有关知识产权的取得、维持等行政裁决,均应当接受司法审查或者准司法审查,即这些裁决不是终局裁定,均可由法院作出最终的司法裁判;还增加了诉讼保全制度,更充分地保护专利权人的利益;出于简化程序的目的,《专利法》还取消了撤销专利权的程序,将其一并纳入无效宣告程序之中。2008年第三次修改的《专利法》新增7条,修改了29条,其中对专利权的授权标准以及对专利权滥用的规制进一步完善了我国专利制度的保护范围。其中,修订后的《专利法》为了体现《国家知识产权战略纲要》提出的目标,将"提升创新能力"纳入专利法立法目的之中。在外观设计的保护中,增加了禁止“许诺销售”的规定。[①] 增加了“依赖遗传资源完成的发明创造,申请人应当在专利申请文件中说明该遗传资源的直接来源和原始来源;申请人无法说明原始来源的,应当陈述理由[②]”的规定,“体现了《生物多样性公约》(Convention on Biological Diversity)规定的遗传资源国家主权原则、知情者同意原则和惠益分享原则”。[③] 另外,我国《专利法》还出于保护公共健康目的,增加了“为公共健康目的的专利强制许可”[④],还对传统知识、民间文学艺术的保护方面补充相关内容,并对专利申请、专利授权程序上的标准、原则等作出相应完善。

第二,针对著作权及相关权的保护,我国《著作权法》以列举的方式规定了其保护的“作品”,包括文字作品;口述作品;音乐、戏剧、曲艺、舞蹈、杂技艺术作品;美术、建筑作品;摄影作品;电影作品和以类似摄制电影的方法创作的作品;工程设计图、产品设计图、地图、示意图等图形作品和模型作品;计算机软件;法律、行政法规规定的其他作品。此外,我国《著作权法》还规定了不受保护的对象:超过保护期的作品,三种不适用著作权法的对象(法律、法规,国家机关的决议、决定、命令和其他具有立法、行政、司法性质的文件,及其官方正式译文;时事新闻;历法、通用数表、通用表格和公式)以及作品所表达的综合理念。此外,如果作者个人或公司是来自于参加了国际著作权条约的国家和与中国达成双边协定的国家,其著作权就会自动受到保护。

我国《著作权法》在经过了两次修改后,第三次修改也已公布了草案。2001 年通过的第一次修改幅度较大,第一,规定了国民待遇原则,改变了《著作权法》“内外有别”的制度,给予外国人国民待遇;第二,将“实用美术作品、杂技艺术作品”等纳入作品范围,将“电影、电视、录像作品”扩大为“电影作品和以类似摄制电影的方法创作的作品”,扩大了著作权保护的客体;第三,规定了电影作品、计算机程序的版权人的出租权,规定了信息网络传播权,并对表演权、摄制权作出扩大解释:表演权是“公开表演作品,以及用各种手段公开播送作品的表演的权利”,摄制权为“以摄制电影或者以类似摄制电影的方法将作品固定在载体上的权利”;第四,修正后的《著作权法》还增加了保护出版者版式设计权的规定,规定出版者“有权许可或禁止他人使用其出版的图书、报纸、杂志的版式设计”;第五,增加规定了著作权许可使用合同和著作权转让合同;第六,新《著作权法》规定了权利人可以通过依法成立的社

---

① 参见《专利法》第 11 条第 2 款。
② 《专利法》第 26 条第 5 款。
③ 吴汉东主编:《知识产权法》(第三版),北京大学出版社 2011 年版,第 138—140 页。
④ 《专利法》第 50 条。

会组织行使著作权的规定,即著作权集体管理制度;此外,对著作权的限制(主要是合理使用和法定许可)、救济措施等也有相应较为重要的完善。相比而言,2010年对《著作权法》的第二次修改幅度较小,只涉及两个条文:一是《著作权法》第4条,删除了"依法禁止出版、传播的作品,不受本法保护"这一规定,从而适应我国发展模式转型的需要,符合国际知识产权规则;新增了一款"国家对作品的出版、传播进行监督管理"的规定。二是增加一条,作为《著作权法》第26条,规定了著作权的质押制度,1996年我国早在版权局出台的《著作权质押合同登记办法》中明确规定著作权可以进行质押,因此这次修改将质押写入《著作权法》中,为著作权质押提供了明确的法律依据,可谓是恰好适应了我国版权产业日益发展的现实需求。

正在进行中的《著作权法》第三次修改已经提交了三部修改草案,国家版权局采取"开门立法"①的方式,倾听全社会不同阶层的意见。本次修改首先是立足国内版权产业发展的形势,在全球化趋势下作出的"主动回应",对版权事业的国际、国内经验都有所吸收,增加了作者、表演者的出租权,完善了技术保护措施和权利管理信息等制度。② 最重要的是,此次修改我国一改"一味追求与发达国家看齐的高保护标准"的态度,首次完全立足我国国情,基本保留了我国版权法律制度的框架与设计,采取了"渐进式"的立法步骤,从而保证著作权法律制度与国内版权产业的协调。

第三,针对商标权的保护,我国《商标法》的规定与大多数国家相同,"经商标局核准注册的商标为注册商标,包括商品商标、服务商标和集体商标、证明商标;商标注册人享有商标专用权,受法律保护。"

至今为止,《商标法》已经过三次修改,1993年修改后的《商标法》规定服务商标也可以获得注册并取得商标专用权,同时增加了对不当商标撤销的规定。而2001年的修改幅度很大,将条文由43条增至64条,扩大商标保护范围,将集体商标、证明商标纳入商标法;扩大了商标注册申请人范围,规定自然人可以注册商标;商标的基本条件和注册条件更为清晰并增添了新的要求;商标构成要素增添了新内容,准予注册立体商标;增加对驰名商标保护的内容,确定了驰名商标的基本标准;增加了关于优先权的条款;明确规定商标注册申请应当真实、准确,可以在法律许可的范围内更正错误;保护现有的在先权利,制止恶意抢先注册;取消行政机构的决定、裁定为终局决定、裁定的

---

① 参见《〈著作权法〉第三次修改:开门立法》,载《电子知识产权》2011年第9期。

② 参见吴汉东:《著作权法第三次修改草案的立法方案和内容安排》,载《知识产权》2012年第5期。

规定；增强了对商标专用权司法保护、行政保护的法律措施；完善了商标转让的有关规则；增加了有关对执法者的监督的规定和执法者应当遵守的行为规则的规定；完善了关于商标管理体制的规定；增加了有关商标管理部门工作程序、工作效率的规定等。

与前两次修改旨在回应国际贸易和加入相关国际条约的要求不同，2013年《商标法》的第三次修改则完全是出于我国国情的考虑，为了应对市场经济的发展和知识产权战略实施的需要。本次修改的主要内容有：扩大了可以申请注册商标的标志范围，删除了商标注册的"可视性"要求，并规定"声音"可以申请注册商标；完善了注册商标显著性的具体规定；允许跨类申请和电子申请，恢复审查意见书制度，明确注册商标申请、复审的审查时限，提高商标注册的效率；简化商标异议程序，维护商标权利的稳定；制止恶意注册商标，保护商标在先使用者；规定申请商标注册和使用商标应当遵循诚实信用原则，同时强化商标代理机构的诚信义务，完善驰名商标保护制度，禁止抢注商业合作伙伴在先使用的商标，赋予商标在先使用者先用抗辩权；此外对注册商标专用权的保护再次加强并强调注册商标的使用义务。①

第四，在反不正当竞争方面，我国《反不正当竞争法》于1992年开始起草，1993年通过并颁布实施，条文较少，相关规定较为原则，并无具体的操作性规定，至今未进行修改。此法共33条，从对不正当竞争行为的定义，到监督检查制度，以及不正当竞争者及相关国家机关工作人员失职应负的法律责任作出了规定，目的在于"保障社会主义市场经济健康发展，鼓励和保护公平竞争，制止不正当竞争行为，保护经营者和消费者的合法权益"。

第五，针对其他知识产权，我国制定了《世界博览会标志保护条例》《知识产权海关保护条例》《奥林匹克标志保护条例》《集成电路布图设计保护条例》《植物新品种保护条例》《特殊标志管理条例》等行政法规，规定了相应部门规章譬如《展会知识产权保护办法》《实施国际著作权条约的规定》等来规范知识产权国际保护及其他知识产权的保护与运用。

二、知识产权制度存在的问题具体分析

目前我国创新体制与政策环境较不完善，缺乏知识产权保护的法律环境。有一项调查数据显示出了这种缺失：46%的企业反映遭遇过知识产权侵权行为，39%的企业反映采用法律手段保护知识产权无效，55%的企业反映

① 《商标法》第三次修改的主要内容详见刘贵增：《我国商标法第三次修改有关重要规定介绍与评述(一)、(二)、(三)》，载《中国知识产权报》2013年9月13日，9月27日，10月11日。

执法效果不明显。[①] 我国知识产权制度存在的问题具体如下。

（一）我国知识产权立法缺乏整体性

我国知识产权法是由《专利法》《商标法》《著作权法》以及《集成电路布图设计保护条例》等一系列专门法律、法规组成的。专利、商标、作品的保护都有其明显的特点，每一部单行法都有自己独立的立法宗旨和调整目标，每一项法律改革措施都各自分离，针对特定的问题，与整体的知识产权法律体系和制度建设无关。由此难免造成知识产权法体系和内容分散、零乱、空白遗漏、重叠交叉、规范冲突等，有些立法甚至更是“急形势之所需”而匆忙立法，缺乏长期性、技术性和前瞻性。[②] 其他行政法律法规很容易与上述三部传统知识产权法律产生重合，难免导致冲突和不协调，从而导致我国知识产权法律体系缺乏整体性。然而，实际上，《专利法》《商标法》《著作权法》三部法律在保护知识产权目的、原则方面都是一致的，具有内在的逻辑性，几乎没有重复与矛盾，我国建立知识产权法律制度的目的、指导思想和基本原则，对于不同的知识产权来说应该都是相同的。因而有学者认为，“相对于表现形式不同的知识产权法，其在立法上应当具有协调性和关联性，从长远来看，《专利法》《商标法》和《著作权法》三大部门法应当合并在一起，组成统一的国务院知识产权部门。[③]”因此，出于有效地避免各单行法之间的冲突，统一协调这些单行法律法规之间的矛盾的目的，我们可以尝试颁布实施一部所谓的知识产权基本法来关联、协调这些知识产权单行法律法规。

知识产权立法虽然有《民法通则》《民事诉讼法》作为其一般法，但就该领域本身具有特殊性的某些问题仍然缺乏统一的规定。例如就地域管辖而言，我国的《民事诉讼法》第 28 条对侵权诉讼的管辖作了一个概括的规定：“因侵权行为提起的诉讼，由侵权行为地或者被告住所地人民法院管辖。”侵权行为地则包括侵权行为发生地和侵权结果发生地。针对专利权，1994 年，最高人民法院在《关于专利侵权案件中如何确定地域管辖的请示》的复函中确定了侵权产品销售地法院的管辖权，即通过侵犯他人的专利权而制造侵权产品，其销售地的法院对此类案件有管辖权。具体到“通过侵犯商业秘密而制造的侵权产品”，其销售地的法院是否有管辖权呢？对此，我国《反不正当竞争法》及相关的司法解释则没有作出明确规定。

---

① 《深化改革，为发展注入新动力》，载《光明日报》2013 年 10 月 29 日。

② 参见陈晓宇、院国强：《论 TRIPS 协定与中国知识产权法的发展与完善》，载《WTO 法与中国论丛(2009 年卷)——〈WTO 法与中国论坛〉暨中国法学会世界贸易组织法研究会 2008 年年会论文集》。

③ 成淑萍：《浅谈我国知识产权法的立法完善》，载《商品与质量》2012 年 7 月刊。

（二）知识产权实体法保护范围较窄

我国知识产权法跟大多数国家一样，从权利的角度，将知识产权的主体称为“著作权人”“专利权人”“商标权人”等，即知识产权权利所有人。知识产权法上的“人”与民法上的“人”一样，都是自然人和法人的统称，即这类主体可以是自然人，也可以是法人，甚至有些情况下的非法人单位和国家也能成为知识产权的主体。对于何种主体能够成为知识产权的主体，以及知识产权主体享有何种权利，都由国家法律明确直接规定。譬如，我国《著作权法》第9条：“著作权人包括：(1) 作者；(2) 其他依照本法享有著作权的公民、法人或者其他组织。”《专利法》将专利权主体规定为发明人与设计人、专利申请人。① 《商标法》将商标权主体分为商标使用人、商标注册人。② 我国知识产权主体方面的法律规定并无明显漏洞。

然而，我国知识产权实体法调整的客体和保护的范围还比较窄，一些制度规定落后于科技与社会发展的需要。尽管我国已经制定了许多针对其他知识产权的行政法规，如《世界博览会标志保护条例》《奥林匹克标志保护条例》《集成电路布图设计保护条例》《植物新品种保护条例》《特殊标志管理条例》等，然而我国这种分别立法的模式较为分散，对知识产权制度中一些共性的内容缺乏统一的规定，各法之间对一些内容的规定也有一些重复，造成了立法资源的浪费。③ 各部法律、法规之间缺乏有机整合，甚至出现条例内容、管理部门与责任限定之间的相互冲突。

此外，随着知识经济的发展，新的技术领域不断涌现。譬如网络电子出版物、基因工程、生物技术等高新技术的出现和发展，给知识产权制度带来了新的挑战，我国现有知识产权法不能满足这些新技术领域的需要。④ 再者，诸如传统知识、民间文学艺术以及遗传资源之类，我国现行知识产权法律制度中根本没有对其有效保护的规定。吴汉东教授就认为我国《专利法》及其实施细则应当补充有关遗传资源、传统知识和民间文学艺术的保护方面的规

---

① 《专利法》第6条：“……申请被批准后，该发明人或者设计人为专利权人……”以及第七条：“对发明人或者设计人的非职务发明创造专利申请，任何单位或者个人不得压制。”

② 《商标法》第32条：“申请商标注册不得损害他人现有的在先权利，也不得以不正当手段抢先注册他人已经使用并有一定影响的商标。”第4条第1款：“自然人、法人或者其他组织在生产经营活动中，对其商品或者服务需要取得商标专用权的，应当向商标局申请商标注册。”

③ 《涉及知识产权保护的法律法规较分散且不协调　人大代表建议尽快制定知识产权保护基本法》，载《法制日报》2012年4月9日。

④ 梁宏辉、龙在飞：《创新型国家建设与我国知识产权制度的完善》，载《科技进步与对策》2013年6月第12期。

则。① 再如,在我国知识产权法律保护体系中,商业秘密权的规定过于原则化,并无具体的操作性规定,对未公开信息作为商业秘密来保护没有细节规定。又如,我国计算机软件保护仍然存在不协调的地方:计算机软件保护对象的定位不清,计算机软件既不像传统的作品,也不像单纯的专利,难免加大知识产权法规制计算机软件的难度;计算机软件更新换代的速度极快,而计算机软件的保护效率难以跟上软件变化的速度;此外对于计算机软件的反向工程的规制等问题,著作权法和专利法都具有不可克服的缺陷。又如,与人类伦理道德相矛盾、有争议的各种"克隆"技术、"安乐死"技术等等,能不能列入知识产权保护的范围,如果能列入,又该如何保护。这些问题都亟需解决,尽管法律有一定的滞后性,但针对某个领域的新添加、新发展,相关法律必须作出应有的变化。知识产权制度如何给我国经济、科技发展提供强有力的法律支撑,以适应科技、经济的转变,应该是我国知识产权立法变革的基本出发点。

(三) 知识产权程序法规定相对缺乏

我国立法向来就有"重实体,轻程序"②的倾向,知识产权法领域的程序法缺失更是这种倾向的具体体现。从立法上看,我国知识产权程序法十分不完善,关于知识产权行政执法、司法的规定少之又少,且体系尚未形成。

在知识产权行政保护方面,我国知识产权行政执法体制相当复杂,包括由中央和地方相应机关构成的知识产权局系统、工商行政管理局商标局系统、版权局系统、技术监督检验检疫局系统、农业林业行政系统、海关系统,还包括作为协调机制的保护知识产权工作领导小组办公室系统、医药行政管理系统、文化行政管理系统等。③ 我国知识产权行政执法主管部门林立,权限较为分散,职能划分不清,容易导致冲突和不协调。首先,各个部门的执法程序相对不同,"多头管理"的模式容易给接受服务的各种主体造成不必要的困扰,尤其针对知识产权国际事务的处理效率较低,难以协调。其次,各行政执法部门职能划分不够清晰,容易导致对某一事务的重复处理,既增加了执行成本,又使得某些事务根本无人问津。再次,在某些知识产权行政保护工作中存在"囿于被动受理、疏于主动查处、懒于积极指导、安于消极行政"的

---

① 参见吴汉东主编:《知识产权法》(第三版),北京大学出版社2011年版,第141页。

② 参见邹立君:《"重实体,轻程序"命题的语境分析——兼论程序正义问题》,载《法制与社会发展》2008年第4期。

③ 参见朱谢群:《我国知识产权发展战略与实施的法律问题研究》,中国人民大学出版社2008年版,第206页。

现象。[①] 行政机构之间的信息共享机制不够发达甚至还未建立，导致互相推诿。譬如发明专利申请周期太长，特别是有关医药方面的发明专利，往往可能五六年还批不下来，这必然严重挫伤发明人的积极性。此外，知识产权行政执法机关的组织机构不够健全和稳定，人员素质有待提高，具体执法规则匮乏，在政治体制、法律体系、经济利益等多重因素作用下，部分单位根据知识产权法律制定具体执行办法时，往往利用一些原则性、模糊的字眼来回避问题和主要矛盾，可操作性并不强。因而容易导致行政执法人员滥用权力，损害当事人权益，不仅无法利用公正程序消除当事人的不满，还影响知识产权行政保护制度功能的发挥。从执法主体的现状来看，我国知识产权行政执法缺乏一个统一的知识产权执法机构来统一协调各个部门之间的职能划分、职责承担等。

在知识产权司法保护方面，我国知识产权司法体制由知识产权犯罪侦查机关、公诉机关——公安系统、检察院系统和知识产权民事、行政、刑事案件的审判机关——法院系统构成。知识产权司法体制中主要存在以下问题：首先，除个别法院建有专门的知识产权庭专门审理知识产权案件，知识产权民事、行政、刑事案件一般分别由法院内部的不同审判庭审理，即所谓的"三审分立"。[②] 这种分开审理知识产权民事、行政、刑事案件的制度难免由于审批标准的不统一导致审批结果的不统一，甚至可能导致在民事审判中被认定为普通侵权的知识产权纠纷在刑事审判中被定为侵犯知识产权罪；或者在刑事审判认定有罪的情况下，民事审判却认定不构成侵权。其次，知识产权专家证人制度、特殊证据规则、委托鉴定制度等不够健全完善，这些都是对司法保护发挥知识产权最后救济功能的严重妨碍。对于知识产权专家证人制度，截至2012年4月上旬，国内还没有省级政府针对知识产权专家证人制定制度性规范。直到2012年4月18日，四川省高级人民法院出台了《关于知识产权案件专家证人出庭作证的规定（试行）》[③]，才打破长久以来我国没有针对知识产权专家证人制度的省级法律规范的尴尬局面。此外，目前我国知识产权民事案件的审判一般为中级人民法院和少数基层人民法院一审，知识产权刑事案件、行政案件的审判基本上以基层人民法院为一审法院，这种审判层级的配置存在明显的漏洞。

---

① 莫于川：《知识产权行政保护制度亟待改革》，载《改革》1998年第6期。

② 参见朱谢群：《我国知识产权发展战略与实施的法律问题研究》，中国人民大学出版社2008年版，第208页。

③ 《四川对知识产权案专家证人出庭作证进行制度规范》，载《法制日报》2012年4月19日。

（四）我国知识产权法可操作性不强

我国2010年第二次修订后的《著作权法》共六章，61条，2013年第三次修订后的《商标法》共八章，73条，2008年第三次修订后的《专利法》共八章，76条，三大传统知识产权法部门法律条文总量仅210条，而日本一部版权法就多达121条，德国著作权法多达145条，新加坡版权法甚至是我国三大知识产权部门法法律条文总量的近5倍，单从法律条文数不难看出我国三大知识产权部门法的共同特性——量少，内容简单，规定原则化，缺乏具体化和可操作性的规定。这主要是因为中国知识产权立法中尚存在部分空白和缺陷，存在某些法规的滞后性，更是因为立法上“宜粗不宜细”的传统指导思想①而导致我国知识产权法出现“可操作性不强”的问题。

因此，在具体的法律实施过程当中，从事知识产权工作的人员（如知识产权权利人、司法裁判人员等）就无法根据我国现行的知识产权法律制度，正确认识和理解知识产权，从而影响到权利人的知识产权行为和司法人员的裁判准则，降低了知识产权法的实施效果，最终限制了知识产权价值在市场经济环境中的发挥。如我国在著作权法中规定了网络环境中著作权的集体管理②，但该规定太过原则化，缺乏可操作性。又如，《技术进出口管理条例》中涉及了跨国技术转移中的部分垄断行为，但是仅规定了在技术进口合同中不得含有的七种限制性条款③，适用面较窄，缺少相对应的惩罚措施，并不能满足实际发生垄断行为之后的救济需要。又如，《反不正当竞争法》的执法主体多元化，既有工商行政管理部门，又有监督检查部门，各部门执法力度不同，部门职能可能发生重复，部门之间难免发生冲突，而《反不正当竞争法》并未规定对应的统一协调机制。再如，针对传统知识的保护，我国还没有完备地建立这类保护机制，即传统知识方面的立法不够健全，且有些立法的可操作性不强，给执法者带来很大的困难。

（五）知识产权行政管理体制过于分散

当前我国实行的是一种分散型的知识产权管理体制。在管理职能分工上，知识产权局分管专利和集成电路布图设计，工商行政管理总局商标局分管商标，新闻出版机构分管版权，农林部门承担植物新品种的管理职能。

我国知识产权管理工作体系的主要特点是：专利授权、商标注册和版权

---

① 参见万其刚：《对“宜粗不宜细”的新思考》，载《法学杂志》1997年第6期；朱媛：《我国行动中的知识产权法》，载《知识产权》2009年第1期。

② 参见《著作权法》第9条。

③ 参见《技术进出口管理条例》第29条。

登记分开管理，行政管理与执法一体化，自成独立体系。[①] 目前，我国涉及知识产权行政管理和执法的主体有国家知识产权局、国家工商行政管理总局、国家版权局、国家质量监督检验检疫总局、国家农业部、国家林业局、国家商务部、国家科技部、信息产业部等数十家单位；此外还有最高人民检察院和最高人民法院的司法管辖权以及海关总署与公安部的综合执法等情形[②]；另外，医药行政管理系统、文化行政管理系统的职能权限也与知识产权事务相关，可见我国知识产权行政管理部门及其管理体系之复杂。同时，绝大多数知识产权行政管理部门还承担着相应的行政执法工作，这就可能导致因执法机关的不统一而出现“不相协调、各自为政”的状况。更重要的一点是，这些行政机关原本是知识产权的管理机关，还承担着授权登记、确权、管理、宣传及对外联系等行政管理职能。这种管理与执法不分的现状，不仅使得这些机关工作量繁重，力不从心，而且不利于监督。

就这种模式而言，首先，分散管理增加了管理成本，降低了效率，浪费了管理资源，给接受服务的各种社会主体造成困扰，也为不法分子钻管理漏洞、实施知识产权违法行为提供了便利。其次，管理、执法一体化的知识产权行政管理、行政执法模式不利于监督与制约。再次，将知识产权授权、管理与案件查处集于一身，内部职能混杂，会影响对自己授权的知识产权的有效性的公平判断，同时造成因执法主体混乱而增加维权成本，浪费执法、管理资源，降低了行政机关的行政效能。另外，政府过度干预知识产权管理不利于激发创新活力，因此，党的十八届三中全会公报指出：“探索建立知识产权法院。打破行政主导和部门分割，建立主要由市场决定技术创新项目和经费分配、评价成果的机制。”这是知识产权管理去行政化的必经之路。

对知识产权行政管理体制产生负面影响的因素还有很多，其中地方保护主义、部门保护主义较为严重，这些“保护主义”现象层出不穷，一些行政执法部门受利益驱动，充当地方保护主义的工具。[③] 尽管近些年来政府已经注重对“地方保护主义”的打压，但“地方保护主义”现象在一定范围、一定程度上还持续存在。有些地方受经济利益驱动，其地方政府与知识产权部门及其公职人员缺乏全局意识，往往从本地区的利益出发，对知识产权行政执法“不主动、不热情、不积极”，从而造成解决知识产权争端的障碍。譬如，南方某省，国家及省相关监管部门及市政府领导参加的打假“战前”部署会议，商

---

① 万静：《改变分散执法现状加大自贸区保护力度 上海将试水知识产权统一执法》，载《法制日报》2013 年 8 月 27 日。

② 武善学：《健全中国特色知识产权行政管理和执法体制》，载《法学杂志》2010 年第 4 期。

③ 参见薛生全：《论我国知识产权保护法律制度的完善》，载《理论界》2011 年第 8 期。

定2小时之后即将开始打击假冒名牌糖果的行动。会议正在召开之际,生产假冒名牌糖果的某镇喇叭就传出了“请各家各户注意,打假队伍马上就要来了”的通知①,不禁让人大跌眼镜。同时,负责知识产权司法救济的地方法院迫于当地政府压力,难以真正按照法律法规办事。因此,地方保护主义和部门本位主义的干扰,导致知识产权行政管理效果与社会影响都不尽如人意。

(六)企业对知识产权的重视仍然不够

第一,在知识产权管理观念方面,企业仍然缺乏知识产权管理意识,特别是知识产权战略管理意识。首先需要明确这样一个命题,企业意识到管理知识产权的重要性是其进行知识产权管理的前提。我国知识产权制度建立起步晚,但这并不妨碍知识产权制度的快速发展,仅花费不到三十年的时间就建立了比较完善的知识产权保护制度。在20世纪80年代,我国大部分企业对知识产权保护还不甚了解。我国加入WTO之后,很多企业已经渐渐意识并懂得了保护知识产权的重要性。② 然而,在全球化竞争更加激烈的今天,我国企业知识产权意识的缺失再次凸显出来。我国企业一开始往往被中国市场容量大的一些假象所蒙蔽,片面地追求市场、渠道、价格等要素,而对于自有知识产权(如专利、商标)不够重视,结果付出了很沉重的代价。譬如为扩大生产规模而与外资公司合并最终丢掉品牌价值的“活力28”。比较而言,现代发达国家企业对知识产权管理已广泛采用战略管理的形式,不断提高企业的竞争力。因此,有学者认为,“我国企业的知识产权管理总体上停留在较低的层次上,如申请项目管理、开发项目管理、获权项目管理、基本法律事务处理等,远远没有上升到战略管理层次。”③多数企业即使开展了知识产权工作,也大多仅限于一般性管理,诸如开发项目管理、申请项目管理、合伙项目管理等。因此,企业的自主知识产权保护意识、知识产权管理意识,尤其是知识产权战略管理意识仍有待提高。

第二,在知识产权运用方面,企业运用知识产权还有很多不足之处,企业知识产权流失严重。企业知识产权的流失主要表现在专利的流失上,主要有四种表现形式:一是对其发明创造不申请专利;二是对其发明创造不申请外国专利,只注重申请中国专利;三是在专利申请过程中中途放弃申请;四是专利文献的运用水平较低。不申请专利导致企业研发出来的技术没有妥善的

---

① 李迎丰:《从假冒伪劣打而不绝谈地方保护主义的危害及对策》,载《中国质量技术监督》2011年第12期。

② 韩雪、万一锋:《我国企业知识产权管理存在的缺陷及对策》,载《科技管理研究》2006年第3期。转引自郑成思:《中国企业要么淘汰,要么赶上》,载《中国知识产权报》2005年6月8日。

③ 冯晓青:《我国企业知识产权管理存在的问题与对策》,载《科技管理研究》2005年第5期。

法律保障;不申请外国专利不利于企业自有专利的国际保护,不利于企业参与国际市场的竞争;中途放弃专利申请是对前期投入的人力、财力、物力的严重浪费;不注重运用专利文献,有可能导致企业申请的专利与现有技术重复,使得耗费精力研发出的技术成果早已过时。

第三,在知识产权质量方面,企业引进的很多知识产权质量不高。近年来由于企业专利数量迅速扩张,我国已成为专利大国,但我国企业专利数量庞大却质量不高。全球最大的专业信息服务提供商——汤森路透集团公布的"2012 全球创新企业百强"榜出炉,包括 3M 公司、超微半导体公司、苹果公司等 100 家最具创新精神的企业、政府机构和学术机构入选。其中包括 47 家美国企业、32 家亚洲企业、21 家欧洲企业;在入榜的亚洲企业中日本占了 25 家,剩下 7 家来自韩国。[①] 我国企业连续两年无缘"全球创新企业百强",这与我国的专利大国的地位极不相称。这主要是由于我国企业的知识产权管理战略还十分不完善,没有形成系统完善的技术创新利益机制,不能准确地审视国际知识产权的发展,把握不准知识产权的营运,导致企业技术创新缺乏原创性,从而致使我国出现了专利数量较多,但质量不高的局面。

第四,在知识产权创造、获取方面,企业对知识产权的取得缺乏主动性,在引进知识产权时具有盲目性。尽管知识产权观念已经渐渐深入人心,但我国很多企业仍然对知识产权不够重视,在有了发明创造之后并没有申请专利,使用新的商标后也未注册等等,缺乏主动寻求知识产权法律制度保护的积极性。另外如我国某进出口公司与日本某厂家签订了"乙二醇"生产合同,厂方花费 100 万美元引进 22 项"专利",后来才知道引进的这些技术大部分已过了专利保护期,等于白白多用了 70 万美元购买任何人都可以自由、无偿利用的过期专利。[②] 这些都是我国企业在引进知识产权方面盲目性的具体体现。

第五,我国科技创新服务平台建设较为滞后。2004 年 7 月,国家科技部、发改委、教育部和财政部联合制定的《2004—2010 年国家科技基础条件平台建设实施纲要》发布,标志着我国科技创新平台建设的启动。平台主要由大型科学仪器设备和研究实验基地、自然科技资源保存和利用体系、科学数据和文献资源共享服务网络、科技成果转化公共服务平台、网络科技环境等物质与信息保障系统,以及以共享为核心的制度体系和专业化技术人才队

---

① 参见裴宏、吴艳:《汤森路透 2012 年"全球百强创新机构"榜单出炉》,载《中国知识产权报》2012 年 12 月 19 日。

② 参见徐路:《面向技术创新的知识服务研究》,载《现代情报》2009 年第 6 期。

伍三方面组成。[①]。近年来我国许多城市都在致力于科技创新服务体系的建设,探索通过上述公共服务平台建设,提升企业的科技创新能力。[②] 然而实际上真正能够满足企业需要、真正起到保证企业技术创新作用的科技创新公共服务平台并不多见。

(七)我国社会知识产权意识仍较薄弱

新中国的知识产权制度三十多年前才起步,尽管已经取得了"举世瞩目"的立法成就,但知识产权观念方面的缺失仍然制约着我国知识产权的进一步发展。

首先,我国社会不同地区、不同文化背景、不同阶层的人对知识产权的认知差异很大。知识产权认知程度与所在的地区、年龄、受教育程度、收入有一定的关系。

一般而言,经济发达地区的人民通常要比经济欠发达地区的人们更了解知识产权,如我国知识产权意识较强的地区是北京、广州、深圳等地区;相对于儿童和老年人来说,中年人的知识产权意识较强;受教育程度较高、收入较高的人群对知识产权更了解。而在对知识产权了解的具体内容方面,大多数人对于知识产权的较为清晰的了解及于三大传统的知识产权领域——著作权、商标和专利,对这些内容认知较清晰,而对于新出现的情况,如植物新品种、非物质文化遗产、基因专利等认知相对模糊。此外,很多公众从未经著作权人授权的网站上下载或上传作品,主要是因为他们认为网络就是一个资源共享的平台,网络就是为了便捷地获得资源,甚至有少数人认为网络资源就应当完全免费。

其次,我国知识产权侵权现状仍不容乐观,音像、书籍、软件、游戏等盗版问题泛滥。

尽管国家知识产权战略已经颁布,并提出相关战略目标——"盗版、假冒等侵权行为显著减少,维权成本明显下降,滥用知识产权现象得到有效遏制",试图5年内明显改善知识产权保护状况,然而很多公众在其个人行为上并没有表现出对知识产权的尊重。2007年《中国知识产权蓝皮书》公布的调查报告显示,88.44%的人购买过盗版的书籍、影像制品或电脑软件,没有购买过的只有11.56%;57.88%的人买过假冒名牌商品,没有买过的为42.12%。在对惩治买卖盗版和假冒商品侵权行为的态度上,68.24%的人认

---

① 参见国家科技部、发改委、教育部、财政部发布的《2004—2010年国家科技基础平台建设实施纲要》。

② 李恒川:《企业知识产权策略存在的问题及其对策分析》,载《商场现代化》2009年第4期。

为应当严厉打击,认为应放任自流的有7.45%,8.32%的人表示无所谓,15.99%的人认为应适当整治。[①] 几乎没有人会说自己从来没有买过盗版书籍、盗版光盘等,之所以出现社会公众口中说着支持政府打击盗版及假冒商标的行为,应当严厉打击盗版和假冒侵权行为,但却私下里购买这些盗版商品的现象,最主要的原因就是盗版与正版之间的价格差别太大,而盗版的质量并不会比正版的质量差多少。

从市场的实际情况看,侵权产品仍然随处可见。如在商场、超市随处看见有侵犯注册商标权、商标混淆、侵犯外观设计等知识产权的商品在出售,在书店、音像店、电脑城里可以找到盗版书籍、光碟、软件。网络上没有经过授权的影视作品、音乐、文字作品则更是泛滥。很多企业有过这样的经历,当他们经过长时间的艰辛研发工作在市场上推出新产品后,很快全国会出现大量企业生产侵权产品并以低价出售,多至几十上百家侵权"作坊",譬如广东就有很多家所谓的服装、鞋包"企业"仿制NIKE、ADIDAS等国际知名品牌的商品,一双仿制的运动鞋与正品运动鞋难以从外表上区分,但价格上的差距给这种侵权行为人带来了巨大的利润与侵权违法动机。

另外,我国社会公众的创新意识不强,大多数人认为创新是少数群体、少数企业的事情,与自己无关。2007年《中国知识产权蓝皮书》的调查报告显示,就"对科学小试验和小制作所采取的态度和做法"这一问题,1.59%的小学生回答没有兴趣,7.64%的小学生回答有兴趣,但是不想自己动手,74.61%的小学生回答有兴趣并经常亲自动手完成,另有16.16%的小学生有兴趣的就参加,没兴趣就不参加。而在中学生中,48.29%的人对创作活动有兴趣并曾经尝试,39.90%仅限于欣赏的兴趣,11.81%完全没有兴趣。对于小发明和小制作的态度,36.47%想过但没做过,26.37%尝试过,未取得成功,24.83%做过并有些成功了,12.33%表示没想过这个问题。在被问及"是否想过或曾经尝试过进行文学创作、科学研究或发明创新"时,14.47%的大学生回答没有想过,有64.93%有想法,但没有实施,14.34%回答尝试过,但没有很好的结果,6.26%的大学生则表示已有一定的成果。[②] 从上述数据中明显可以看出,我国不同年龄段的学生对创新的积极性从小学、中学到大学在不断降低。

大多数社会公众没有创新的想法,或者不参与、较少参与创新活动,使得知识产权和自身的利益保护没有直接关系,同时也没有亲身体会到创新活动

---

① 李立:《两项调查透视公众知识产权意识》,载《法制日报》2007年4月25日。

② 同上。

的艰辛，也就难以形成对创造性劳动的理解和尊重，公众的知识产权意识必然较为薄弱。

第三节　完善我国知识产权制度的建议

一、依据社会现实继续完善知识产权法

我国知识产权立法起步较晚，却按照国际知识产权规则制定了标准较严、保护水平较高的知识产权法。然而，在借鉴国外经验时，必须充分考虑我国社会主义市场经济体制的实际，结合社会现实，坚持“以我为主、为我所用”①。我国仍然是发展中国家，由于原来的经济发展水平的不同，发展战略和改革调整水平的不同，科技、教育、文化重视程度的不同，以及其他地理条件、人口状况等因素的不同，中国的经济发展很不平衡，人均国民收入并不高。② 因此，我们始终应该根据现有科技、经济发展水平以及当今社会文化，在符合国际知识产权保护规则的前提下，修订和制定知识产权法律，完善我国现行知识产权法律体系，以切实促进知识产权的创造、管理、保护和运用。

首先，我国知识产权法的完善应当遵守所参加的知识产权国际条约，以不违背《知识产权协定》规定的世界知识产权保护水平为前提。同时，以适应国际化的发展趋势为目标，立法机关应当吸取国外先进经验，秉承创新驱动发展的原则，持续、紧密关注国际知识产权保护的变化，结合我国知识产权保护在技术、文化领域呈现出的新的特点，制定一些新的知识产权专门法律、法规，并对原有法律进行修订与解释。

其次，我国知识产权制度缺乏相应法律来规范日益增多的由高新技术带来的知识产权纠纷。对知识产权领域出现的新的网络技术、生物技术、计算机软件等，应当继续将传统的专利权、著作权、商标权保护扩展到这些高新技术层面。譬如针对最新的3D乃至4D打印技术对传统著作权、商标权的挑战③，如何解决3D打印“作品”与传统著作权作品之间的冲突，缺乏确切的知识产权法律制度来规制。又如，传统知识、遗传资源、民间文学艺术等新类别知识产权的保护，是比较复杂的问题，现在正在研究过程中。根据《国家知

① “以我为主、为我所用”见于江泽民在党的十五大上的报告——《高举邓小平理论伟大旗帜，把建设有中国特色社会主义事业全面推向二十一世纪》之七“有中国特色社会主义的文化建设”。

② 在2012年，我国国民总收入为516810.05亿元，年末总人口为135404万人，因此2012年我国人均国民收入约为38000多元。数据来自国家统计局网站。

③ 曹琦、李伟、刘鹏：《3D打印对现行知识产权制度的挑战》，载《中国知识产权报》2013年9月13日。

识产权战略纲要》确定的目标,要在2020年前完成这些工作。再如是否应当制定“统一的知识产权法典”或者“知识产权基本法”,有待研究。吴汉东教授曾言明“单行立法是目前世界上绝大多数国家知识产权立法的通行做法”,认为“在民法典中设知识产权编作原则性规定,同时保留民事特别法的体例”的知识产权立法体例①符合我国知识产权制度的发展要求。

具体而言,我国知识产权法律制度的保护范围有待拓宽,譬如我国针对未公开信息的保护仅作了较为原则性的规定,需要进一步具体化,规定未公开信息究竟是如何作为商业秘密来保护的。此外,我国《计算机软件保护条例》才修订过一次,而计算机技术、网络技术的发展正时时刻刻改变着人们的生活,虽然法律的变更不可能跟上它们更新换代的速度,但我国相关法规的修改太过滞后,从而导致具体法律法规跟社会现实的脱节与不协调。又如,知识产权的权利内容亦需要增加,像著作财产权的权利内容需要拓宽。同时,我国知识产权的法律保障措施也需健全完善,如侵犯知识产权的损害赔偿、行政处罚、过错推定原则等均需进一步完善。

在立足国情、依托国际规则完善知识产权立法方面,美国和韩国的经验值得借鉴。美、韩通过适时制定和修订知识产权相关法律,促进本国知识产权发展。如美国制定了《技术创新法》《中小企业创新发展法》《综合贸易竞争法》以及修订《关税法》的337条等相关法律条款,韩国制定了《技术开发促进法》《产业发展法》等,促进本国的发明创造、技术创新和技术转移,提高本国产业技术竞争力,保护其国际市场。

二、不断加强知识产权意识的宣传教育

知识产权的发展不仅需要完善的法律制度、良好的国家政策环境,还需要优良的社会氛围。我国普通老百姓尽管或多或少听说过“知识产权”这个词,但对知识产权还没有一个确切的认识。由于知识产权文化底蕴的缺失,直接导致了我国知识产权保护意识和观念的薄弱,我国社会公众多数出于个人利益不尊重他人的知识产权劳动成果,无理由地宽容侵犯他人知识产权的行为。因此,培养知识产权保护、管理和运用意识,使得全社会形成尊重知识产权的氛围,是我国知识产权工作中本质性、根本性且亟待解决的问题。

第一,对于政府而言,应当进一步推进知识产权的普及教育,将知识产权内容写入中、小学课本,同时应当多举办一些有关知识产权的论坛、讲座、研讨会等,组织知识产权法学专家、学者、媒体人、学生、普通公众参与学习研讨

---

①　参见吴汉东:《知识产权立法体例与民法典编纂》,载《中国法学》2003年第1期。

知识产权,针对知识产权领域的热点话题、焦点问题开展调研活动,促进理论宣传与现实问题相结合,提高公众对知识产权问题的关注度,从根本上潜移默化地改变人们对待知识产权的态度。

第二,对于知识产权所有人,应当树立及时申请保护其智力成果、技术创新成果的意识。知识产权是私权,它是民事法律关系的主体基于特定对象享有的民事权利,即知识产权是"私法上所确定的权利"。因此,针对知识产权,尤其是专利和商标,一般情况下只有在国家机关申请、登记注册后才能得到国家行政机关、司法机关的保护。故知识产权所有人应当及时行使自己的权利,对于可以申请专利的发明应当及时申请专利,对于可以申请注册商标保护的商标要申请注册,对于侵犯自己知识产权的行为要及时拿起法律武器进行事前防卫和事后救济。

第三,对于企业而言,要认识到拥有自主知识产权核心技术是企业提高技术创新能力,参与市场竞争,实现自身持续发展的关键因素。同时要把充分利用技术创新成果,加强知识产权保护与管理纳入技术的研究与开发、市场化利用及企业内部管理工作。具体而言,首先,企业需要建立自己的知识产权管理机构,负责市场调研、知识产权信息搜集、专利申请和制定企业知识产权管理战略等知识产权相关事务。[①] 其次,企业还应确立自己的知识产权确权、运营等方面的具体规则,针对不同的产品,不同的工作人员,应当有不同的企业规章制度。例如对职务技术成果的归属就是众多企业技术人员最为关心的问题,技术人员每完成一项发明能从中获得多少奖励,该发明的权利归属又如何,这些都需要有一个明确的公司规章制度来予以规范。再次,企业还应当注重对员工进行知识产权知识的培训,如普及知识产权基础知识,介绍知识产权立法状况,讨论国际知识产权发展趋势,等等。之所以要加强员工的知识产权认知,是因为在当今世界,知识产权是企业发展的关键性资源之一,企业员工的知识产权认知程度的高低直接影响着企业知识产权的管理与商业化能否行之有效。此外,企业也需要一批专门的知识产权管理人才,知识产权本身的专业性很强,是跨法律、经济、管理三大方面的综合性学科,因此企业应当注重培养这方面的人才,才能保证自身知识产权战略的良好实施。

第四,社会舆论机构(如电视、互联网、手机短信、新闻媒体等平台),应当向广大人民群众传播知识产权保护的重要性,使全社会民众树立尊重知识

---

① 参见冯晓青:《我国企业知识产权管理存在的问题与对策》,载《科技管理研究》2005 年第 5 期。

产权的思想意识并号召他们积极参与知识产权宣传活动。社会公众需要学会尊重别人的知识成果，懂得知识产品是一种财产，知识产权是受法律保护的权利；同时，社会公众要善于保护自己的知识成果，其中科技工作者应当转变观念，懂得科技成果产权化，从在科研过程中追求奖励和成果鉴定转变为追求市场价值。

三、完善现有知识产权激励制度

所谓激励，即调动人的积极性。知识产权激励机制指的就是知识产权制度激励和保障技术创新，其核心在于把知识产权作为生产要素参与收益分配，鼓励科技人员以知识产权为目标，研发新技术，开发新产品，促进科技成果转化，实现产业化，使知识产权工作贯穿于企业技术创新、生产和经营的全过程。

第一，完善知识产权激励机制应当与政府战略目标相协调。知识产权激励机制的设立目的归根结底在于促进知识产权工作的顺利进行，提升国家知识产权水平，最终实现经济发展。因此，政府战略对知识产权激励机制的指导作用不容忽视，此项激励机制必须与政府全局性、长远性、全员性的战略目标相吻合，“任何游离于政府战略之外的知识产权激励机制都是无效率的”。①

第二，知识产权激励机制的运行基础需要进一步完善。一个制度的基础在于运行这个机制的机构和人员，知识产权激励机制也不例外，“机制运行的效果决定于实施者”②。首先，提升知识产权行政管理部门的权威性十分重要，无论是其职能范围，还是其协调能力，都需要予以强化。其次，给知识产权管理部门配备知识产权专业人才是保证知识产权管理良好运行的基础，没有具体的人员实施，机构也就没有任何用处。

第三，知识产权激励应当秉承“具体问题，具体分析”的原则，针对各个地区的实际状况实施有所区分的知识产权激励机制。知识产权激励机制要根据每个地区的实际情况，有针对性地、有步骤地进行构建，任何不加分别的制度移植总会遭遇困境。

第四，知识产权激励机制应当通过市场这只“手”来实现，政府不能过多干预。这是因为，“知识产权激励机制并不是单纯的行政管制，而是以弥补

---

① 刘西怀：《知识产权激励机制研究》，载《全国商情（理论研究）》2010年第5期。

② 同上。

市场缺陷、矫正市场失灵为目的的政府服务”。①

第五,知识产权激励机制应“以物质激励为主,以精神激励为辅”。以政府必要的物质激励为主,是为了解决市场失灵所带来的资源配置不合理,并提高资源分配的效率;辅以精神激励则能安抚知识产权工作者的情绪,提高其积极性,毕竟精神激励也是人的一种效用。

第六,激励机制不能仅仅只有正向激励,还应有相应的负向激励。知识产权激励机制要以政府对知识产权相关主体的正向激励为主,侧重对知识产权主体积极行为的承认和奖励②,但也不能忽视对侵害知识产权的行为的规制,如对专利权、著作权、商标权等专有权利的滥用、垄断、不正当竞争、侵犯他人知识产权专有权利等行为要加以约束、制止、惩罚。

第七,应当结合实际,以企业为主体,建立完善适合企业发展的知识产权激励机制。企业应根据其技术创新能力和所确定的技术创新目标,逐步构建适合本企业发展的知识产权激励机制。

四、加强知识产权人才的培养

知识产权人才指的是从事与知识产权相关的研究或者法律实务的专门性人才,包括知识产权行政管理人员、执法人员、司法人员以及企事业单位中从事知识产权相关事务工作的人员和从事知识产权教学研究的人员等。一般把知识产权人才分为管理型人才、执法司法人才、教研型人才和服务型人才四大类:管理型人才指的是在各级政府机关中承担知识产权管理工作职责的人员和在企事业单位中从事知识产权事务管理的人员;执法司法人才指的是在各级法院系统、检察院系统、公安系统从事知识产权审判、控诉和侦查活动的人员;教研型人才是指在各种学校、科研机构等其他部门中从事知识产权教学和研究的人才;服务型人才主要是指如同专利代理人、商标代理人、知识产权鉴定人、知识产权中介等提供知识产权服务的人员。

我国2011年出台的《知识产权人才“十二五”规划(2011—2015)》指出,“知识产权人才工作的总体目标是:培养和造就一支数量充足、结构优化、布局合理、素质较高,能基本满足国家经济社会发展和知识产权事业发展需要的知识产权人才队伍,为把我国建设成为知识产权创造、运用、保护和管理水平较高的国家奠定坚实的人才基础”。③ 因此,知识产权专业人才队伍决定

---

① 包善梅:《知识产权激励机制探讨》,载《舰船科学技术》2007年S2期。

② 参见刘西怀:《知识产权激励机制研究》,载《全国商情(理论研究)》2010年第5期。

③ 国家知识产权局:《知识产权人才“十二五”规划(2011—2015)》之二之“(三)总体目标”,2010年11月22日。

了知识产权战略能否顺利实施,专业人才是知识产权理论变革的基础与保障,尽快培养出一批精通知识产权创造、利用和保护方面的高素质的法律人才,是对企业、科研院所以及高校在知识产权保护方面进行指导、管理和服务的基础与前提。在培养知识产权专门人才方面,日本的经验值得我国借鉴。日本为了知识产权战略的成功实施,加大了知识产权专门人才的培养力度,改善知识产权人才培养体制,推进法学专业的大学和研究生院的知识产权教育。因此,我们应在全世界都高度关注知识产权保护的今天,引导人们转变观念,在全社会切实提高全民的知识产权意识,在高等院校中培养高素质的知识产权专门人才,在各行业各领域比如中医药行业、汽车行业、高新技术行业和科学技术、文化艺术领域里造就一支懂行的知识产权管理人才队伍,创建一个尊重知识产权的社会氛围,为知识产权战略的实施提供人才和智力保障。

第一,加强知识产权人才的培育,首先要充分认识我国知识产权人才的现状。一方面,在人才数量、人才素质上,我国知识产权专业人才数量少,人才队伍素质不够高,合格率低,其中高层次的知识产权人才奇缺,如涉外知识产权人才稀少,具有高级技术职称(职务)的人才也偏少,不能适应社会现实的发展。另一方面,我国知识产权人才队伍正呈现老龄化趋势,有研究显示,"以国知局为例,在文献部的90人中能从事重点研究、提供深层服务的只有几个人,能派出去向全国普及有关知识的人才也不多,而这些骨干人才,从年龄结构上看49岁还处于居中水平,文献部处级干部的平均年龄为50岁"。①

第二,知识产权人才培养需要建立并完善良好的教育培训机制。对个人而言,知识产权的教育能够提升个人能力,拓展其职业生存、发展空间。对企业而言,知识产权相关知识的培训能使普通员工了解最新知识产权动态,加强知识产权意识;还能使知识产权工作人员提升业务能力,更好地为企业服务。对国家而言,教育、培训能够增强人才资源的价值②,有利于人才战略的实施,提升国家竞争力。

第三,吸引优秀人才需要完善知识产权专业人才的使用机制,创造良好的工作环境。我国知识产权人才薪酬待遇较低,职业发展较为坎坷,且各个地区经济发展不平衡,造成人才的利用机制不够完善。因此,要稳定提升知识产权人才队伍数量与素质,需要根据社会实际不断提高其物质待遇,拓展

---

①　参见卫伏霞:《吉林省机电企业自主知识产权量化分析与对策研究》,长春理工大学2008年硕士学位论文。

②　参见于彦:《人才资源能力建设研究》,载《北方经贸》2006年第8期。

其职业发展空间,对经济落后地区给予一定的财政补贴,使得知识产权专业人才创造出的社会价值与其收入相平衡。

第四,加强知识产权人才的培养,需要良好的人力资源管理制度以减少、防止人才的流失。良好的人力资源管理制度将在吸引人才方面发挥重要作用,主要反映在如下方面:建立公正公平的绩效考核制度,提供培训与提高能力的机会及职业发展机会,制定有效的激励措施,给予良好的薪酬福利待遇和工作条件,提供安全、良好的社会保障,形成和谐的组织文化,等等。

五、合理化知识产权行政执法

我国知识产权行政保护方面的相关规定较为复杂,知识产权行政执法部门林立,权限分散,职能划分不清晰。譬如在管理职能分工上,共有数十家单位承担知识产权行政执法职能,主要有国家知识产权局、国家工商行政管理总局、国家版权局、国家质量监督检验检疫总局、国家农业部、国家林业局、国家商务部、国家科技部、信息产业部等;而且这些机关同时还承担着授权登记、确权、管理、宣传及对外联系等不少行政管理职能。这种管理与执法不分的模式必然会造成很多问题,有较大漏洞。

第一,我国知识产权行政执法理念须达成一致。有人认为我国知识产权保护水平过低,有的则认为知识产权保护水平过高,这个问题需要形成较为统一、协调的意见。

第二,行政执法部门应严格按照知识产权相关法律规定的权限、范围以及程序等来保护知识产权,惩处各种侵权行为。任何部门都应对照法律规定明确自己的管辖权限与范围,其中跨部门、跨地区的知识产权纠纷需要更为清晰明了的规定。这样才能避免重复执法,消除执法中的本位主义,避免因权限交叉而产生的相互冲突,或者因权限不明而产生的相互推诿甚至导致无人过问的现象。

第三,版权、专利、商标和反不正当竞争领域的管理部门应当予以整合,建立统一的行政管理机构。主要原因在于,这四个领域的指导原则、立法目的、调整对象都具有一定的共性,这四类知识产权的行政管理具有内在的相通性①,而现行的分立行政管理较为混乱,容易出现职能重复和部门之间相互冲突的情况。从国际形势上看,版权、专利权、商标权和反不正当竞争四类

① 朱谢群:《我国知识产权发展战略与实施的法律问题研究》,中国人民大学出版社2008年版,第211页。

知识产权的行政管理部门的合流已经成为世界性的发展趋势。[①]《巴黎公约》早就将专利权和商标权统称为“工业产权”予以保护，而尽管《巴黎公约》和《伯尔尼公约》将工业产权和版权分开，但当今社会版权产业飞速发展，版权产业越来越向技术领域渗透，其中计算机软件的版权保护更具技术性，再加上互联网的发展，版权产业已经不是当初那种纯粹文学性、艺术性的东西了，其文学性、艺术性已经与经济性、产业性紧密地结合在一起。因此，版权与专利权、商标权和商业秘密权等的相互支持与配合是正在发展的趋势，我们应当“加大机构整合力度，探索实行职能有机统一的大部门体制，健全部门间协调配合机制。精简和规范各类议事协调机构及其办事机构，减少行政层次，降低行政成本，着力解决机构重叠、职责交叉、政出多门问题”。[②]

第四，要加强完善知识产权行政执法的具体操作规定，提高我国知识产权行政保护的可操作性。中国知识产权立法中尚存在一些空白和缺陷，存在某些法规的滞后性，更由于立法上“宜粗不宜细”的指导思想的传统，从而导致我国知识产权法条文总量少，内容简单，规定较为原则化，缺乏具体化和可操作性的规定。因此，加强完善我国知识产权法的具体操作性规定必须提上议事日程，其中通过制定有关“信息公开”的法规，如信息公开法、政务公开法、监督法等，能保证知识产权行政执法公平、公正地进行，为其提供严格的法律监督环境。

六、完善企业知识产权管理战略

企业是市场经济的主体，如上文所述，也是技术创新的主体。此外，企业还应是知识产权创造、应用和保护的主体。

首先，企业不论规模大小，都有必要成立独立的知识产权管理部门，都应建立一套适合自身实际情况的知识产权管理制度。知识产权管理专业性较强，因而需要专门的知识产权管理部门和管理制度，更要有相应知识产权专业素质的人员才能胜任。国内一些知名公司，比如腾讯公司，在企业内部配备了专门的知识产权机构；又如海尔集团，设立了集团和工厂两级专利管理网络。这些知识产权专门部门管理的事务主要包括申请、登记、缴费、专利检索、知识产权许可、转让、处理纠纷、实施教育培训、确定规章制度等，对于企业知识产权的管理起到了十分重要的作用。

---

① 朱谢群：《我国知识产权发展战略与实施的法律问题研究》，中国人民大学出版社 2008 年版，第 212 页。

② 胡锦涛在中国共产党第十七次全国代表大会上的报告之六“坚定不移发展社会主义民主政治”之（五）“加快行政管理体制改革，建设服务型政府”。

其次,不论是管理人员还是普通员工,都应提高自身的知识产权管理意识。在知识经济时代,知识产权对于企业技术开发、市场开拓和获取巨额利润极为重要。① 提升知识产权意识的根本目的在于使企业全体人员充分认识到知识产权是法律确认的重要的无形资产,具有很高的价值,未来企业的竞争就是知识产权的竞争。在全球化不断演进的今天,中国企业想要走出国门,走向世界,就必须重视知识产权工作,提升企业市场份额、提高企业竞争力,这与知识产权的创造、保护和利用、管理息息相关。

最后,企业应当加强对知识产权管理人才、法律人才的培养与引进。《国家知识产权战略纲要》在"战略措施"中指出,"制定培训规划,广泛开展对党政领导干部、公务员、企事业单位管理人员、专业技术人员、文学艺术创作人员、教师等的知识产权培训"。企业要想保护自己的技术创新成果不受侵犯,保证自己不侵犯他人的知识产权专有权利,加强自己拥有的知识产权的利用与管理等,这些都离不开知识产权管理人才的业务操作。企业知识产权管理最终要落实到知识产权管理人员手中,因而知识产权管理人员素质的高低对企业知识产权管理水平具有很大的影响。② 知识产权管理涉及的知识非常广泛,一般而言,它包括法学、管理学、经济学、信息经济学等。③ 进行知识产权管理的人才应该是全方面复合型的。因此,企业应当大力培养和引进这类知识产权管理人才,以提升企业竞争力,促进企业的发展。

第四节 完善知识产权理论与制度为新科技革命提供战略支撑

一、前五次科技革命的经验借鉴

首先我们须对前五次科技革命有一个比较深入的了解。

	时间	标志	意义	中国
第一次	16—17世纪	哥白尼、伽利略、牛顿等学说的产生	第一次科学革命,近代科学的诞生	明末清初,受专制政治和闭关锁国政策的影响

① 吕银斌、张桂芬:《试论中小企业知识产权保护存在的问题及对策》,载《经济研究导刊》2013年第28期。

② 冯晓青:《我国企业知识产权管理存在的问题与对策》,载《科技管理研究》2005年第5期。

③ 韩雪、万一锋:《我国企业知识产权管理存在的缺陷及对策》,载《科技管理研究》2006年第3期。

（续表）

	时间	标志	意义	中国
第二次	18 世纪中后期	蒸汽机与机械革命	带动了第一次产业革命	清朝中后期
第三次	19 世纪中后期	内燃机与电力革命	带动了第二次产业革命	清朝末期
第四次	19 世纪中后期—20 世纪中叶	进化论、相对论、量子论等	带动了 DNA 与基因等学科的发展	战争时期、新中国建设初期、困难时期和“文革”时期
第五次	20 世纪中后期—现在	电子计算机、信息网络	带动了第三次产业革命	20 世纪 80 年代后的改革开放，中国抓住了机遇

从上表可以看出，英国引领了第一次、第二次和第四次的科技革命，抓住了第一、二、三、四、五次科技革命的机遇，成为世界强国。德国在英国之后，抓住了第二、三、四、五次科技革命机遇，成为世界上最发达的国家之一。俄罗斯抓住了第三、四次科技革命，成为世界强国。美国引领了第三、四、五次科技革命，抓住了第二、三、四、五次科技革命的机遇，成为世界上最强大的国家。日本在第二次世界大战前后，抓住了第三、四、五次科技革命，升级为发达国家。

近 500 年的历史深刻地说明了一个道理：科技革命对国家的兴衰具有重大甚至是决定性的影响。按照购买力评价国内生产总值，中国的世界排名 1706 年在第 18 位，1820 年在 48 位，1900 年在第 71 位，1950 年在第 99 位①，这主要是因为我们错失了前四次科技革命的机遇。到 20 世纪 80 年代以后，我们抓住了第五次科技革命的机遇，工业化和经济增长比较快，但其实中国在第五次科技革命中只是一个跟踪者。② 自 2008 年世界经济危机以来，在世界经济危机的影响之下，中国的经济可以说是一枝独秀。科技界普遍认为，目前我们处于第五次科技革命时期转向第六次科技革命的拂晓阶段，第六次科技革命将发生在 2020 年到 2050 年。③ 世界各国纷纷将复苏希望寄托

① 潘希：《白春礼在第十三届中国科协年会上作报告——勇做第六次科技革命“领头羊”》，载《科学时报》2011 年 9 月 23 日。

② 参见白春礼：《新科技革命的拂晓》，载《中国科技奖励》2012 年第 2 期。

③ 参见：《中国学者预言 2020—2050 年将发生第六次科技革命》，见中国新闻网，http://www.chinanews.com/gn/2011/08-05/3236974.shtml，最后访问日期：2013 年 11 月 9 日。

在即将来临的新技术革命上。谁能提前判断科技革命发生的领域,并对科技革命进行前瞻和重点部署,谁就有可能在新一轮竞争中抢占先机。

二、知识产权主动变革为新科技革命提供支撑

2008 年以来,尽管全球经济表现仍然欠佳,但 2011 年全世界知识产权申请量继续保持强劲增长①,其中,中国的增长率升至首位。2008 年后的经济下滑并未阻止企业保护自己的无形资产。全球企业研发投入和国际专利授权增长率于 2009 年跌入谷底,但 2010 年就出现反弹,2011 年国际专利授权数增长率达到了近十年来的最高点。② 数字通信、计算机技术已分别成为全球专利申请增幅最快和申请最多的领域。③ 其中有学者提出:"大数据、智能制造和无线革命三大变革将改变本世纪"。④ 实际上,大数据计算、智能制造、3D 打印、页岩气技术、可再生能源技术、智能机器人以及生物、材料等领域的新技术即将或者已经成为全球研发热点。

因此,我国应当为在第六次科技革命中取得好的成果乃至主导新一轮的科技革命做好知识产权方面的充分的准备,首当其冲的就是在适应科技、经济发展的前提下,迎合第六次科技革命的要求,在创新驱动发展战略下谋求知识产权理论与法律制度的主动变革,给中国经济的又一次腾飞提供具有创新精神的理论保障与法律保障。

知识产权法"基于科技革命而生,缘于科技革命而变",其制度构建就是一个法律制度创新与科技创新相互作用、相互创新的过程。⑤ 知识产权已成为体现国家竞争力的核心战略资源,是创新驱动发展战略实施的载体,知识产权战略是创新发展战略、国家竞争战略、富国强民战略。为了适应新一轮科技革命的发展脚步,知识产权制度必须保持时代先进性,保障技术创新与文化创新,驱动提高国家创新实力、增强国家竞争力,也即通过法律制度的现代化去推动科学技术的现代化,创新驱动发展一直并将继续引领着知识产权制度的不断完善。与我国知识产权立法初期的被迫适应国际知识产权规则

---

① 世界知识产权组织:《全世界知识产权申请继续攀升:中国专利申请全球第一》,见 WIPO 官方网站,http://www.wipo.int/pressroom/zh/articles/2012/article_0025.html,最后访问日期:2013 年 11 月 9 日。

② 王忠宏:《把握全球技术创新的机遇》,载《经济日报》2013 年 9 月 13 日。

③ 王忠宏:《全球技术创新趋势及中国的对策》,载《科技日报》2013 年 8 月 19 日。

④ 《华尔街:大数据智能制造和无线将促进美经济复苏》,见搜狐网 IT 频道,http://it.sohu.com/20120201/n333401893.shtml,最后访问日期:2013 年 11 月 9 日。

⑤ 吴汉东:《国际知识产权制度的发展潮流与中国知识产权制度的发展道路》,载《法制与社会发展》2009 年第 6 期。

的要求相比,现阶段强调"自主接受主流规则是审时度势和权衡利弊之后的理性选择,更多的是适应我国进入改革开放新时期、国力增强和国际地位提升的新形势和新需求的自信和自主安排"。[①] 在第六次科技革命到来之际,我国必须抓住机遇,从本国国情出发,紧贴创新驱动发展战略的指引,在国际化视野中,修改知识产权相关立法,完善我国知识产权制度的建构。

---

① 孔祥俊:《全球化、创新驱动发展与知识产权法治的升级》,载《法律适用》2014 年第 1 期。

结　　语

知识产权法“基于科技革命而生，缘于科技革命而变”，其制度构建的过程就是一个法律理论、法律制度与创新相互影响、相互作用的过程。[①] 21 世纪是知识经济的时代，在知识经济条件下，“资本家”让位于“知本家”，知识产权成为社会财富的主要来源，成为体现国家竞争力的核心战略资源。因此，21 世纪也是知识产权的时代。

当前，创新驱动发展战略成为我国经济社会转型升级的核心战略，创新驱动发展战略的制定实施与我国知识产权战略实施形成历史性交汇，为我们纵深推进知识产权战略提供了难得的重大机遇。创新驱动发展战略本质上是知识产权立国战略，创新驱动发展战略必须依靠先进的知识产权制度，知识产权在推动实现伟大民族的中国梦进程中具有源动力的核心作用。我们必须把知识产权战略向纵深推进，在发展知识产权事业方面有更新、更大的作为。我国有条件充分借鉴发达国家创新驱动的成功经验，特别是运用创新经济学的前沿理论，通过构建促进知识产权事业发展的模块化运行机制，激发产业集群和中小企业的创新动力，形成十八大报告所确立的创新驱动发展之新的经济发展模式，以此实现我国经济社会转型升级的目标。

时代在变，法律理论也在变，作为一种上层建筑，法律制度需要适应时代的变化，保持理论的先进性和制度的适应性。回顾我国知识产权制度初创、建立、完善的过程，中国用了三十多年的时间，完成了知识产权的相关立法工作，创建起了较为完备的知识产权制度体系。实践永无止境，变革永无止境。新一轮科技革命和产业革命已然到来，中国转型升级、创新驱动的全新实践必将带来知识产权理论和制度的巨大变革。制度的变革需要理论的指导。新形势下，适应创新驱动的发展脚步，着眼于理论的进化驱使知识产权法律制度的变革，必须进行知识产权理论开拓。知识产权理论开拓，需要以国际化视野，梳理各国知识产权理论最新动态，探寻知识产权理论最新趋势，为我国知识产权相关立法的修改和知识产权制度体系的完善选择一条通途。

---

① 吴汉东：《国际知识产权制度的发展潮流与中国知识产权制度的发展道路》，载《法制与社会发展》2009 年第 6 期。